FX168
财经集团

U0890805

2018—2019全球投资市场蓝皮书

上册·金融投资

FX168金融研究院 编

全球投资市场蓝皮书

上册·金融投资

Global
Investment Markets
Blue Book
Financial Investment

2019

上海财经大学出版社

图书在版编目(CIP)数据

2018—2019全球投资市场蓝皮书 / FX168金融研究院编. —上海：上海财经大学出版社，2019.3

ISBN 978-7-5642-3216-0 / F.3216

Ⅰ. ①2… Ⅱ. ①F… Ⅲ. ①金融投资-金融市场-研究报告-世界-2018—2019 Ⅳ. ①F831.5

中国版本图书馆CIP数据核字(2019)第042039号

□ 责任编辑 李志浩
□ 封面设计 侯南恩

2018—2019全球投资市场蓝皮书
(上册·金融投资)

FX168金融研究院 编

上海财经大学出版社出版发行
(上海市中山北一路369号 邮编200083)
网 址：http://www.sufep.com
电子邮箱：webmaster@sufep.com
全国新华书店经销
虎彩印艺股份有限公司印刷装订
2019年3月第1版 2019年3月第1次印刷

889mm×1194mm 1/16 10.25印张 248千字
定价：168.00元(上下册)

卷首语

开卷有财

今天是2019年1月15日，农历十二月初十，戊戌年乙丑月壬子日。笔者是土日主，壬子日是财日。选择这么一个日子写开卷语，就是希望可以开卷有财。

再过半个多月，就是己亥年。我们先来回顾2018戊戌年的情况。

2018年年初，市场上对2018年普遍悲观，据说逢“8”，容易遭遇经济危机，1998年的亚洲金融危机，2008年的次贷危机，记忆犹新。再加上，我们从小就学到的历史“戊戌变法”，这些都暗示着2018年会是一个变化极大的年份。

那么，现实是如何的呢？

在我们监测的14个全球主要市场股指中，除了巴西与印度年内收益率为正，其他尽皆告跌。包含全球23个发达市场的摩根士坦利世界指数（MSCI World）2018年的收益率和以月度收益率标准方差衡量的风险波动率分别为-8.71%和4.22%。MSCI新兴市场指数2018年收益率为-15.56%，风险波动率为4.24%。

纵观全球，最惨的还是中国A股的股民。数据统计，2018年A股个股平均涨跌幅：-31.02%（除去年内上市的新股），上证指数全年下跌25.52%，深成指下跌35.23%，成为全球股市下跌幅度最大的国家。

权益类市场毫无作为，我们再来看看固定收益产品市场。根据晨星（香港）的数据，2018年一年收益最高的四个债券基金组别为：美元多元化债券—短期（1.03%）、港元债券（0.41%）、环球债券—美元对冲（0.36%）和人民币债券—在岸（0.02%）。而这四个组别也是过去一年里仅有的收益为正的债券基金组别。金融危机后全球央行连续大幅降息，对债券市场的收益造成了打击。一年收益率前十的基金组别多为风险较低、收益率也较低的类型。

再来看看FX168全球投资地图2018年的表现情况：

先看看FX168全球投资推荐的中国香港基金，情况如下表：

国家/地区	投资标的（中国香港ETF基金）	2018年的收益率
马来西亚	DB马来西亚03082.HK	−3.90%
美　国	db x-trackers MSCI美国总回报净值指数ETF（HKD）	−5.30%
中　国	中国平安CSI中国香港高息股ETF	−6.00%
韩　国	iShares安硕核心韩国综合股价200指数ETF	−18.10%
日　本	未来资产日本东证每日杠杆（2x）产品	

注：未来资产日本东证每日杠杆（2x）产品于2018年5月24日从港交所下市。

在我们推荐的五个标的中，有三个跑赢了摩根士坦利世界指数（MSCI World），表现最好的是DB马来西亚03082，年度亏损3.9%；表现最差的是iShares安硕核心韩国综合股价200指数ETF，全年亏损18.1%。

值得一提的是，未来资产日本东证每日杠杆（2x）产品于2018年5月24日从港交所下市。笔者刚好买的就是这个标的，于是成功躲过了日经指数的年末暴跌。

在海外房产方面，FX168全球投资2018年推荐的10大国际城市表现详见下表：

排名	城　市	2018年预估涨幅	2018年实际涨幅	2019年预测涨幅	2017年波动幅度	2018年波动幅度
1	都柏林	10%～15%	5.9%	6%～10%	中	大
2	阿姆斯特丹	10%～12%	11.9%	8%～12%	小	小
3	西雅图	8%～12%	8.3%	6%～10%	大	中
4	温哥华	8%～10%	1%	8%～10%	大	大
5	柏　林	8%～12%	10.8%	8%～10%	小	小
6	巴塞罗那	8%～10%	4.2%	5%～8%	小	中
7	墨尔本	8%～10%	−1.6%	8%～12%	中	大
8	多伦多	6%～10%	2.6%	4%～5%	小	中
9	惠灵顿	6%～10%	11.4%	3%～5%	小	中
10	奥克兰	5%～8%	−0.5%	4%～6%	中	中

可以看出，实际情况与预测还是有一定差距的，其中，符合预期的有阿姆斯特丹、西雅图、柏林、惠灵顿。差距较大的有墨尔本、奥克兰、温哥华、多伦多。

以上就是FX168全球投资地图在2018年的表现情况。不知道大家对我们的表现是否满意，不管如何，我们都会继续努力。

2018年最值得欣喜的是，FX168全球投资团队在全球范围内成功优选出相应的投资品供应商，使得推荐的每个投资图标都有安全可行的投资渠道，从此投资者不再“望图兴叹”。

2018年，我们搭建了PC、APP、微信公众号等线上及移动渠道，策划了“FX168全球投资财富沙龙”系列线下活动，每月/每周的高频度举办，实现了线上+线下的全方位覆盖。

同时考虑到高净值家庭不仅仅有投资的需求，更有生活服务类需求，因此，FX168全球投资团队在全球范围内优选出一系列生活服务类项目，涵盖各国房产、国际身份、海外教育、海外生殖、海外体检等。2019年我们将不断丰富“全球房源数据库”，而我们优选的全球当地专业经纪人专家团队将满足您个性化的定制需求。在香港基金投资方面，我们也将提供全面、安全的专业服务。

欢迎大家关注我们的微信公众号（FX168全球投资），及时获得全球生活及投资服务。

为了满足境内机构布局海外的需求，FX168全球投资团队将特别提供“香港金融牌照”申请及买卖服务。

FX168全球投资的愿景是成为您布局海外的最可靠专业的服务伙伴。

我们将一如既往地为之努力。

FX168金融研究院

2019年1月15日

序言

FX168财经集团编写的这套《2018—2019全球投资市场蓝皮书》，着眼于在全球范围内寻找有发展潜力的经济体、地区及要素市场，从而找到合适的投资机会。

首先，我们先来看看当前的全球政治经济形势。

当前全球政治经济形势总体趋稳，但暗流涌动，存在诸多不确定因素。

众所周知，发生在2008年的百年一遇的金融危机以来，世界各国采取了一系列措施，使得世界经济开始缓慢地复苏。与此同时，世界经济出现了明显的分化。美国、中国和印度比较强劲的复苏或是增长，而其他的一些国家相对缓慢，特别是金砖五国里的巴西、南非和俄罗斯相对落后。

在这个过程当中，我们看到眼下世界经济普遍有三个明显的特点：第一，超宽松的货币政策转向“稳健”：美联储加息，欧洲央行与日本央行削减QE规模，中国提出“稳健宽松”的货币政策；第二，推行“积极有效的财政政策”，刺激经济；第三，各国CPI水平较为稳定，PPI跌幅缩窄或由负转正。

接下来，我们来看看中国的情况。

就中国而言，尽管GDP增长放缓、广义货币快速扩张、债务比例不断上升、货币贬值压力增大，但中国仍是全球经济表现最好的国家之一。短期经济可能会有所波折，但相比较改革开放30年来经历的多次危机，现在的波折并不算严重。

其实大家已经感觉到了，全世界的超级量化宽松结束了，总体上开始削减量化宽松，而相对来讲经济活动比过去活跃了，经济回稳了。在这种情况下，我们已经体现出来的无论是美国的基准利率还是中国的基准利率，包括市场利率，总体上是稳中提高，首先是稳，再是提高。美国是提高的。我相信，中国的资金价格应是这一个走势，我也相信，按照现在中央政府的调控水平，不会快速加息，不会快速地使资金价格紧张。

上面讲的是钱贵钱贱的问题，接下来讲钱多钱少的问题。

通常中国政府部门考虑M2增速时，它是从GDP增速加CPI增速来考量的，但20年来，M2几乎是超过这二者增速之和的。中国的CPI与美国的CPI的英文字母一样，但内涵不一样。其中，美国的CPI里面，房地产的权重占41%，中国的CPI里面，房地产只占了17%，这就是差别。2018年中国GDP为6.6%，全年CPI同比上涨2.1%，4年来首次突破2%；2018年全年PPI比上年上涨3.5%；12月末M2同比增长8.1%。预计2019年M2的增速将比2018年高出1～2个点。总的一个概念，中国经济与过往历史比，发展速度是有所下降的，但它的增量绝对值却是稳健上升的。横向比，中国经济稳中向好，2019年没有大问题，股市总体是向上的。另外，根据国家外汇管理局公布的最新外汇储备规模数据显示，2019年1月末，我国外汇储备规模较2018年12月末上升152亿美元，升幅为0.5%。外汇储备实现三连升。因此，就算汇率可能会稍有贬值，但总体上是稳定的。正如习总书记所强调的：金融活，经济活；金融稳，经济稳。

以上是我对宏观面的一些看法，具体到微观层面，我们来看看FX168财经集团的这套《2018—2019全球投资市场蓝皮书》，该书对2019年全球主要的金融市场都进行了详细的分析，包含全球证券、货币、黄金、原油、股权投资、固定收益等市场，同时对全球主要经济体在2019年的发展趋势也做了展望，从而得出一份2019年FX168投资地图，为有意向在全球范围内做资产配置的投资者提供了很好的参考。

在这个全球化的时代，投资者要保持开放的头脑、谨慎的态度来看市场，把握其中的机会，规避市场的风险。

何晓斌　博士

华鑫证券首席经济学家、副总裁

2019年2月

目录

CONTENTS

第4部分　区块链与加密货币

第1部分

2018 年全球经济及主要金融市场回顾

（一）2018年全球经济关键词：经济温和增长 中美贸易战

2018年，世界经济延续温和增长，主要发达经济体经济维持相对强劲的增长。前三季度美国实际GDP按年率分别增长2.2%、4.2%和3.5%，其中第2和第3季度增速明显超过上年同期的3.0%和2.8%；欧元区经济保持稳步增长，前三季度实际GDP同比增速分别为2.4%、2.2%和1.7%，德国、法国经济继续发挥龙头和引擎作用，希腊经济经历长期衰退后复苏步伐有所加快；日本经济2季度实现3%的反弹，7月以来制造业PMI一直处于50荣枯线以上，显示经济仍处于扩张状态。

2018年，主要新兴经济体经济实现不同程度的复苏。印度经济增长比较强劲，前两个季度GDP同比增速分别为7.7%和8.2%，较2017年同期增速分别提高1.6和2.6个百分点。前两个季度，俄罗斯GDP同比分别增长1.3%和1.9%，9月失业率降至4.5%，为1992年以来最低；巴西GDP同比分别增长1.2%和1%，明显超过上年同期0和0.4%的增速。

另外，2018年世界经济最重要的事件当属中美贸易战。2018年3月23日，美国总统特朗普签署对华贸易备忘录，宣布将有可能对从中国进口的600亿美元商品加征关税，并限制中国企业对美投资并购，中美贸易战正式爆发。2018年12月，美国总统特朗普和中国国家主席习近平就防止贸易战升级达成一致，承诺在两大经济体协商一项长久的协议的同时，暂时停止实施新关税措施。

从中美贸易战的影响来看，据中国海关统计，2018年中国对美国进出口4.18万亿元人民币，同比增长5.7%。其中，对美出口3.16万亿元，增长8.6%；自美进口1.02万亿元，下降2.3%；贸易顺差2.14

万亿元，扩大14.7%。以美元计价，2018年中美双边贸易进出口总值为6 335.2亿美元，同比增长8.5%。其中，出口4 784.2亿美元，增长11.3%；进口1 551亿美元，增长0.7%；贸易顺差3 233.2亿美元，同比扩大17.2%。2018年，中美贸易顺差有所扩大。

（二）2018年全球股票市场：风雨飘摇 波动率上升

与2017年的太平盛世相比，2018年的全球股市开始感受到风雨飘摇。在本书涉及的14个全球主要市场股指中，只有两个年内收益率为正，其他尽皆告跌。这14个股指除巴西指数外，要么进入修正领域（较52周高位下跌10%），要么就是进入了熊市（较52周高位下跌20%）。

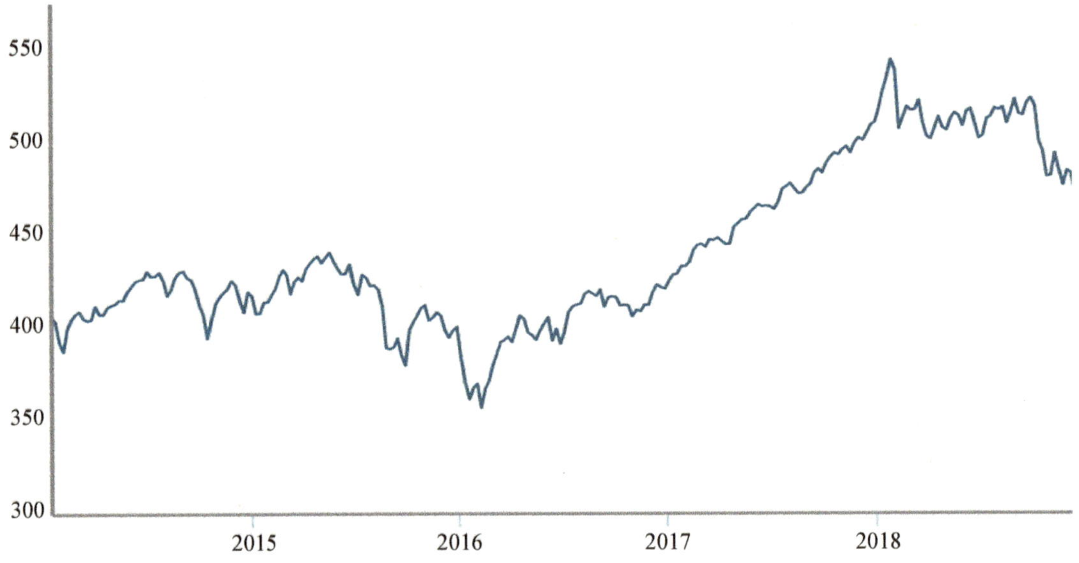

图1.1　MSCI全部国家世界指数

从图1.1中摩根士丹利资本国际（MSCI）全部国家世界指数（ACWI）这一衡量全球股市走势的指数中可见，全球股票市场在始于2016年的连续高歌猛进后，其辉煌于2018年戛然而止。该指数从2018年1月1日的519.77，到12月30日已经下降至452.69，跌幅达到7.21%。这一跌幅虽然还没有进入修正领域（10%）或熊市（20%）的程度，但相比2017年的上涨21.5%要逊色得多。

尽管美国股市依然在8月份突破了史上最长牛市的纪录，但全球市场在2018年接连遭遇了近两年罕见的重挫。即便是大部分主要市场还没有进入熊市，但可见修正风险愈演愈烈。

全球股市的低波动时代于2018年2月初开始终结。当时美国年内的第二份非农报告表现靓丽，但市场却担心美联储会因此加快升息。超宽松货币环境的转变以及老对手——债券市场的重新振作令股市如临大敌。

四大央行中，美联储在2017年加息三次后2018年又加息了四次，英国央行继2017年的一次加息后2018年又加息一次，欧洲央行2018年年底停止购债，日本央行也下调了购债规模。

到了3月份，美国总统特朗普切实执行了他在竞选中承诺的贸易保护主义政策。特朗普先是在3月1日宣布引入钢铁和铝进口关税，又在3月22日宣布对中国的进口产品大规模加征关税。金融市场随之持续笼罩在贸易战的阴云之下。

即便贸易战还没有全面爆发，但其对经济的负面影响已经开始显现。美国经济2018年在减税等刺激性财政政策的支持下保持稳定发展，但全球其他地区的经济却已明显放缓，如表1.1所示。

表1.1　2018年前三个季度GDP增长率（环比）

GDP增长率（环比）	一季度	二季度	三季度	四季度
美　国	2.2%	4.2%	3.5%	
欧元区	0.4%	0.4%	0.2%	
英　国	0.1%	0.4%	0.6%	
中　国	1.5%	1.7%	1.6%	
日　本	−0.3%	0.7%	−0.6%	

除了贸易紧张关系，全球各地也风险事件不断。英国退欧进程进入白热化，不确定性不降反升。欧盟同时还面临意大利新民粹主义政府违反预算条例的挑战。新兴市场也动荡加深，多国货币连续大跌，新兴市场危机再现。

在这种情况下全球股市之前两年在大好经济环境下的蒸蒸日上难以为继。到了2018年年底，全球性的股市大跌更多是源自对经济增长放缓和中美贸易冲突会令形势恶化的担忧。相比年初股市风暴中许多专家的安抚言论，年末时市场的氛围则要沉重得多了。

整体来看，MSCI全部国家（或地区）世界指数以月度收益率标准差衡量的波动性由2017年的

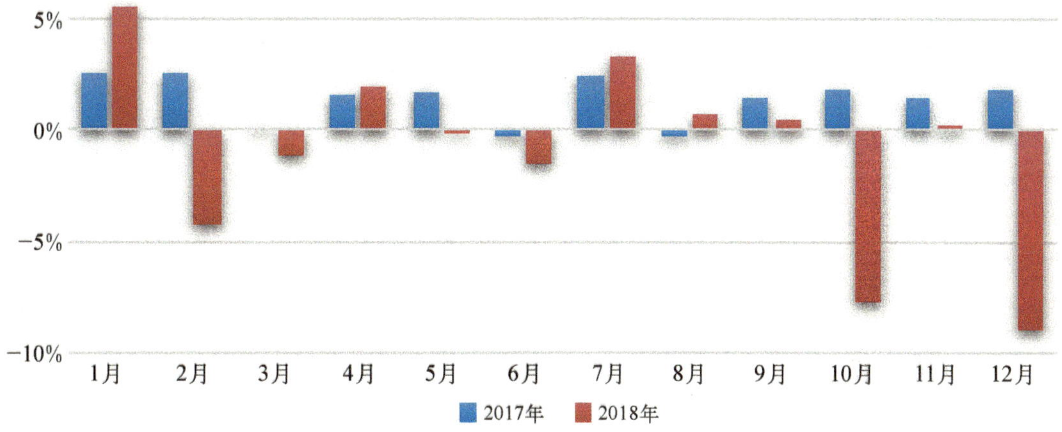

图1.2　MSCI全部国家（或地区）指数月度收益率

1.03%大增三倍,至4.25%。由月度收益率也可以看出,2017年仅有两个月份小幅下挫0.28%(6月、8月),2018年收益为负的月份则增至六个(2月、3月、5月、6月、10月、12月),且最大月度跌幅达到了9%(12月)。

1. 发达国家股票市场的表现

基准指数:包含全球23个发达市场的摩根士坦利世界指数(MSCI World)2018年的收益率和以月度收益率标准方差衡量的风险波动率分别为−8.71%和4.22%。

2018年MSCI世界指数如图1.3所示。

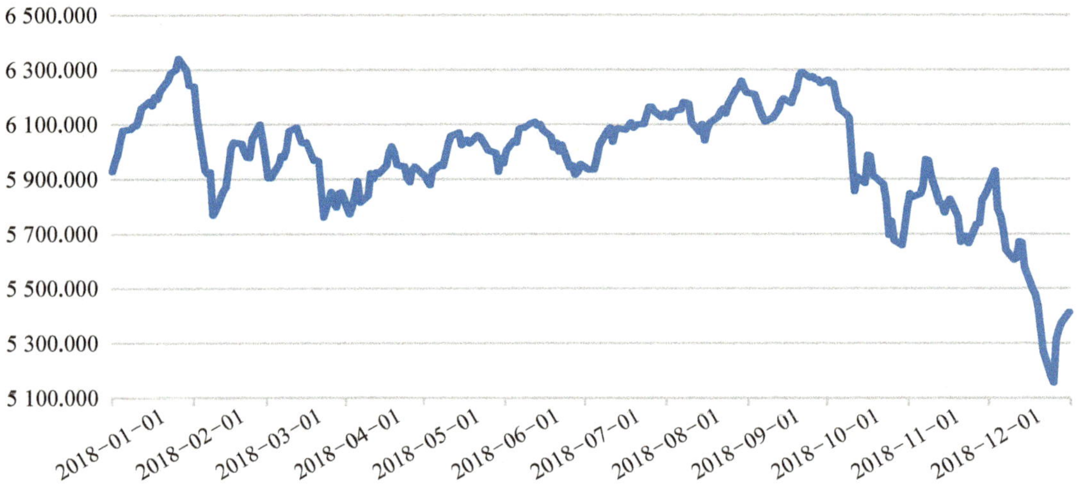

图1.3　2018年MSCI世界指数

(1)美国

关键词:美联储、国债收益率、贸易战

三大股指表现:

- 纳斯达克指数:反映纳斯达克证券市场行情变化。作为全球最大的证券交易市场之一,在

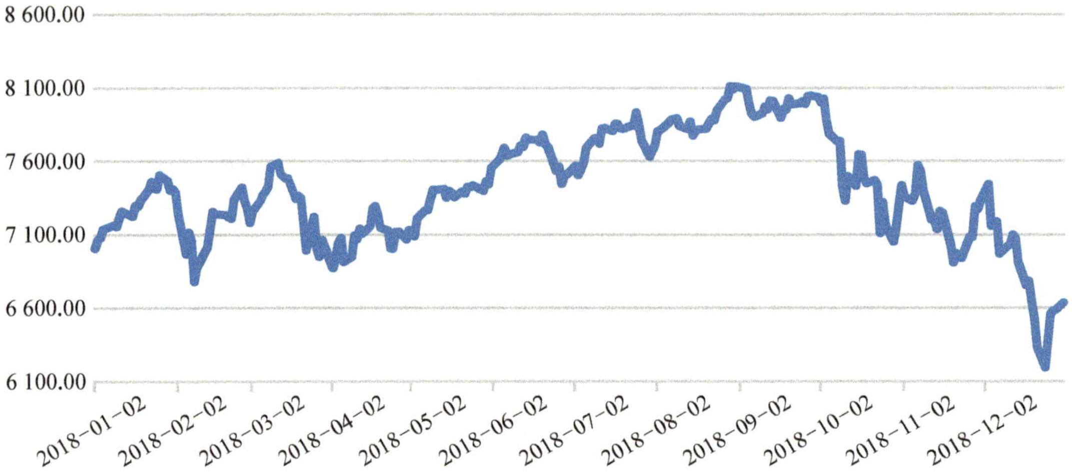

图1.4　纳斯达克指数2018年表现

纳斯达克的上市公司主要由美国的数百家发展最快的先进技术、电信和生物公司组成，因而成为美国“新经济”的代名词。纳斯达克指数2018年表现见图1.4。

• 标普500指数：作为道琼斯指数之后全美第二大指数，与道琼斯指数相比，其包含的公司更多，因此，风险更为分散，能够反映更广泛的市场变化。此外，相较于道琼斯指数抓股价加权，标普500指数是采用市值加权，更能反映公司股票在股市上实际的重要性。标普500指数2018年表现如图1.5所示。

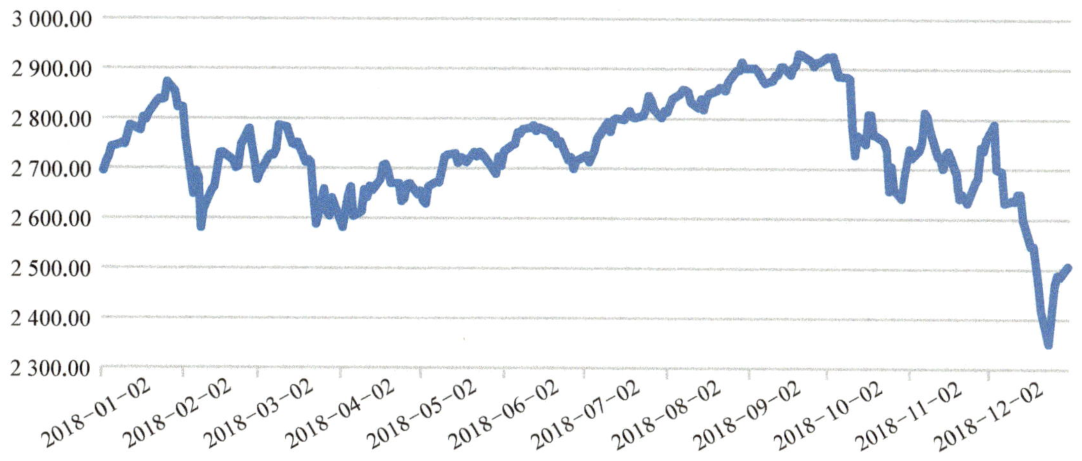

图1.5　标普500指数2018年表现

• 道琼斯指数：选择行业内最具代表性的65只股票，组成了这个目前世界上影响最大、最具权威性的股票指数。道琼斯指数2018年表现如图1.6所示。

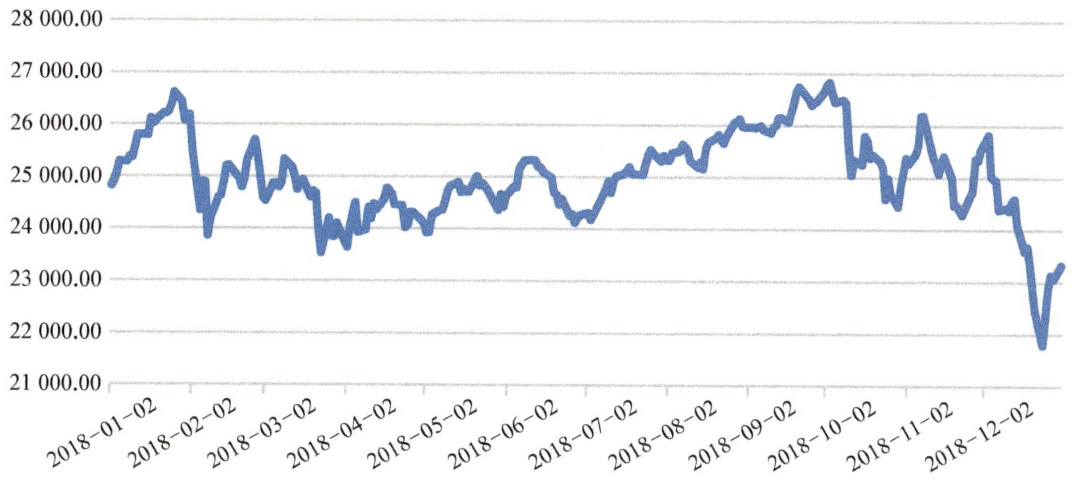

图1.6　道琼斯指数2018年表现

这三大股指在2018年趋势基本相同，2、3月份持续下挫后震荡上扬，在10月份之后再次迎来较大幅度的下修，最大涨幅都是发生在1月份，最大跌幅则尽皆发生在12月。从整体表现来看，标普指数跌幅最大，纳斯达克指数一度陷入熊市，最低值较最高值跌幅超过20%，另外两个指数也都曾分别徘徊于熊市边缘。

表1.2　2018年美国三大指数表现

指　　数	纳斯达克	标　　普	道琼斯	基　　准
收益率(年率)	-5.31%	-7.01%	-6.03%	-8.71%
最大涨幅(月率)	5.77%(1月)	4.75%(1月)	5.34%(1月)	5.28%(1月)
最大跌幅(月率)	10.83%(12月)	10.16%(12月)	9.68%(12月)	8.73(12月)
波动性	5.17%	4.51%	4.44%	4.22%
最低值较最高值跌幅	23.64%%	19.78%	18.77%	18.71%

月度收益率中,三大股指涨跌几乎保持一致,但在9月和11月其他两个股指上扬的情况下纳斯达克指数下跌,显示出其风险较大,如图1.7所示。

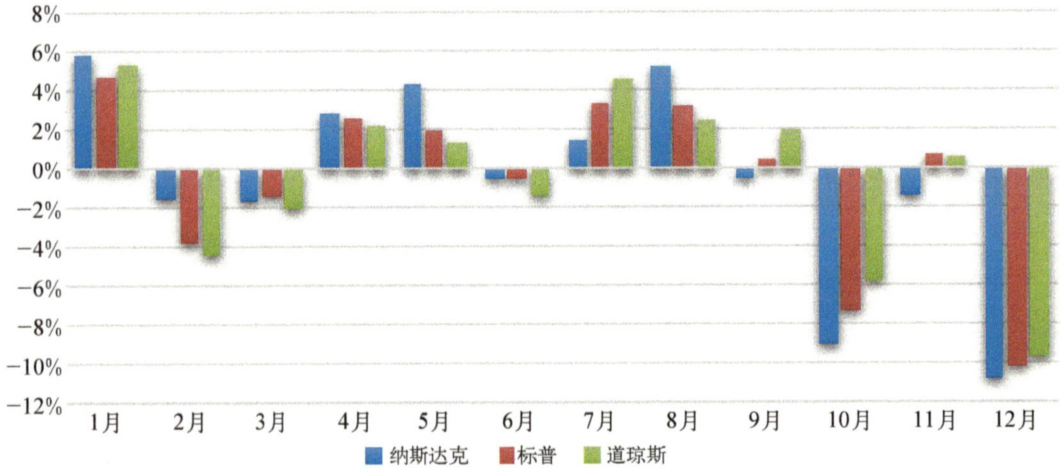

图1.7　美国三大股指2018年月度收益率

美联储的政策为2018年影响美国股市乃至全球股市的重要因素。2018年年初股市原本延续2017年的涨势,但到了2月份,美国公布的非农报告形势大好,尤其是薪资数据超出预期,这令人们担心通货膨胀会随之上涨,导致美联储加紧升息。一度在金融危机后超级宽松的货币政策以更快的速度收紧,无疑是对股市的一大打击。美联储在2018年共加息四次,比2017年的加息脚步加快,基础利率由1.5%升至2.5%。

然而到了2018年底,美联储态度由鹰转鸽,暗示2019年将放缓加息进程,这让投资者担心其作此决定是出于美国经济的放缓,股市随之下跌。

实际上,美国在2018年经济表现出色。GDP增长从一季度的2.6%,到二季度上升至2.9%,三季度则进一步升至3%。失业率也降至3.7%,为1969年以来最低。经济表现领先于其他发达国家,这让美国股市的表现也相较其他发达市场更为突出。本书统计的主要发达国家股指中,美国股市收益率明显高于其他股指。美国股市还迎来了史上最长的牛市。直至8月22日,以股价从未下跌超过一年高位20%的标准来衡量的所谓牛市截至周三已经持续了3 453天,这一九年半的时长打破了上一次从1990年10月持续至2000年3月的纪录，创造了新的牛市最长“寿命”。

美国经济在2018年的上行被认为主要是归功于特朗普上任以来实施的财政刺激政策，但许多经济学家指出，其在财政赤字飙升且经济增长周期接近尾声的这种刺激政策带来的正面效果并不会长久。

让人更担忧的是，特朗普在2018年正式宣布开始实施他的贸易保护主义政策。他先是在3月1日宣布引入钢铁和铝进口关税，随后在3月22日签署总统备忘录，宣布将对从中国进口的商品大规模加征共计600亿美元的关税。根据经合组织的分析，总体来讲，贸易保护主义立场将导致就业净值的降低，这是因为保护部分领域的就业实际上是以经济中出口更具竞争力的行业就业为代价。

美国和中国作为世界上最大的两个经济体，二者间的贸易往来对世界经济的影响重大，双方贸易关系的紧张成为2018年笼罩在全球经济以及金融市场上空最大的一片阴云。美国以外的国家在年内经济已经开始明显放缓，而到了年底，此前坚挺的美国经济也开始出现不利的信号。麦格理银行分析师援引2016年特朗普胜选前彼得森国际经济研究所的一份分析报告称，在全面贸易战的设想场景下，美国将在2019年进入经济衰退，失业率加倍。《经济学家人》评论称，由贸易战带来的结果将令美国经济面临“三座大山”——紧缩货币政策会在贸易战影响显现时才开始延迟生效，若美联储转而降息，则可能为时已晚；美国政府的财政赤字将打击需求；同时全球贸易骤降。

在一系列指标中，2018年美国国债收益率的浮动尤其引起市场的关注。年初时美国十年期国债收益率一度随着美联储的加息而上扬。这让股市警惕曾经的老对手开始回归。2、3月份股市的连续下跌皆与此相关。接近年底时，美国国债收益率曲线却出现“倒挂”，令投资者对于美国的经济状况心生警惕。所谓的倒挂，是指短期债券的收益率反而高于长期债券，这被认为是预测美国经济状况最为准确的指标之一。1955年开始，所有的美国经济衰退发生前都具有这一预警信号。但1960年时也曾发生国债收益率曲线的倒挂，当时经济活动只是放缓。在过去60多年里，倒挂发生后，经济衰退发生的间隔时间从9个月到24个月不等。这在全球经济放缓的阴霾中加深了投资者的疑虑，股市也随之更大幅度地下跌。

（2）欧洲

关键词：政治波动、经济放缓

整个欧洲金融市场在2018年都处于动荡之中。于年初延续上年涨势后，在英国退欧持续跌宕起伏的进展中，欧洲大陆也未能避免震动。在内部和外部的双重夹击下，欧洲各国经济增长显著放缓，股市表现也由此逊于美国及基准指数。四个主要股指年内整体跌幅均大于10%。且德国DAX指数和意大利米兰指数都曾陷入熊市（最低值较最高值跌幅分别为23.44%和26.40%）。

表1.3　2018年欧洲四大指数表现

指　数	英国富时100	德国DAX	法国CAC	意大利米兰	基　准
收益率（年率）	−12.03%	−17.97%	−10.55%	−16.12%	−8.71%
最大涨幅（月率）	6.81%（4月）	4.64%（7月）	7.15%（4月）	7.61%（1月）	5.28%（1月）
最大跌幅（月率）	4.90%（10月）	7.90%（12月）	7.51%（10月）	10.23%（5月）	8.73（12月）

（续表）

指　数	英国富时100	德国DAX	法国CAC	意大利米兰	基　准
波动性	3.37%	4.10%	4.30%	5.75%	4.22%
最低值较最高值跌幅	16.41%	23.44%	18.47%	26.40%	18.71%

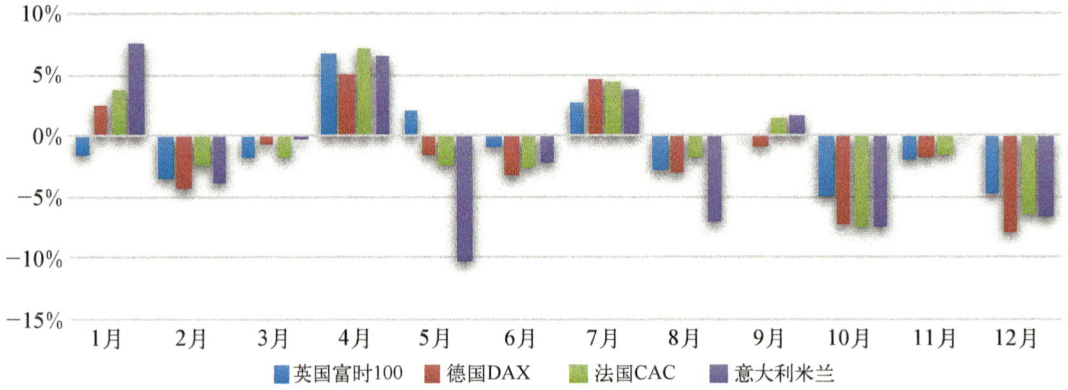

图1.8　欧洲主要股指2018年月度收益率

从整个欧洲来看，这四个股指月度涨跌趋势类似。意大利因新政府及其激进政策而下跌较多（年内跌幅16.12%），可以看到其最大跌幅（10.23%）发生于新政府组阁的5月份。作为欧洲最大经济体的德国因受到国际贸易紧张关系的打击，三季度经济收缩，股市也随之大跌，德国DAX股指在这四个指数中年内跌幅最大（17.97%）。英国股市也因退欧阴云的拖累而表现不佳，年内下跌幅度（12.03%）稍高于法国（10.55%）。除了意大利，另外三个国家股市的最大跌幅分别发生于10月份（英国、法国）和12月份（德国）。

- **英国**

富时100指数：由富时集团根据在伦敦证券交易所上市的最大的100家公司表现而制作的股价指数，是欧洲最重要的股票指数之一。英国富时100指数2018年表现如图1.9所示。

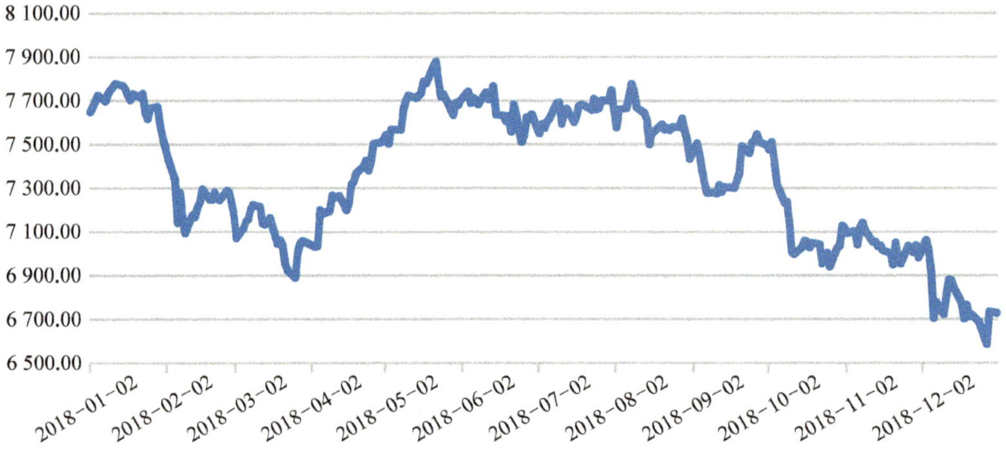

图1.9　英国富时100指数2018年表现

2018年，英国富时100指数下跌了12.03%，5月份达到顶峰后就一路下滑。

从国内基本面来看，英国经济在前三个季度的表现乏善可陈。但在退欧公投后被主流经济学家一致唱衰的情况下，英国经济仍表现坚强，尽管脚步明显放缓，但仍保持增长，尤其是年初公布的GDP数据好于预期。

另一方面，英国政府在2018年以来退欧立场明显软化。自上年年底双方谈判破冰，推进至下一阶段的同时也初步确定了达成第一阶段的退出协议就可确保先实行过渡期的基本框架。这在一段时间内让英国的政治局面得以稳定，不确定性也随之降低。

上述因素令英镑在年初大涨，甚至逼近退欧公投前的水平。但英国股市也未能在2月份的下修风暴中得以幸免。同时，因成分股多为国际公司，富时100指数通常与英镑反向而动，这造成了该指数在2018年前三个月的连续下跌。

但英国退欧局势随着2019年3月29日正式退欧之日的逼近又开始波动。英欧双方就爱尔兰边境问题争执不下，谈判再度陷入僵局。其实对于退欧的具体形式，英国内部也分为不同派别，各执一词。这让市场越来越担心，英国最终会以无协议的形势退欧。如果这种设想中最糟糕的场景发生，英欧双方都将面临之前的紧密联系突然切断的断崖局面。同时双方关税提升，需要突然增设的边检可能造成物资运输严重延迟，对双方造成的经济打击可想而知。

同时，经济数据也开始传来一连串的坏消息。2月份之后的三个月里经济增长和通胀数据皆不及预期。这让2017年11月已经进入加息周期且曾经暗示可能加快货币政策正常化脚步的英国央行在5月份并没有如市场广泛预期的那样加息。英镑2018年的持续大跌也正起始于此。

4月份富时100指数受到英镑下跌的促进曾大幅反弹。然而之后英国政治经济形势的恶化令其再难振奋，开始在震荡中下滑。

英国退欧局势的震荡在年底愈演愈烈。虽然英欧双方最终达成了一份退欧协议，但英国内部对于退欧形式的分歧令其无法获得议会通过，英国首相特蕾莎·梅延迟议会投票的决定更是引发了保守党对其领导权的不信任投票。虽然梅在这次投票中有惊无险，但被延迟至1月份的投票仍然希望渺茫。无协议退欧、二次公投和大选等各种其他可能再度浮上水面。英国退欧结局的不确定性登上顶峰。

在退欧的阴云下英国的经济也不容乐观。英国经济在三季度受到温暖天气和世界杯的提振后四季度开始显著回落。作为经济主力的零售业也进入寒冬，一系列曾经耳熟能详的知名品牌倒闭。加上全球经济环境的恶化，英国股市从10月份开始大幅下修，到12月中旬一度降至28个月低位。

- **欧元区**

德国DAX指数：由德意志交易所集团推出的一个蓝筹股指数。该指数中包含30家主要的德国公司，为德国首要股价指数，也是欧洲重要的股指。

法国CAC40指数：是法国巴黎证券交易所市值前40大企业的股票报价指数，为法国首要股价指数，也是欧洲重要的股指。

意大利MIB指数：意大利国家证券交易所Borsa Italiana的基准股票市场指数，该指数包括交易所交易量最大的40只股票类别。

上述欧元区三大指数2018年的表现如图1.10、图1.11、图1.12所示。

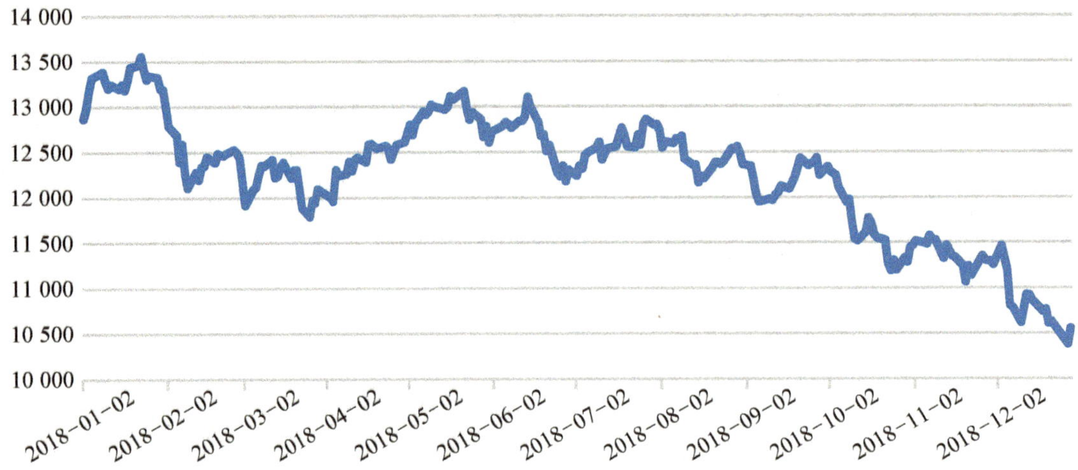

图1.10　德国DAX指数2018年表现

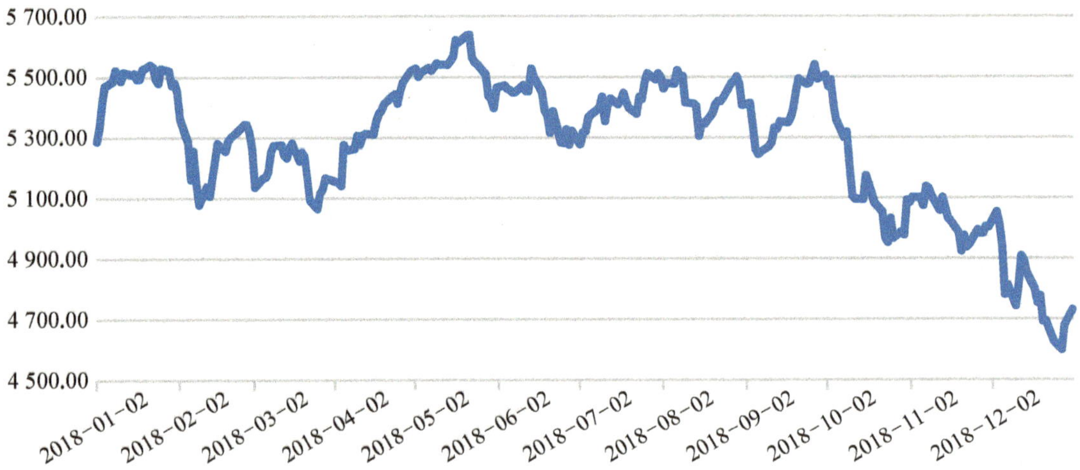

图1.11　法国CAC40指数2018年表现

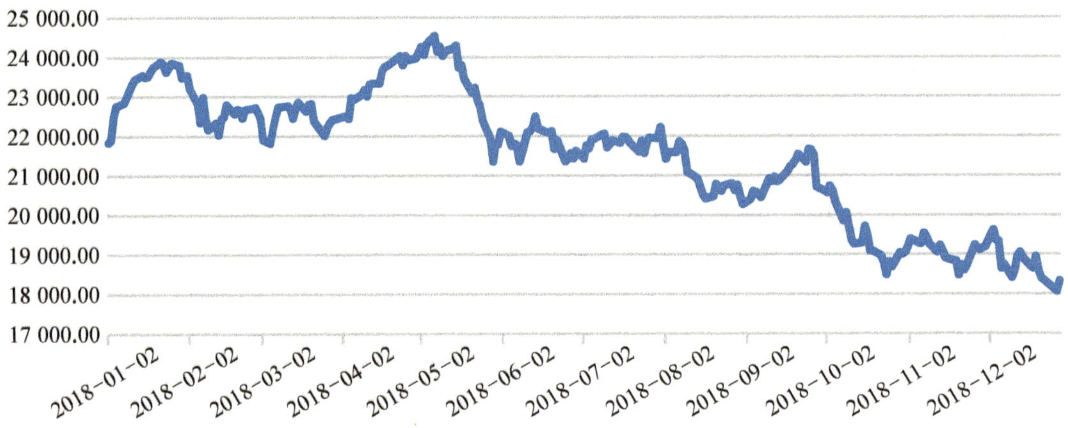

图1.12　意大利米兰指数2018年表现

欧元区经济乃至其股市在2018年饱受政治波动的打击，这一动荡既包括主要国家的本土政局，也包括成员国对整个欧元区的影响，还有外部全球环境带来的震动。

欧元区最大的三个经济体——德国、法国和意大利的本土政治在2018年无一安宁。

2018年年初，德国大选过去了四个月之久，但仍陷于组阁的困境之中，默克尔麾下的基民盟与自民党谈崩后最终还是与“老搭档”组阁。到了10月份，德国总理默克尔宣布不再连任。作为过去十几年来德国乃至欧盟的掌舵者，她将于2021年退出政治舞台，这可能意味着一个时代的终结。

意大利方面则是2018年的大选中产生的民粹主义政府给市场带来的担忧。人们担心意大利会步英国后尘，选择“退群”。而若欧盟再遭此打击，恐怕会面临分崩离析。虽然意大利新政府表态并不会退出欧元区，但在向欧盟递交2019年财政预算时却大幅提高目标预算，严重违反欧盟相关规定。这令当年的欧元区债务危机阴影重现的同时，也凸显了意大利与欧盟间的关系开始紧张。这一度成为主导欧洲股市下跌的重要因素。意大利股市更是因此进入了熊市。投资者担心意大利政府债务的激增会导致银行承受巨大的压力，欧盟和欧元区未来的不确定性也令这一地区的资产吸引力下降。

法国在一年的平静后国内积攒多时的矛盾于2018年底爆发。法国总统马克龙自2017年走马上任以来实施全方位的改革政策，包括调整税收和劳动法规，这引起国内部分人士的不满。到了12月份，法国全国掀起了抗议政府上调燃油税的决定，被称为“黄马甲”抗议，持续了数周之久，且包括枪击案等多起暴力事件，影响恶劣。法国政府也不得不做出妥协，放弃上调燃油税，并宣布上调最低工资标准、对加班期间所获薪酬免税等一系列增加福利的措施，以平息法国民众的不满情绪。这加速了2018年底全球抛售潮中欧洲股市的下跌。

这些政治波动都对经济产生了一定程度的影响，加上全球贸易环境的紧张，与2017年的惊艳表现相比，欧元区经济年内开始显现冷却迹象。同时，政局的动荡和相应的不确定性令企业减少投资、消费者降低支出，这点从欧元区主要信心指数的持续下跌中就可见一斑。到了三季度，德国GDP甚至开始收缩。欧洲央行在2018年结束了在金融危机后实施的量化宽松计划，然而，其也同时下调了对欧元区经济前景的预期。对于股市，整体的经济现状和前景导致上市企业的个体营收承压。同时，股市投资者也开始考虑转移资金以避免可能发生的危机风险。

（3）日本

关键词：关联性

日经指数：日经平均指数又名日经225，是由日本经济新闻社推出的东京证券交易所的225个品种的股价指数。该指数在2018年的收益率和以月度收益率标准方差衡量的波动风险分别为−4.91%和4.70%。

相对欧美，日本在2018年并没有什么较大的政治波动，且经济发展平稳，但也受到全球市场震动的影响。

在2018年最初的两个月中，日经指数随着美国股市的回调也大幅下跌，随后则开始回暖。从基本面来看，虽然人口老龄化等问题令其经济增长难以企及美国等其他发达国家，但依旧宽松的货币政策以及日本在人工智能、自动化、大数据以及金融科技等方面的突出表现令其经济保持复苏，并使得日本企业盈利状况上佳。另外，2018年7月，日本与欧盟之间达成的“经济伙伴关系协定

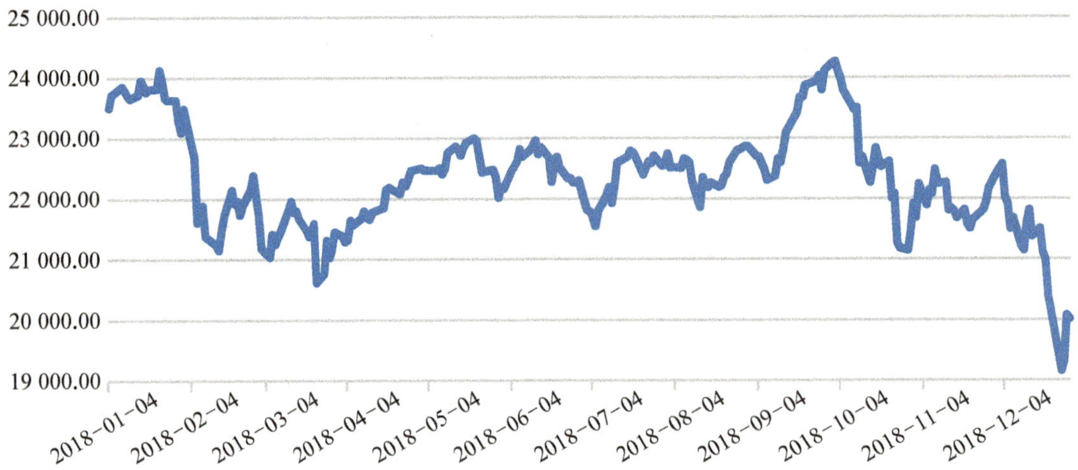

图 1.13　日经指数 2018 年表现

（EPA）”，也在较大程度上推动了日本的对外贸易。

另一方面，美国股市近年来的高歌猛进令其估值偏高，虽然日本也持续了七年之久的牛市，但在企业财务表现优秀的基础上，股票价格相对美国股票更为“便宜”，而相对新兴市场又较为安全，这令日本股市成为投资者分散投资的首选地之一，对国际资金的吸引力也保持在较高水平。9月份，日经指数创下了6.22%这一2018年最高月度增长率。直至10月2日，日经指数刷新了史上最高纪录。

但自那之后，日本股市又开始随着美国股市大幅下挫。在全球贸易关系紧张化的持续影响下，各国经济增长开始受到明显阻滞。日本也未能幸免于难，在同时遭遇自然灾害的情况下，三季度GDP显著收缩。仅10月份一个月内，日经指数大跌了9.59%，虽然11月份有所回升（3.06%），但对年内的跌势也于事无补。到了12月份更是大跌了11.3%，且一度进入熊市，较1月份高位下挫超过20%（最低值较最高值跌幅达21.05%）。据统计，2018年以来，外资抛售日股约480亿美元，创1987年华尔街“黑色星期一”市场崩盘以来的最大卖超金额。最终日经指数在2018年下跌了14.85%。

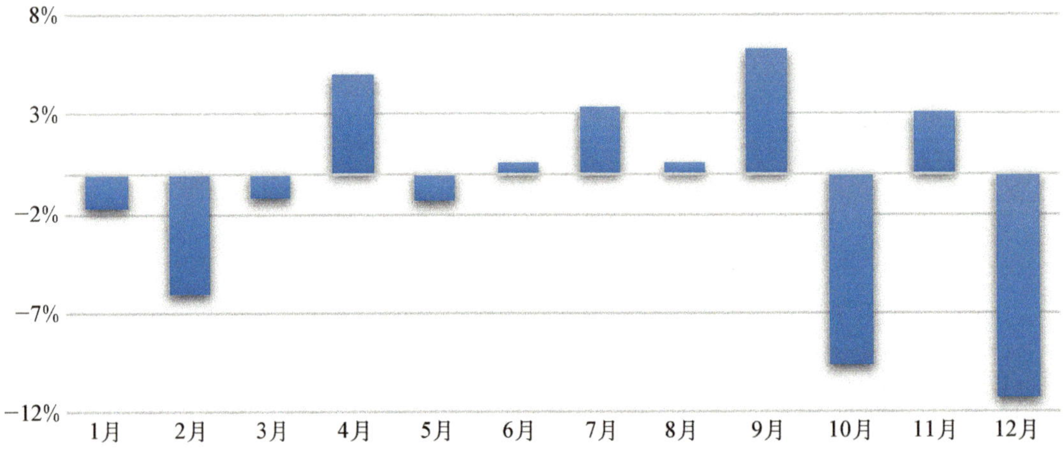

图 1.14　日经指数 2018 年月度收益率

发达市场股指在2018年的收益率和波动性，以及最低值较最高值跌幅分别如图1.15、图1.16、图1.17所示。

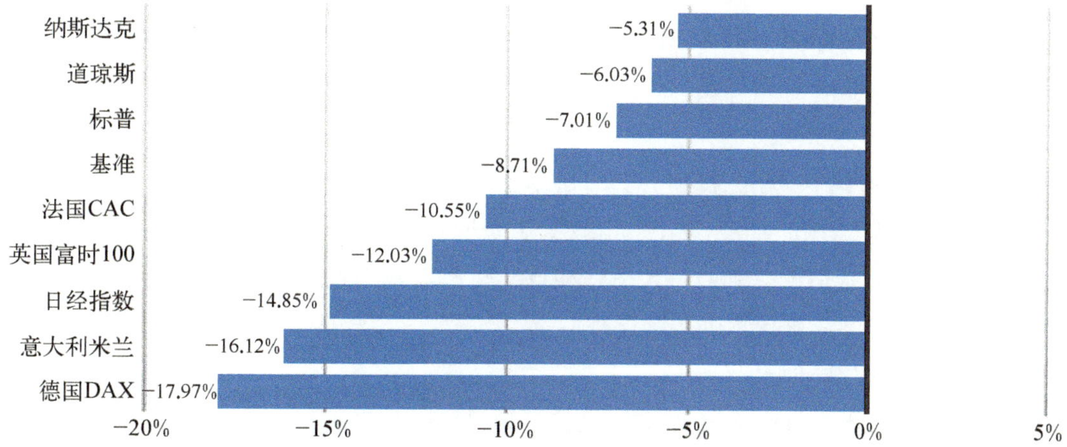

图1.15　发达市场主要股指2018年收益率

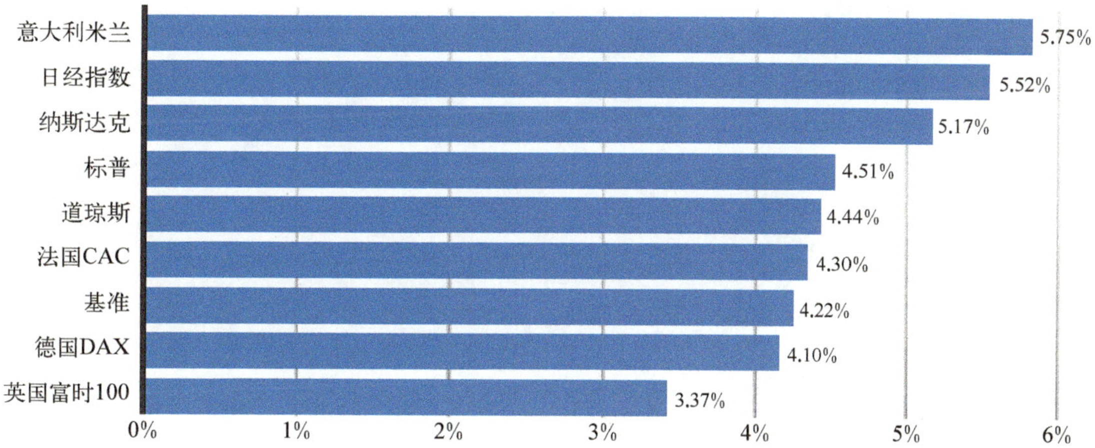

图1.16　发达市场主要股指2018年波动性

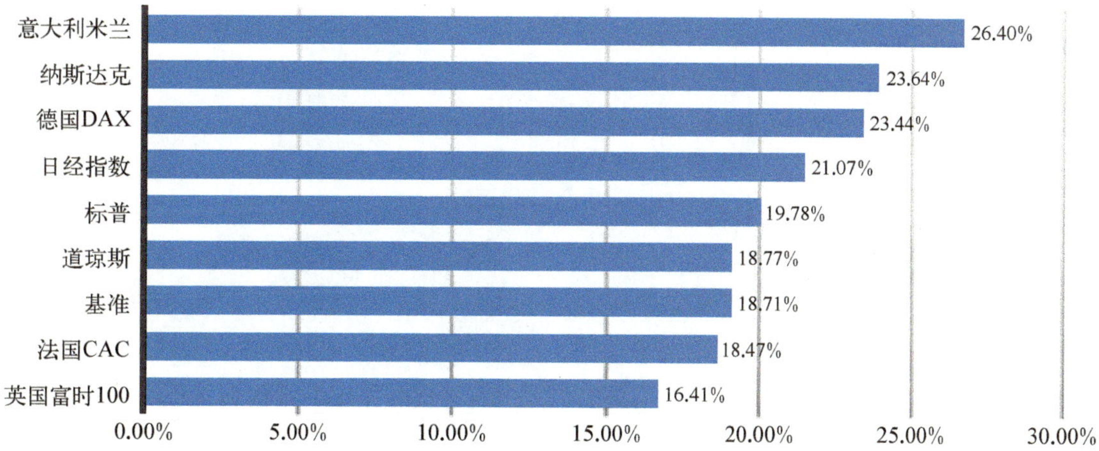

图1.17　发达市场主要股指2018年最低值较最高值跌幅

2018年,美国、英国、德国、法国、意大利和日本六个发达国家的八个股指全部收跌,纳斯达克指数跌幅最小(5.31%),美国三大股指跌幅均小于基准指数(8.71%),其他国家五个股指跌幅均大于基准指数,德国DAX指数跌幅最大(17.97%)。

从以月度收益率标准方差衡量的波动性来看,意大利米兰指数是发达市场中波动性最高的(5.75%),波动性最低的是英国富时100指数(3.37%)。德国DAX指数波动性也低于基准指数(4.22%),其余均高于基准指数。

以最低值较年内高位跌幅来看,意大利米兰指数最高(26.4%),英国富时100指数最低(16.41%)。法国CAC指数和英国富时100指数低于基准指数(18.71%),其余均高于基准指数。意大利米兰指数、纳斯达克指数、德国DAX指数和日经指数跌幅均超过20%,意味着曾陷入熊市。其余指数跌幅也都超过10%,意味着进入修正领域。

2. 新兴国家(地区)股票市场

基准指数:MSCI新兴市场指数2018年收益率为-15.56%,波动风险为4.24%。

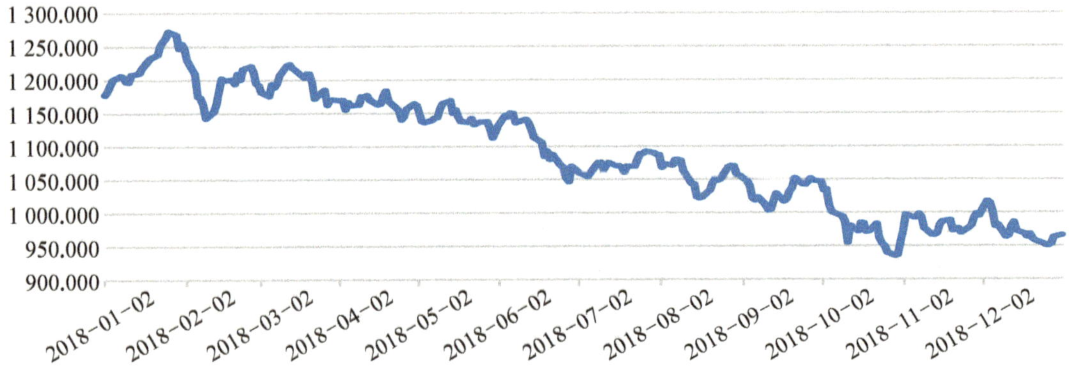

图1.18 MSCI新兴市场指数

(1)中国

关键词:熊市、不乏亮点

- 上证指数:上海证券交易所主要的综合股价指数,是反映挂牌股票总体走势的统计指标。

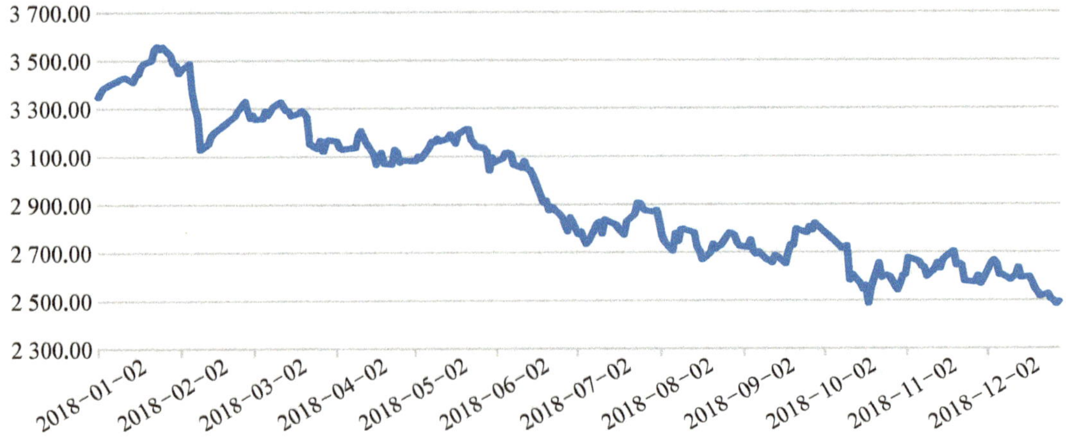

图1.19 上证指数2018年表现

• 深证指数：深证成分指数是深圳证券交易所的主要股指，成分股为500家有代表性的上市公司。

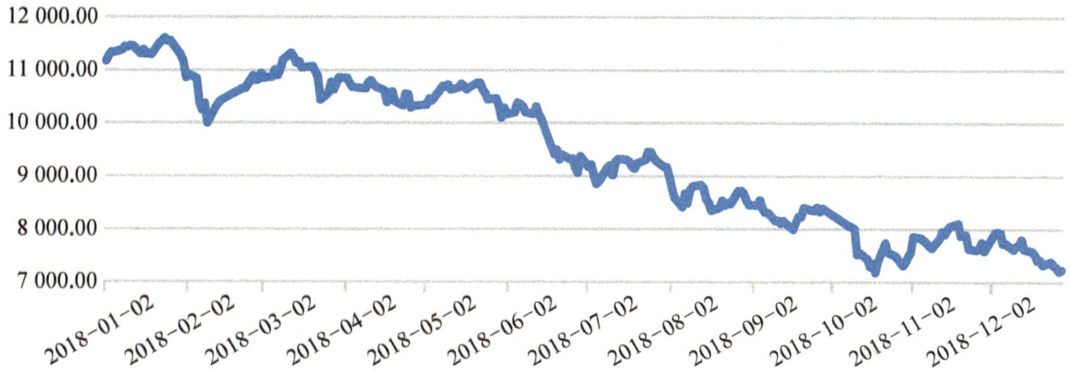

图1.20　深证指数2018年表现

• 恒生指数：恒生指数是反映香港股市行情的重要指标，指数由50只在香港上市的蓝筹股市值计算而成。

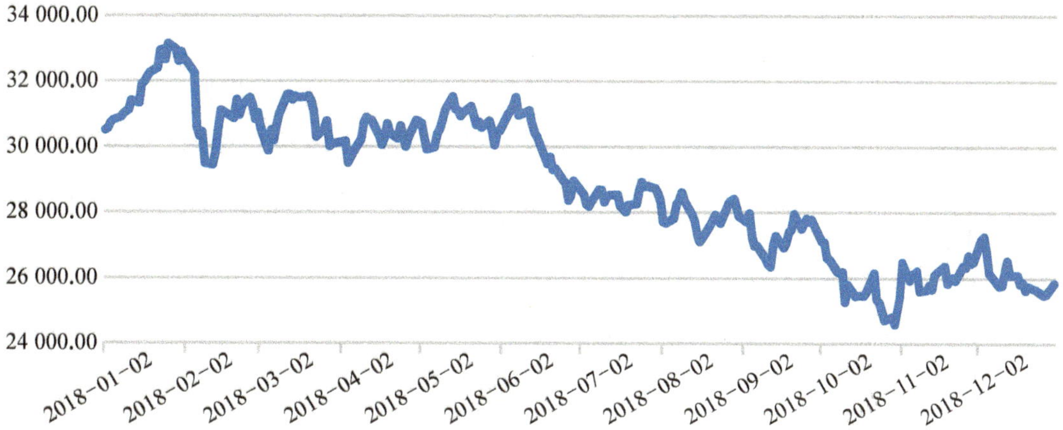

图1.21　恒生指数2018年表现

相比其他市场，中国股市在2018年更早地进入了熊市，无论作为发达市场的香港股市还是作为新兴市场的A股市场，下跌的幅度也都超过同类的基准指数。

表1.4　2018年中国三大指数表现

指　　数	恒　生	上　证	深　证	基　准
收益率（年率）	−15.30%	−25.52%	−35.23%	−18.02%
最大涨幅（月率）	7.77%（1月）	3.96%（1月）	1.51%（11月）	6.50%（1月）
最大跌幅（月率）	7.91（10月）	7.41%（6月）	8.80%（12月）	8.65%（10月）

（续表）

指　　数	恒　　生	上　　证	深　　证	基　　准
波动性	4.51%	3.97%	3.67%	4.18%
最低值较最高值跌幅	25.84%	30.24%	38.08%	26.57%

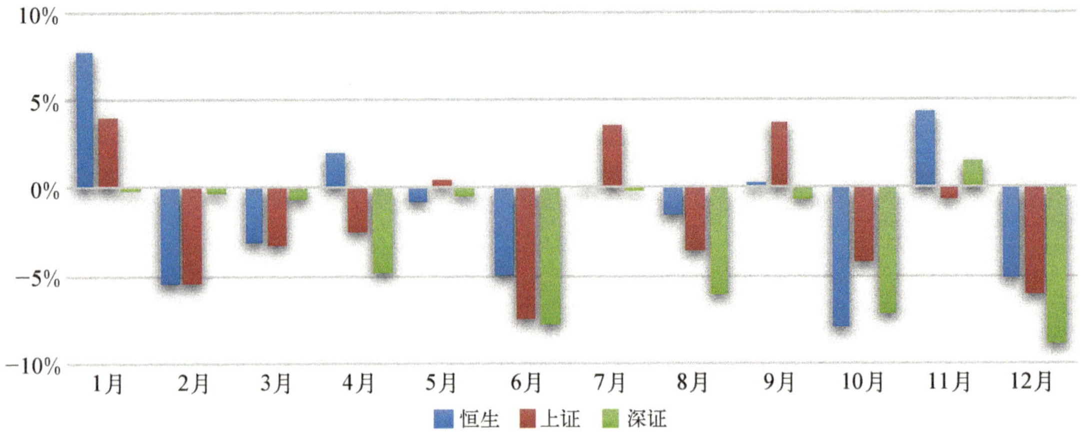

图1.22　中国股指2018年月度收益率

从月度涨幅来看，中国股市在1月份持续2017年的涨势冲高（恒生和上证指数最大月度涨幅均发生于1月份），2月份则开始持续下跌。除了以美国股市为首的全球性下修，中国股市前期的暴涨中所积累的风险也在这一阶段爆发，大批绩差股在1月底的“暴雷”成为这轮下跌的导火索之一。

到了3月份，美国宣布对中国提高关税。随着时间的推移，双方的贸易紧张关系非但没有缓解，反而不断升级。美国不断“加码”关税，中国则坚决予以回击。世界最大的两个经济体间贸易战的风险波及全球。处于漩涡中心的中美两国自然也都受到影响。虽然中国正在由工业主导增长转向更为成熟的服务型经济，贸易趋向平衡，但正如国际货币基金组织主席拉加德所说：“贸易战中没有赢家。”

在这一负面背景下，加上人民币贬值、国内实体去杠杆以及信用风险升级等多重利空因素，股市投资者的信心急转直下，市值随之一路走低。到了10月18日，上证指数甚至跌破了2 500点，创2014年11月份以来新低，较年内高位跌幅达到30.1%。深证指数在2018年由峰值跌至最低点的跌幅也高达38.08%。

然而，中国股市在2018年也并非毫无亮点。6月1日，A股被正式纳入摩根士丹利资本国际公司（MSCI），这被认为是作为世界第二大股票市场的中国股市迈向国际化的里程碑。自此之后，中国股市的国际化还在进一步发展中。9月份，MSCI宣布，将上调A股在全球指数中的占比。9月27日，全球第二大指数公司富时罗素宣布，将A股纳入其全球股票指数体系，将于2019年6月份生效。另外，伦敦与上海股市互联互通的“沪伦通”也在顺利进展之中，11月30日，华泰证券连同上海证交所宣布，证监会已核准其在伦敦证交所发行存托凭证（GDR），标志着上海和伦敦两地公开上市的公司可在对方交易所上市。

2018年10月18日上证指数跌破2 500点后，主管金融的刘副总理和一行两会负责人，前所未有地联合密集发声力挺股市。未来对股市的长远发展有重大影响的措施包括：允许银行理财子公司直接买股票；要求金融机构科学、合理地做好股权质押融资业务风险管理，支持民营经济和民营企业的发展；以及鼓励回购，深化重组并购改革，支持国企混改和民企兼并重组，推进资本市场对外开放。

（2）金砖四国（除中国）

关键词：危机、坚挺

- **印度**

印度股市指数：又称孟买敏感30指数，由孟买证券交易所发布，是被广泛使用的股市指数，也是投资印度股市的重要指标。印度指数2018年表现如图1.23所示。

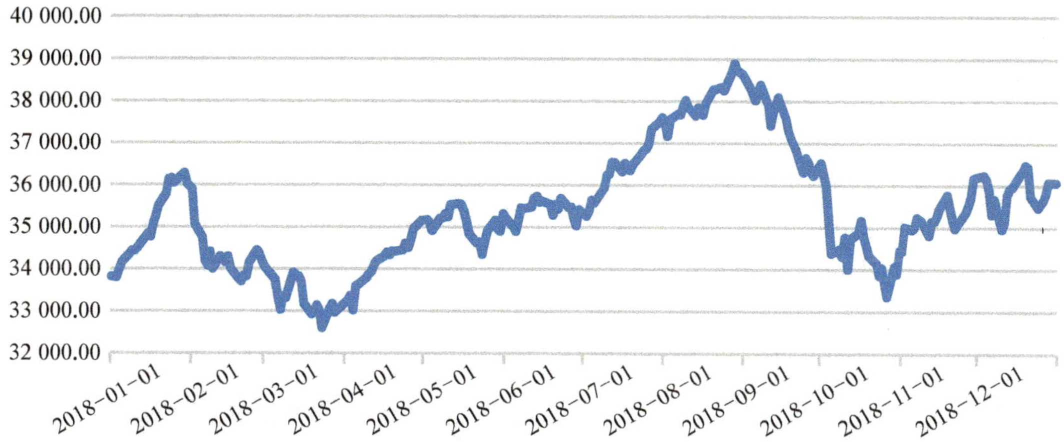

图1.23　印度指数2018年表现

- **巴西**

巴西指数：圣保罗上市公司股票指数，是投资南美洲的重要指标。巴西指数2018年表现见图1.24。

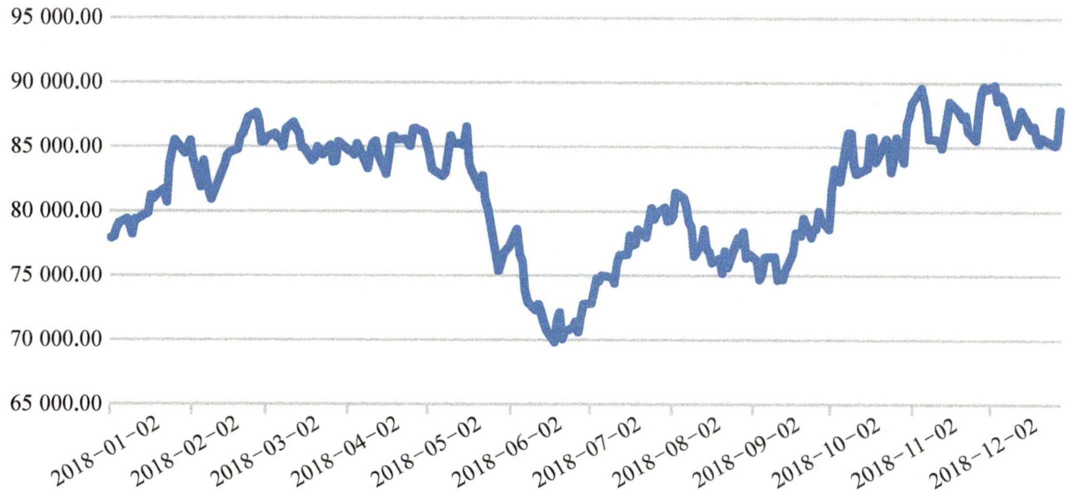

图1.24　巴西指数2018年表现

- **俄罗斯**

俄罗斯RTS指数：由莫斯科交易所上市的50个大型公司股票构成，是俄罗斯股市重要股指之一，也是俄罗斯、东欧和许多新兴欧洲国家（或地区）的重要指标。其2018年表现见图1.25。

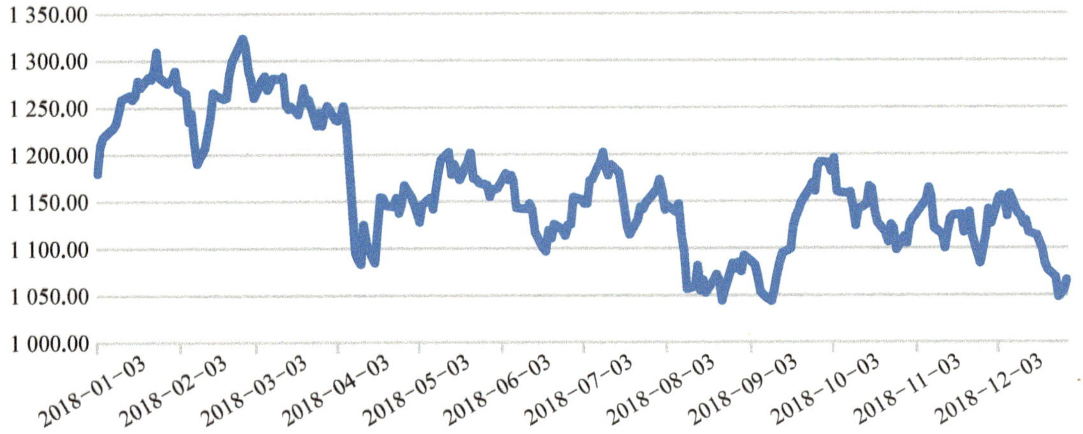

图1.25　俄罗斯指数2018年表现

金砖四国中，除中国以外的其他三个国家股市在2018年表现亮眼，尤其是巴西和印度，在全球的大跌潮流中仍创下了年度收益率分别为14.91%和7.04%的佳绩（见表1.5）。

表1.5　金砖四国（除中国）2018年股市表现

指　　数	印　度	巴　西	俄罗斯	基　准
收益率（年率）	6.67%	12.83%	−9.66%	−18.02%
最大涨幅（月率）	6.64%（7月）	11.19%（10月）	9.13%（9月）	6.50%（1月）
最大跌幅（月率）	5.71%（10月）	9.22%（5月）	7.29%（8月）	8.65%（10月）
波动性	4.69%	6.17%	5.65%	4.18%
最低值较最高值跌幅	16.20%	−22.27%	21.18%	26.57%

从月度涨幅来看，印度、巴西和俄罗斯股指的最大涨幅分别发生于7月（6.64%）、10月（11.19%）和9月（9.13%），与其他国家股市最大涨幅多发生于1月份不同，可见其与发达市场的关联度较低。

另一方面，印度和巴西在2018年收益为正，分别达到6.67%和12.83%。在全球股票市场中硕果仅存。巴西指数甚至在下半年不降反涨，相比年中的低谷，11月份上扬了22.27%，可谓表现强劲。但三个国家以月度收益率标准方差衡量的波动风险较大——印度、巴西和俄罗斯股指分别为4.69%、6.17%和5.65%，均大于基准指数的4.18%。

对于新兴市场而言，2018年并不是什么好年份，土耳其和阿根廷恶劣形势的蔓延让印度卢比、巴西雷亚尔和俄罗斯卢布都一度大跌。同时，在中美贸易战阴云以及强势美元带来的债务压力下，各国还都有自己那本"难念的经"——巴西面临10月份大选的不确定性、油价曾经的上升对石油进口国印度施压以及俄罗斯受到美国的制裁。

但三个国家又分别有自己的应对之道。巴西10月份的大选一过，股市也在尘埃落定中松一口气，巴西指数在随后的11月份迅即上升了11.19%。印度比索虽然一度跌至历史最低，但其GDP增速仍然强劲，二季度甚至高达8.2%。年末油价的大跌也部分缓解了它的燃眉之急。这让印度股市在8月29日抵达历史最高之前在新兴市场中都独占鳌头，经过9月、10月的大幅回调后，11月份又开始稳步回升。俄罗斯股市在美国新一轮的制裁后一度暴跌，仅4月9日一天，俄罗斯RTS指数的跌幅就超过10%，4月份跌幅达到6.74%。但俄罗斯的石油天然气公司在美国的制裁中仍然业绩优秀，令其股市跌势得到控制。

发展中国家（金砖四国）股票市场比较如图1.26所示。

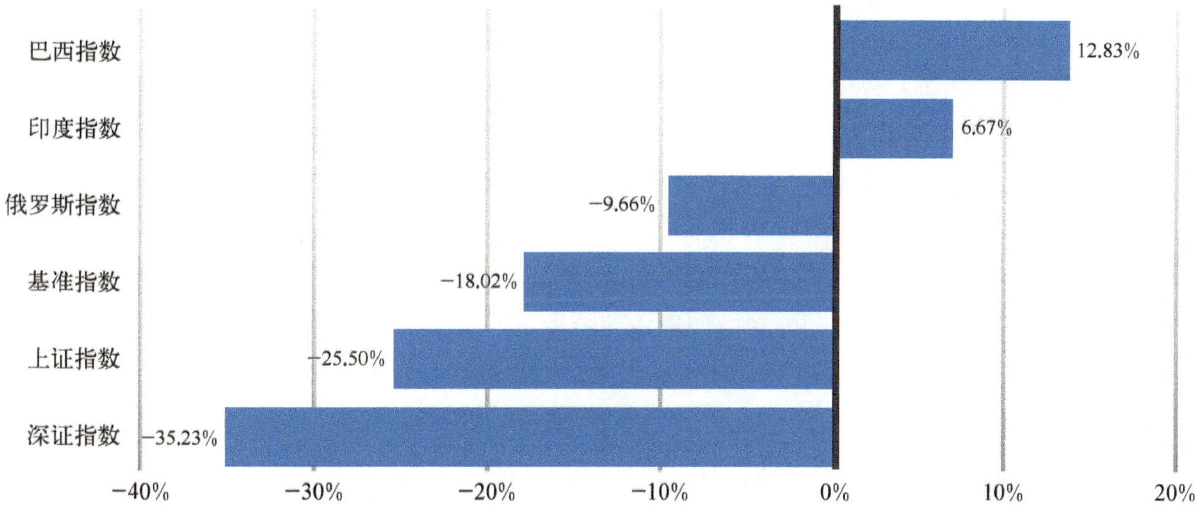

图1.26　金砖四国股指2018年收益率

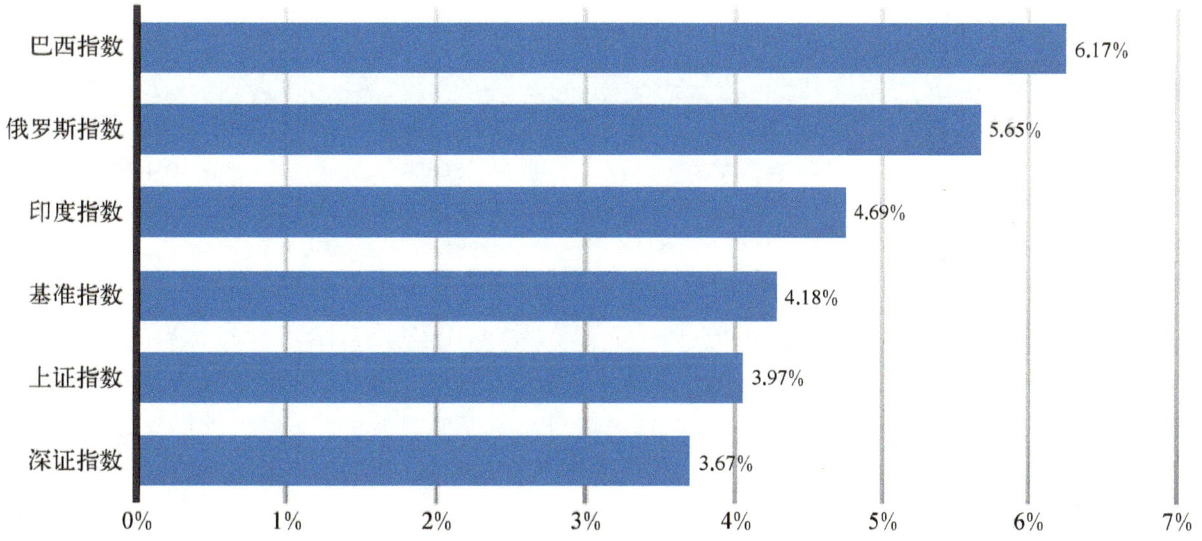

图1.27　金砖四国股指2018年波动性

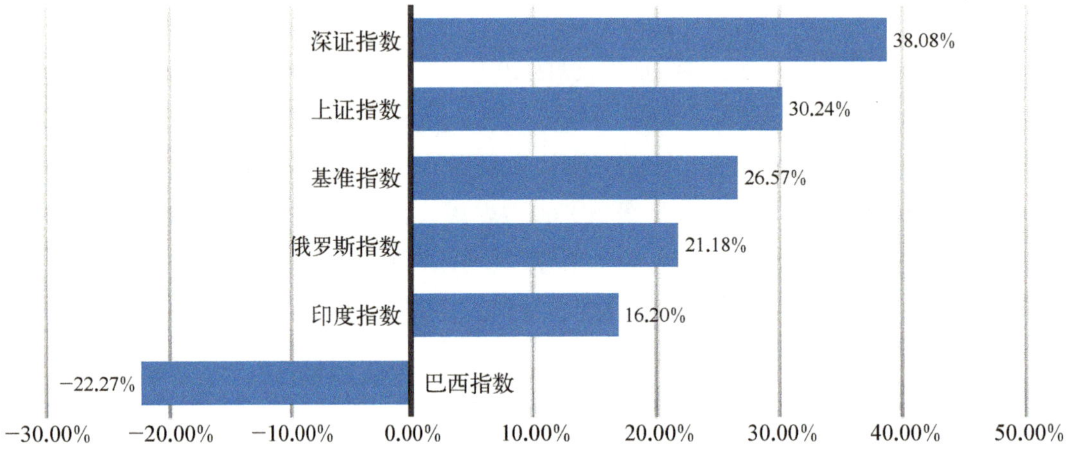

图1.28　金砖四国股指2018年最低值较最高值跌幅

2018年，金砖四国（中国、印度、巴西、俄罗斯）的五大股指中，收益率最高的为巴西指数（12.83%），最低的是深证指数（−35.23%）。巴西指数和印度指数收益为正，俄罗斯指数、上证指数和深证指数收益为负。巴西指数、印度指数和俄罗斯指数收益表现均强于基准指数，上证指数和深证指数则较基准指数跌幅更大。

从以月度收益率标准方差衡量的波动性来看，波动性最高的为巴西指数（6.17%），最低的是深证指数（3.67%）。其中，巴西、印度和俄罗斯指数的波动性高于基准指数，中国的上证指数及深证指数的波动性低于基准指数。

从最低值较最高值跌幅来看，深证指数、上证指数和俄罗斯指数都陷入熊市，分别为38.08%、30.24%和26.57%，跌幅均大于20%的熊市标准。印度指数也一度下跌了16.20%，进入修正领域。巴西指数则处于牛市。

3. 板块表现

2018年各行业股票年收益率如表1.6所示。

表1.6　2018年各行业股票年收益率

MSCI	新兴市场	发达市场	世界指数
非必需消费品	−34.921%	−7.508%	−10.445%
必需消费品	−16.379%	−12.269%	−12.692%
能　源	−0.971%	−18.131%	−15.970%
金　融	−13.376%	−19.187%	−18.238%
医　疗	−24.228%	−0.857%	−1.664%
信息技术	−23.635%	−4.693%	−8.290%
工　业	−16.432%	−16.366%	−16.343%
材　料	−16.703%	−20.220%	−19.608%

（续表）

MSCI	新兴市场	发达市场	世界指数
地　产	−25.052%	−10.371%	−12.217%
电信服务	−19.372%	−12.849%	−14.050%
公用事业	−7.389%	−1.646%	−2.246%

由表1.6可见，所有板块在2018年都有所下跌。其中，新兴市场的非必需消费品、医疗、信息技术和地产行业，以及发达市场的材料行业跌幅都超过20%。

（1）科技股

曾在过去几年的牛市中大放异彩的科技股于2018年开始没落。美国的科技巨头们在年内先是展开了成为首个市值超过1万亿美元上市公司的竞赛，苹果公司在8月份赢得了这场比赛。但随后被称为“五大金刚”（FAANG）的脸书、苹果、亚马逊、Netflix和谷歌证明了在股市中无休止的乐观情绪向来不是什么好事。它们纷纷在夏季时达到顶峰，随后在下半年陷入困境。

从大环境来看，美国科技公司在中美贸易冲突中受挫严重。因为供应链的破坏对这些公司都造成了巨大的威胁。比如苹果公司的许多零部件就是在中国生产，关税的上升自然令其受损。

同时，在多年的高速发展后，这一行业开始暴露出某些弊端，并遭遇前所未有的困难。脸书因一系列用户数据被滥用的丑闻陷入无休止的监管机构审查和消费者抵制的挑战之中。苹果则报告手机销售量不如预期，2018年底又陷入了中国的侵权官司之中。谷歌则因违反反垄断法规遭受欧盟的重罚。美国、欧盟国家等政府都开始加强对科技公司的监管。欧盟还特别调整了相应的税收。

在这种情况下，脸书和Netflix股价由顶峰下跌了近40%，苹果和亚马逊的市值也从巅峰值大跌了1/4。而这对广大股票投资者影响巨大，因为全球几乎每一个受到欢迎的基金和信托都持有大量的美国科技股。

（2）材料股

与科技股类似，近两年来的材料行业股票在2018年惨遭抛售。无论是新兴市场（−14.64%），还是发达市场（−20.55%），材料股都是2018年大跌的板块。这主要源自中美贸易战的威胁、全球经济放缓令需求降低，以及原材料成本的升高。

（3）能源股

能源股在2018年的境遇比较曲折。原油在上半年因为OPEC的减产而导致价格持续上扬，直至美国宣布将再度对伊朗实施制裁，市场担心供应短缺而导致油价加速上升，到了9月份，甚至一度有传言油价会涨回100美元/盎司。然而随后形势却急转直下，主要石油生产国的原油产量飙升，加上美国对伊朗的制裁实行了相关的豁免，同时需求下降，令原油市场再度形成供大于求的局面，油价随之暴跌。而能源股的走势也随之波动。

（三）2018年全球货币市场：美元全线反攻 日元异军突起

2018年的外汇市场和2017年可谓是截然相反，2017年是各大货币围剿美元，而2018年则是美元的全线反攻。从2018年1月底开始，美元就一路升值，美元指数从2月16日触及的逾三年低位88.25一路升至11月12日的逾一年新高97.71，随后适度回撤。加息缩表以及减税的操作造就了2018年美元的整体强势，同时贸易关系的全面紧张化意外彰显出美元的避险价值，成为推动美元上涨的又一大关键因素。在这样的大环境下，全球主要货币纷纷败退，新兴市场货币更是惨遭重创。

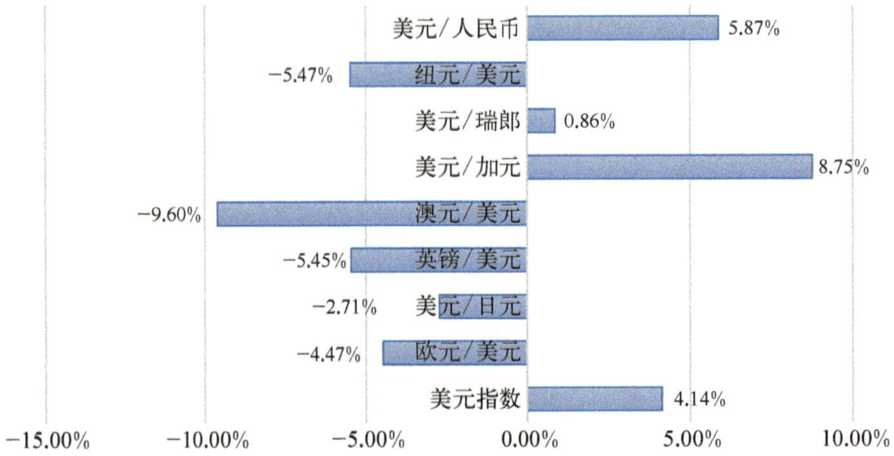

图1.29　2018年主要货币对表现

通过图1.29可以发现，2018年内美元整体表现出非常强劲的涨势，而除日元以外，各主要货币兑美元均呈现下行态势，其中，澳元、加元和人民币的贬值幅度分列前三，相对最保值的瑞郎，年内兑美元仅贬值0.86%。日元兑美元则是2018年各主要货币中唯一的赢家，凭借年底前的一波涨势，成功收复年内跌幅并转为上涨。

2018年美元走势强势，但需要注意两点：

第一，美元如此强势，与贸易战的大背景有很大的关系。虽然美元并不是通常意义上的避险货币，但由于美元是全球最大的储备货币，当全世界出现危机和摩擦时，市场最先抛售的一般都是以美元计价的资产，比如国债、商品、房地产、股票，这变相增加了对美元的需求，所以特朗普一手主导的贸易战令美元获得了意外的强劲提振。中美贸易关系以及欧盟和美国的贸易关系还存在很大的不确定性，虽然各方仍在积极谈判，也展现出一定的利好迹象，例如，中美双方暂时达成90天的贸易“停火协议”，但考虑到年底前出现的一系列政治风波以及英国脱欧进展遭遇挑战，2019年全球贸易结构仍可能出现重大变化，这令美元的避险价值依然彰显。当然若中美能够最终达成协议，那么2019年上半年美元的走势可能和2018年完全相反。因为这就意味着中美两国会开始削减关税，从而扭转市场的风险情绪，商品价格也可能迎来反弹，美元则将承受下行压力。

第二，2018年美国在二、三季度经济指标表现优异，GDP增速更是超过4%，主要是因为特朗普所实施的大规模减税，但通常情况下，大规模减税的刺激是很难持续的。前美联储主席耶伦曾表示，她判断其实美国目前这个阶段的潜在经济增速是2%左右，而当GDP涨幅达到3%或4%则是不可持续的。美国的经济2018年可能已经触及峰值，2019年如果回落，美国股市或将崩盘。2018年美国股市的多次大跌也许就是先兆。与此同时，市场还需要关注美联储的变化。临近年底美国经济数据的不再耀眼，美联储官员的鸽派论调以及美国总统特朗普对加息的不断批评，均令美联储新一年的加息预期开始降温。甚至很多主要投行也开始认为，在美国股市的多次大跌下，美联储再度加息将会是非常错误的。不过12月美联储依然完成了年内的第四次加息，同时发布的声明也不如鸽派预期，但美联储点阵图显示2019年只会加息2次，比9月份时的预期要少1次，甚至部分交易员已经开始相信新一年美联储可能仅会加息一次，甚至暂停加息。相对地，欧洲央行已经在2018年结束了资产购买计划，虽然加息不会很快到来，但依然有可能在2019年下半年首次加息，这也将对美元的走向产生重大影响。

英镑的形势则因英国脱欧的复杂态势而难以预料。不过分析师普遍认为只要尘埃落定，长期而言，英镑大概率会涨，但无协议脱欧或是放弃脱欧的情况果真出现，英镑短线仍有可能会承压重挫，只是这种重挫不会持久，有望成功筑成长期底部。原因就是金融市场最害怕的是不确定性，最坏的结果也是结果，都会为市场情绪带来释放，并让资产价格走势重归理性。通常被称为“黑天鹅”的出乎意料的突发事件才会造成市场震动。相反，只要是有所预期的事件则基本不会令市场产生较大波动。当年绝大多数分析认为英国不会脱欧，但实际结果相反，所以最大的利空不是脱不脱，怎么脱，是软脱还是硬脱，只是事件还在进行中，一切都是未知，这就令市场神经高度紧绷，很容易出现大幅波动。

2018年另一个热点是新兴市场货币。因为美元的强势，很多新兴市场货币处于崩盘的状态。土耳其因受到美国制裁，双方的矛盾令其货币受损严重。俄罗斯、阿根廷以及委内瑞拉的货币也大幅震荡。而同样作为新兴市场货币的人民币则比较稳定，兑美元的贬值速度和传统发达国家货币的波动率其实相差不大。如果美元继续保持上行，其他新兴市场货币整体将面临更大的问题。

1. 主要货币走势回顾

（1）美元指数

美元指数是衡量美元在国际外汇市场汇率变化的一项综合指标，由美元兑六个主要国际货币（欧元、日元、英镑、加元、瑞典克朗和瑞士法郎）的汇率经过加权几何平均数计算得出。

2018年，美元指数整体呈现出强势反弹的局势，除了完成四次加息以外，还得益于贸易局势紧张化为美元带来的避险买盘。在12月完成加息后，FOMC（美国联邦公开市场委员会）在会后声明中表示，“经济活动一直在以强劲的速度增长”。虽然官员们表示前景风险“大致平衡”，但他们也提及全球经济走软所带来的威胁。

美联储官员们还在声明中改变了关键的措辞,称FOMC"判断"可能需要"将联邦基金利率目标区间进行一些进一步的渐进上调"。而之前的表述是,FOMC"预计进一步渐进上调联邦基金利率目标区间"是必需的。

最新的点阵图(见图1.30)显示,美联储的预期中值是2019年加息两次,上次预估中值为三次。

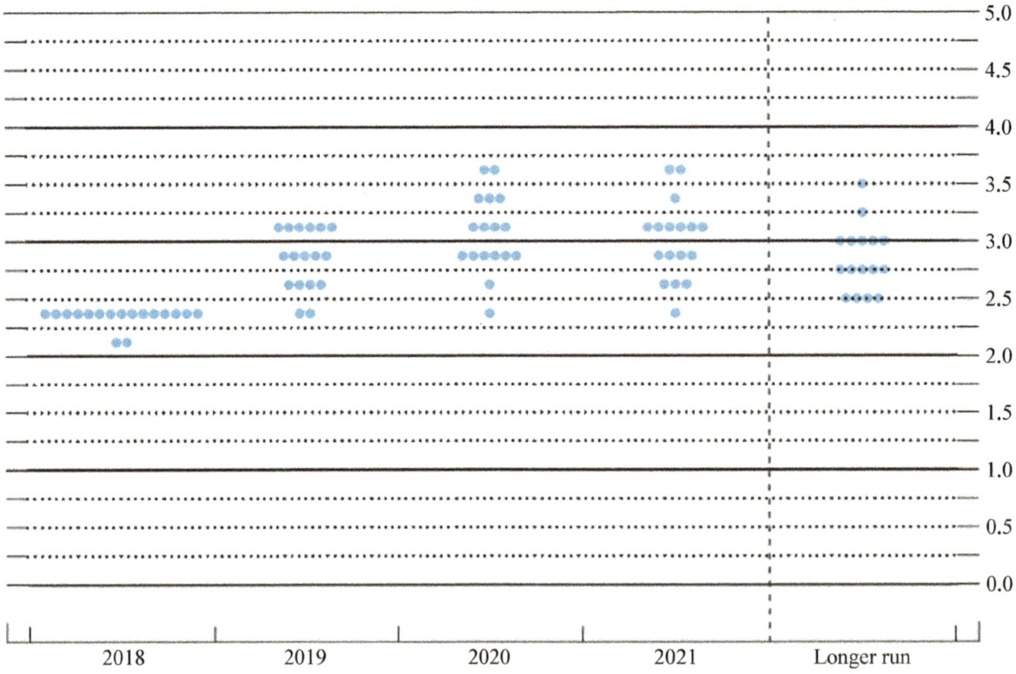

图1.30 美联储12月政策会议点阵图

不过,政策制定者对所谓的长期中性利率的中值估计从9月份时预测的3%降至2.75%。对于2021年底基准利率的中值预估是3.1%,低于此前估计的3.4%。

这些都表明,当美联储2018年全年每个季度都实施了一次加息后,决策者越来越承认利率正在接近可能至少值得暂停收紧的水平。

美联储主席鲍威尔在新闻发布会上也暗示,2019年他将在上调利率方面更加谨慎。

鲍威尔在12月美联储会议结束后的新闻发布会上说道:"进一步加息的路径和终极目标都有很大的不确定性。"

而彭博最新撰文称,尽管FOMC官员的预估中值为2020年仍上调联邦基金利率,但欧洲美元期货市场的价格反映出的预期是2019年12月至2020年12月之间或降息约18个基点。

美国全国广播公司财经频道(CNBC)对43名受访者进行了调查,其中包括经济学家、基金经理和策略师。CNBC调查显示,未来12个月美国经济衰退的可能性上升至23%,这是自特朗普上台以来的最高水平。部分经济学家甚至预期美联储将在2019年降息。这些均表明美元指数未来的涨势面临较大的阻碍。

如图1.31所示,美元指数2018年开于92.24,受美联储和其他主要央行货币政策影响,于11月12日触及年内最高97.71。但赤字担忧一度成为美元多头遭遇的一大"杀手",年初在白宫主导消

图1.31　2018年美元指数走势

费支出和企业减税后，市场对美国政府财政状况的担忧似乎再次出现，这也令美元于2月16日一度下探年内最低88.25。不过鉴于贸易紧张情绪依旧，同时加息周期并未结束，美元指数稳步上涨后最终收于96.06，全年上涨4.41%，几乎收复2017年全年跌幅的一半。

（2）欧元/美元

2018年欧元走势可谓是困难重重，虽然欧洲央行最终在年底前结束了资产购买计划，并保持2019年加息的可能，但欧元区年内面临诸多挑战，尤其是财政一体化道路前路坎坷。欧债危机爆发多年后，欧元区结构性失衡问题仍未解决，同时年内西班牙、意大利、土耳其轮番爆发的危机，以及英国脱欧和主要国家大选等重磅事件令欧元整体承压。在美元走强的大环境下，欧元无奈承压回落。

图1.32　2018年欧元/美元走势

如图1.32所示，欧元/美元2018年开于1.200 2。1月份受未来缩减宽松政策的预期提振，延续2017年以来的余威继续上行，并于2月16日触及年内高位1.255 5，触及逾三年高位，但随后由于美联储加息预期不断升温，美元强势反弹令欧元进入一段大约两个月的盘整行情。4月欧洲央行政策会议成为欧元年内走势的关键转折，新闻发布会上行长德拉基表示经济出现了出人意料的放缓，但是他将此归结为暂时性因素。不过，对于市场最为关注的未来政策方向德拉基三缄其口，他表示本次会议没有讨论下次会议的计划，也没有讨论未来政策，这令欧元短线急跌逾百点，从此拉开了年内欧元的整体下行走势。

不过，令欧元跌势扩大的关键因素实际上是政治风险，这里英国脱欧带来的政治风险还算可控，反而是欧元区内部的政治风险令人担忧。其中首当其冲的就是意大利，不仅在上半年因债务减记影响导致意债大跌，引发欧元全面暴跌，更是在下半年因预算危机再度扩大了欧元/美元的年内跌势。万幸的是，最终意大利预算危机得到顺利解决，12月19日欧盟委员会主席东布罗夫斯基斯称，不会对意大利启动超额预算处理程序，找到了2019年意大利预算的解决方案，新的意大利预算赤字/GDP比例为2.04%，这要远低于之前意大利计划的2.4%，终于令欧盟满意。彭博报道指出，待正式宣布双方达成协议后，意大利政府需在年终前推动议会批准预算案，但这至少暂时缓解了市场对欧元区财政一体化问题的担忧，也解除了意大利可能导致欧元区破裂局面出现的风险。

2019年内欧洲央行何时能够实施加息依然成为市场的关注焦点，这也将直接影响欧元未来的走势。2018年6月14日正是由于欧洲央行决策者内部对加息时机出现分歧，令欧元/美元单日大跌近200点，创下自2016年2月下旬以来的最大单日跌幅。政治风险的存在以及经济数据表现相对较弱，引发欧元全年整体保持弱势，同时受到贸易紧张局势的影响，欧元/美元于11月12日触及年内低位1.121 3，2017年6月以来首次跌破1.13关口，且创下了2017年6月的最低水平。随后得益于政治局势和贸易局势有所缓和，同时经济数据表现回暖，欧元/美元成功守住1.120 0大关开始反弹，并最终收于1.146 5，全年下跌4.47%。

（3）美元/日元

2018年日元在主要货币中兑美元表现最好，上涨近3%，这得益于市场避险需求的大幅上扬以及日本投资者的资金回流。2018年对于避险资产而言是一个违背常规的一年，虽然年内各种风险事件频频爆发，但具备避险属性的贵金属价格却一度全线败退，让黄金这一传统避险资产黯然失色。但日元却表现坚挺，即使日本央行依然坚定不移地维持宽松，日元依然能够顶住强势美元的压力，多次走出单边上涨行情。

研究分析显示，相比传统的瑞郎及黄金，日元的避险属性在近两年显得格外突出。这实际上得益于日本的宽松政策，虽然这样的观点有悖常理，但细想之下却别有洞天。日元避险属性实际是来源于低通胀和低利率的经济环境，因为这是造就日本全球最大净债权国地位的重要原因之一，另一个重要原因就是日本高度发达的金融市场。一旦市场出现重大危机，海外资产的避险回流将会推高日元，同时由于利率水平已经到达极端低位，这令日元的下行空间受限，反而帮助其成为风险波动的对立面。

随着3月23日美国总统特朗普宣布对中国600亿美元商品征收关税之后，中国方面很快就作出了强势回应，这令贸易战一触即发，市场风险情绪也遭受强烈打压，美元/日元则触及年内低位

图1.33　2018年美元/日元走势

104.55，但之后便开始一路反弹，因美元整体强势以及多次贸易谈判淡化了市场的避险需求。不过进入第四季度后股市崩跌以及贸易冲突加剧等风险事件再度爆发，令日元需求重新攀升，美元/日元在10月3日触及年内高位114.54后重新震荡回落，最终收于109.56，全年下跌2.71%。

（4）英镑/美元

2018年英镑承受着较大的下行压力，主要来源于英国脱欧前景的不确定性，短暂展现出脱欧曙光后，形势在年底急转直下。虽然英国谈判代表和欧盟代表最终达成协议，但协议细节颇有争议，这令脱欧前景蒙上阴影。不仅多位内阁大臣相继辞职，以此表达对英国首相特蕾莎·梅的不满和失望，而且脱欧协议也面临被议会否决的可能，由于欧盟已经明确表态，现有的协议已经是所能给出的最佳协议，如果英国否决这份协议，则将面临的只有两种结果：要么无协议脱欧，要么放弃脱欧，无论哪种都会给英镑带来重大打击。另一方面，特蕾莎·梅成功地从不信任投票中保住了首相之位，但投票的激烈结果暗示当前的脱欧协议很难得到议会支持，这也是造成她推迟议会投票的主要原因。随着日益临近2019年1月下旬的最终投票时间以及距离最终脱欧截止日期不足百日，各

图1.34　2018年英镑/美元走势

种不确定性的汇聚令英国在年内迟迟无法组织有效的反攻。

年初由于经济数据表现强劲以及2017年11月英国央行实施10年来首次加息之后，市场对年内再度加息的呼声愈发强烈，帮助英镑/美元在上半年保持强势，并于4月17日触及年内高位1.437 6。可惜好景不长，由于3月CPI年率增幅创一年来最低，英镑/美元单日暴跌逾百点，吹响了超过半年之久的下跌号角。即便英国央行在8月政策会议上意外全票通过加息，英镑却依然急跌逾百点，因英国央行行长卡尼在发布会上表示，英国脱欧的结果可能导致利率下跌，结合英国脱欧的不确定前景，市场在这种情况下是很难买入英镑的，并于12月12日因特蕾莎·梅首相位置遭受威胁而触及20个月低位1.247 5。

英国央行在12月政策会议上决定维持现有的0.75%基准利率不变。在声明中，英国央行警告脱欧不确定性正在损害英国经济，令其增长降低并打击股价。英国央行还指出，英国企业发现更加难以借贷。其还指出脱欧不确定性自11月份以来开始紧张化。同时英国央行还将2018年四季度的GDP增长率预期由之前的0.3%下调为0.2%。英国央行还预期，CPI通胀随着油价的下跌将低于2%的目标值。最后，对于升高利率的指引为“缓步且有限”，这令英镑反弹动能遭受较大限制，最终收于1.275 8，全年下挫5.45%。

（5）澳元/美元

2018年澳元在主要货币中跌幅最大，因其在中美贸易冲突中遭到最大牵连，而中国经济放缓迹象的出现以及大宗商品价格承压更是加大了澳元/美元的下跌幅度。由于澳元和纽元都与大宗商品价格息息相关，同时与全球贸易局势也有着密不可分的联系，因此被视为衡量全球风险偏好的一个重要风向标。继年底前瑞士央行指出经济前景严峻、欧洲央行又下调对2019年经济增长预估之后，这两种货币已然承压。分析师大多预计全球经济活动2019年将放缓，一些人甚至预计美国经济到2020年将陷入衰退。这样的结果均不利好澳元和纽元，因为两国经济都严重依赖全球贸易。此外，中国年底前公布的经济数据整体偏软，令投资者对中美贸易争端将产生更广泛的影响忧心忡忡，风险资产进一步遭受冲击。

图1.35　2018年澳元/美元走势

澳元/美元在1月26日触及逾两年高位0.813 5后稳步下跌，因贸易局势逐渐严峻，而经济放缓担忧开始加重。与此同时，根据房地产市场数据显示，澳大利亚超过4/5的地区房价已经达到顶峰，并且正在开始下滑，市场底部遥遥无期。随着经济衰退进入第二年，房地产市场当前没有出现任何反弹预兆。随着房地产市场的低迷，澳大利亚经济的其他部分将不可避免地受到拖累。自4月末跌破2016年1月初以来的长期上行趋势线支撑后，澳元/美元便保持稳固的震荡下行走势，并抹去2016年12月低点以来的全部涨幅，于10月26日触及年内低位0.701 8。虽然暂时守住了0.700 0大关，但考虑到经济放缓风险不断加大，澳元/美元反弹势头恐难持续，除非中美贸易关系得到显著改善。最终澳元/美元收于0.704 6，全年收跌9.60%，6年来有5年下跌。

（6）美元/加元

2018年对于加元而言又是跌宕起伏的一年，在之前连涨两年后再度回落。北美自由贸易协定谈判的曲折进程以及原油价格的冲高重挫，令加元在年内的震荡较大。虽然加拿大央行在年内完成了三次加息，自2017年年中以来已经完成五次加息，成为美联储之后紧缩步伐最快的主要央行。但由于进入10月后，经济数据表现开始疲软，同时贸易局势日趋紧张，以及原油价格从10月初触及的近四年高位不断下滑，令加拿大央行不得不推迟进一步加息，导致加元重启跌势后一度下探至逾18个月新低。

图1.36　2018年美元/加元走势

美元/加元2018年开于1.254 2，受油价反弹以及加拿大央行加息预期提振，于2018年2月2日触及2017年9月来新低的1.225 2，但好景不长，虽然油价一路上升，但美联储加息预期不断升温以及美国经济表现远胜于全球其他地区，美元强势走高令加元震荡回落。同时北美自由贸易协定谈判过程曲折，钢铝关税、软木关税以及汽车关税等一系列贸易威胁令加拿大贸易前景一度陷入僵局，从而令加元走势面临极大挑战。

整体而言，2018年加元可谓是焦头烂额，好不容易谈妥了新的美墨加贸易协定（USMCA），但油价又开始大幅崩跌，美国WTI原油和布伦特原油年底前分别触及2017年8月以来新低和2017年

9月以来新低，较10月初触及的约四年高位也分别下跌38%和37%。同时年内同沙特以及中国出现的外交裂痕，更是直接影响到加拿大的贸易局势，从而令加元承压。在12月加拿大央行按兵不动后，美元/加元吹响进一步的上攻号角，同时由于油价持续走低，该货币对于12月31日触及近两年高位的1.366 4，最终收于1.363 9，全年大涨8.75%，加元也成为2018年兑美元跌幅第二大的主要货币，仅次于澳元。

（7）美元/人民币

人民币兑美元汇率在2018年出现了较大的波动，上方曾涨至近三年高位，但下方也一度跌至十年来新低，差一点就失守7.000整数关口。为了稳定汇率和刺激经济发展，中国央行在2018年内多次果断降准，同时于12月19日发布公告称，为加大对小微企业、民营企业的金融支持力度，决定创设定向中期借贷便利（Targeted Medium-term Lending Facility，TMLF）。对此中信明明团队点评称，TMLF的推出，是央行定向降息迈出的第一步，央行此时释放流动性合理充裕的信号，表明货币政策宽松取向保持不变，中国的货币政策仍以国内经济为重。联讯策略发布研报指出，短期人民币贬值压力缓和。研报指出，2018年人民币汇率走势呈现先升后贬的特征，整体上大幅贬值，大致可以分为三个阶段：从年初到4月中旬，美元贬值带动人民币升值；4月中下旬到9月，中美经贸关系恶化迫使人民币汇率快速贬值；10月以来，人民币汇率贬值速度放缓。

图1.37　2018年美元/离岸人民币走势

美元/离岸人民币2018年开于6.497 0，但由于美联储年初加息不够鹰派以及贸易风险开始积累，美元承压下挫为人民币提供助力，该货币于3月27日触及6.243 2近三年低位。但随后由于美国经济表现强劲，而中国经济出现放缓迹象，令政策背离现象日趋明显，在美联储加息预期的不断升温下，中美贸易关系的紧张化开始利空人民币。由于市场预计美联储12月还将加息一次，而中国央行10月初则下调了人民币存款准备金率1个百分点，这一举措将向市场释放约7 500亿元增量资金。从两国10年期债券收益率可以看出，2018年以来美国的10年期国债收益率受到美联储加息的推动呈震荡上行趋势，而中国则恰好相反，这令美元/人民币在10月31日触及十年来高位

6.977 2，差一点就攻破7.000大关。

尽管如此，由于中美两国领导人在阿根廷举办的G20峰会期间达成贸易“停火协议”，同时双方在贸易谈判方面取得了积极进展。据中国商务部表示：12月11日上午，国务院副总理、中美经贸磋商牵头人刘鹤应约与美国财政部长姆努钦、贸易代表莱特希泽通电话。双方就落实两国元首会晤共识、推进下一步经贸磋商工作的时间表和路线图交换了意见。贸易利好消息帮助人民币迅速企稳，并一度收复6.90关口。《中国证券报》引述分析人士称，近期外部风险因素有所收敛，而中美利差低位企稳，配合相关部门适时适度逆周期调节，人民币汇率贬值风险缓解，但仍缺乏持续升值基础，未来运行趋势的扭转有待基本面切实回暖。美元/人民币最终收于6.878 5，全年大涨5.87%。

2. 波动率分析

一般投资者理解的波动率是计算价格或收益率的标准方差进行比较，样本标准差都是衡量一个样本波动大小的量，样本标准差越大，样本数据的波动就越大。即使两组数据的平均值相同，也可能会得出不同的标准方差，其中，标准方差较大的一组数据说明个体之间的波动较大。

本书选取2018年各个主要货币对的全年日收盘价计算得出的标准方差作为波动率参考，结合全年涨跌幅进行投资比较。其中，美元指数全年上涨4.14%，波动率为2.646 1，小于2017年；欧元/美元全年下跌4.47%，波动率为0.036 9，小于2016年；美元/日元全年下跌2.71%，波动率为2.259 6，远大于2017年；英镑/美元全年下挫5.45%，波动率为0.047 8，远小于2017年；澳元/美元全年重挫9.60%，波动率为0.027 9，大于2017年；美元/加元全年大涨8.75%，波动率为0.027 9，远小于2017年；美元/离岸人民币全年上涨5.87%，波动率为0.260 4，远超2017年。

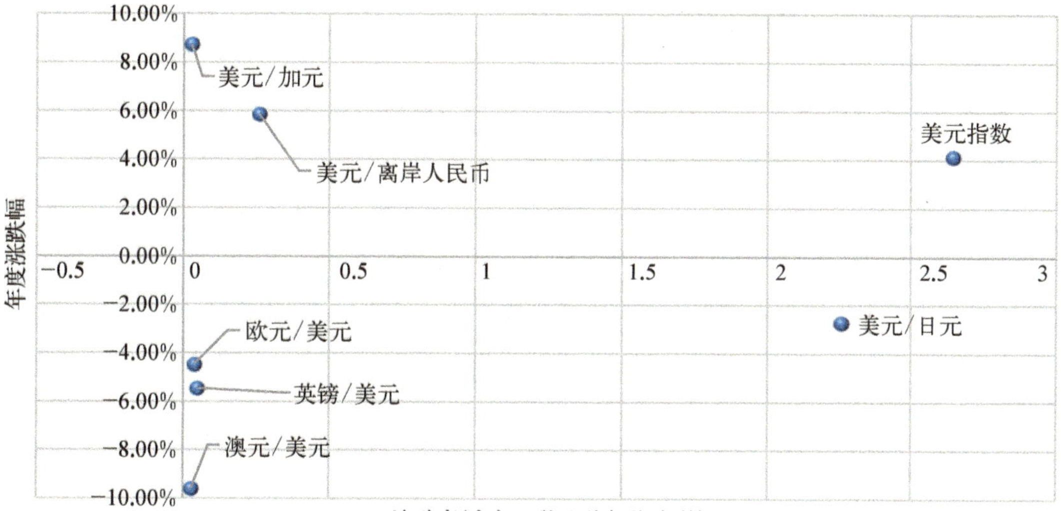

图1.38　2018年主要货币涨跌和波动率表现

通过数据比较可以看出，2018年美元指数和美元/日元波动最大，澳元/美元和美元/加元则表现相对稳定。不过结合涨跌幅情况分析得出，2018年美元/加元的波动率较低，同时涨幅较大，而澳元/美元波动率较低，同时跌幅较大，因此，做多美元/加元和做空澳元/美元的操作收益回报较好。

（四）2018年全球黄金市场：先扬后抑，强势美元抑制金价

黄金从来都不是一种简单的商品，现代黄金投资必须放在大宏观的逻辑框架中，分析看起来更像是宏观报告，只不过标的是黄金的价格。

截至2018年12月26日，国际黄金现货价格为1 272.3美元/盎司，相较2017年年底下跌30.5美元，跌幅为2.3%，在8月最低跌至1 174.16美元/盎司。

数据来源：FX168。

图1.39　现货黄金（伦敦金）2018年走势图

回顾2018年走势，黄金价格不具备单边上涨行情的基础，地缘动荡仅具备脉冲行情。上半年的朝鲜问题、中美贸易摩擦等问题在当时并未对黄金产生直接的推动作用。美国经济强势增长带

来的美元和美股的内生性上涨，使得地缘政治问题对于资产的影响在一定程度上被对冲了。回顾历史，黄金的避险属性是因地缘政治等因素导致其他资产出现重大系统性风险时，黄金价格能够有较稳定的表现。进入下半年以后，尤其是10月以来美股大跌，美国经济数据出现了边际走弱，美国经济中期转向可能性增大，黄金在2018年下半年走出了一波避险价值归来的行情。

黄金和美债实际收益率的反向关系被打破

自2018年以来，黄金和美债的实际收益率的负相关关系被打破，这种背离延续到现在也没有得到修复。2018年1月至2月，黄金和美债实际收益率同向大幅上涨，伦敦金从1 240美元/盎司上涨至1 350美元/盎司，而美债实际收益率从0.45%上涨至0.8%。4月至8月份，美债实际收益率整体处于盘整之中，而黄金却经历了大幅下跌；8月至11月份，美债实际收益率大幅上涨，而黄金却处于横盘之中。黄金和美债实际收益率的反向关系被打破，市场一度讨论黄金和债券的定价的失效与否。

美债和欧债的收益率走势背离驱动黄金走势

黄金作为全球货币，不仅仅是盯着美债收益率，同时也盯着全球第二大货币的欧元，当欧债和美债的收益率走势一致时，黄金和美元保持良好的相关性也就同时和欧元保持着良好的相关性。但从2018年年初开始出现了新变量，欧债和美债的收益率走势出现了明显的脱钩，直到现在也并未修复，时间上也和黄金与美债之间的背离保持吻合，这是黄金单纯盯着美债失效的核心原因。从2018年的数据可以看出，黄金虽然和美债收益率背离，但其走势和欧债收益率基本吻合。黄金从2018年开始便不能仅仅盯住美债，欧债的分叉便是一个新的关注焦点。这也解释了黄金虽然和美债实际收益率分离，却保持了和美元指数近乎完美的负相关关系。因此，黄金和美债之间的背离并不是两者之间的定价错误，反而体现了黄金市场的有效性。

黄金作为无利息资产，收益率来源只包含价差导致的资本利得，而根据投资者的风险—收益组合的偏好，高风险的资产通常要求更高的回报。黄金是天然的货币，风险甚至低于美债，但美债的实际收益率却是衡量黄金定价高低的标杆。黄金的收益率随着债券实际收益率同向变化，而根据价格和收益率的反向关系，可以确立美债实际收益率和黄金价格的负相关关系。对于欧债收益率而言，如果欧元和美元一样作为国际货币的话，那么欧债和黄金的关系应当与美债和黄金的关系一致，表现为收益率和金价应当为负相关关系。而2018年以来黄金和欧债收益率却基本保持了同向关系，这说明欧元无法同美元一样作为全球货币的地位，而只是作为美元强弱的参照货币而已。

（五）2018年全球原油市场：先扬后抑，后市堪忧

2018年以来国内国际油价整体先扬后抑，上半年油价整体保持上涨，WTI原油最高升至74美元/桶，Brent原油接近80美元/桶关口，SC原油最高升至550元/桶。

第一季度美国通胀和就业数据加剧了市场对美联储货币政策紧缩的担心，美联储也呈现了鹰派的表态，原油价格有所下跌；第二季度地缘政治风险增加导致了油价上涨，包括特朗普政府对伊朗制裁，安哥拉和委内瑞拉的减产，对原油供应的忧虑导致WTI原油价格在6月底走高至74美元/桶；第三季度原油价格达到了自2015年以来的高点，也打开了快速下行的通道；第四季度原油价格继续下跌。中美贸易摩擦升级导致全球增长预期下降，新兴市场经济环境恶化，美国、沙特和俄罗斯的原油产量均创出历史新高，加上基金资金疯狂抛售原油期货和期权头寸，国际油价加速走弱，运行重心向下，油价连续跌破关键支撑位。

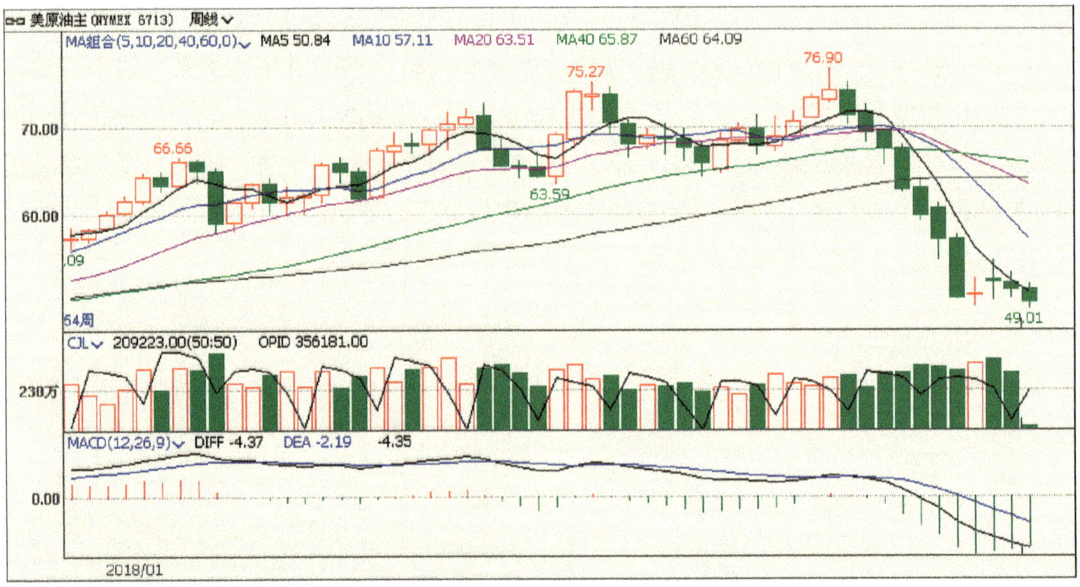

数据来源：文华财经。

图1.40　2018年WTI原油走势图

截至2018年12月31日，SC原油报379元/桶，WTI原油下跌至45美元/桶，Brent原油报53美元/桶，两油价差小幅收窄至8.35美元。

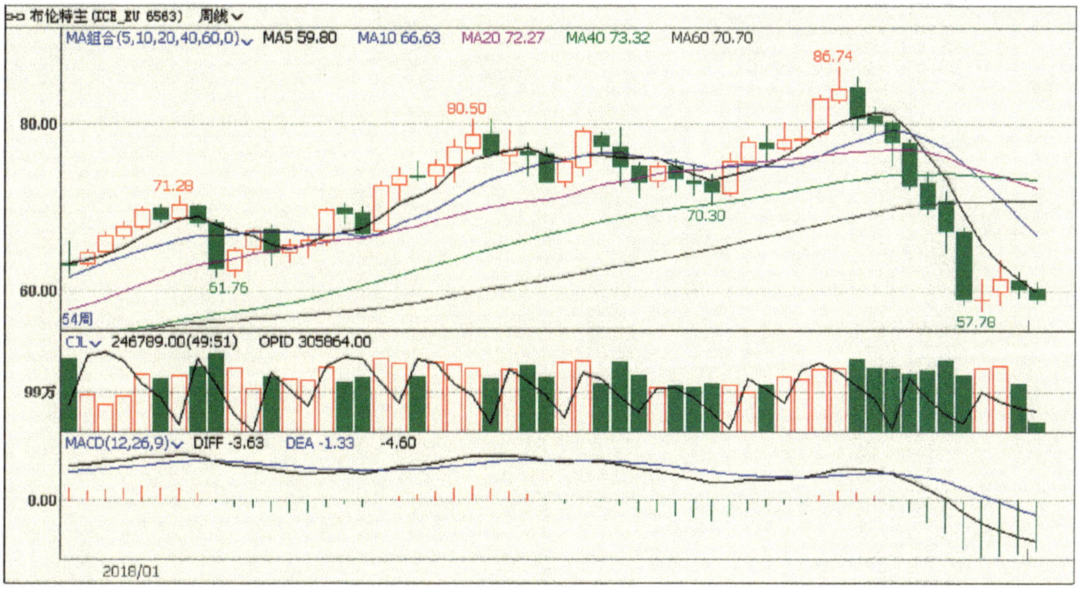

数据来源：文华财经。

图1.41　2018年Brent原油走势图

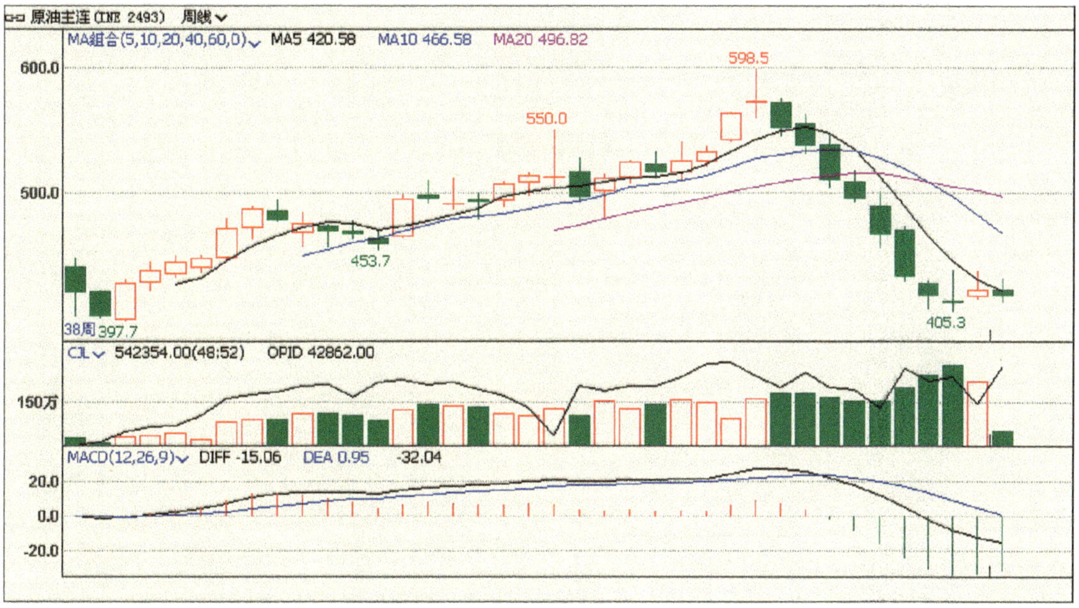

数据来源：文华财经。

图1.42　2018年SC原油走势图

第2部分

2019年全球经济及主要金融市场展望

（一）2019年全球经济关键词：增速放缓，通胀抬头

国际货币基金组织（IMF）最新的报告指出，预计2018年和2019年全球经济增长将达到3.73%和3.65%。相较2018年年中7月份发布的《世界经济展望》下调了经济增速的预期。与此同时，世界银行（WB）和经合组织（OECD）也下调了欧元区国家以及英国和日本的增长预期，维持中国明后年经济增长预期。

表2.1　全球GDP实际增速（2015—2017年）与预测增速（2018—2020年）

全球GDP增速		IMF	WB	OECD
实际增速	2015	3.45%	2.86%	
	2016	3.27%	2.51%	
	2017	3.74%	3.15%	
预测增速	2018	3.73%	3.1%	3.66%
	2019	3.65%	3%	3.54%
	2020	3.66%	2.9%	3.5%

世界经济增长动能减弱的主要原因在于新一轮科技革命和产业变革尚未实现重大突破。主要发达经济体增速已经达到甚至超过潜在增长率，当前其相对强劲的增长伴随着通胀率的明显上升，恐难以为继。

据IMF预测，发达经济体增速将在2018年达到最高点2.4%（2017年为2.3%），2019年将放缓至2.1%；2018年和2019年，欧元区经济增速将分别降至2.0%和1.9%；日本经济增速将分别降至1.1%和0.9%。

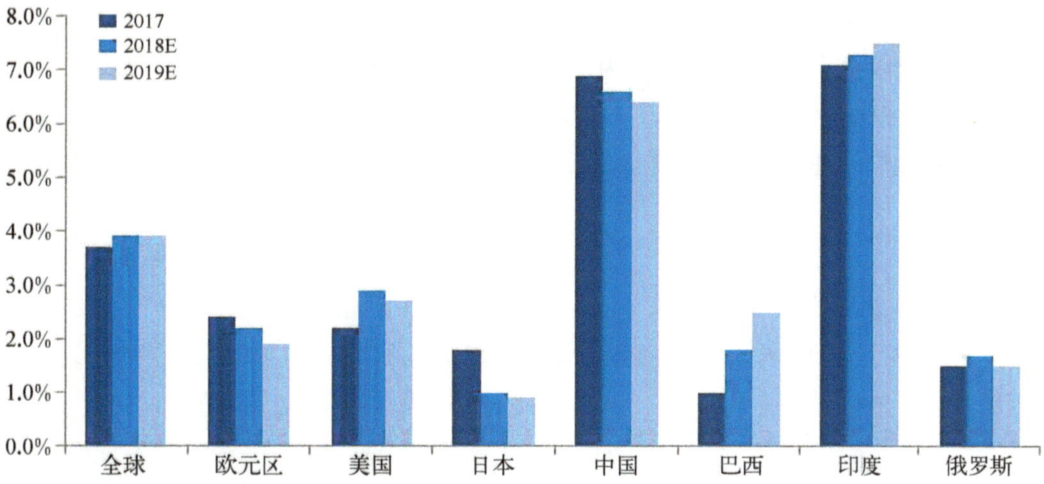

数据来源：IMF、WB、OECD公开数据整理。

图2.1　全球各地区GDP增速

新兴经济体经济增速仍处于上升期，IMF预测2018—2019年增速均为4.7%，到2023年则会提高到4.8%。

在贸易方面，世贸组织（WTO）预计，受全球贸易摩擦加剧等因素影响，2019年全球贸易量增速将由2018年的3.9%回落至3.7%，连续两年下滑。

中美两国是全球最大的两个经济体，也是全球最大的贸易国。如果中美两国全面爆发贸易战，将严重冲击全球贸易发展，全面搅动全球产业链格局和市场秩序，并对全球经济增长造成伤害。

IMF研究指出，有关关税威胁和其他壁垒将使所有国家进口物价上涨10%，5年后全球贸易将萎缩15%。经合组织预测，随着相关国家关税上调，全球经济增速将下降1.4个百分点。

下面我们从三个角度，同时结合2018年实际经济状况来判断2019年全球经济的主要趋势。

1. 经济增长速度有所放缓

在贸易争端加剧、全球金融状况紧缩的背景下，全球经济增长预计减缓。但是整体各国政府

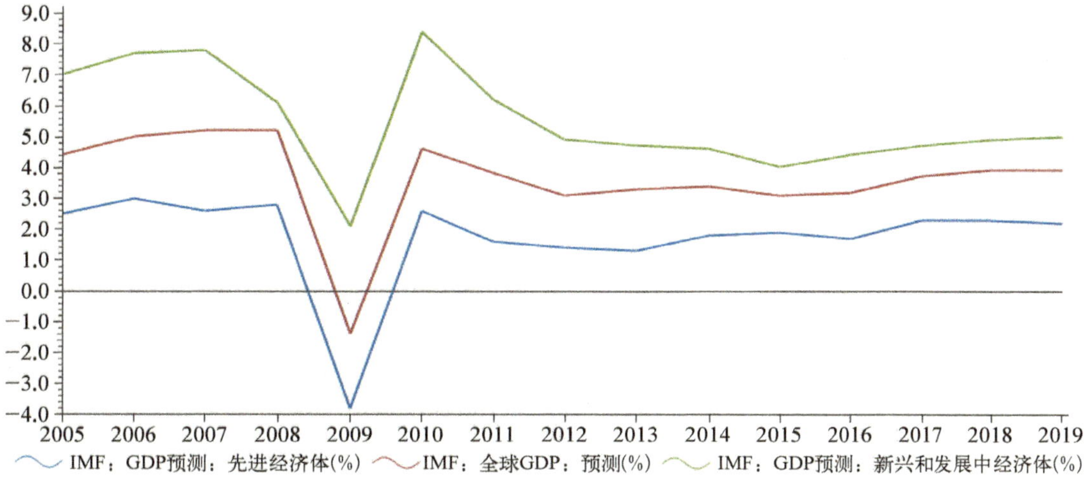

数据来源：Choice数据。

图2.2　IMF对先进、新兴和发展中经济体GDP预测

政策依旧正面，故经济大幅度放慢的可能性不大。根据IMF、World Bank、OECD、HIS Markit和多家机构数据，2019年全球GDP增长率为3.7%左右，整体相较2018年调整幅度不大，全球经济持续缓慢复苏，但力度会有所放缓。市场认为在2019年，美国GDP增长率达2.3%，中国GDP增长率达到6.3%，日本GDP增长率为1.1%，欧元区增长率达1.6%。总体经济增长相较2018年呈现略微疲软态势。

2. 通货膨胀率小幅上扬

虽然全球经济增长减缓，通货膨胀率不至于急升，但是各国产能利用率已高，且结构性因素预计推升中期通胀率。美国的核心通胀随着劳动力市场进一步收紧而上升，欧元区的核心通胀也逐渐上升。新兴市场的核心通胀也已上升，其中一些是由于货币贬值的传导效应，另一些是由于燃料

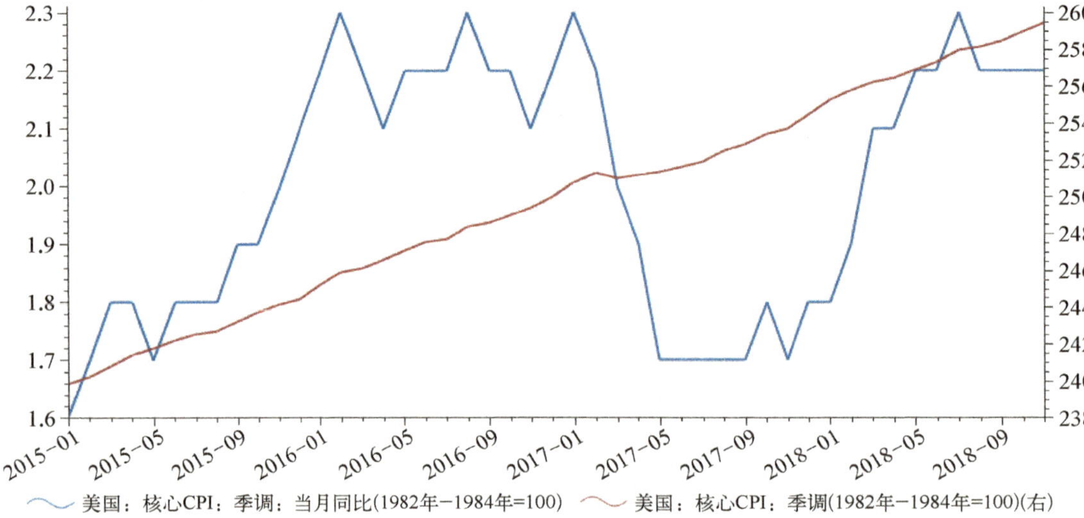

数据来源：Choice数据。

图2.3　美国核心CPI指数

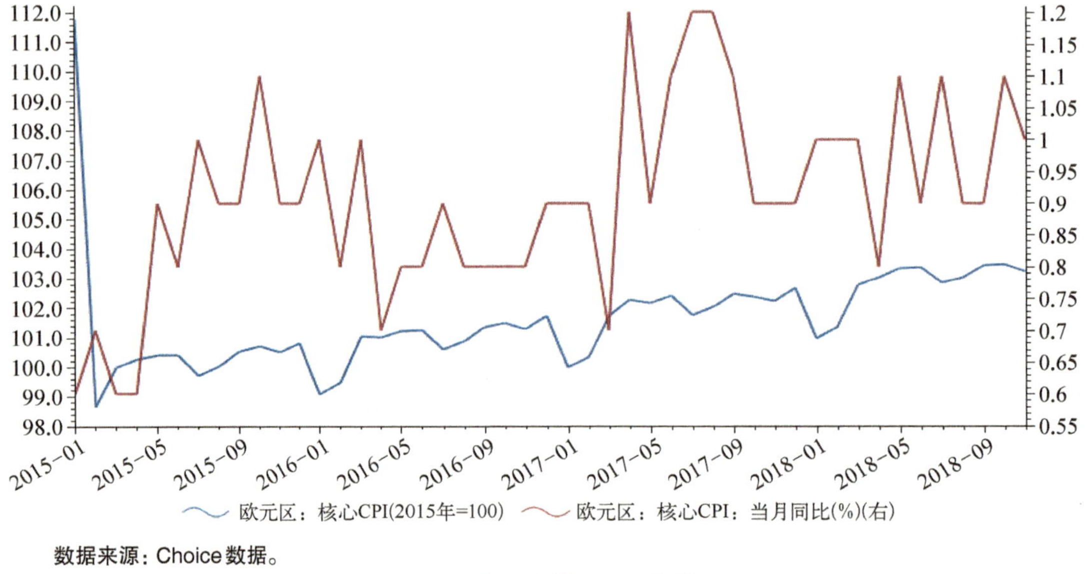

数据来源：Choice数据。

图2.4　欧元区核心CPI指数

价格上涨的第二轮通胀效应。

3. 货币政策分化

货币政策方面，美联储会持续紧缩货币政策，但加息缩表的政策会放缓。根据公开资料整理，2018年底前联邦基金利率预计达到2.38%，2019年可能达到3.38%。加息、缩表太快会有人为缩短经济扩张的风险，美联储称“虽然FOMC的预测是我们对前景的最佳预判，但没有设政策路径。我们会关切新的经济和金融资料所告诉我们的情况”，语气明显放缓；欧洲中央银行理事会继续维持利率不变，同时央行持续按月购买150亿欧元债券，直至2018年12月底。市场预计从2019年下半年起开始加息，逐步退出量化宽松；日本央行维持短期利率−0.1%不变，称计划在较长一段时间内保持极低的短期和长期利率水平；中国人民银行自2018年以来，先后四次定向降准，并增加MLF（中期借贷便利）投放，增大了中长期流动性供应，保持流动性充裕。

总的来说，全球经济增长和通胀预期为适中至稳健，美国领先其他发达市场。贸易紧张局势与美元走强导致新兴市场、欧洲和日本的商业信心承压。未来一年全球经济呈现适中至强劲的增长且通胀有限的场景。综合判断，2019年全球经济持续复苏的大趋势没有变化，但已经进入late cycle景气周期循环末升段，景气的繁荣延续到2019年后即创造有史以来最长的景气扩张期。

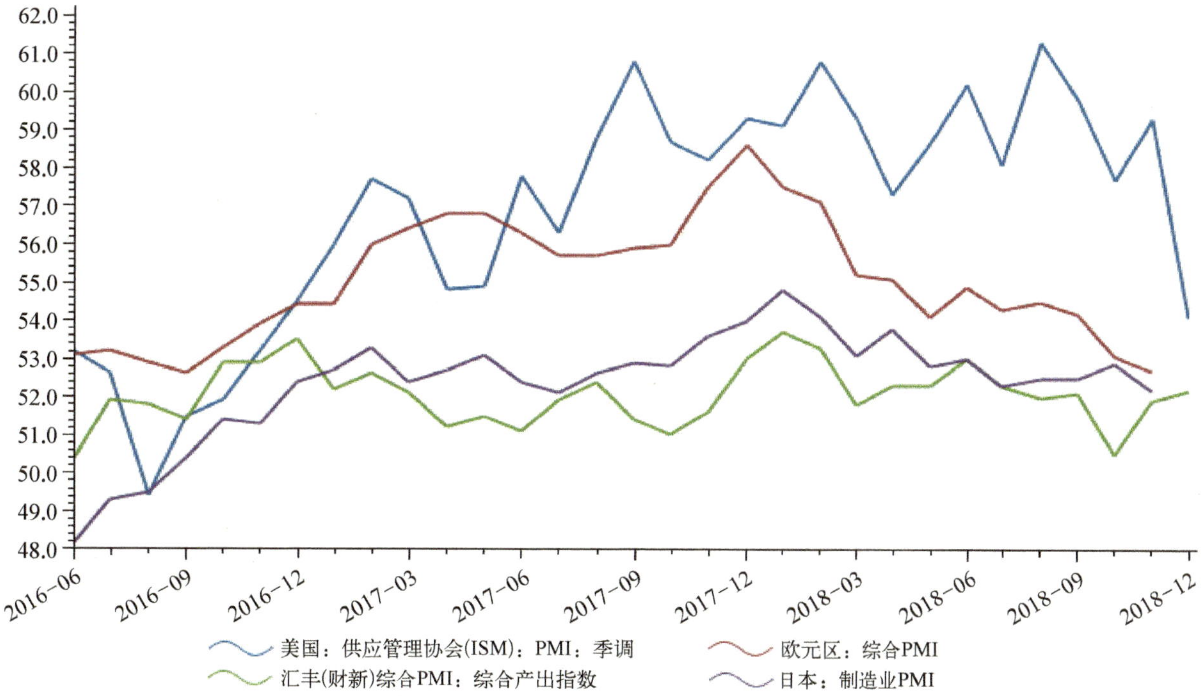

数据来源：Choice数据。

图2.5　各主要经济体PMI数据

但是景气繁荣末期带来的分歧表现值得投资人关注。在美国减税的背景下，当前美国仍引领全球经济增长。然而，中美贸易紧张局势已经升级，削弱新兴市场、欧洲和日本的信心，导致美国和其他发达市场的增长和政策前景继续分化。

表2.2　2018年美国、发达市场、新兴市场股票、债券、汇率、大宗商品涨跌幅

大　类	种　类　细　分	2018年至今涨跌幅(截止到12月31日)
股　票	美　国	−7.7%
	欧　洲	−17.68%
	英　国	−13.03%
	日　本	−15.10%
	新兴市场	分化,涨少跌多
债　券	美　国	收益率上涨32bp
	欧　洲	分化,有涨有跌
	英　国	收益率上浮4.7bp
	日　本	收益率下行1bp
	新兴市场	分化,涨少跌多
汇　率	美元指数	4.7%
	欧元/美元	−4.7%
	英镑/美元	−6.4%
	美元/日元	−1.5%
	美元/人民币	5.4%
大宗商品	原　油	−22%
	黄　金	−2%

数据来源:Choice数据。

（二）2019年股票市场展望：或将更加惊心动魄

全球货币环境紧缩、地缘政治风险以及贸易关系紧张化让2019年的金融市场必定继续“不得安宁”。国际清算银行在2018年年底发表了名为“正常化道路上更多震荡”的报告。报告中称，市场在2018年四季度的震动并非独立事件，“这不是第一次，也不会是最后一次，这只是货币政策正常化独木桥上的其中一次波动。在贸易紧张关系和政治不确定性中，货币政策正常化尤其成为挑战”。

美联储在2018年的最后一次货币政策会议中公布的点阵图显示，2019年还会加息两次。中美贸易谈判还没有最终达成协议。欧美和发展中国家也都面临着各自的政治不确定性。

在2018年年底发布的《世界经济展望》中，IMF将2018及2019年全球经济增速预期均由3.9%下调至3.7%，为2016年7月以来首次下调。该组织还称，贸易政策以及不确定性的影响，在宏观经济层面愈发突出。

因此，如果说2018年是让投资者心跳的一年，2019年可能会更加惊心动魄。在这种趋势下，投资者应尽量选择风险较小的市场，而避免风险较大的市场。

1. 风险较低的市场：日本、印度

发达市场中，日本股票市场相对风险较小。一方面，日本经济在2018年下半年经历了自然灾害带来的损伤后，或可于2019年复苏。另一方面，如上文中所提及的，日本市场中的股票估值不像美国市场那样过高，相对新兴市场波动性较小。所以全球市场的震动中，相比其他发达市场，日本股市可能更受青睐。

新兴市场中，印度股市可能继续表现突出。印度较为强劲的经济增长令其在下行趋势下具有更大的缓冲。

2. 风险较大的市场：美国、俄罗斯

如果经济学家对于美国经济周期的预期是正确的，特朗普的刺激性财政政策在2019年逐渐失效，而债务问题逐渐凸显，同时美联储继续加息，美国与别国的贸易关系继续紧张化，那么美国经济或将明显放缓。而此前已经估值过高的美国股市也必将处于风暴中心。

新兴市场中，俄罗斯料将保持近两年的大幅波动，在下行趋势的市场中投资这类市场需要格外

谨慎。

3. 或有转机的市场：欧洲、中国

欧洲市场在2018年可谓内外交困。但到了2018年年底，意大利已经就预算问题与欧盟达成协议，英国退欧也将在2019年3月29日正式执行。这令2019年欧洲的政治局势或将更为稳定，且不确定性降低。而欧洲各国的内部需求仍属强劲，这或将弥补国际贸易关系紧张化带来的冲击。

而新兴市场中的中国市场也可能在2019年具有更为乐观的前景。首先，相对其他主要市场提早进入回调，令目前的估值显得过于悲观。实际上，国内的政策更加可能依据市场的形势进行微调，而国际上的贸易摩擦也可能随着不断的协商而缓和。另外，中国的宏观经济形势仍然稳健，适度的放缓则已经被定价。

当然，上述两个市场的转机有一个必要的前提，那就是全球贸易战不会全面爆发，否则，这两个市场作为国际贸易关系的关键所在都难以避免风暴的波及。

4. 行业板块展望：公共事业类

在全球经济增长减缓的趋势中，投资者应该避免包括科技、材料和能源三个行业在内的波动较大的板块，而选择公共事业股之类与全球经济相关性较小的板块。

（三）2019年主要货币趋势分析

随着美联储逐步加息，加之美国经济表现优于世界其他地区，2018年美元表现出色，但诸多华尔街投行认为，2019年美元恐怕没有那么“好运”。另一方面，华尔街投行策略师普遍预测2019年日元会走强。

彭博美元即期指数从4月份开始回升，2018年迄今已上涨约4.1%。据彭博报道，摩根大通资产管理公司（JP Morgan Asset Management）预计，美元贬值的一个主要驱动因素可能是美国经济放缓，尤其是在2019年下半年。这家掌管1.7万亿美元的资产管理巨头预计美元可能在2019年出现下滑，而且美元贬值态势料将持续多年。其他机构则预计，美联储加息步伐将放缓，从而对美元形成利空。

不过2019年是否会像2018年一样被打脸还不得而知，因为2018年伊始，就有许多主要投行纷纷唱衰美元，但最终美元居然在全球外汇市场中一枝独秀。

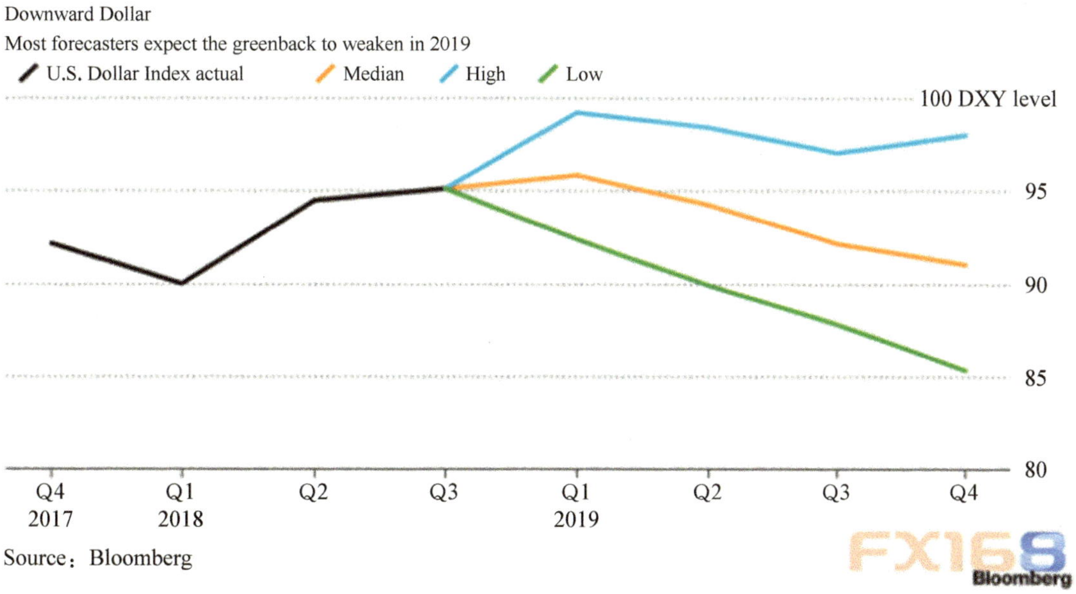

图2.6　美元指数实际走势图

除摩根大通以外，市场上的主要投行们也整体看空美元在新一年的表现，均认为无论是基本面还是技术面的表现都已经无法支持美元再创2018年的逆势上扬。

法国巴黎汇市策略负责人Daniel Katzive表示，仍预期美联储2019年加息次数超过两次，从数据看，经济数据仍强劲，压迫失业率走低，风险仍持续在更早一些暂缓加息上。在市场对2019年加息的定价接近两次或更多之前，美元都可能保持脆弱的状态。

道明证券汇市策略负责人Mark McCormick则指出，很明显美国风险资产仍将持续修正，但不清楚的是市场的这一反应是否预示2019年实际的经济萧条。价格走势反映了多年来美联储宽松货币与金融工程的进展对实体经济带来的影响，虽然不确定这一影响多快爆发，但可以明确的是，这一背景加强了美元更为广泛意义走弱的前景。

此外，来自美银美林（Bank of America Merrill Lynch）、法国兴业银行（Societe Generale）和花旗（Citi）的分析师也都预计2019年美元将疲软，因为强劲的美国经济增长趋于向更为低迷的全球增长靠拢。

美银美林近期指出，由于投资者对美国预算和经常账户赤字的担忧，美元可能会走弱。而法国兴业银行以Kit Juckes为首的策略师在一份客户报告中表示，美元将在2019年面临越来越大的阻力，因为在财政刺激效应逐渐消退的情况下，美国经济将失去动力，而欧洲货币相对于2018年将表现优异。

2019年将何去何从？纽约梅隆银行首席外汇策略师Simon Derrick表示，他认为欧元在经济增长放缓的环境下可能表现良好，“基本上，欧洲只需保持现状，欧元就会比美元看起来更好”。

荷兰国际集团外汇分析师认为，到2019年，随着市场波动性上升，日元将有升值潜力。“我们希望在2019年之前持有战略性的日元看多波动头寸。上行突破的时机尚不确定，因此我们选择卖出3个月，但买入12月波动性。”

Forexlive.com资深汇市策略师Adam Button表示，他认为商品货币2019年表现可能将好于预期，尤其是在经济衰退担忧似乎被夸大的下半年。

1. 2019年汇市四大潜在黑天鹅：欧盟债务、鲍威尔、英国工党、德国经济

（1）欧盟或无奈发起债务免除

欧盟公债可能因货币正常化和流动性紧缩而面临不可持续的风险。同时经济前景不太乐观，如果一旦陷入停滞，而欧盟又不会解散的话，似乎除了将债务货币化已无他法，甚至可能会减免意大利债务。这将直接威胁到欧盟的经济增长，从而拖累欧元。

（2）特朗普万一真将鲍威尔“炒鱿鱼”

美国股市跌势迅猛，看这势头恐进一步延续至新一年。同时美国收益率曲线可能彻底倒挂，这将证明12月加息决定或是错误的。如果真像部分分析师预期的一样，特朗普解除了鲍威尔的美联储主席职务，并任命更加鸽派的明尼阿波利斯联储主席卡什卡利出任主席，美联储加息进程可能会被大幅放缓，甚至停止。这将令美元大幅承压。

（3）英国工党夺回首相之位

如果2019年英国脱欧协议还是无法在议会中得到通过，一旦重新举行首相大选，工党很有可能会夺回首相之位。工党领袖科尔宾或推动第二次脱欧公投。在财政赤字和脱欧问题的双重打击

下，英镑/美元恐将急速下跌，甚至跌至平价的风险也不能完全被排除。

（4）德国经济陷入衰退

德国经济一直是欧盟经济的中流砥柱，而汽车产业则是该国经济的领头羊。相关数据显示，德国2018年汽车销量低于预期，同比增幅也远低于千禧年后的平均增幅。在电动车行业日益蓬勃的今天，德国汽车行业转型略显缓慢，如果新一年内美国在汽车关税上再做文章，德国经济则很有可能在下半年陷入衰退，这将显著拖累欧元表现。

2. 2019年具备升值趋势的货币：欧元、澳纽

（1）欧元

2018年有两件事拖累了欧元的走势，使汇价在2018年2月触高1.255 5一线后始终未能抬头，转而持续走低，价格当前在1.130 0—1.140 0区域震荡交投。这两件事分别是，一为德国债券收益率在2018年年初时攀升了45个点，之后伴随欧元区经济的下滑持续下挫，当前该债券收益率走势已经低于年初时水平下方几个点的位置，而美债收益率走势则高出了65个点。二为德国与意大利债券收益率利差明显扩大的走势。

分析师表示，欧元区经济数据欠佳的负面影响已经定价于债券和汇市，一旦最恶劣的情形发生，都将在这两个市场表现风险升水的走势，只有当这些不利因素完全消除后，汇价才会反弹。

目前美国的贸易战、英国脱欧以及意大利预算问题都将进入2019年并持续对欧元带来影响。由于政治和经济逆风没有消退，如果欧元出现很强的走势，则可能部分是缘于美元更为弱势的趋势所导致的。

尽管欧元区的问题不是短时间就能完全解决的，但除了美元走弱以外，大部分投行还认为有许多其他因素将对欧元升值带来推力。瑞银集团更是直接指出，欧元复苏将决定整个2019年的汇市走势。最终在各主要观点中，有三大逻辑支持在新一年中看多欧元。

第一，欧元区经济增长高于趋势水平，随着美国经济增速恢复正常，经济增长差距缩减将打消这一拖累欧元走高的因素影响；

第二，欧洲央行已经开启正常化进程，有可能最早在秋季加息，而且更加鹰派的可能被市场低估；

第三，意大利预算案和英国脱欧等风险事件预计会在上半年得到解决，之后将为欧元反弹扫清障碍。

综上所述，丹斯克分析师预期称："我们相信1至3个月时间内欧元/美元都将维持在1.13附近，但6个月内将涨至1.18，12个月内则有望上看1.25高位。"

（2）澳纽

巴克莱银行预期澳元2019年仍将被低估，但澳洲稳健的经济活动和乐观的贸易顺差可能限制澳元的下行空间。当前澳元交投于长期实际有效汇率均值水平，接近该行短线公允价值模型的预测水平。

然而汇价也可能之后低于这一公允水平，缘于从澳洲家庭住户的高负债和对全球储存的结构性依赖，以及中美贸易关系走向背景，澳元走势对于更高的美债走势而言仍较脆弱。

当前巴克莱银行澳元/美元实际资金和客户杠杆资金净头寸接近全年最低水平，从风险反转

的角度看，暗示外汇期权可能被用来对冲这些头寸。预期澳元/纽元应当在之后的几个季度中升向1.11一线，但上行空间仍受中美贸易关系基本面影响。在中美贸易关系以及市场对中国经济增长的情绪反应下，澳元的走势与这两个因素密切关联。

同时分析师评论，尽管澳大利亚经济前景乐观，但仍存在外部因素与内部因素相持衡，以保持澳洲联储继续安稳地维持当前利率水平。澳大利亚的薪资压力仍持续温和，楼市增长放缓，尤其是悉尼和墨尔本地区，借贷收紧。

另一方面，澳洲的贸易2018年表现稳健，铁矿石价格较夏季低点水平令人信服地反弹。此前澳元/美元在2016年触及的低点位置目前已经远离市场。

整体而言，瑞银集团预期澳元/美元有望在进入新一年的3个月内涨至0.74，2019年底能够涨至0.77，同时于2020年底上看0.80。

新西兰方面，当前的经济走势仍然步履蹒跚，由于对外国投资者的限制和借贷趋紧，楼市增长冷却，但还没有到崩盘的地步。

净移民流入持续下跌，虽然失业率稳步下跌，但薪资压力仍然温和，新西兰的贸易数据仍保持在2018年高位附近，但新西兰联储近期的鸽派立场却使得纽元在利差上面临更多的逆风风险。

不过，巴克莱银行预期纽元在2019年上半年将被拖累，而中美贸易关系的走势也将影响纽元的升跌。纽元，如同澳元，受家庭高负债和对全球存储结构性依赖的影响，面对美债走高将表现出脆弱的一面。如果2019年贸易局势能够得到改善，纽元依然有望跟随澳元兑美元适度反弹，但涨幅有限。瑞银集团预期进入新一年的3个月内纽元/美元将升至0.68，将于2019年底上看0.70关口，并于2020年底稳步涨至0.72一线。

3. 2019年表现相对平稳的货币：日元、加元

（1）日元

2018年的日元表现非常坚挺，进入2019年后预计仍将受到避险需求的支撑，因全球经济放缓、股市崩盘危机高悬以及各大风险事件尚未解决，表明至少在上半年日元走势仍将平稳看多。

美银美林分析师指出："即将进入2019年，我们的分析师认为日本国内的资金流动将在这一财年底出现变化。近期美元/日元在东京交易时段出现的回撤就暗示了这一趋势。因此整体而言，我们在2019年内将保持看空美元/日元和日本股市。"

另一方面，彭博调查的外汇预测机构预期，美元兑日元和瑞郎等传统避险货币将出现下滑。有关美元/日元的预期中值是，到2019年末，该货币对将从目前的113附近下滑至108。

道明证券（TD Securities）表示，假如日本央行在2019年上半年继续放松对日本政府债券市场的控制，日元可能会攀升。

法国巴黎银行（BNP Paribas）北美外汇策略负责人Daniel Katzive在11月28日的一份报告中写道，2018年日本对外国资产的需求表现健康，但在未来几个月可能会遭受挑战。其预计，美联储预期中的加息暂停将最终压低美债收益率，并导致日本投资者抛售美元。

而摩根士丹利也看涨日元，该行预计美元/日元将在2019年末下跌至102，因为日本投资者将资金带回国以支持民间资本支出加快。

不过整体而言，考虑到2018年内日本央行继续维持宽松立场，新一年中想要出现大行情，还需

取决于日本央行撤不撤“鹰”。同时主要的风险事件有望在新一年上半年得到解决，如果股市能够回稳，日元的避险买盘或将缩减。

（2）加元

虽然鉴于石油输出国组织（OPEC）和非OPEC产油国将在2019年1月1日开始实施新一轮减产，同时沙特能源部长法利赫也表示，相信4月的政策会议上肯定会进一步延长减产，从而超过既定的六个月减产期，因此，原油价格在大幅崩跌之后很有可能会迎来反弹，但主要投行依然认为考虑到其他因素的存在，加元表现料不及其他商品货币。

加拿大央行2018年10月在敲定新的贸易协议后加息至1.75%，但在声明中央行删除了逐渐加息的措辞，暗示2019年货币政策常态化的道路可能获得动能，使得利率水平升向2.5%～3.5%的中性利率水平。不过进入第四季度后，加拿大经济表现出疲软迹象，结合油价的大幅暴跌以及家庭杠杆水平的增加，这令未来前景出现恶化，也直接导致加拿大央行在12月按兵不动。

瑞银集团表示，加拿大央行紧缩周期实际上已经进入成熟阶段，同时加拿大国内的经济表现和外部环境更不会支持其激进加息，反而存在比美联储提前结束加息周期的风险，因此，加元兑美元即使从近期低位反弹，上行的势头也较为温和。

巴克莱银行预测称，由于油价不太可能迅速升至2018年高峰位置，预期加元上行空间有限，而美墨加协议的最终定论，也有悬念。麦格理集团也表示，加拿大西部原油价格依然徘徊在2016年初低位，相对美国WTI原油价格继续疲软，即使国际油价受到减产提振而上扬，其对加元的提振效果也不及以往。

尽管如此，由于加元在2018年底已经跌至18个月低位，除了12月按兵不动以外，也受到了油价暴跌的影响。自从10月初国际油价触及四年高位以来，无论是美国WTI原油还是布伦特原油均已经下跌超过1/3，创造三年来最大季度跌幅。因此考虑到美元顶部可能已经构成以及油价存在反弹的可能，加元的下行空间或已不大。

整体而言，加元在新一年中上行和下行的空间都可能受限，因此表现或相对稳定。不过瑞银集团依然预期进入新一年后，3个月内美元/加元有望回落至1.31，2019年底则将跌至1.28，但2020年底有望重回1.30一线。

4. 2019年具有贬值趋势的货币：美元

市场分析师普遍预期美元此前强势的表现或在2019年不太可能继续，伴随美联储进入加息周期的尾声，近期美联储鸽派基调的讲话，美国经济数据陆续验证经济增长动能放缓的表现，使得投资人士加大押注美元当前已经筑顶。

Forexlive.com资深汇市策略师Adam Button在接受Kitco News电话采访时表示：“如果你回顾过去，美联储结束紧缩周期之时，就是美元涨势结束之时。我们正处于或非常接近这一点。”

Button是在美联储12月货币政策会议后发表上述言论的。美联储12月会议决定启动2018年的第四次、当前周期的第九次加息。不过，加息步伐看来正在放缓，因为美国央行在其最新的经济预测中预计2019年只会加息两次。

美联储主席鲍威尔也在新闻发布会上指出，利率已触及美联储中性利率预估区间的下限。

尽管美联储可能在2019年下半年结束当前的紧缩周期，但经济学家仍预计其他央行，尤其是欧洲央行，将进一步收紧货币政策。欧洲央行计划在2019年夏末开始加息。

CIBC World markets外汇分析师表示："尽管市场预计美联储2019年的行动将有限，但投资者似乎低估了海外央行收紧货币政策的可能性。"

一些外汇分析师曾表示，全球货币政策差距的缩小将有利于欧元而非美元。而全球经济增长放缓也将影响美元走强。

不过，美国相对不那么紧缩的货币政策并不是推动美元脱离当前高位的唯一因素。纽约梅隆银行首席外汇策略师Simon Derrick表示，投资者需要开始关注收益率曲线趋平的问题，尤其是在长期收益率曲线表现不佳的情况下。

他表示："收益率曲线可能告诉我们很多关于全球经济走向的信息，这不是好消息。"他表示，"我认为，美联储将对这些全球因素敏感。"

Derrick补充称，美国经济走软将大大缓解新兴市场的压力，尤其是亚洲，这将有助于全球经济增长。

尽管美国和全球经济预计2019年将继续增长，但增速预计将放缓。2018年10月，国际货币基金组织表示，2019年全球经济预计将增长3.7%，低于7月份3.9%的预测。美国经济预计将增长2.5%。与此同时，美联储在12月份的预测中指出，预计美国经济2019年将增长2.3%，低于2018年的3%预期。疲弱的经济成长将对美国股市构成压力，进而将进一步对美元构成压力。

全球经济增长将在2019年放缓，但总体上仍高于趋势水平。美国可能是一个突出的例外，因为财政刺激热潮的消退和关税影响的上升应该会在2019年底前将美国GDP增速推低至2%以下。从一系列指标来看，美元相当昂贵，这使得它容易受到增长动力观念转变以及美国股市和信贷经风险调整后表现修正的影响。

美国需要应对其不断增长的赤字：2018年年初出台的减税措施帮助刺激了美国经济，提振了股市，为美元创造了一个有吸引力的环境。然而，大多数经济学家预计，减税带来的"糖热"正开始消退，2019年其将不再是一个驱动因素。

除此之外，美国政府还面临着一个新的问题，那就是不断增长的财政赤字。白宫管理与预算办公室在7月份的一份报告中发布了中期评估报告，预计到2019财年末，美国赤字将达到1万亿美元。Button和Derrick都认为，美国的赤字将拖累经济增长。

美元有上涨潜力吗？Derrick表示，他认为只有一种情况下美元2019年可能受益，那就是全球经济全面衰退，投资者纷纷逃向美元和美国公债。

"我们必须看到2008年以来的财务状况，美元才有吸引力"，他说，"我们没有看到这种情况的发生。"

道明证券分析师还认为，全球经济增长大幅放缓是他们看跌美元的最大威胁。他们表示："我们注意到，一场强烈的通缩冲击或重大的避险事件，也可能导致美元的涨势超出我们目前的预期。随着风险资产在最近几周已经面临挑战，全球股市或信贷的进一步回调，可能会出现更强劲的避险资金流。"

此外，瑞银集团全球宏观策略团队近期表示，值得注意的是，市场存在低估非美央行加息的决心。该行预测称，进入2019年的3个月内，美元指数恐跌至95，2019年底或跌至91，而2020年底甚至进一步跌至87。

5. 2019年具有崩盘风险的货币：英镑

新兴市场货币在2019年仍将面临很大挑战，主要依然是美联储继续加息可能带来很大的溢出风险，同时全球经济放缓和油价大跌可能引发更多的社会动荡和政局不稳。但在主要货币中，英镑居然已经展现出了崩盘风险，因英国脱欧风险不仅没有在进入新一年后得到减弱，反而上升到了空前的高度，无协议脱欧局面的出现已经愈加现实，部分分析师甚至认为英镑/美元恐跌至平价。

英镑目前的最大考验集中在2019年第一季度，3月29日英国脱欧的正式启动日期，能否成功进入过渡期将直接为英镑新一年的走势定下基调。因此，可以说，虽然主要货币中英镑是最具备崩盘风险的货币，但如果脱欧顺利解决，确实也存在强势逆转的可能，这就是所谓的“不成神即成鬼”。

距离英国的正式脱欧日期2019年3月29日已经很近，而英国内部依旧分歧严重，英国首相特蕾莎·梅则仅有28天时间来争取反对阵营议员们对她脱欧协议的支持，无协议脱欧概率正在增大。欧盟方面已经给出明确表态，现有的脱欧协议已经是能够给出的最终让步，如果特蕾莎·梅不能在议会中通过协议，无协议脱欧和放弃脱欧两种选项的二选一局面都可能会造成英国局势的剧烈动荡。

分析师指出，无协议脱欧将带来巨大的经济危害，其中包括英镑下跌25%，房价暴跌30%等。英国央行行长卡尼表示，脱欧不确定性是毒药，是经济前景的最大决定性因素。他还表示，金融部门已准备就绪，在英国脱欧后利率可能需要上升或下调。但目前市场正减少对英国央行2019年进一步加息的押注。

另一方面，摩根大通认为，即使敲定脱欧事宜，进入过渡期也不意味着英镑就安全了，鉴于经济增长放缓、通胀低迷以及未来的政治风险仍未消除，英镑的下行压力将依然很大。

（四）2019年全球黄金市场展望：低开高走

我们认为美元和贸易摩擦是影响2019年金价走向的两个最重要因素，两者的作用有相互抵消之势。虽然2017年美联储进行了四次加息，但是2018年初的美元指数却依旧在下滑，一直延续到3月贸易摩擦的开始才出现V型反弹，这或许意味着贸易冲突带来的市场避险情绪超过了加息的影响力。基于此，我们认为贵金属在2019年的背景更为乐观，但上半年的上涨动力或将处于两者相互抵消的拉锯之中，下半年的上涨动力会明显偏强。

1. 美元指数或将下行

美元指数或在2019年中出现拐点，将在一定程度上推升黄金的价格。一方面，2018年美国经济增速超预期的表现主要靠特朗普政府积极的财政政策拉动，2019年后美国的积极财政政策效应可能减弱，民主党控制下的众议院可能会让特朗普进一步刺激经济的政策难以实施，美国经济由过热走向收敛的速度将会加快，加上美联储未来仍将加息，有效需求或将收缩，从而拉低实际经济增速，2018年美国经济增速可能是本轮周期的顶点，此后将有所回落。美国经济基本面走弱时，对资本的吸引力会减弱，资本流出压力变大，从而令美元指数承压。

另一方面，欧洲央行可能于2019年夏季加息，未来美欧利差收窄，欧元或将走强。美联储在12月议息会议的点阵图中，预计2019年加息两次，并将更长周期的联邦准备金利率中位数（中性利率）下调20bp至2.8%，点阵图和市场都预期美联储2019年加息的进程将放缓。而如果欧洲央行加息甚至缩表，资本可能从美国流向欧洲，导致美元流动性增多，全球外汇市场对美元的需求减弱，给美元指数施压。

2. 贸易摩擦下半年或有谈判时机

贸易摩擦是影响黄金走势的另一个重大因素。2018年4月份以来，美国对中国挑起了贸易争端，随之可以看到美元指数的一路上涨，从4月份最低值的89上涨至目前的97，与之对应的是伦敦金价一路下跌，从最高点1 360美元/盎司下降至目前的1 220美元/盎司。贸易战的不断升级加剧了市场利用美元进行避险的需求，导致美元指数的不断抬升。2019年贸易冲突的走向对黄金的影响同样不容小觑，虽然2018年12月中美双方达成了3个月的“休战协议”，但目前市场上普遍认为中美之间的贸易冲突具有长期性，这是由中美之间的结构性矛盾导致的。中短期的摩擦加剧和缓和都影响短期的金价，2018年中，双方一度达成的协议最终被撕毁，其背后是美国经济高速增长的背景下要价过高。

随着2019年美国经济的回落，美国对于达成协议的需求也同样迫切，双方达成协议的可能性较2018年会有明显增大。预计2019年上半年贸易摩擦带来的严峻形势依旧，下半年可能会迎来谈判的时机。这对于黄金的影响是，2019年上半年依旧打压金价，而2019年下半年会迎来反弹。

3. 黄金需求端略有提升

（1）中国黄金首饰需求稳定

中国的黄金制品市场从2003年开始正式放开，从那时开始中国的需求就有了蓬勃增长的态势，2004—2013年平均增幅都在20%以上。金银珠宝销售从2015年底开始出现缓慢回升，主要是因为棚改货币化的启动带来了可选消费品的提升，与同期中高档白酒、汽车等消费的增长属于同样原因。然而随着棚改货币化的落幕，汽车、建材、家电等已经出现销售疲软，珠宝首饰这样的高弹性可选消费品依然有回落空间。而棚改的主战场三四线城市相较一二线城市而言，对于黄金的倾向性更高，棚改货币化的落幕对黄金的销售存在不利影响。

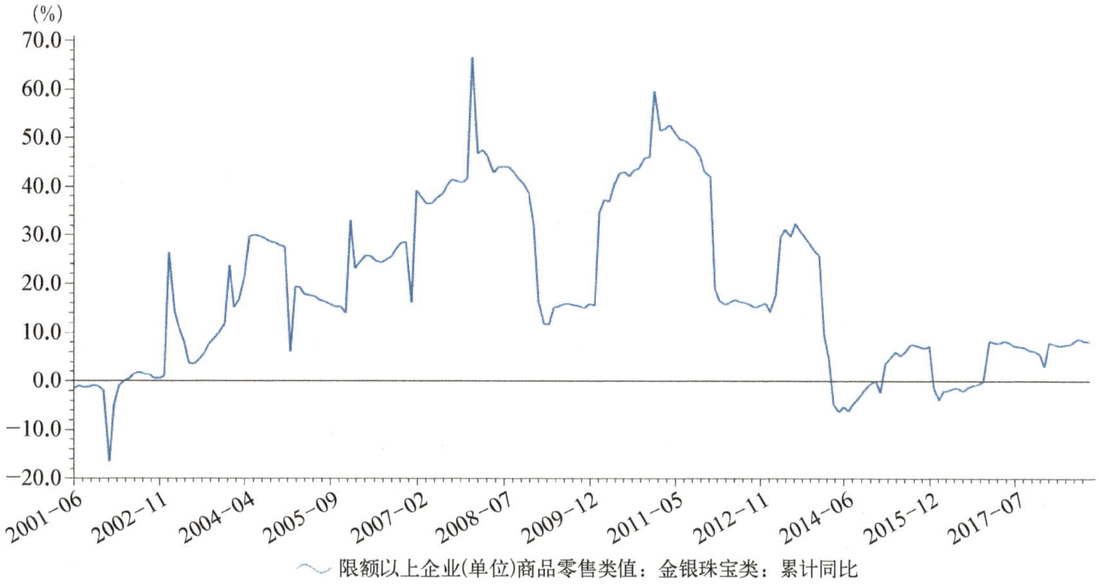

数据来源：Choice数据。

图2.7　中国金银类商品零售额增长率图

一二线城市由于缺乏棚改货币化的刺激，在缺乏财富效应的2018年更是难以有大量金银珠宝的购买。其低迷程度从港资上市珠宝企业公布的财报数据中，同店销售数据以单位数或者双位数的下跌就可见一斑。

后期政府为拉动经济，虽然会有刺激消费政策出台，但是从出台的税收抵扣是在子女教育、继续教育、大病医疗、住房贷款利息或住房租金，以及赡养老人等专项上，预计主要刺激消费政策也以鼓励服务类消费为主，所以高弹性可选消费难以因此受到大的刺激。

（2）各国央行购金力度将保持强劲

2018年，在全球经济陷入动荡和不确定的情况下，加上美国的贸易保护主义开始引发各国担忧，央行购金又开始重新上升，仅在2018年前三个季度，央行购金达到了351.5吨，占总需求比例为10%，达到了2015年以来最高水平的净购买量。其中的重要买家俄罗斯已经出售了其持有的大部分美国国债，并将其中一部分换为黄金，2018年第三季度92吨的购买是其史上最大的季度净购买量，这使得俄罗斯的黄金储备首次超过2 000吨，占其总外汇储备的17%。其他多家央行在第三季度也加入了俄罗斯、土耳其和哈萨克斯坦的购金行列，大幅增加黄金储备。预计随着美国经济的边际走弱，以及全面开花的贸易摩擦会加重各国对于美元资产的抛售，全年央行购金将继续增长。因为官方购金有较强的隐蔽性，更多是在事后公布，对于市场难以构成即时性的利好。但是官方购金的持续性使其成为黄金价格下方的重要支撑。

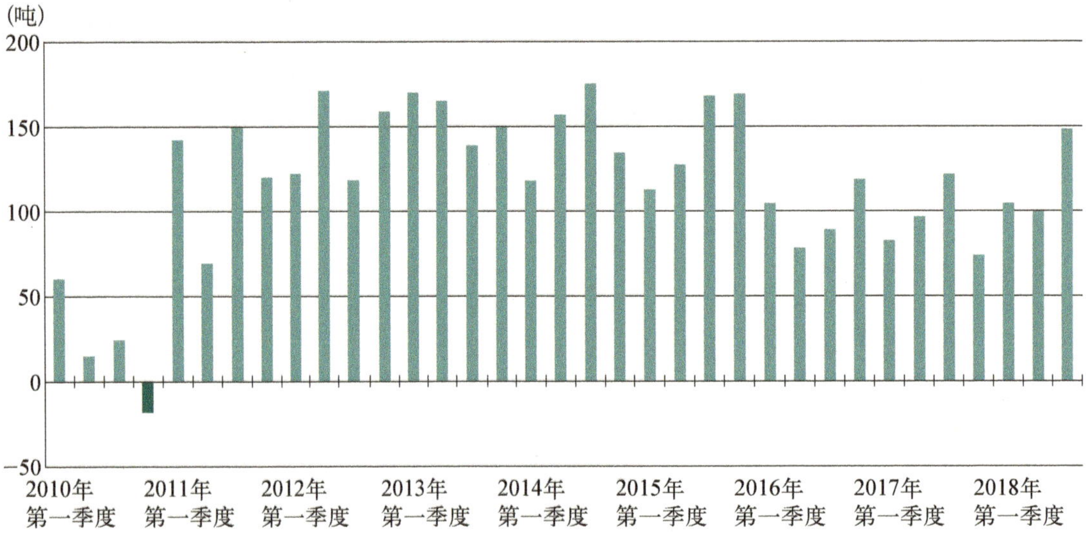

数据来源：世界黄金协会。

图2.8　全球央行净购金量

（3）投资需求预计会继续增长

黄金的投资需求分为零售黄金投资需求（金条、金币等）以及ETF和其他产品需求。目前，黄金的零售投资需求中接近30%来自中国。从中国零售黄金绝对和相对数量图中可以看到，中国的黄金零售投资和零售投资占全球比重高点都是对应的，不过相比全球而言，中国的黄金零售投资需求曲线还是向上，表明在进一步增长中。如果再进一步分析，可以看到这些高点和金价的高点也是对应的。可以这么理解，也就是当金价上涨时，中国的黄金零售投资也会上升，并且增速比中国以外的其他国家要高。这是因为相比其他市场而言，中国民众投资黄金还有很大一部分选择的是实物黄金。这也就解释了为什么2018年第二季度以来高端消费整体承压，但黄金珠宝相比汽车、白酒等高端消费而言相对较稳固。这是由于金银珠宝销售的统计会把首饰需求和投资需求放在一起，前者更多为刚需，一般较为平稳，但后者会面临较大波动。

投资需求中的黄金ETF基金及其他产品的黄金持有数据，是机构资金对于黄金中短期配置的最终体现。虽然在总需求中份额占比不大，但是变动极大，而且因其金融市场的敏感性，在某些时候会被市场当成一个前瞻风向标。

整体上认为，随着美国经济的回落，对其他资产的配置需求会带动黄金ETF等投资需求的

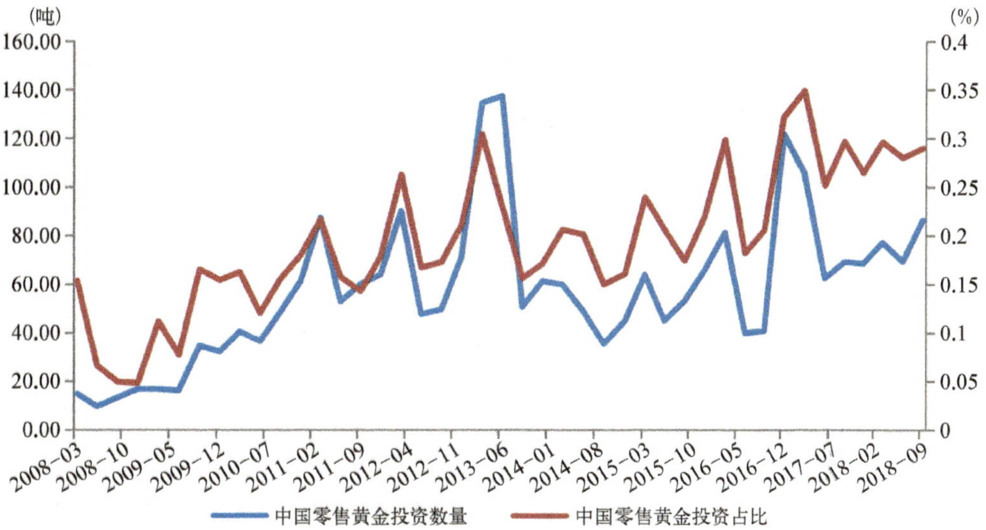

数据来源：世界金业协会。

图2.9 中国零售黄金投资及占比

上升。

北美作为最大的、流动性最好的黄金ETF市场，占了2018年第三季度流出量的73%，以及2018年年初至今流出量的近90%。这种看空黄金的情绪也出现在美国期货市场，CFTC持仓报告显示，投机性净多仓位自2001年以来首次变成负值。低迷的投机资金流入的直接原因是2018年以来美国其他风险资产强劲的表现，但其背后深层次的主要原因之一就是美国经济强劲复苏。从2018年10月开始，美股的大幅回调可能使得这一情况发生变化，不管这次是回调还是顶部的开始，从2018年第四季度开始，我们都看到了ETF资金在流入黄金市场。当然，数量还非常有限，还不足以抵消前期的流出。

不过，我们对资金没有大举进攻并不悲观，从全球最大的两个黄金ETF-SPDR和ishares的持仓可以看到，机构持仓如果需要增仓，在年初反应才更明显。所以目前资金有流入痕迹，但是暂时还

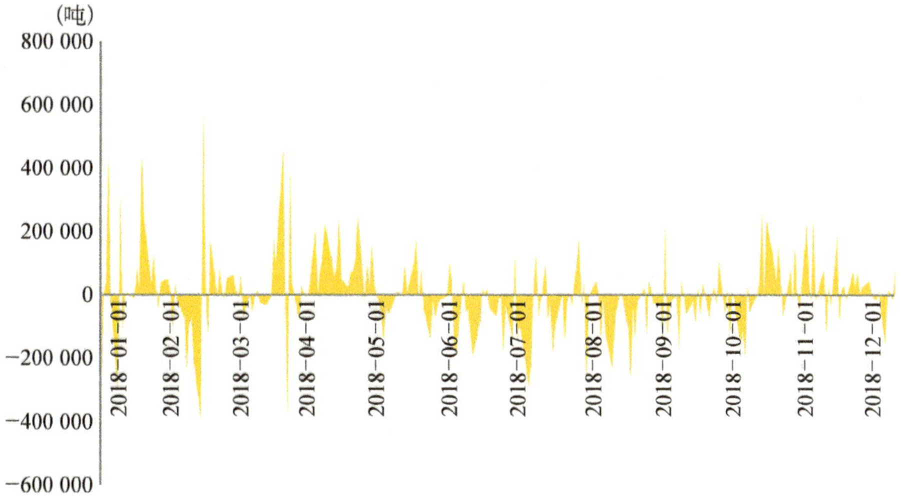

数据来源：Bloomberg。

图2.10 全球黄金ETF持仓

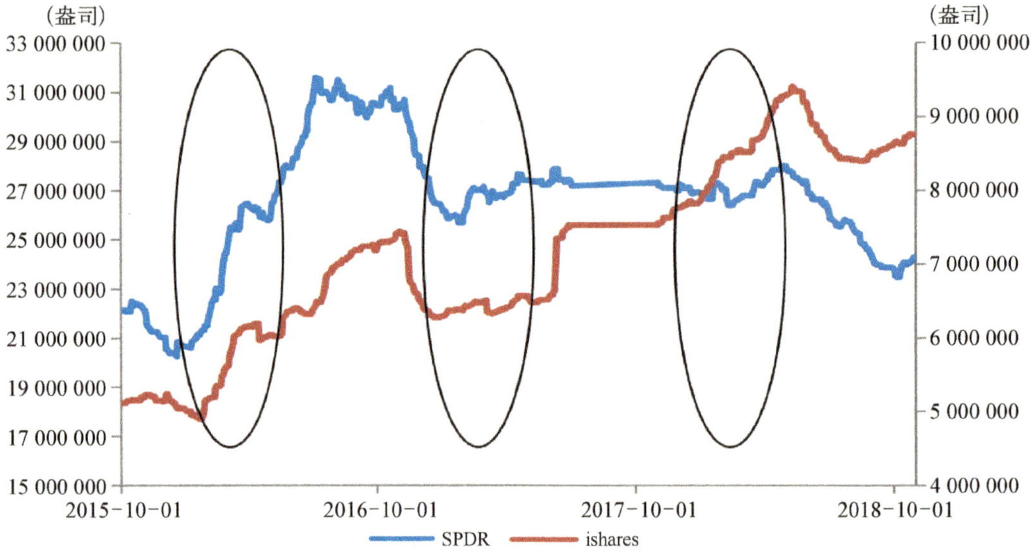

数据来源：Bloomberg。

图2.11　SPDR和ishares黄金持仓量变化

没有大举进入，后期仍有继续入场潜能。预计随着2019年年中资金流入，黄金有望展开攻势。

（4）黄金供应继续保持平稳

在2009年之前，黄金的供应来源除了矿产金、再生金，还有央行售金，然而2008年的金融危机打破了央行的售金计划，从2009年开始，有部分国家的央行在出售，同时部分国家的央行在继续购买，但整体而言，央行从净售金变成了净购金。而在平衡表上，黄金的供应也仅剩矿产金和再生金。

矿产金近几年都在持续增加过程中，尽管主要产金大国南非和中国的产量都在下降，但是其他地区产量的大幅增长超过了这些跌幅。2018年第三季度南非的产量同比下跌10%；而在中国，环保政策的实施也使得第三季度全国黄金产量同比下跌6%。但从生产成本角度来看，第一，黄金生产商的成本差距非常大，统计口径差别也很大；第二，平均而言，大多数黄金生产商目前还有较大利润空间；第三，少数成本较高的生产商对于市场的影响力非常有限，而且会采取套期保值或者待价而沽的方式避免出现更多亏损。预计矿产金仍能保持小幅上升。

再生金则在一定程度上受到了黄金价格和经济环境的影响。再生金是指回收之后经过提炼的黄金和民间流动的黄金。回收后提炼的黄金是指在报废的含金物件中，对其进行提炼加工，生成不同纯度的金。其中，回收提炼的黄金主要来自工业回收、黄金装饰品和金币熔化回收等。民间流动的黄金，就是指私人持有的黄金。世界黄金协会数据显示，对1982年至2012年间再生金数据的一项分析显示，约75%的再生金总量变化是由金价波动造成的，而经济冲击可以使再生金总量提升多达20%。如果金价温和上涨，再生金的增量应该不会对市场产生重大影响。

整体上而言，黄金供应力量充沛，没有缺口，而黄金稳定的需求也将使得生产商没有抛货压力，并不存在明显过剩。

综合上述因素，我们认为，黄金价格有望在2019年走出先低后高的行情，而上涨机会主要在下半年。全年核心运行区间为1 250～1 300美元/盎司。预计在1 240美元/盎司左右形成强支撑位，上方阻力位在1 360美元/盎司左右。

（五）2019年全球原油市场展望：弱势震荡

对于2019年的原油市场，我们认为，未来走势以弱势震荡为主。综合主流观点来看，预测WTI价格在45～75美元/桶，Brent均价在60～80美元/桶，SC价格波动区间在380～520元/桶。

下面，我们将通过美元、供需因素、供需平衡、基金持仓和地缘政治五个角度来进行分析。

1. 美元与原油相关性减弱

从美元与原油走势相关性来看，近两年走势相关性明显降低，2018年美元与原油走势相关性仅在0.6左右，上半年两者出现同涨局面，主要由于2018年以来原油走势受地缘政治因素影响较多，从以往经验来看，在这种突发性大事件较多的情况下，原油与美元的关联性会降低。预计在2019年，地缘政治问题仍不会停歇，美元与原油仍会保持低关联性。

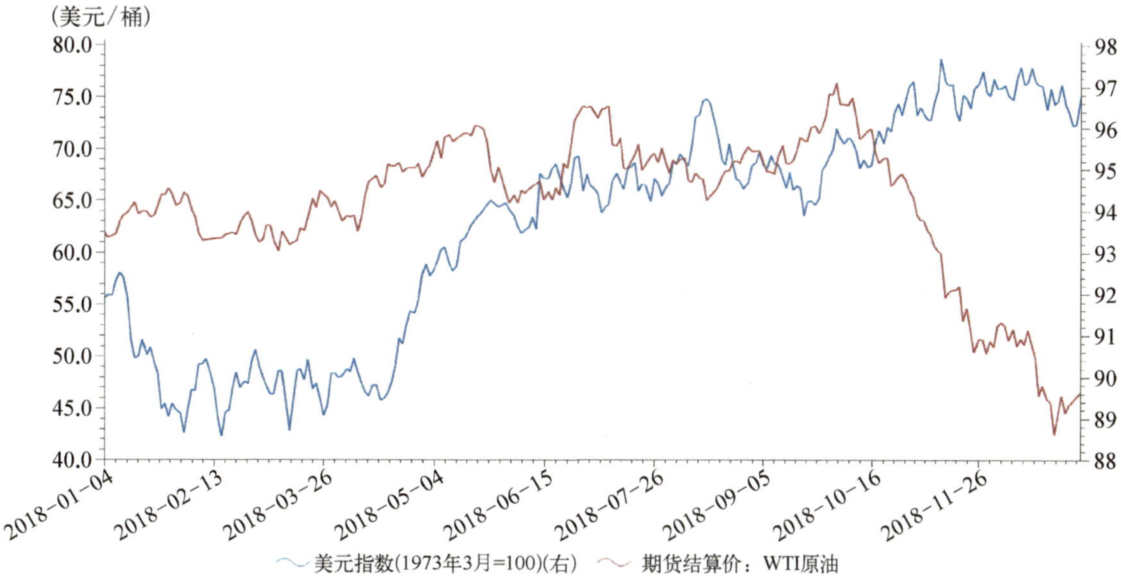

资料来源：Choice数据。

图2.12　WTI原油走势与美元指数对比图

2. 供需因素分析

OPEC+确认减产，但不确定因素依旧

2018年6月底，OPEC成员国及俄罗斯等产油国达成增产协议，计划将减产执行率恢复至100%，名义增产幅度达100万桶/日，主要为了缓解供应紧缺。据OPEC数据，截至2018年11月OPEC原油产量为3 331万桶/日，为自2016年来新高。OPEC成员国中沙特、阿联酋、利比亚实现了较大幅度增产。虽然在美国重启对伊朗的制裁后，伊朗10月较5月减产52.5万桶/日，委内瑞拉10月较5月减产21.7万桶/日，同期OPEC整体却增产了74.6万桶/日，说明OPEC内部已经超额度弥补了伊朗和委内瑞拉的供给减量。

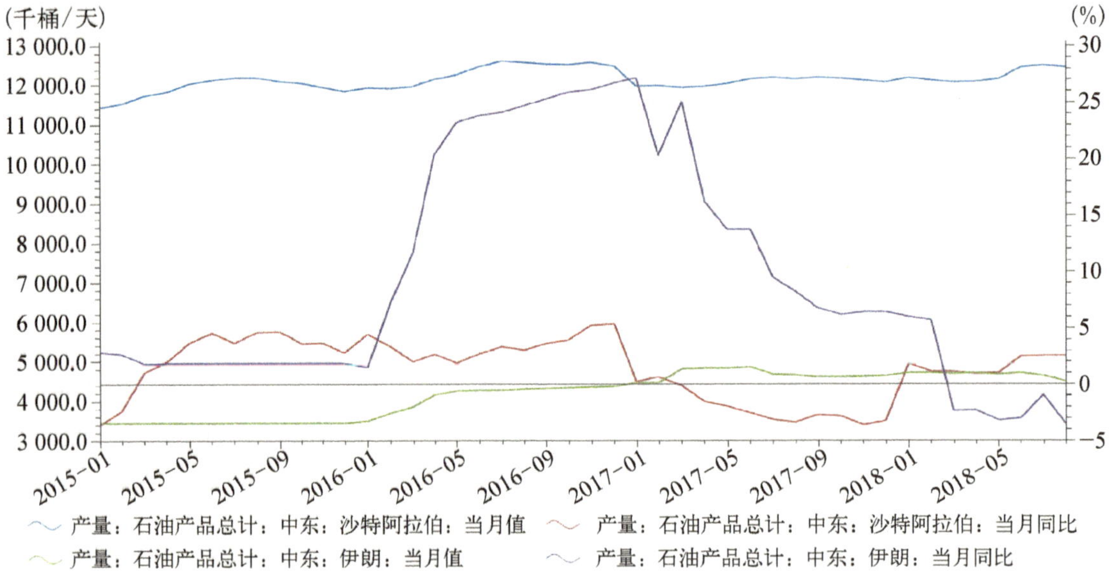

数据来源：Choice数据。

图2.13 沙特、伊朗石油产量图

OPEC的闲置产能主要集中在沙特。11月沙特已经将石油产量提升至1 120万桶/日，创近60年新高。同时沙特官方表示，沙特有能力进一步增产80万桶/日。产量的大幅度提升必将让沙特降低其供给弹性和油价调控能力。沙特财政收入极度依赖石油产业，虽然高产量带来低油价让其政府继续面临财政赤字，但沙特王储谋杀记者事件引起了国际舆论的强烈指责，为了平息舆论和避免特朗普政府的制裁，沙特政府在油价问题上做出了一定程度的妥协。

2018年12月7日，OPEC将较10月份水平减产80万桶/日，持续6个月，其他产油国减产40万桶/日，OPEC+将从1月份减产120万桶/日。与过去两年减产周期相比，此次减产力度比较弱，但以10月份为减产基准，显示了OPEC的减产决心。

表2.3 石油减产量

日　期	OPEC减产量（万桶/天）	执 行 期	非OEC减产量（万桶/天）
2017年7月	120	9个月	55.8
2018年3月	120	9个月	55.8

（续表）

日　　期	OPEC减产量（万桶/天）	执 行 期	非OEC减产量（万桶/天）
2018年7月	120	6个月	55.8
2019年1月	80	6个月	40

数据来源：OPEC，公开资料整理。

总的来说，OPEC+减产量小于市场预期，其中沙特和俄罗斯后续执行动作值得关注。按照10月产量为减产标准，沙特1月份产量降至1 020万桶/日，俄罗斯降至1 120万桶/日。但俄罗斯具体的减产进程市场仍存疑惑，目前价格不足以使俄罗斯下坚决减产的决心，俄罗斯是2019年OPEC+减产行动中的最大不确定因素；卡塔尔宣布2019年1月退出OPEC，是OPEC组织第一个“退群”者，一定意义上影响了OPEC组织的稳定和执行。卡塔尔石油公司表示，正在考虑在美国投资至少200亿美元用来开发石油及天然气项目。市场认为，美国国会正在立法讨论，针对OPEC组织的垄断问题进行诉讼，是卡塔尔退出OPEC组织的主要原因。因此，卡塔尔则是另一个不确定因素。

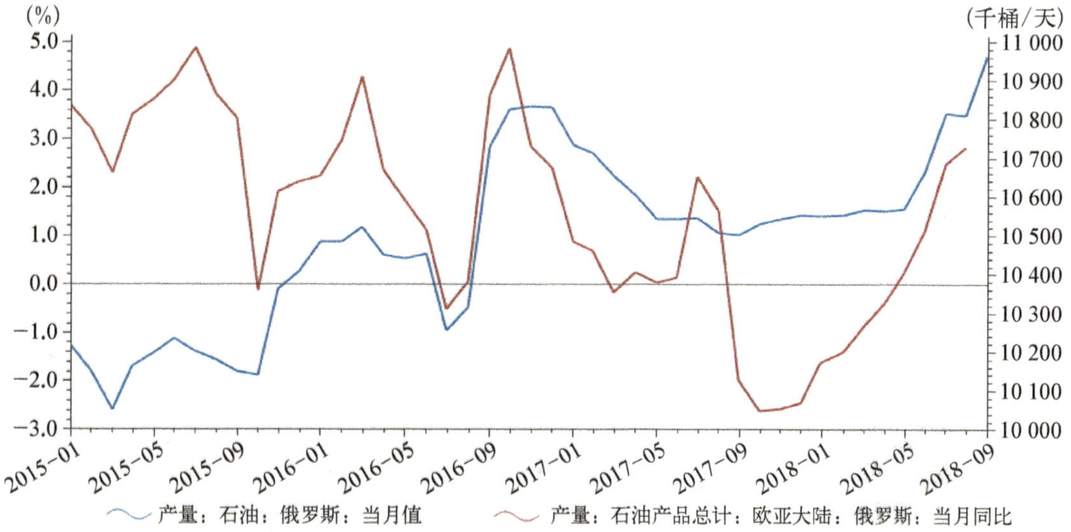

数据来源：Choice数据。

图2.14　俄罗斯石油产量

3. 美国原油产量突破

相较于2017年，美国原油产量在2018年一年时间内增产了200万桶/日，年度增幅为20.6%，截至2018年12月，美国原油产量达到1 170万桶/日，连续创下美国历史新高，从数据来看，产量延续前期的增势，美国原油产量已经超越沙特和俄罗斯，跃居世界第一。另外，我们看到美国七大页岩油产区钻井数保持稳定增长。油井数量保持三年多来的最高水平。

美国内政部公告，得克萨斯州和新墨西哥州的The Wolfcamp Basin、West Texas Basin等地区油气含量为463亿桶石油、281亿立方英尺天然气以及200亿桶天然气液体，美国又新发现了263亿桶石油。目前限制美页岩油增产的主要因素仍是管道运力，但随着管道进一步扩容，未来美国页岩油

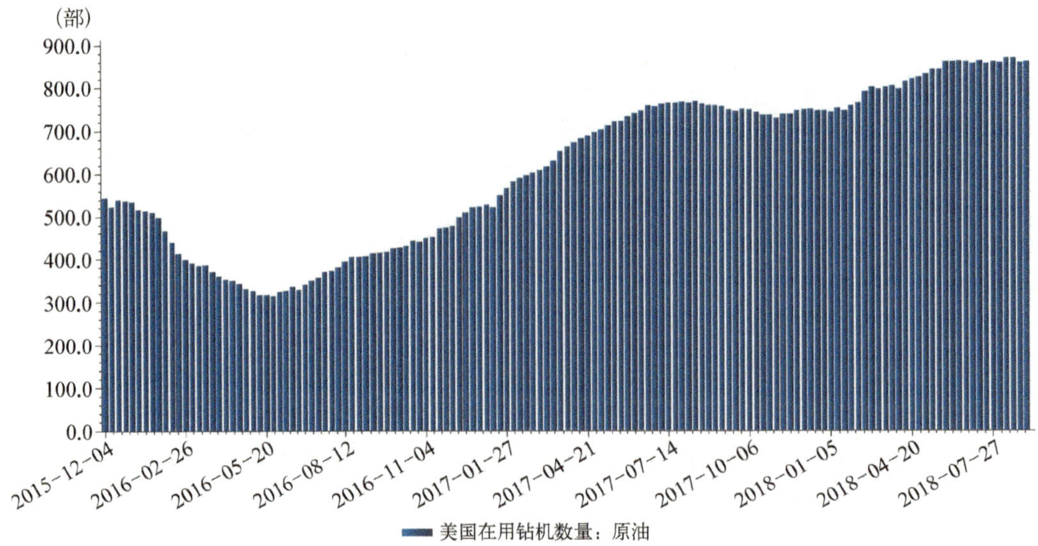

资料来源：Choice数据。

图2.15　美国原油钻井数量

预计仍维持增势，根据EIA的预测，2019年将会突破1 200万桶/日，月均产量仍会呈现稳步增加的态势，年度增速在11%左右。

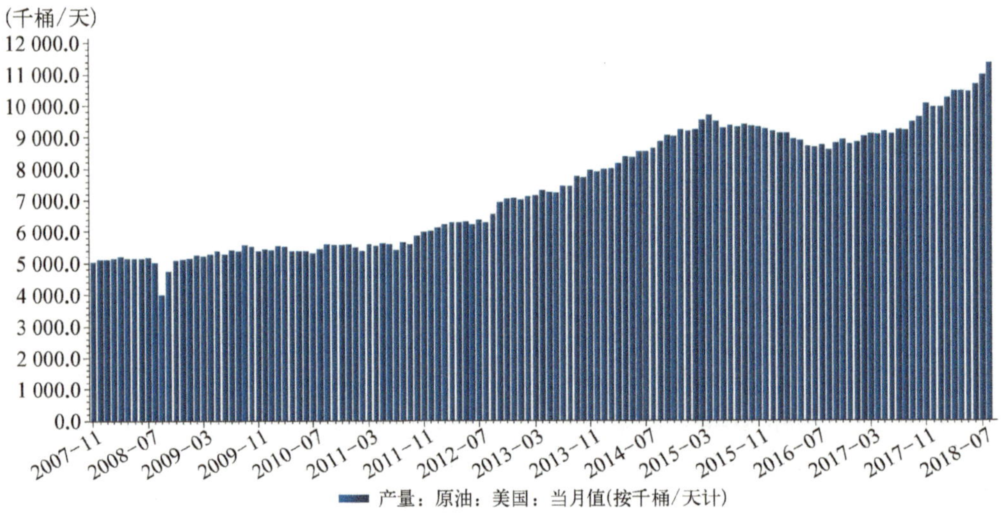

资料来源：Choice数据。

图2.16　美国原油产量

2018年，美国页岩油气行业首次获得了正的现金流，打破了自2010年来支出一直超过收入的状况，这主要得益于2015—2016年期间行业获得巨大技术和生产进步。2012年原油天然气上游投资增长4%至7 500亿美元，2015年原油天然气下游投资减少25%，2016年减少26%。2018年早些时间的数据表现出2018年下游投资同比少量增加，2018年石油和天然气上游支出略增5%至472亿美元，2017年石化燃料投资稳定在7 900亿美元，石化燃料投资在能源供应投资中的占比小幅上升59%。对于未来，国际能源署的可持续发展情景(SDS)认为，石化燃料在2019年能源供应投资

全球油气资本开支2012—2018

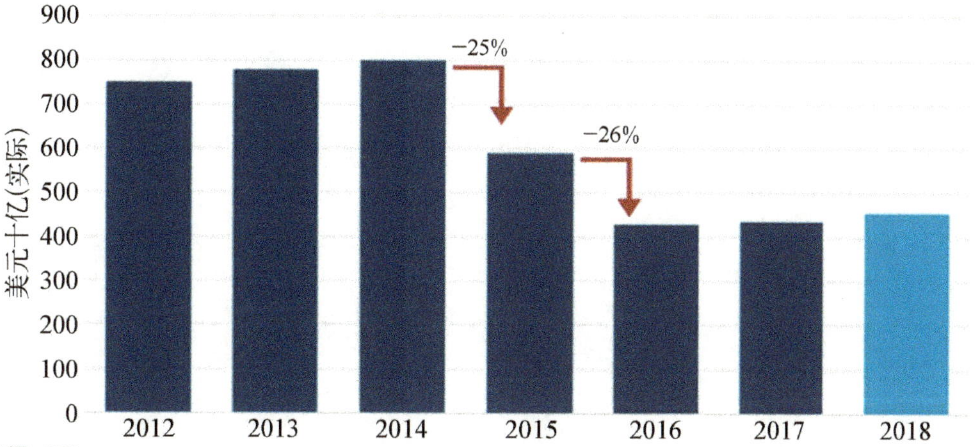

资料来源：IEA。

图2.17　全球油气资本开支

中占比依然较高，但该比例将在2030年前下降至40%。

4. 全球需求增长整体缓慢，但美国相对突出

全球经济增长缓慢，贸易战再度增加经济下行风险，也增加了对全球原油需求前景的忧虑，根据EIA的数据，2018年全球原油需求量为150桶/日，相较于2017年增速为1.54%，较前一年度有所放缓。2019年预测需求为129万桶/日，出现了需求下滑。主要原因是市场预期全球经济增速放缓，尤其是美国、中国、印度和欧元区等主要经济体增速都有所下滑。

在经济强劲的支持下，美国原油需求在2018年增幅将超过40万桶/日，而前两年增幅不到20万桶/日，从数据来看，美国2018年炼厂需求旺盛，炼厂开工率和原油加工量持续居于历史同期高位水平，截至2018年8月底，美国炼厂开工率升至98%的历史最高水平。

而在经济降速下，中国原油需求及进口量增长也出现放缓。国家统计局数据显示，2018年1—11月中国原油产量累计1.73亿吨，较上年同期下降288.8万吨，累计同比降幅为1.6%，较上年同期缩窄2.5个百分点。中国海关数据显示，1—11月中国原油累计进口量为4.18亿吨，累计同比增长8.4%，累计进口金额总计2 188.5亿美元，累计同比增长47.3%，累计进口均价为563.46美元/吨，较上年同期上涨149.6美元/吨，涨幅为36.1%。1—11月中国原油累计出口量为260.1万吨，累计同比下降44.7%；累计出口金额总计12.6亿美元，累计同比下降28.4%。整体上，2018年中国原油产量同比下降，降幅继续缩窄；原油进口量保持快速增长，由于上年基数较高，增幅有所放缓，但仍连续创出记录新高；截至11月，中国原油产量及进口量总计约5.9亿吨，原油加工量为5.5亿吨，两者差额约为3 700万吨。预计2019年，中国原油产量降幅有望继续缩窄，进口量保持高位，但整体增幅面临放缓。

印度作为全球第三大原油消费国，超过80%的原油需求依赖进口，这意味着高油价对印度财政及经济会产生较大的不利影响。但印度人口规模庞大，对石油消费有着较强的依赖，加之该国经济维持较高增速，预计印度石油消费未来仍会保持较高的增速。

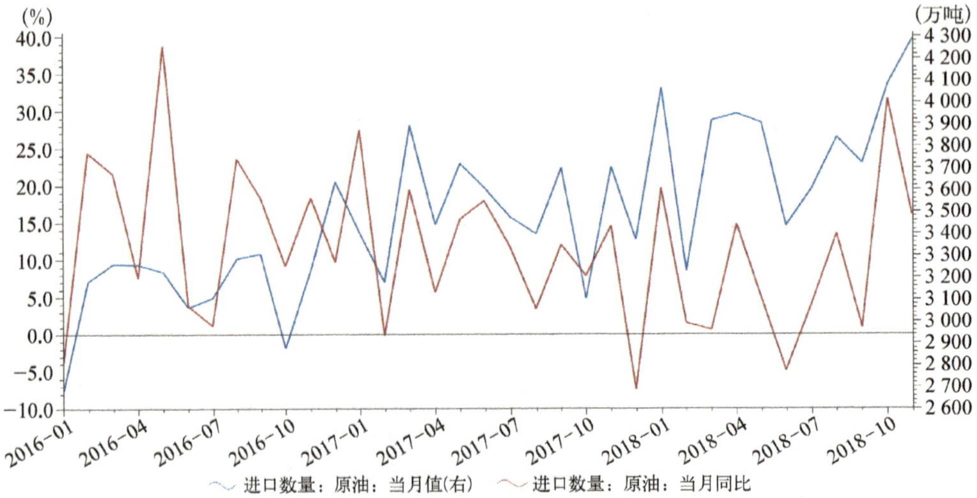

数据来源：Choice数据。

图2.18　中国原油进口量

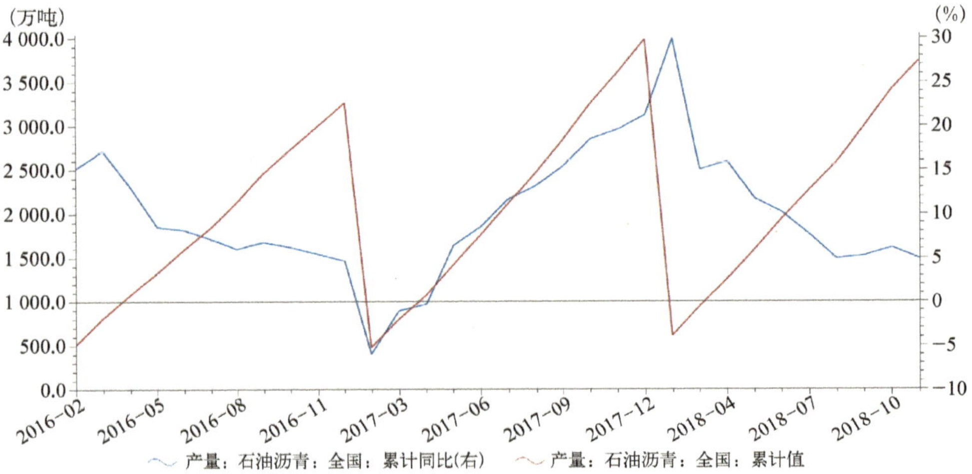

数据来源：Choice数据。

图2.19　中国原油加工量

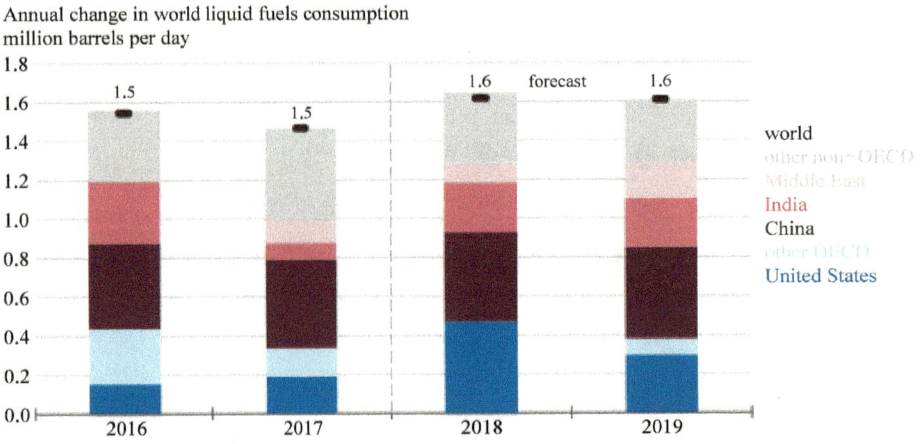

数据来源：EIA。

图2.20　各国石油消费量变化图

5. 库存水平上升，部分地区需求旺盛

从显性库存来看，美国原油库存及成品油库存持续去化，截止到2018年12月16日，原油库存降至4.4亿桶，创近3年来新低，汽油库存持稳，馏分油库存居于低位，而库欣地区原油库存已远低于5年均值水平。加拿大Syncrude油砂项目设备故障导致流向美国库欣地区的原油减少，供应出现局部紧张，这也进一步提振了WTI原油走势，并令欧美原油价差进一步收窄。

资料来源：Choice数据。

图2.21　美国商用原油库存

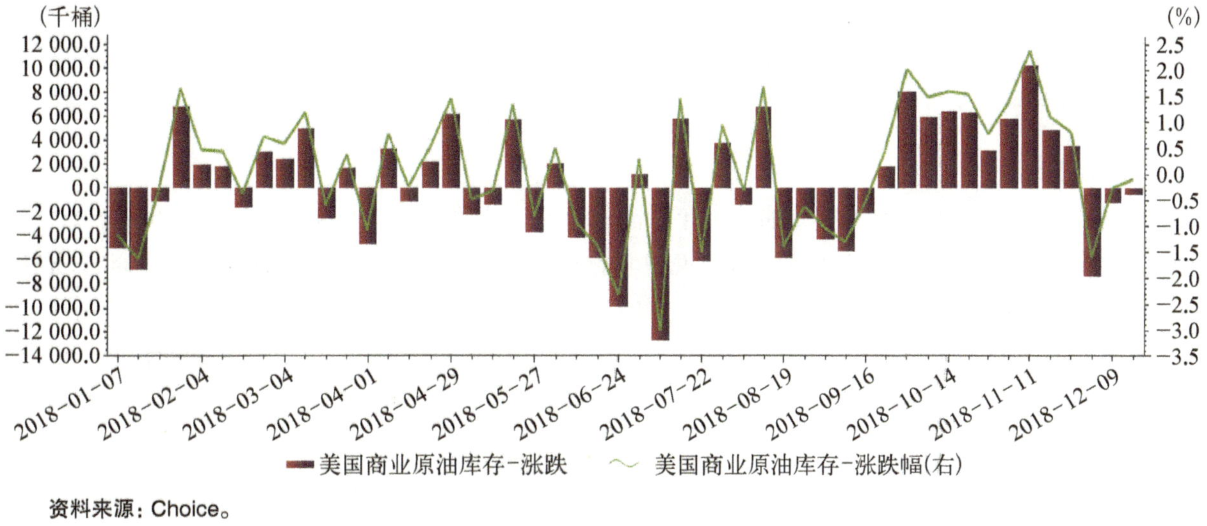

资料来源：Choice。

图2.22　美国商用原油库存量变化图

从隐性库存来看，全球原油浮式库存处于五年均值水平，但整体低于2017年，伴随着油价不断走低，全球浮仓累积速度进一步加快，包括中东亚太以及西非在内浮仓均有所增加。东南亚原油及成品油浮式库存相对较低，也反映了亚洲地区需求相对旺盛。

6. 供需平衡分析

（1）EIA

根据EIA的数据，2019年全球原油供给的情况会持续好转，在第二季度及以后供应大概率过剩。虽然伊朗、委内瑞拉等国产量的被动下降在一定程度上抵消了增产效果，但减产量被欧佩克以及美国和俄罗斯等产油国的增产所弥补，最终原油总产量有所增加。同时EIA预计2018年全球原油需求将增长162万桶/日，2019年增幅为161万桶/日。

表2.4　EIA原油供需平衡表　　单位：百万桶/日

	2017				2018				2019				年　份		
	1st	2nd	3rd	4th	1st	2nd	3rd	4th	1st	2nd	3rd	4th	2017	2018	2019
总供给	96.97	97.55	98.29	98.85	98.66	99.60	100.22	100.74	100.71	101.88	102.39	102.75	97.92	99.81	101.94
OECD	27.15	26.96	27.10	28.29	28.54	29.13	29.41	30.51	30.78	31.12	31.19	31.72	27.38	29.40	32.21
OPEC	32.25	32.52	33.16	32.78	32.68	32.31	32.40	32.01	31.93	31.98	32.17	32.26	32.68	32.35	32.09
俄罗斯	11.32	11.18	11.14	11.16	11.17	11.21	11.27	11.38	11.40	11.43	11.44	11.46	11.20	11.26	11.43
美　国	15.06	15.37	15.51	16.50	16.76	17.40	17.79	18.29	18.54	18.96	19.06	19.38	15.61	17.57	18.99
总需求	97.47	98.28	98.84	99.11	99.58	99.31	100.57	100.72	100.85	101.06	102.24	102.46	98.43	100.05	101.66
OECD	46.68	46.83	47.39	47.67	47.60	46.76	47.91	48.05	47.66	47.17	48.42	48.60	47.14	47.59	47.97
欧　洲	14.50	14.92	15.38	15.09	14.78	14.93	15.45	15.16	14.83	15.05	15.58	15.28	14.98	15.08	15.19
美　国	19.49	20.03	19.92	20.05	20.24	20.20	20.52	20.43	20.25	20.50	20.92	20.90	19.88	20.35	20.64
中　国	13.48	13.29	13.01	13.27	14.01	13.77	13.43	13.67	14.52	14.24	13.88	14.13	13.26	13.72	14.19
印　度	4.40	4.64	4.42	4.75	4.75	4.88	4.66	4.95	5.09	5.17	4.84	5.15	4.55	4.81	5.06
供需差	−0.50	−0.73	−0.55	−0.26	−0.92	0.29	−0.35	0.02	−0.14	0.82	0.15	0.29	−0.51	−0.24	0.28

数据来源：EIA。

（2）OPEC

根据OPEC的数据，2018年原油上半年供需基本趋于平衡，下半年略微过剩，而2019年主要产油国供应仍将保持增长，而发达经济体需求增幅有限，新兴经济体仍是需求增长主力。同时OPEC预计2018年全球原油需求增幅将达到160万桶/日，与EIA预测基本一致，而2019年需求增幅为150万桶/日。其中，沙特仍是增产的主力军，且产量已超过2016年减产协议的基准产量1 054.4万桶/日，在2018年11月达到11 016万桶/日。

表2.5　OPEC原油供需平衡表　　单位：百万桶/日

	2018				2019				年　份	
	1st	2nd	3rd	4th	1st	2nd	3rd	4th	2018	2019
总供给	97.80	97.70								
OECD	27.20	27.30	27.60	28.10	28.60	28.50	29.40	30.30	27.60	29.20

（续表）

	2018				2019				年　份	
	1st	2nd	3rd	4th	1st	2nd	3rd	4th	2018	2019
美国	22.90	23.20	23.30	23.70	24.20	24.50	25.10	25.80	23.30	24.90
总需求	97.70	97.90	99.40	100.30	99.10	99.40	100.90	101.70	98.90	100.30
OECD	47.60	47.30	47.90	48.30	48.00	47.60	48.30	48.60	47.80	48.10
欧洲	13.90	14.30	14.80	14.50	14.10	14.40	14.90	14.60	14.50	14.50
美国	25.10	25.30	25.30	25.40	25.20	25.40	25.50	25.60	25.20	25.40
中国	12.30	12.80	12.70	13.10	12.60	13.20	13.10	13.50	12.70	13.10
供需差	0.10	−0.20								

数据来源：OPEC。

（3）IEA

根据IEA的数据，2018年上半年供需基本趋于平衡，下半年原油供给有所过剩。2018年全球原油需求增幅将达到135万桶/日，而2019年需求增幅为149万桶/日，整体需求预测较EIA和OPEC略显悲观，而对中国、印度以及美国的需求增长预测相对乐观。

表2.6　IEA原油供需平衡表　　单位：百万桶/日

	2018				2019				年　份		
	1st	2nd	3rd	4th	1st	2nd	3rd	4th	2017	2018	2019
总供给	98.31	98.76							97.40		
OECD	25.70	25.80	25.83	26.53	27.16				24.17	25.96	27.38
OPEC	32.30	32.05							32.60		
俄罗斯	11.34	11.38	11.56	11.62	11.65				11.36	11.48	11.69
美国	14.28	15.00	15.06	15.37	15.80				13.24	14.96	16.21
总需求	98.30	98.73	99.56	100.17	99.23	100.71	101.07	101.68	97.85	99.20	100.69
OECD	47.82	47.04	47.79	48.11	47.62	47.63	48.11	48.41	47.33	47.69	47.95
欧洲	14.05	14.13	14.60	14.39	14.02	14.42	14.81	14.47	14.30	14.29	14.43
美国	25.26	25.31	25.43	25.48	25.16	25.58	25.64	25.72	24.97	25.37	25.53
中国	12.84	13.14	12.92	13.35	13.24	13.62	13.31	13.77	12.57	13.06	13.49
印度	4.82	4.92	4.66	5.01	5.03	5.15	4.84	5.21	4.57	4.85	5.06
供需差	0.01	0.03							−0.45		

数据来源：IEA。

具体到2019年第一季度,三大机构的需求预期为3 119万桶/日,意味着OPEC需要减产170万桶/日才能够在2019年第一季度完成供需再平衡,考虑到特朗普政府对沙特的压力,我们认为这一减产幅度难以实现。市场预计的减产力度在100万桶～140万桶/日,短期在OPEC减产的预期下油价将有所支撑,但中期来看2019年供给大概率过剩。

7. 基金持仓分析

从以往规律来看,CFTC总持仓、基金净多头持仓与油价呈现正相关关系。2018年二季度以来,资金在欧美原油市场遭遇大面积撤离,随后油价回落。自四季度以来的油价大跌,管理基金起到了推波助澜的作用,作为油市的聪明钱,基金持仓从2018年10月即已经开始大幅减少持有净多头头寸。基金净多头持续下滑的同时,是多头持仓的衰减和空头持仓的大幅增加,基金对油市的空头态度加剧了油价的弱势。

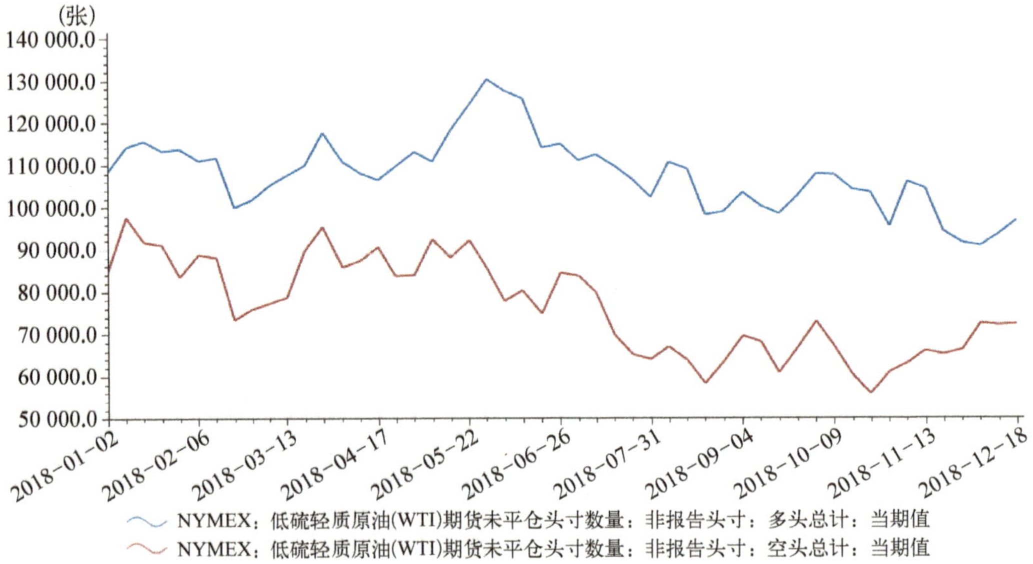

数据来源：Choice数据。

图2.23 WTI原油多头空头持仓量

2018年9—10月这一波迅猛上涨过程中积累的头寸也成为连续下跌的放大器。下跌前期,虽然有美国原油产量、库存表现不乐观等基本面因素,国际主要的能源组织对2019年的需求情况也给出了悲观预期,但当油价在周线级别创出近若干年少见的连续大跌走势之后,基本面因素已经难以完全解释其跌势。根据美国商品期货交易委员会公布的数据,截至2018年12月18日,纽约商品交易所的WTI非商业净多头持仓占比已经降至2017年9月附近的水平,并已接近2016年油价触底至今的低点位置,基本意味着助推此轮油价上涨的多方已经完全撤出。从净多仓占比数据来看,2018年高点出现在4月中旬,并且在3月中旬至4月中下旬一直处于27%以上的高点位置。而油价高点的10月初,净多头持仓仅有24%左右,并未出现2018年第一季度类似的连续一致做多的景象,说明市场已经产生明显分歧,做空势能或已经积聚。我们发现,油价走势其实与总持仓量变化较为同步,因总持仓量代表资金变化,而非商业或基金净头寸变化往往领先于油价变化。

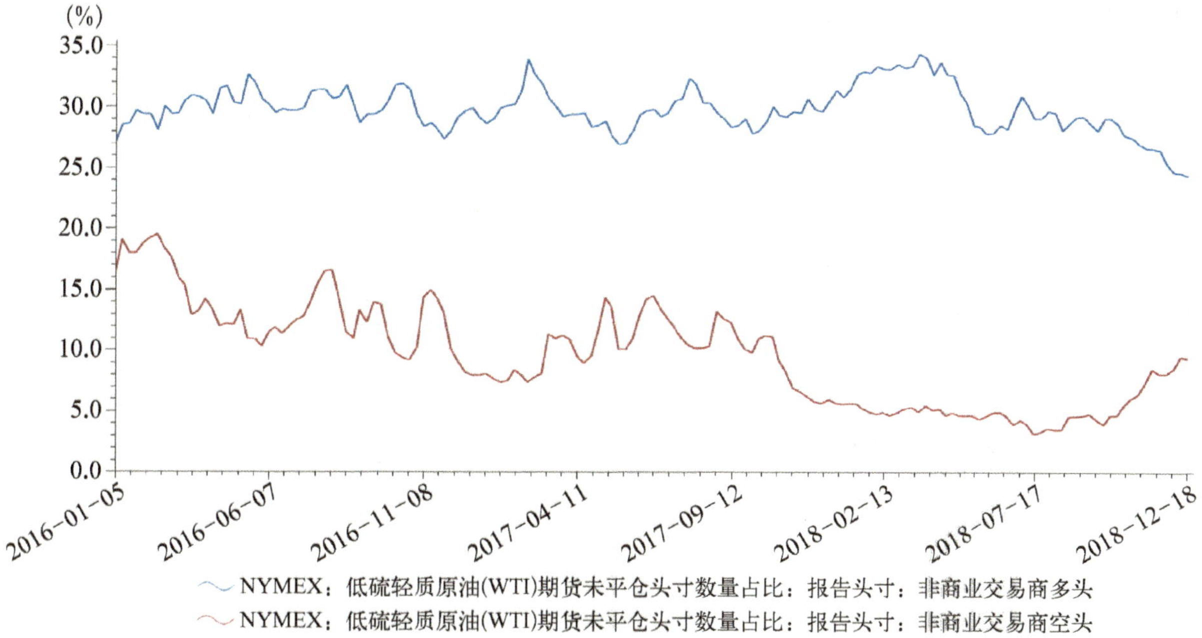

数据来源：Choice数据。

图2.24　WTI原油多头空头持仓占比

此外，程序化交易也是市场大起大落的重要原因。程序化交易通常基于价格趋势进行买卖操作，以算法控制的严格止损止盈为主要特征，忽略基本面信息。因此，此类交易模式容易放大单边趋势，且对基本面边际改善的敏感度很小。我们认为伴随多头净持仓回归底部区域，价格触底也指日可待。

8. 地缘政治

美国制裁伊朗力度大打折扣，豁免清单出炉

自2018年5月份美国宣布重启对伊朗的制裁后，目前对供需层面的影响也逐步进入实质阶段，

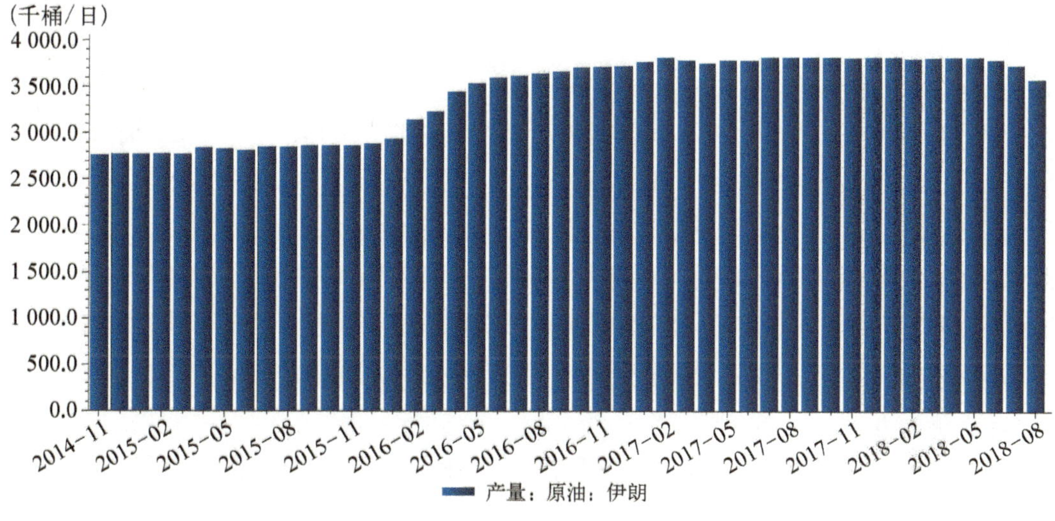

数据来源：Choice数据。

图2.25　伊朗原油产量

包括中国、日本、韩国、印度以及欧盟在内的多个国家和地区已经减少自伊朗的原油进口，同时法国道达尔以及俄罗斯大型石油公司等企业也停止了与伊朗方面的石油项目合作。

美国方面重启制裁也引起伊朗方面的强烈抗议，并威胁封锁霍尔木兹海峡。该海峡是中东原油运往亚洲和欧美市场的重要咽喉，2016年该海峡的石油贸易量达到1 850万桶/日，全球近30%的海上石油贸易需要通过该海峡运输，其中80%是流向亚洲地区。

整体来看，美国对伊朗重启制裁已成事实，制裁的决心以及各方的博弈是左右油价的关键。中国、欧洲和俄罗斯在伊朗有很多战略投资，基于自身利益考虑，或将影响伊朗制裁力度。例如，欧洲正在尝试和伊朗建立独立的支付体系，中国和俄罗斯有跟进意愿，俄罗斯方面曾表示美国对伊朗制裁是不合法行为，俄罗斯不会因为美国制裁而中断与伊朗的经贸合作。伊朗方面为应对美国制裁，积极拓展石油出口渠道，通过打折、石油换商品等手段在制裁后继续销售石油。根据Bloomberg统计，伊朗石油折扣是2014年来最高的，对潜在买家极具诱惑力。

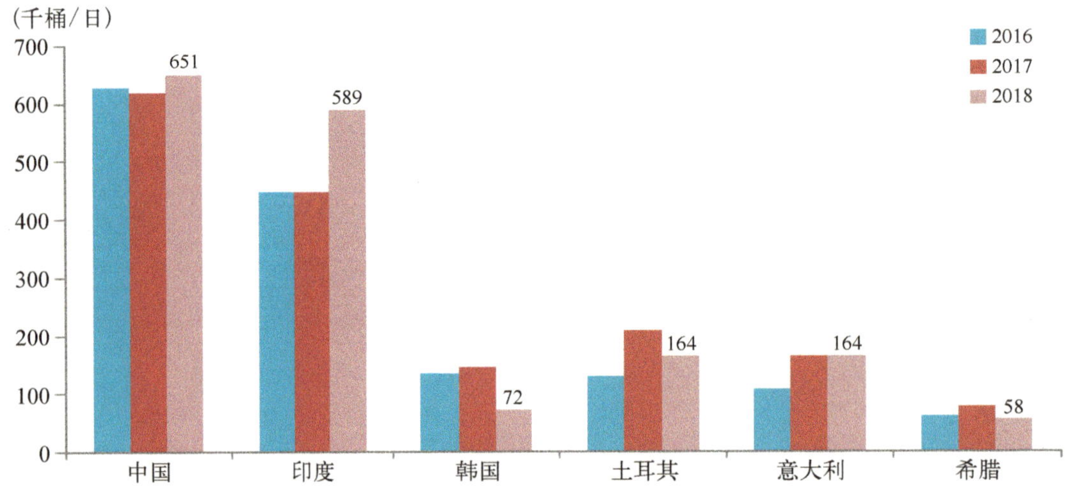

数据来源：Wind。

图2.26 伊朗原油日均出口量及目的地

9. 总结

（1）供给端

2019年增量主要来自美洲地区，美国原油产量预计将增加80万桶～114万桶/日；欧佩克和俄罗斯将根据油价相机抉择产量增减，欧佩克与非欧佩克产油国计划2019年上半年减产120万桶/日，俄罗斯供应是主要不确定性变量因素。沙特供应和制裁伊朗力度都主要取决于美国态度，美国管道运输瓶颈解除后，特朗普政府继续打压油价的动机可能减弱。预计2019年非欧佩克国家原油产量增幅将在150万桶～230万桶/日；OECD国家商业库存降至五年均值水平，面临重新进入累库阶段，欧佩克的减产执行力度将较大程度影响全球原油供应过剩的程度。

（2）需求端

在全球经济复苏放缓的背景下，原油需求增速面临回落，与此同时，油价回落可能支撑对价格比较敏感的OECD、中国和印度的原油需求；预计2019年全球原油需求增幅在130万桶～150万桶/日，对应需求增速为1.3%～1.5%。

基金持仓方面，2018年对冲基金精彩演绎了翻手为云、覆手为雨的原油大戏，主导了原油价格走出了倒V型走势，伴随着基金创纪录的净多单头寸逐步获利了结，原油期价也呈现冲高后深幅调整的局面。目前基金在Brent原油期货的净多持仓降至2015年8月以来低位水平，在WTI原油期货的净多持仓也降至2016年11月以来低位水平；基金净多持仓水平已处于五年均值下方，预计在欧佩克减产及美国制裁伊朗等题材影响下，基金净多持仓将在2019年上半年触底回升。

（3）地缘政治局势

2018年美国退出伊朗核协议并重启制裁，地缘政治局势动荡推升原油风险溢价，预计2019年美国制裁伊朗力度依旧是影响原油市场的主要风险因素，中东地缘局势、委内瑞拉困局、欧洲政治风险等因素也将加剧油价波动。

在美国页岩油增产与欧佩克减产的供应博弈，在全球经济增速放缓与低油价支撑消费的需求博弈下，2019年原油价格将趋于前低后高的宽幅震荡趋势，受供应压力及宏观经济忧虑影响，整体波动中枢较2018年下移，但全球剩余产能处于低位，地缘局势动荡令供应不确定性风险增加，这限制了原油期价的调整空间。

第3部分

全球私募股权投资市场分析

（一）2018年市场特点：总金额大增，成交量小幅下降

全球风险投资总金额在2018年度增长迅猛，但投资案成交总量增长缓慢。尽管全球不确定性因素日益增多，但风险投资活动在年内一直非常强劲。截至2018年第三季度统计数据显示，VC投资总案例数为8 814件，同比2017年增幅6.8%；但是投资总金额高达1 711亿美元，同比上年大幅增长76%，总金额创历史新高。

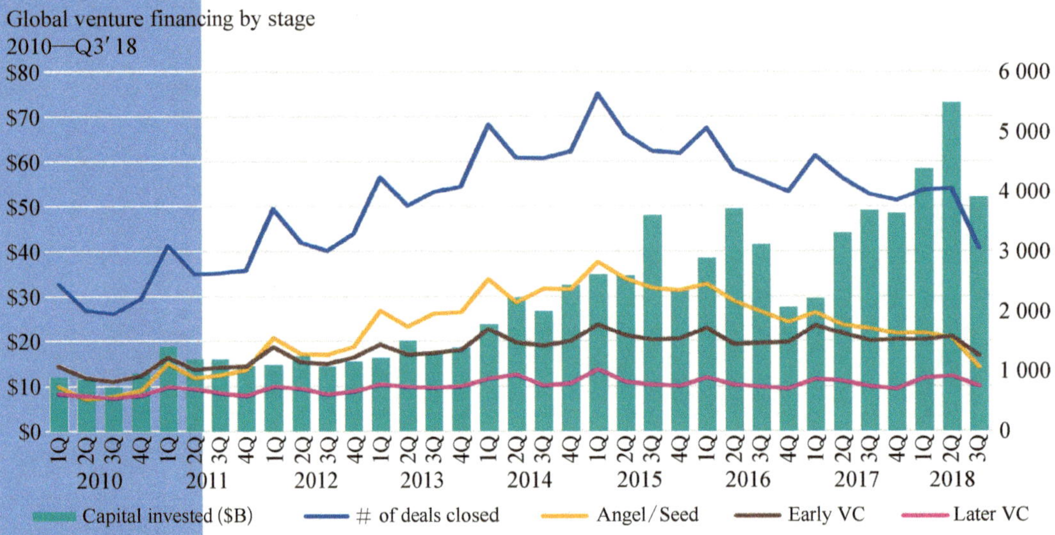

数据来源：KPMG Enterprise。

图3.1　全球风险投资金额

1. 资本偏好准上市公司，追求IPO后的回报

首先，相较于2017年，2018年的超大轮融资（mega-round，超1亿美元）数量的增多成为全球风险投资界新的变化。与此同时，在庞大的资金量推动下，推高了全市场的总投资额和估值。超大轮融资通常出现在企业发展的后期阶段（later-stage，通常指D轮及以

后)，干火药(dry power，指私募股权基金)非常充足的机构投资者们先向进入了后期阶段的企业倾泻手中的资金，然后再往处于发展中前阶段(通常指D轮以前)的企业逐层流入。

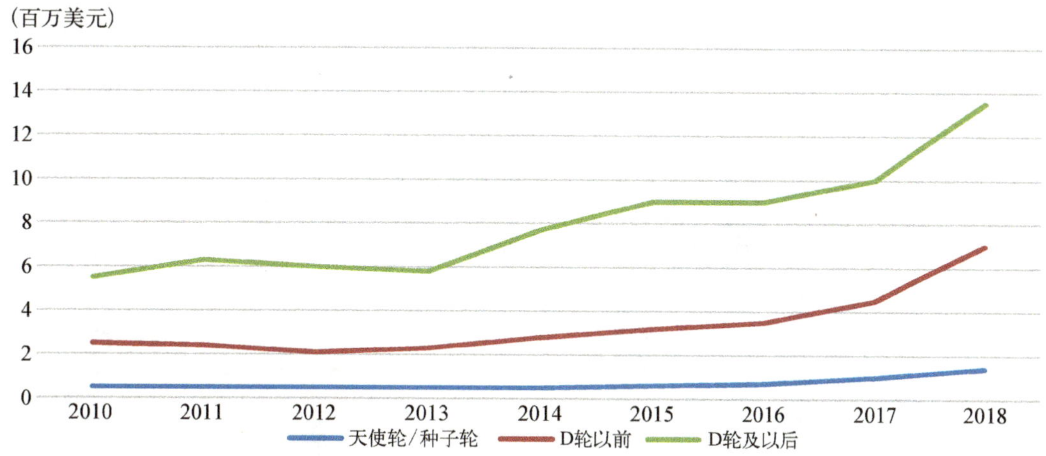

数据来源：KPMG Enterprise、PitchBook。

图3.2　全球风险投资金额的中位数(按阶段)

按照各轮次融资的金额来看，2018年创全面新高。

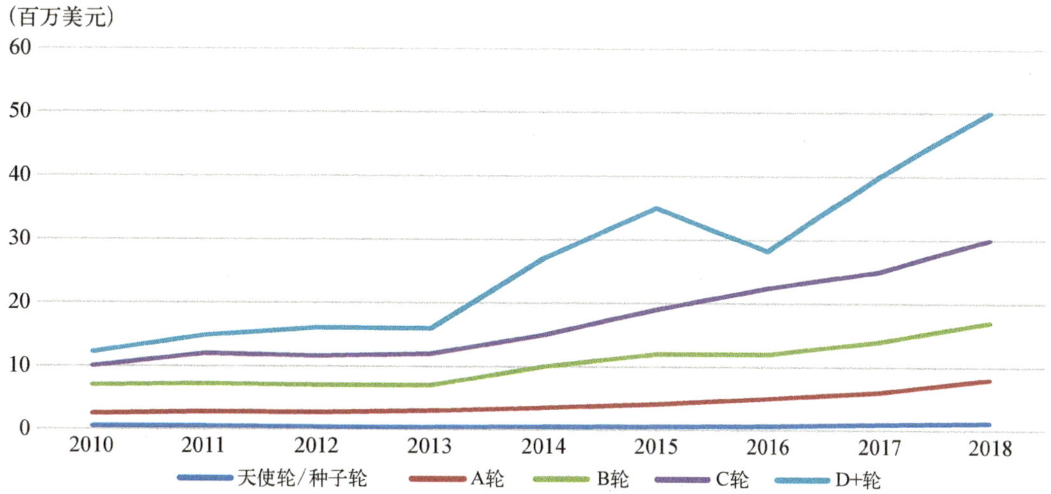

数据来源：KPMG Enterprise、PitchBook。

图3.3　全球风险投资金额中位数(按轮次)

私募股权巨头，软银愿景基金(Soften Vision Fund)起到了推波助澜的作用，带着募集而来的1 000亿美元，世界上规模最大的风险投资基金终于在2018年开始了征程，并且迅速投资了Uber(共享经济)、DoorDash(外卖平台)、Katerra(智能建筑)等一系列独角兽企业。拜软银所赐，同时也为了更好地与软银竞争，私募股权巨头们纷纷做出了反应，在2018年展开了新一轮的融资活动，包括红杉资本(120亿美元)、Battery Ventures(12.5亿美元)、General Catalyst(10亿美元)、中国新纪元科技基金(150亿美元)、欧洲母基金VentureEU(75亿美元)等。

与备受欢迎的后期项目相比，早期阶段的融资项目明显预冷，在2018年呈现明显的下降态势。

从图3.4可以看出早期阶段项目不论从成交量还是成交额都在萎缩。

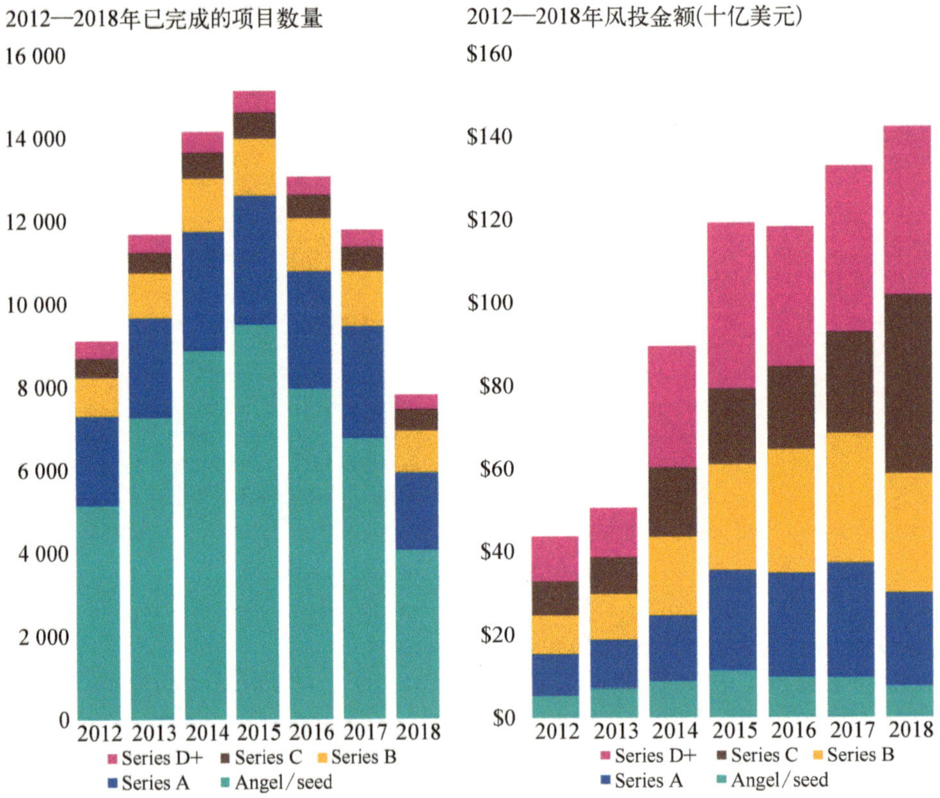

数据来源：KPMG International。

图3.4　全球风险投资后期项目明显占比高

2. 亚洲挑战传统格局

成交量方面，2018年全球风险投资案数量依旧主要分布在美国(64%)、欧洲(27%)和亚洲地区(14%)。成交量在发达市场保持了稳健势头。

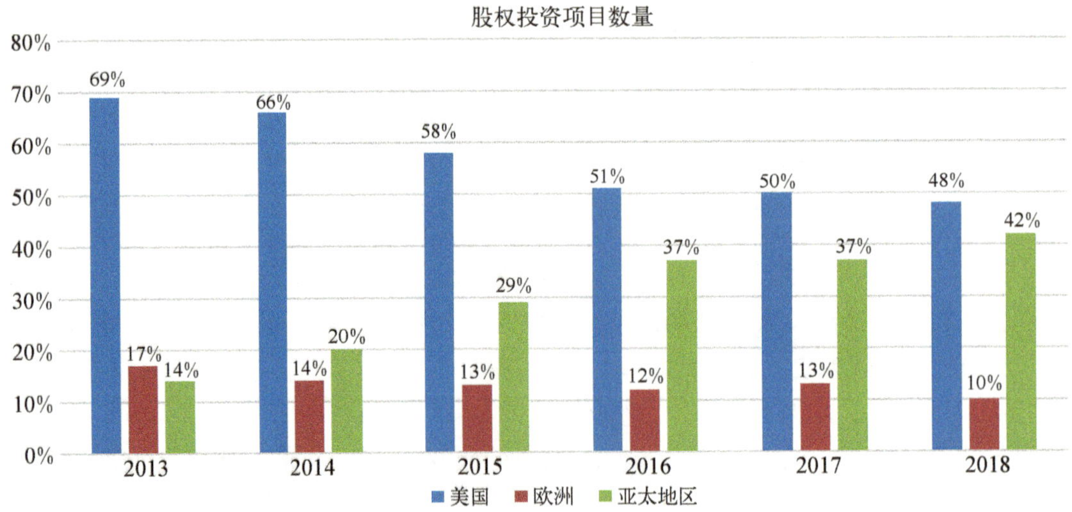

数据来源：KPMG International。

图3.5　亚太地区股权投资项目数量逐年增多

成交金额方面，亚洲地区占据全球总金额的42%，创历史新高。其中特别值得注意的是中国科技金融（Fintech）龙头企业蚂蚁金服，最新一轮融资金额高达令人震惊的140亿美元，投后估值达到1 500亿美元，创风险投资历史最高融资额纪录。

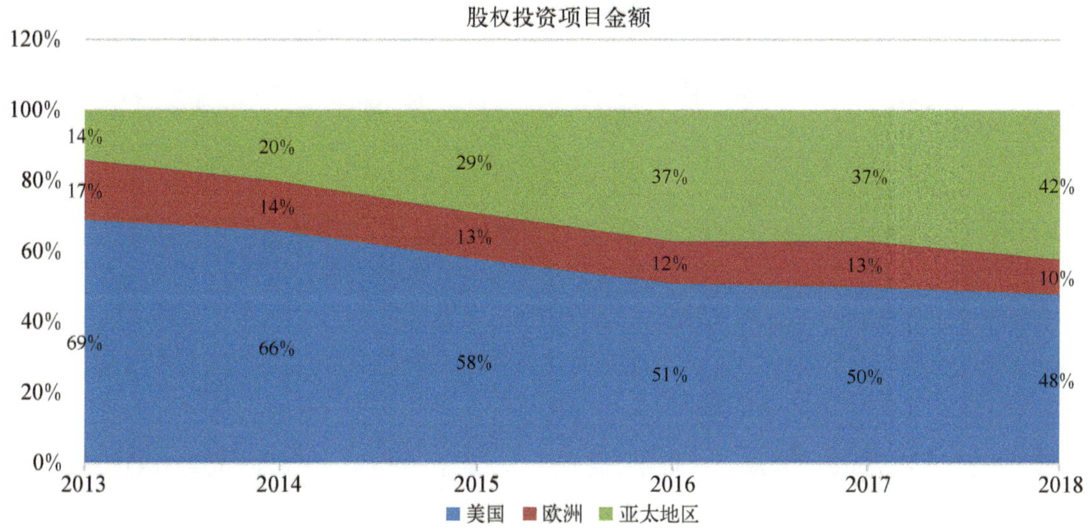

资料来源：KPMG International。

图3.6　亚太地区股权投资金额逐年放大

我们必须注意亚洲地区，尤其是中国统治了风险投资top10榜单，在2018年全球融资规模top10交易占据5席：

（1）蚂蚁金服（科技金融）——140亿美元，中国，C轮；

（2）威马汽车（汽车）——32亿美元，中国，后期阶段；

（3）拼多多（电子商务）——30亿美元，中国，C轮；

（4）Grab（共享出行）——25亿美元，新加坡，G轮；

（5）Faraday Future（汽车）——20亿美元，美国，早期阶段；

（6）运满满（物流货运）——19亿美元，中国，后期阶段；

（7）Lyft（共享出行）——17亿美元，美国，H轮；

（8）Go-Jek（电子商务）——15亿美元，印度尼西亚，后期阶段；

（9）Uber（共享出行）——12.5亿美元，美国，早期阶段；

（10）比特大陆（芯片制造）——10亿美元，中国，后期阶段。

（二）全球主要风险投资地区分析

1. 美国：IPO市场复兴，高回报带动风险投资走强

截至2018年第三季度，5 489个投资案，成交金额834亿美元。2018年，北美IPO市场升温，IPO企业的数量加上总市值超过了2017年的数据。

美国经历了2018年连续三个风险投资强劲的季度，使年初以来的总量创下年度新高。虽然交易总数与历史高位相比仍然相对较低，但大量1亿美元以上的超大轮项目有助于保持强劲的投资水平。伴随着Docusign（电子签约）、Zuora（sass软件服务）、Dropbox（云存储服务）、Zscaler（云安全）等企业在IPO后回报良好，进而刺激了投资者们对新股发行的兴趣。

有一些备受瞩目的VC支持的IPO，包括事件票务公司Eventbrite——股票价格在交易的第一天上涨了59%，Survey Monkey——股票价格在交易的第一天上涨了42%，而高端连接扬声器制造商Sonos则上涨了42%。虽然只是上市后短期的业绩表现非常积极，但投资者们似乎愿意相信多元的商业模式能带来长久的回报，并且把Twilio（云通信服务）上市两年后的高股价当做证据。

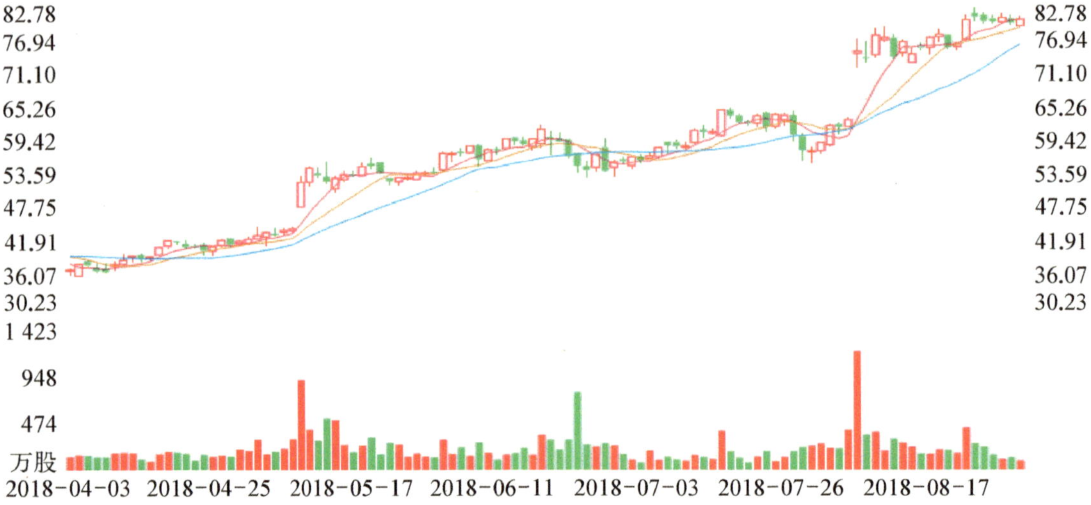

资料来源：Twilio股价截图。

图3.7　Twilio股价走势

M&A(企业并购)活动同样亮眼。6月5日,微软宣布75亿美元收购GitHub,后者是全球最大的社交编程与代码托管网站。2015年,该公司估值是20亿美元,3年估值飙升3倍。优异的退出回报及IPO后令人鼓舞的股价表现,进一步巩固了北美地区作为风险投资界老大的地位。

行业方面,Faraday Future(法拉第)20亿美元的融资证明了汽车自动驾驶是北美风险投资界的首选,很多传统汽车制造商也在投资自动驾驶技术;医疗保健行业仍然是美国风险投资的主要领域。Oscar 2018年又融资了3.75亿美元,而One Medica——专注于提供医疗服务——筹集了3.5亿美元,Genomic firm 23 and Me也筹集了3亿美元。许多投资者认为目前的卫生系统和健康保险制度不起作用,他们对旨在使医疗保健更容易获得的潜在解决方案非常感兴趣。鉴于美国的护理成本高和人口老龄化问题,预计医疗保健仍将是可预见未来的重点投资行业;Agtech(农业科技)成为美国风险投资者关注的一个领域,Indigo Agriculture在E轮融资中筹集了2.5亿美元,用于支持数字平台销售谷物。这个交易是2018年迄今为止最大的Agtech交易,是2018年早些时候Precision Hawk募集资金的3倍多。这两笔交易反映了2018年美国最大的农业科技投资,截至2018年第三季度末,美国对农业科技股的风险投资总额远高于13亿美元,超过100笔交易。

展望未来,IPO市场正在增强,因此很可能一些独角兽将在2018年底和2019年上半年公开。随着特朗普政府对出口的重新强调,可能会有一些刺激资本回到早期交易。这可能会启动另一个创新周期,从而在3到5年内推出新一批成熟公司。

2. 欧洲地区:风险投资维持稳定,英国脱欧是焦点

截至2018年第三季度,1 750个投资案,成交金额160亿美元。欧洲是地理环境和人文环境差异极大的地区,2018年欧洲地区前十大交易分散在6个国家,包括英国、以色列、爱沙尼亚、德国、比利时和芬兰。从第三季度起,风险投资活动表明了该地区的缓慢,但欧洲风险投资市场依然强劲。

为弥补欧洲在科创和风险投资方面落后于北美洲和亚洲的差距,年中,经过几年筹划,欧盟主导的VentureEU基金成立,以4.1亿欧元作为基础资金,最终目标是筹措65亿欧元来扶持新兴中小企业及创新科技企业,帮助欧洲本土企业获取扩张的资本及在全球的竞争力。

3. 英国:欧洲风险投资的中心

英国在2018年重回欧洲风险投资市场顶端。英国占欧洲10大交易中6席,包括Revolut(电子支付)、Freeline Therapeutics(生物医药)、CRM Surgical(医疗机器人)、Liberis(科技金融)、Culture Trip(旅游内容)、Crescendo Biologics(生物医药)。英国还宣布要往人工智能领域投入10亿美元,由政府出资研究,私人部门投资企业。这项仅针对人工智能的计划,已经让BenevolentAI(人工智能、生物科技)融到1.15亿美元。

尽管英国脱欧进程加快,但由英国主导的风险投资活动在欧洲的活动中占据了该地区十大交易中的几个。这项活动可以反映出许多事实——既有英国退欧后投资者对英国创新生态系统的信心,又或者是潜在的英国硬脱欧带来风暴前的平静。由于谈判仍在进行中,因此,2019年3月英国退欧截止日期临近,未来几个月不确定性增加。

许多公司已采取行动减轻英国退欧的潜在风险,尽管企业的最终后果尚未确定。例如,几家金融科技公司在其他国家寻求银行执照,以便能够继续在不同的司法管辖区内运作。Revolut就是其中的一个例子。金融科技类公司也在追求银行牌照,以扩大其价值。例如,点对点借贷公司Zopa

和Revolut获得了银行牌照,以便获得新的收入来源。

4. 德国:AI和生物科技

德国在2018年度维持了稳健的趋势。Rocket Internet(电子商务)宣布估计30亿美元的投资,针对人工智能和科技金融。随着电子商务市场的饱和,Rocket Internet和德国其他电子商务公司开始着眼其他的赛道。

时尚电子商务平台About You 3亿美元募集。投资者在德国的项目遍布各个行业,包括电子商务、生物技术、汽车共享等。德国的风险投资者更偏向看待公司特征优先于特定行业领域——投资于拥有成熟商业模式、领导团队和业务计划的公司。统计数据显示,2018年,人工智能和生物科技成为德国国内的热门话题。

5. 法国:打造创新生态系统

2018是法国风险投资强劲的一年。Open Classrooms(在线教育)融资5 000万美元、ENYO Pharma(生物医药)融资4 700万美元、HiFiBio(生物医药)融资5 000万美元。年中,法国独角兽公司EnYo Prima(生物医药)为了更好地支持其核心业务,还收购了拼车公司Less。法国政府也宣布了未来4年内提供14亿美元,支持国内人工智能产业发展,提高本国企业竞争力。

随着谈判截止日期的临近以及无序脱欧的可能性上升,欧洲的风险投资者将在未来几个月更加密切关注英国脱欧谈判。

我们预计整个欧洲的企业投资将保持强劲,特别是在汽车领域,传统制造商寻求参与新趋势和机会的方法,例如,汽车共享,预计还将进一步投资自动驾驶。欧洲的风险投资者也将密切关注Funding Circle的表现,该公司于2018年第四季度初进行IPO。Funding Circle是几个备受瞩目的欧洲金融科技公司之一,无论是上市还是宣布公司其他计划。

特别是金融科技投资者希望看看Funding Circle是否建立在Adyen在2018年第二季度非常成功的IPO之后,自夏季首次公开募股以来,Adyen的股价已上涨了45%。

6. 亚洲地区:超强劲增长,后期阶段超大轮融资主宰市场

截至2018年第三季度,1 174个交易案,交易金额达681亿美元。亚洲市场2018年吸引了全球风险投资者,蚂蚁金服的140亿美元是由众多国际风险投资者所提供的,用来帮助该公司海外扩张。同时,超大轮融资主导了亚洲市场,全球80%的超大轮融资交易来自亚洲。新加坡的Grab、中国的Bitmain(比特大陆)和印度的Oyo均超过10亿美元,再加上很多4亿美元以上的交易,有助于保持亚洲风险投资的强势,巨额的投资量让亚洲风险投资达到新的年度高点。

7. 中国:追求更多初创企业,AI和汽车高热度

中国一直在努力扩大资本市场,正在开发一系列新的规则,试图吸引本土企业在当地挂牌上市。港交所正式允许“同股不同权”的公司在主板上市,此举被视为建设创新型资本市场中心的使命之一。自2014年来,在港上市企业数量一直在下降,终于在2017年底开始升温,至今上市企业数量不断增加。在不久的将来,陆金所、我来贷、美团点评和蚂蚁金服都被视为潜在的上市对象。

蚂蚁金服140亿美元融资毋庸多提。货车界“滴滴”运满满收到了19亿美元,帮助物流行业完善其供应链。在寻医诊疗领域,结合了人工智能和在线挂号的平台,微医获得了5亿美元

投资。人工智能公司商汤科技最新一轮融资6亿美元，被誉为“世界上最具价值的人工智能初创公司”。

新能源汽车对中国风险投资者的吸引力越来越大。在2018年第二季度，Byton筹集了大约5亿美元，而Singulato Motors筹集了4.74亿美元。另一家电动汽车制造商Dearcc也在第二季度筹集了2.98亿美元的Pre-A轮资金。这些投资在2018年第三季度被Xpeng Motors公司在2018年第三季度以5.96亿美元的价格收购——该公司专注于开发电池供电技术。

除了新能源汽车外，中国投资者还押注其他汽车配套服务。例如，在2018年第三季度，汽车维修供应商Tuhu筹集了4.5亿美元，用于改善用户体验，并改善服务的标准化。

8. 印度：投资者的新开拓之地

印度在2018年开了个好头，仅第一季度，独角兽企业Zomato(O2O)融资2亿美元、BigBasket(电子商务)融资3亿美元、Swiggy(外卖O2O)融资1亿美元、Lendingkart(科技金融)融资8 800万美元、Fusion Microfinance(科技金融)融资6 300万美元。2018年有迹象显示投资者对印度的初创企业兴趣越来越大，但后三个季度并没有大规模融资的企业。此类型的公司在印度持续扩张。电子商务领域的玩家已经将其产品范围扩张到物流、信息服务和支付服务等领域。没有储蓄、没有抵押物的庞大人口，也为科技金融的发展提供了良好的基础。

在线酒店预订公司Oyo Rooms10亿美元的融资成了印度的明星企业，该公司还计划向中国扩张。Oyo成为印度在PayTM之后第二大最有价值的技术创业公司，并以50亿美元的估值跃升至独角兽地位。

9. 日本：风险投资分水岭已经到来

日本在2018年的风险投资表现也非常强劲，Folio(科技金融)获投6 400万美元，Wordthavi(科技金融)融资4 170万美元，Megakaryon(生物科技)融资3 300万美元。不仅如此，Mercari(电子商务)在IPO中筹集了12亿美元，成为首个在日本上市的独角兽企业，也证明了在日本本土创业的可能性。风险投资人目前回报率超过100倍。

科技金融是日本的首要发展目标。日本在加密货币行业位居创新前沿，监管当局积极支持对ICO及加密货币的监管。同时，政府已经给出了强烈的承诺，通过鼓励科技金融的创新将东京定位成区域金融中心。

行业方面，科技金融在亚洲风险投资界的地位不可撼动。当然，电子商务也是投资者偏爱的行业。进入2019年，鉴于跨行业的广泛适用性，人工智能可能仍然是亚洲风险投资一个非常火热的领域。许多投资者对人工智能的金融服务特别感兴趣，例如，旨在帮助识别与避免欺诈和洗钱的解决方案。自动驾驶可能仍将是亚洲未来的重中之重。

10. 小结

2018年是全球风险投资市场的重要一年，尽管最后两个月的数据市场并未被统计。虽然风险投资总额下降，但结果并不令人失望。在二季度有Ant Financial 140亿美元交易振奋人心，在三季度有强劲Grab在新加坡筹集20亿美元，比特大陆在中国筹集10亿美元，还有印度的Oyo Rooms(经济酒店连锁品牌)的10亿美元。

全球IPO市场现在看来已经开放，有助于刺激投资者对风险投资市场的持续关注。根据公开数据,超过20家独角兽公司在2018年发行了IPO,远远超过了过去2年的总和。其中大部分上市后的公司业绩表现良好,股权投资者的高调退出方式将进一步刺激风险投资市场在2019年的表现。

展望未来,中美之间的不停歇的贸易战和其他国家之间的贸易冲突,引起一些投资者的担忧。但是我们对2019年的私募股权市场持有强烈的乐观态度。

第4部分

区块链与加密货币

（一）区块链的发展与应用

2008年至2017年，区块链的应用依然围绕着数字货币展开，包括挖矿、交易所、钱包以及第三方服务，该阶段被称为区块链1.0时代。2015年7月，以太坊上线，智能合约成为区块链技术的新焦点，使得区块链拥有能够实现更多应用的基础。金融领域开始尝试结合区块链技术，创造去中心化解决方案及应用。实体交易所也开始认同并允许与数字货币相关的金融衍生品交易，被称为区块链2.0时代。当区块链能够出现实际商业应用之后，便进入所谓3.0时代。在未来，区块链技术能构建产业生态级别底层架构、攻克各层级技术难点，实现商用级别的高性能应用。

第一代：BTC支付工具，安全性极高——图灵不完备（无循环语句），可拓展性差。

第二代：ETH图灵完备、智能合约、DAPP——扩展性不足、安全性差、有开发难度。

第三代：EOS定位于大规模商用。

BTC代表的区块链1.0注重去中心化与安全，牺牲了效率；ETH代表的区块链2.0在效率和去中心化间取得了平衡，但安全性较差；EOS代表的3.0注重效率，但是在去中心化和安全性上备受质疑。区块链技术的"不可能三角"，不可兼顾效率、去中心化程度和安全性，如果区块链技术突破"不可能三角"，将实现对加密货币

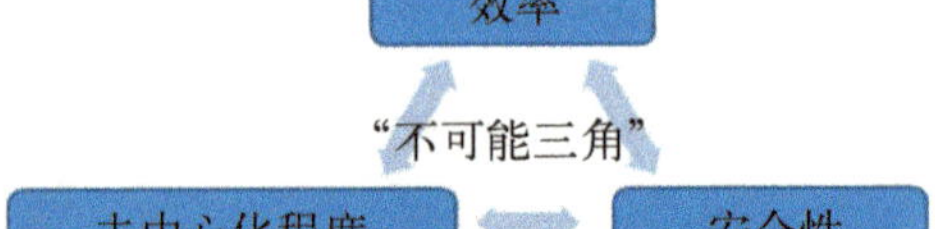

图4.1　区块链技术的"不可能三角"

甚至金融底层架构的彻底颠覆。

1. 各地区区块链发展模式对比

各国(地区)区块链发展模式存在一定的差异,表4.1对比了美国、欧盟、英国、新加坡、日本、韩国、中国对于区块链的政策态度、经济投入、合作方情况、政府应用以及各领域典型区块链项目示例。

表4.1　各国(地区)区块链发展模式比较

国家/地区	政府态度	经济投入	政府应用	典型项目示例
美　国	积极推进,鼓励应用	向研究人员和初创公司提供经费	公民服务、监管合规、合同管理	Steam版权保护;zapchain社交通信;Bloq基础设施
欧　盟	支持看好,更加开放	扶植初创项目	打击网上虚假信息传播	Ascribe版权保护;Lisk开放平台
英　国	积极开放	投资初创项目,为毕业生招聘提供福利	基础设施、福利发放、货币、食品	Everledger防伪公证;BSAVE金融服务
新加坡	宽松开放,大力支持创新	投资初创项目	金融科技、金融货币、跨境支付	BiX金融服务;itBit数字资产交易
日　本	大力支持,尝试落地	投资区块链产业创新	制造业、金融业	Mijin开放平台
韩　国	鼓励探索,接纳引进	投资区块链技术企业	证券交易、物流、能源	Streami金融服务
中　国	支持技术发展,促进技术突破	扩大财政投入,扶植区块链企业	金融服务、航运物流、民生服务、文化娱乐	比特大陆—基础设施;趣链科技—解决方案

2. 金融领域应用

在区块链的应用层中,金融行业是已布局最早和最多的行业。在支付、票据金融、企业金融和保险均有平台或者项目落地。我们着重介绍处于发展初期的项目。

(1)跨境支付:跨境支付T+0可能性探索

- 多个国际项目布局:Ripple在区块链上建立了一个全球化的开放支付网络。
- 传统跨境清算组织SWIFT开始SWIFTgpi区块链概念验证(中国银行参与)。

(2)证券发行与交易:场外股权交易与清算簿记新形式

- Nasdaq linq,全球首个基于区块链的中小企业自主股权交易平台。
- 澳大利亚证交所(ASX)宣布将研究Digital Asset Holdings区块链解决方案,替代现有的簿记、清算和结算系统。

(3)票据交易:解决"一票多卖",电票打款不同步

- 国际联盟R3:联合以太坊、微软共同研发了一套基于区块链技术的商业票据交易系统。
- 央行数字货币研究院进行数字货币票据交易平台的测试。

3. 其他领域应用

(1)电力能源:LO3 Energy

该项目致力于通过区块链改变能源的生产、存储、买卖和使用方式,重塑未来能源行业。合伙

人过去一直在能源行业工作，具有能源方面的背景。合作伙伴有西门子、Centrica和Peci。该项目基于以太坊区块链，已经使街坊邻居可以在区块链上用智能合约来选择他们需要的能源来源、种类，甚至决定把能源出售给谁，追踪记录家庭使用的电量、管理邻居之间的电力交易。

（2）网络社交：ONO

这款应用重构“所有权”经济模型，提出建立在区块链技术上流通的ONOT，以平衡内容创造者、平台提供方的经济利益。用户创造的价值与优质内容，将获得ONOT作为回报。2018年4月，竞选EOS全球21个超级节点，6月获得千万级美元投资。

（3）游戏：以太传奇、NeoWorld

以太传奇是首款基于区块链技术的多人在线RPG游戏。用户的装备和宠物是独一无二的数字资产，安全性有保障。在游戏性上也有一定的突破，游戏中的宝箱、装备、交易和打斗都由智能合约完成，上线一个月便获得200万美元收入。

NeoWorld是一个基于区块链技术的联网沙盒游戏，全球用户共同协作创建一个虚拟世界。用户创造一切，用户收获财富。相较于传统的沙盒世界游戏，降低了生存与建造的门槛和繁琐度，侧重于经营和社交乐趣，为不同类型的玩家提供了创造价值和财富的可能性。

（二）区块链行业的股权融资

1. 亚洲地区发展迅猛

进入2018年后，区块链行业的发展势不可挡，尽管谷歌搜索指数里的“区块链”关键词快速下降，但得益于近两年加密货币上涨和风险投资的丰厚回报，更多传统VC、PE机构入场。区块链创业公司的股权投资进入了历史高点：截至2018年11月底，全球一共新增项目共计247个，第三季度新项目共计375个。9月份发布项目最多，共有167个，其次是1月份，发布项目153个。2月份至7月份，每月平均发布数量为79个。11月以来，新增项目数量骤减，可能与加密货币市场大幅下跌、行情惨淡相关。

亚洲地区发布了最多的新项目，共计336个；北美洲第二，新增项目41个；欧洲新增21个；大洋洲新增8个；非洲新增6个。

亚洲依然是区块链项目最热门地区，中国发布了最多项目，共计263个，新加坡紧随其后58个。2018年发布项目类别最多的是公有链，占比为9%。其次是数据服务和技术解决方案，占比分别为

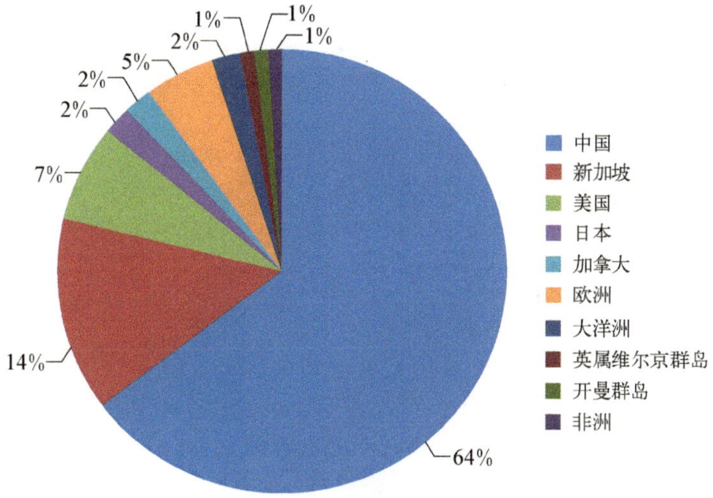

数据来源：清华大学互联网产业研究院。

图4.2　全球区块链项目分布

6%和5%。在应用层面,金融服务类占绝大多数,其中交易平台和支付占比分别为8%和7%。此外,新兴产业发展也较好,游戏、社交、娱乐和旅游合计占比为10%。从第三方机构来看,投资机构和资讯平台依然处于领先,2018年上半年大量资讯平台爆发出来,新兴的投资机构也不断涌现。

2. 融资项目数量先升后降,行业发展处于早期

2018年区块链项目融资呈先上升后下降的趋势。第一季度项目占比19%,第二季度新增项目占比31%,第三季度新增项目占比34%。进入8月份后,区块链项目融资情况明显下滑。

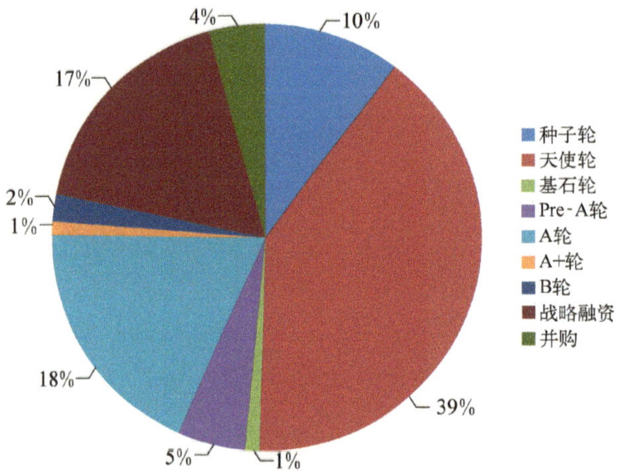

数据来源:清华大学互联网产业研究院。

图4.3 2018年区块链项目融资轮次占比

截至2018年11月底,除战略投资,初创期投资轮次(B轮以前)占比达77%,行业发展依然处于早期阶段。被投项目中轮次最多的为天使轮,共有170个项目,占比39%,轮次占比最低的类别为基石轮,仅占1%。除此之外,战略投资所占比例达到17%,且多有行业先行者共同参投,依然在行业内开辟新的道路。

3. 分布式应用(DApp)以游戏和竞彩类为主

以太坊上共有1 200款DApp(截至2018年11月),竞猜类DApp数量位居首位,共495款,占比为41.25%;其次是游戏类DApp,共397款,占比为33.08%。

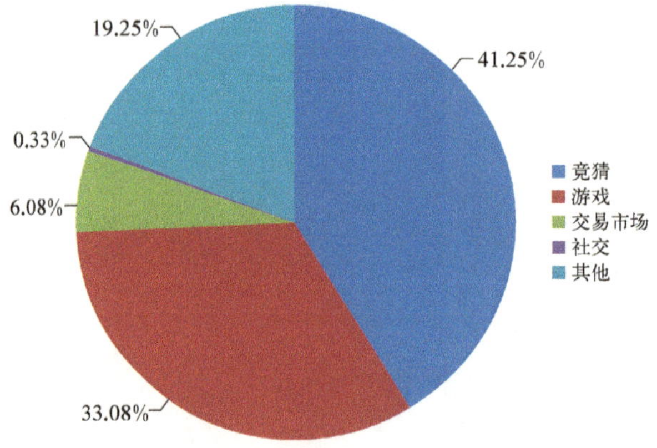

数据来源:清华大学互联网产业研究院。

图4.4 以太坊DApp种类占比

2018年1到11月，以太坊平台上新增DApp共1 118个。除1月份之外，每月新增DApp数量基本保持在80～140款区间内。月新增DApp数量最大值出现在5月份，当月共新增138个DApp；月新增DApp最小值出现在11月份，当月新增82个DApp。在新增DApp的总类分布方面，竞猜类DApp和游戏类DApp新增数量遥遥领先，占比分别为42.49%和33.63%。

EOS平台上则有200款DApp（截至2018年11月），竞猜类DApp数量位居首位，共124款，占比为62%；交易市场类DApp和游戏类DApp数量分别为26款和19款，占比分别为13%和9.5%。

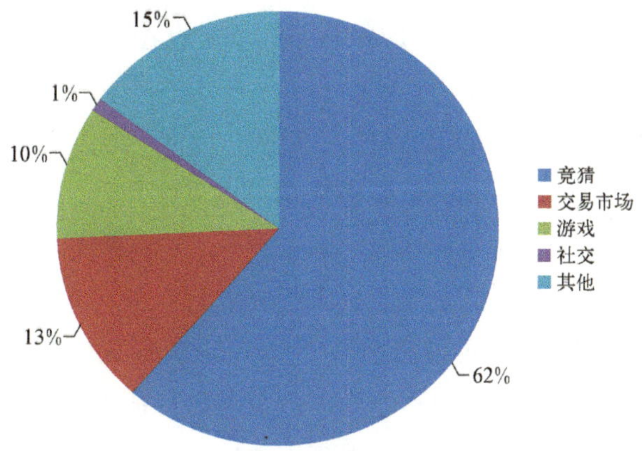

数据来源：清华大学互联网产业研究院。

图4.5　EOS DApp种类占比

自2018年6月份EOS主网上线以来，EOS上DApp的数量增长迅速。6月份，EOS上DApp仅有9个；10月份，EOS上DApp增长量最多，共增加59个。自8月份开始，竞猜类DApp在每月新增量中占据优势。8月份，新增竞猜类DApp 19个，占比为54.29%，此后，该比例持续增长，到11月份，新增竞猜类DApp数量占比已达到83.78%。

4. 顶级风投动向

我们通过观察顶级风投的动向，认为市场表现出三个趋势。

（1）顶级风投开始接受代币，从区块链转向加密货币

ICO的兴起已经让风险投资机构开始重新考虑它们的投融资机制了。正如Fred Wilson（Union Square Ventures合伙人）表示，在代币新模式刚刚开始起步时，它就提出了一个问题，它将如何影响我们的投资方式。

事实上，风险投资公司已经越来越多地投资代币，有证据表明，两家在区块链投资行业内最活跃的风险投资公司Andreesen Horowitz（A&H）和Union Square Venture（USV）正在广泛地投资于区块链和加密资产。两家公司都以股权投资者（Polchain）和有限合伙人（Metastable）的身份投资了加密货币对冲基金。

先看USV，Fred Wilson最近公开表示，如果2016年下半年和2017年都是融资以资助开发工作，那么2018年就是开始获得能使用的去中心化应用的时候了。USV确实在该领域投资了一些去中心化应用项目。比如CryptoKitties，这个应用A&H也参与了其1 200万美元的A轮融资，还有OpenBazaar，该项目试图建立一个去中心化的市场。USV也投资了两家希望能与比特币竞争的团

队，分别是Algorand和Chia。Algorand获得了种子轮融资400万美元，拿来建立一个高速支付协议。Chia在3月底募集了340万美元的天使投资，它是一种“绿色”加密货币，使用比比特币更加节能的运行机制。

再看A&H，该公司明确改变了在区块链行业的投资战略。A&H最近的投资都偏向于区块链的基础设施建设，分别是Dfinity和Orchid。前者企图成为以太坊的竞争对手，后者旨在更加包容性、不受约束的互联网。这些迹象表明，A&H正在布局一个“证券型代币”。

总之，这两家顶级风投都转向了代币，先是通过加密货币对冲基金，现在直接投资。Sequoia Capital（红杉资本）、Bain Captial Ventures和Founders Fund也在投资加密货币，这些顶级风投的动作，是非常值得注意的，这种趋势很可能会持续下去。

（2）证券型代币正在吸引投资人的兴趣

证券型代币被解释为区块链上的证券。证券代币可以数字化地表现任何数量的现实世界资产，房地产、汽车或者股票。证券代币和工具代币的区别在于，实用的代币表示特定网络的访问权或网络里面的实用工具，而证券代币必须受证券业法律法规监管。

这类代币有两大优势：第一是“可编程的”，代码可以决定如何使用。举个例子，贷款可以根据商定的还款时间表自动偿还，不需要银行这类中介机构提供服务。第二是流动性，将缺乏流动性的资产代币化，简化交易流程，减少交易阻碍，提高流动性。

Harbor，由A&H领头联合别的风投共同对其投资2 800万美元B轮。Harbor的“R标准代币”规定了只允许合格的投资者投资，还要遵守KYC（了解客户规则）和反洗钱规定。Polymath也是这一领域的公司，旨在帮助数万亿美元的金融证券转移到区块链上，其代币POLY还有望优化现有的KYC和反洗钱规定。

（3）资金充裕的加密货币公司开始变成资管公司、风险投资公司

虽然区块链技术带来的应用，例如，加密货币、去中心化支付网络和用户控制的社交网络都未获得实质性进展，但一些区块链公司都从投机活动中赚取了巨额利润，现在他们正在建立风险投资公司，疯狂并购。加密货币交易所和基础层协议公司最具代表性，根据SanfordC.Bernstein的分析，到2018年底加密货币交易所收入可能翻倍。

Coinbase，这家加密货币交易所推出了自己的风险投资部门Coinbase Ventures。2018年4月13日，Coinbase收购了去中心化应用和加密钱包Cipher，几天后又以1.2亿美元收购了Earn（区块链社交网络）。诞生在中国的Huobi（火币网）在2018年5月也成立了一支10亿美元的基金，用来投资区块链生态系统。Binance（币安），全球交易量最大的公司也投资了1 500万美元用来搭建百慕大区块链。

这些在2017年投机大潮里暴富的公司纷纷把钱花在开发各自区块链生态系统上，用大举投资加收购追求着区块链行业里的杀手级应用。

（三）加密货币市场：泡沫爆炸 市值缩水 稳定币异军突起

1. 泡沫爆炸，加密货币进入熊市

加密货币市场的总市值在经过2017年的猛烈上涨后达到顶峰，达到8 000亿美元左右。进入2018年市场就开始了自由落体，总市值缩水，在年内很长一段时间总市值维持在2 000亿美元，但11月15日后又迅速下滑至1 300亿美元，并呈现加速下降趋势。

数据来源：Coinmarketcap。

图4.6　加密货币市场总市值

由于加密货币市场在2018年开始进入“熊市”阶段，全球各种类型的加密货币热度都有所下降，谷歌和百度的搜索指数表现整体呈下降态势。但市场上大部分加密货币都处于活跃交易阶段，根据DAS.link统计，当前加密货币市场平均换手率为4.33%，超过传统金融交易活跃标准3%换手率；加密货币市场交易所总成交额日平均值超过7 600万美元，未来有希望突破日活跃1亿美元；

加密货币市场交易所上币数量平均值为62个，比2017年平均值36个来看有大幅上涨，进一步说明交易所的交易类型正在不断丰富，为投资者带来了更多的交易方式。但投资者需要注意，各交易所暗流涌动，可能潜藏着巨大的漏洞，各交易所上币项目质量参差不齐，也会给投资者带来很大的风险。

从市值来看，BTC依然是市值比重最大的加密货币，其余占比较大的分别是ETH、XRP、EOS。经过了年初的加密货币崩盘，拥有较大市值的加密货币2018年内走势依然稳步向下。BTC和ETH当之无愧稳坐加密货币市值前两把交椅，两者之和占据了加密货币市场65%的市值，较年初增幅15%。Altcoins（除去BTC的其他加密货币）占总市值比例萎缩，目前Altcoins占总市值的44%，较年初降幅达29%，呈现明显下降走势，说明经历了大跌后的加密货币市场，相比2017年的多样化选择，2018年更加偏好大市值、高流通、应用多的币种。

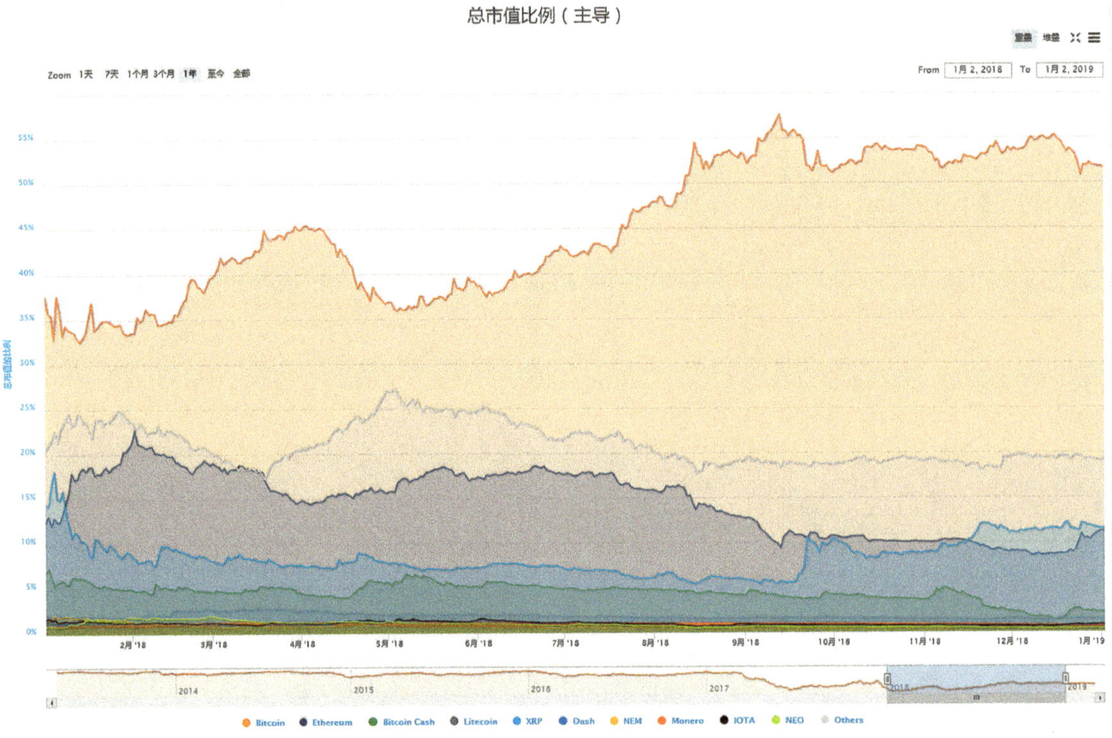

数据来源：Coinmarketcap。

图4.7　比特币占加密货币总市值比重

但是，根据Github上的代码提交数来看，Dash、Komodo已经超越了BTC，Digibyte和Qtum代码数量也逼近了BTC。随着这些新兴货币社区的发展，未来或许有实力与BTC一决高下。

2. 通畅入金通道及稳定交易媒介的欠缺，稳定币异军突起

稳定币在加密货币交易中占有非常重要的作用。稳定币是一种与另一种价格波动较小的资产（通常为美元、黄金等）进行锚定的加密货币。2017—2018年，稳定币迎来了发展的黄金阶段：在此之前数字货币的交易主要以法币交易为主，现在稳定币交易对的交易量（主要是USDT）已经占据半壁江山。

USDT是稳定币的鼻祖，其全称为Tether USD，由泰达公司发行的价值1 ∶ 1锚定美元的稳定币。根据Coin Market Cap数据，目前USDT流通市值规模17.80亿美元，并在各大主流交易所交易，且拥有数百个交易对，毫无疑问是最具有影响力的稳定币品种。然而实际上，USDT的崛起具有很大的偶然性，可以说，机缘巧合之下的天时地利造就了今天的USDT。USDT自2015年2月便被推出，然而沉寂了2年，直至2017年下半年才开始爆发。

资料来源：Coinmarketcap。

图4.8　泰达币走势图

随着USDT交易对占比大幅提高，亦是市场逐步转向USDT作为稳定交易媒介、入金通道的重要证明。根据Crypto Compare数据，每日比特币交易中，50%以上的均用USDT结算。

3. 为什么需要稳定币，而不是直接用法定货币？

稳定币的崛起有偶然性，但是投资者们在使用稳定币时逐渐发现了稳定币的优势。稳定币大多选择和法币价值1 ∶ 1锚定，其本质上相当于法定货币在区块链上的一个虚拟映射，并且，稳定币由于价值相对稳定，因而能比一般价值剧烈波动的数字资产更能承担交易、支付、融资职能：

（1）交易职能：用于风险对冲，充当交易对；

（2）支付职能：用于跨境支付汇款、Dapp支付和应用；

（3）融资职能：用于项目融资。

上述部分功能法定货币亦能承担，很多人会疑惑为什么不借助传统银行清结算体系记账的法币，而要在链上生成稳定币？稳定币与传统法币通道相比，有优越性吗？或者说，若未来法币通道重启，稳定币是否有存在的必要？

我们的判断是，稳定币市场会继续存在，并持续增长，法币通道虽是重要的入金通道，但是稳定币具有法币无法实现的功能和优越性：

(1)法币交易无法完成实时清结算和T+0交易,且成本较高

由于法币通道仍旧依赖传统银行的清结算系统,用户需要在银行的工作时间内进行法币充值或交易,同时银行间的清算需要时间和较高的成本,因而通过法币进行交易,难以完成数字资产交易的实时清结算或T+0交易,而借助稳定币,由于是链上资产,因而可实现与其他数字资产的24/7/365交易,实时清算。

(2)法币在交易所、钱包、Dapp之间冲提转移不便,不及稳定币便捷

由于目前全球没有一个统一的数字资产市场,数字资产的流动性被分散于全球各个中心化的交易所,而用户要在各个交易所之间转移法币,非常不方便。另外,由于钱包、Dapp连接区块链世界,而法币无法真正用于链上支付场景,因而仍需要一个数字世界的稳定币种,尤其是若未来以Dapp、钱包等为代表的使用型需求逐步占主导。通过稳定币充值转账,速度更快捷,审核也不存在障碍。

(3)法币交易体验并不好,存在限制,灵活性不及稳定币

目前,支持法币直接交易的数字资产交易所,主要是数字资产交易受承认和监管国度注册的合规交易所,以美国的Kraken、Bittrex、Coinbase、Gemini、itBit,欧洲的Bitstamp,韩国以及日本的各类交易所等为首。但由于反洗钱(AML)以及监管等各方面的原因,法币交易存在较大的限制,包括无法使用信用卡购买,每周以法币购买的数字资产有限额,以及购买数字资产后清结算延时等,在交易体验上,大大弱于灵活的稳定币。

(4)稳定币系链上资产,具备交易记录公开透明,不可篡改等特性

稳定币系链上的数字资产,其具备一切区块链的优点,包括交易记录公开透明,不可篡改等。任何人均可以通过区块浏览器进行查阅相应记录,实现公正,免除了记账纠纷,而若是传统的法币交易,则无法简单地实现上述功能。

截至2018年11月20日,交易所大部分交易量来自稳定币的交易对。交易量最大的三大交易所为币安、火币和OKEX。当前所有的交易量中,有将近一半的交易量来自于稳定币的交易对。我们会在下文中对稳定币做详细分析。

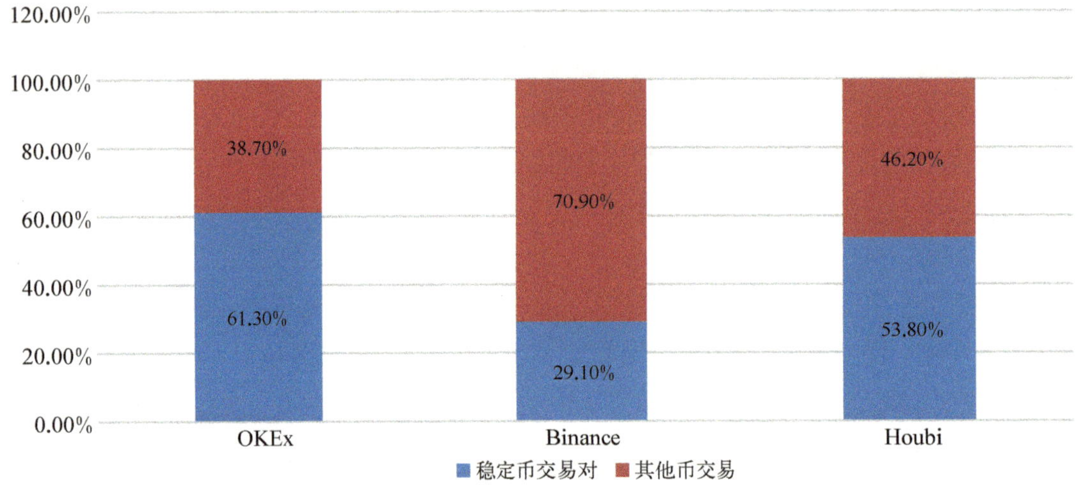

资料来源:CoinMarketCap。

图4.9 稳定币交易占三大交易所交易量的比例

（四）全球加密货币交易所解析

加密货币交易所是整个加密货币市场的最重要环节之一，紧密连接着加密货币项目方和投资者，被市场认为是最具有话语权的环节。根据CoinMarketCap统计，全球加密货币交易所数量已经达到14 000家，相较2018年年初的7 700家，增幅达到80%，目前这一数据还在持续增加。

1. 分别现状，全面开花

亚洲的加密货币交易所原来主导了交易行业，但随着亚洲各国的监管日趋严格，交易所在慢慢转移。自2017年1月起，中国监管部门禁止加密货币交易所提币，2017年9月禁止ICO，中国的交易所大量关闭，从此中国除港台地区外无加密货币交易所。分布在海外各地的交易所抓住机会迅速发展，瓜分了整个交易所市场。

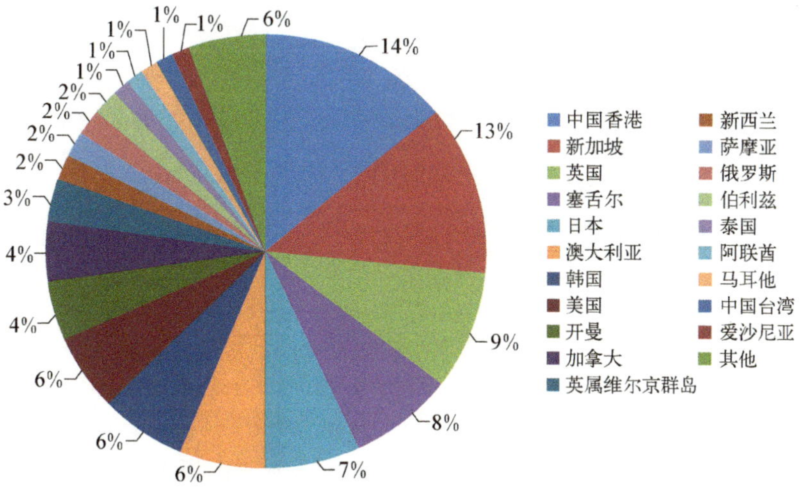

资料来源：Das.link。

图4.10　2018年最新加密货币交易所地区分布情况

中国香港地区凭借着先天的地理位置优势，成为不少交易所的栖身之地。但随着2018年以来监管手段的进一步强化，未来能看到更多中国地区的交易所去海外求生。除中国以外的亚洲国家（地区），欧洲国家、大洋洲国家、美国和日本均将其加密货币交易所纳入监管体系，交易所必须要获得相关执照，在相关部门的监管下才能合法运营。加密货币交易所是一项新兴产业，各国（地区）监管的政策都处于摸索阶段，政策的调整对交易所行业的变化起着决定性作用。

以日本为例，2018年3月，日本金融厅成立了“虚拟货币交易从业者研究会”，同时开出了7张罚单，2家交易所被关停，5家交易所被要求整改。关停理由是，交易所存在挪用客户保证金和多次不履行用户确认的交易，要求整改的5家交易所存在未向当局报备、交易系统漏洞频发的现象。日本金融厅的罚单直接让Binance（币安）出走，将其总部迁至马耳他。

截至2018年9月19日，按照月度成交额排行来看，交易量最大的交易所是Binance（币安），交易金额超过300亿美元，排名前十的交易所的交易额都超过50亿美元。出身于亚洲地区的交易所几乎主导了全球加密货币交易行业，交易量超过了全球交易量的50%，与此同时，它们也在增加各种业务。在“熊市”的行情下，加密货币市场很难吸引新增投资人和交易量，头部效应日趋明显，投资者偏好在拥有大交易量、高流动性的大型交易所进行操作，根据Howmuch的统计，前20家头部交易所已经收割了90%的利润，余下的上万家交易所仅能分食10%的利润，导致相当一部分小型交易所已经解散。

按照最新每月交易量排名前十的交易所如表4.2所示：

表4.2　每月交易量排名前十的交易所

交易所名称	交易量	交易对数量	上线运营时间	注册地
Binance	309亿美元	382	一年	马耳他
OKEx	239亿美元	509	四年	马耳他
Huobi	179亿美元	275	五年	韩国
Bitfinex	136亿美元	84	六年	英属维尔京群岛
ZB.com	98亿美元	78	一年	萨摩亚
Bithumb	94亿美元	44	两年	韩国
HitBTC	80亿美元	787	五年	英国
Bibox	56亿美元	202	一年	爱沙尼亚
LBank	53亿美元	86	一年	中国香港

数据来源：CoinMarketCap；数据统计截止日期：2018年10月1日。

在这里需要强调，通过研究各类媒体报道和社交网络的信息，加上业内的区块链透明度协会（BTI）以及CrypoExchange Ranks的报告，越来越多的证据表明市场上大部分交易所都有过度夸大交易量的嫌疑，表4.2的数据仅供参考。

经过筛选，我们重点为投资者推荐Coinbase交易所，月度成交量截至2018年9月19日为36亿美元，属于头部大型交易所。Coinbase成立于2012年，注册地在美国，是美国最大的加密货币交易所，也是美国第一家持有正规牌照的比特币交易所，发展至今能提供主流加密货币比特币、以太坊以及莱特币的交易，同时也支持法币与主流货币的兑换，法币包括美元、英镑、欧元这几种流通货币。推荐理由是：可以用法币交易，而且出入金速度快；在美国执照齐全，拥有美国的电子货币、货币转账、支票交易和支付工具销售牌照；长期优秀的市场口碑，交易所上线运营至今从未被黑客成功攻击过。

2. 交易注意要点

投资者在进行交易活动时，通常要向交易所缴纳4种费用，分别是：场外交易手续费，场内交易手费续，期货、杠杆交易产生的利息和提币手续费。首先，当投资者用法币换取加密货币时，有的平台会在这一环节收取费用，有的采取免费形式吸引用户。在进入场内交易时，交易所抽取手续费。影响手续费高低的主要因素是订单种类和交易平台。如果投资者参与保证金交易需要支付相应的利息，有的平台采用固定利率，针对大额保证金交易还会推出优惠利息。最后提币时，提币费率在0.2%左右，有的平台会更高。

安全问题不容乐观。加密货币交易所是安全重灾区，据公开资料整理，2018年出现过以下重大安全事故（见表4.3）。

表4.3　2018年加密货币交易所重大安全事故

时　间	交易所	事　件
2018年1月	Coincheck	日本交易所Coincheck遭到黑客攻击，价值5.3亿美元的加密货币被盗。
2018年3月	OKEx	出现极端交易行为，BTC季度合约币现货指数低出20多个百分点，导致46万个多头期货合约爆仓。
2018年6月	Bithumb	韩国交易所Bithumb遭到黑客攻击，价值3 200万美元的加密货币被盗。

市场上大部分交易所都是中心化交易所，交易所的安全体系主要是由冷热钱包、多重签名和验证、钥匙保存和第三方密码审核组合而成。

但因涉及资产数额巨大，加上对安全团队的技术能力和运营经验要求很高，安全体系让任何一环受到攻击都有可能造成投资者和交易所的财产损失，交易所极易成为黑客攻击的对象。因此，去中心化交易被认为是解决方案，相比中心化交易所有着高效性、易用性的特点，而且不易被攻击，无需冷热钱包来存贮，还不集权（上币价和定价权容易受交易所控制），交易流程比较如表4.4所示。

表4.4　中心化交易与去中心化交易流程比较

	托　管	流动性提供	撮合交易	结算清算
中心化交易	中心化交易所	中心化交易所	中心化交易所	中心化交易所
去中心化交易	用户	交易所/做市商	智能合约	链上结算

目前，全球最大的交易所Binance已经宣布着手转型成去中心化交易所。市场上去中心化交易所数量还很少，存在着许多不足，交易体量和主流的中心化交易所有着较大的差异。现阶段较多的

技术难题瓶颈还未突破。对于诸多的技术问题，业界也在不断探索相应的解决方案，有理由相信，去中心化的交易所在未来占比会不断上升。

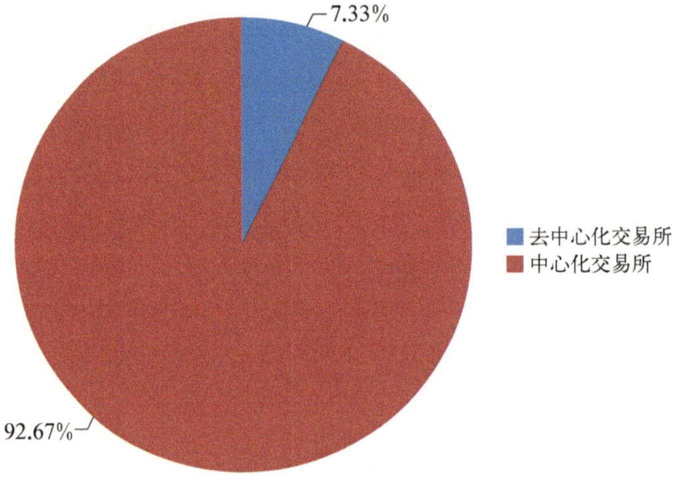

资料来源：Das.link。

图4.11　去中心化交易所比重

（五）前四大市值加密货币分析

1. 比特币（BTC）：高开低走 跌破3 300美元

2018年比特币高开低走，根据CoinMarketCap的数据显示，在1月份时达到年内最高点17 648美元，总市值逼近3 000亿美元。随后便不断下跌，跌至5 800美元后，迅速反弹至6 000美元，并且稳定在该价位以上小幅震荡，随后在11月价格继续下探，一度跌破3 300美元，市值在800亿美元以下，较年初跌幅达到了80%。

数据来源：CoinMarketCap。

图4.12　比特币走势图

我们认为，比特币下跌主要有两个原因。第一，各国的监管趋势越来越严格，进一步地，监管机构还对挖矿活动进行了限制。监管趋势严的后果是交易量的萎缩和活跃度的下降，因为比特币价格的定价机制与参与人数是正相关的，这就会导致比特币价格下降。

第二，其他币种的替代效应，比特币的市场占有率从2017年起出现了明显的下降，从最初的90%下降到55%。随着区块链技术的逐渐落地，部分有实际应用场景的币种发展空间很大，其他币种替代作用显著。而且相对于比特币较高的价格，其他币种就显得非常便宜了。因此，比特币重回绝对市占率的可能性较低。

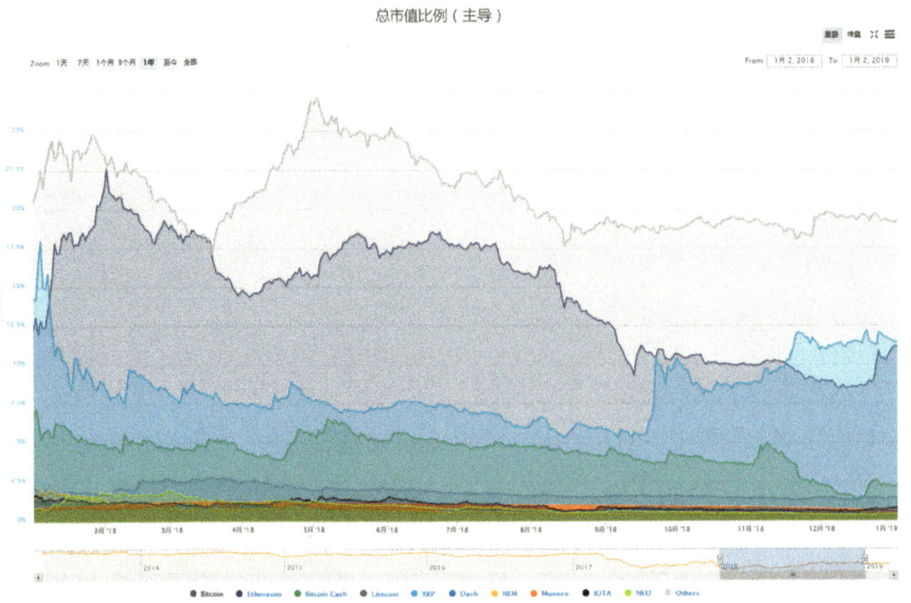

数据来源：CoinMarketCap。

图4.13　比特币市场占有率

2. 以太坊（ETH）：累计跌幅高达90%

与2018年最高点相比，以太坊累计跌幅高达90%，现价在120美元附近徘徊。在8月份至9月

数据来源：CoinMarketCap。

图4.14　以太坊走势图

份期间，跳水尤为严重，价格从480美元附近跌至200美元附近，市值也从年初的1 300亿美元蒸发至200亿美元。进入11月以后，同样进入下跌区间，市值达到130亿美元左右。作为币圈"老二"的以太坊，2018年惨遭价格滑铁卢。以太坊创始人Vitalik公开表示，价格下跌是市场行为，不过是亿万富豪之间赌博博弈罢了。

可是事实并非如此。原因一，以太坊的核心功能是智能合约，作为区块链2.0的代表，虽然以太坊应用广泛，但是过去几年80%的ICO使用的都是以太坊的智能合约，ICO火热，以太坊繁荣。根据BlockBeats统计，2018年ICO破发率为98.8%，仅有寥寥几个项目没有破发。大部分ICO项目都是基于以太坊启动的，在这种情况下，以太坊价格难免下跌。原因二，整个加密货币市场都面临着"熊市"的考验，在整体市场表现不佳的背景下，不可能独善其身。原因三，以太坊遭遇强大外敌——EOS。以太坊以区块链2.0自居，当初崛起的主要原因之一就是其技术设计理念先进，理论每秒平均交易量是50笔，远超比特币网络的每秒7笔。而EOS的设计目标是百万级别每秒处理性能，加上EOS背后强大的团队，以太坊目前处境是内忧外患。

3. 瑞波币（XRP）：市值缩水88%

资料来源：CoinMarketCap。

图4.15　瑞波币走势图

瑞波币是市值排第三的加密货币，在2018年从高点3.5美元跌到了目前0.36美元左右，跌幅为90%，市值也从1 400亿美元跌到150亿美元。但是，2014年4月才开始交易的瑞波币，初始价格仅为0.000 000 7美元，在2017年最高峰价格达到20.8元，涨幅近3 000万倍，哪怕按照现价，涨幅也达到了57万倍。

瑞波币所依存的网络叫Ripple（瑞波），Ripple是世界上第一个开放的支付网络，这个网络可以转账任意一个货币（包括各国的法币及比特币），交易费几乎为零。而瑞波币是该网络唯一通用货币。虽然瑞波币2018年回撤幅度巨大，但是该币拥有以下核心竞争力：第一，传统金融机构认可，与世界各大银行、大企业展开合作，项目落地。第二，瑞波币总量一千亿，以后只少不多，目前流通量400亿不到，其中550亿被锁在托管账户中。绝大多数瑞波币都被其运营公司Ripple Labs持有。因此，瑞波币的Token分布非常不中心化，是一个明显的具有中心化特征的加密货币。存在着庄家操盘的嫌疑，也是瑞波币能够暴涨暴跌的原因之一。

4. 柚子币（EOS）：大起大落

2017年，EOS开始了长达一年的ICO，一共发行10亿，90%一年内发行出去。第一期发放2亿，之后的350天每天发放200万。这种模式前无古人，后无来者。2018年该币表现大起大落，3月18日跌落至年内低点4.79美元，形成强支撑位，4月30日又涨至年内最高点21美元，在11月跌破强支撑位后价格不断下探。截至2018年12月该币为2.61美元左右，较年初8.9美元跌幅70%，市值从51亿美元缩水至23亿美元，是2018年表现最好的主流加密货币。

数据来源：CoinMarketCap。

图4.16　柚子币走势图

EOS是一种新的区块链架构，目标是实现一个类似操作系统一样的支撑应用程序的区块链架构。该技术的最终形式是一个块链体系架构，每秒可以支持百万个交易，普通用户无需付费，被市场誉为“以太坊杀手”。简单来说，EOS是类似以太坊的区块链底层操作系统，相比以太坊更为完善，可以很大程度上改善在以太坊网络内交易慢、交易费贵、易受到全球大范围攻击等问题。同时，白皮书表示，EOS没有明确或默示的任何权利、用途、目的、属性、功能或特征，包括但不限于EOS平台上的任何用途、目的、属性、功能或功能，表明了EOS代币与项目本身并无直接关联，只是发行代币的团队block.one正在开发EOS.IO并保留了EOS代币10%的份额，在代币发放期间不能进行交易和转移。这种分配方法让项目方和使用代币发放的用户利益一致，从而进一步激励开发团队，增强EOS的用户黏性。

EOS团队背景也相当强大，由Dan Larimer主导。他是Steemit、Bitshares的创造者，这两个项目都是排在加密货币市值前50。

（六）2019年加密货币市场投资建议

我们站在投资的角度，分析了加密货币市值排名前四的项目。

EOS由于诞生时间较短，目前非常优秀的每秒百万量级的特点能否支撑未来发展还未可知，而且EOS代币和EOS项目本身并无密切联系，加上其奇葩的ICO过程（同时进行融资和发币），引起了市场参与者的强烈质疑，不建议长期持有，EOS自我标榜的区块链3.0赋予了它短期炒作的价值。

XRP自身综合素质优秀，各方面均无短板，唯独中心化的特性值得投资者警惕，在持有的过程中要承受非常大的波动风险。

ETH目前状况不太好，内生及外部问题凸显，建议观望。

BTC作为区块链技术目前为止最成功的应用，在过去的一年中已经泡沫爆炸，预计在未来持币风险不大。

稳定币选择分析

市场上除了USDT有二十多种稳定币，我们采取了目前交易所认可度高、交易量大且链上数据

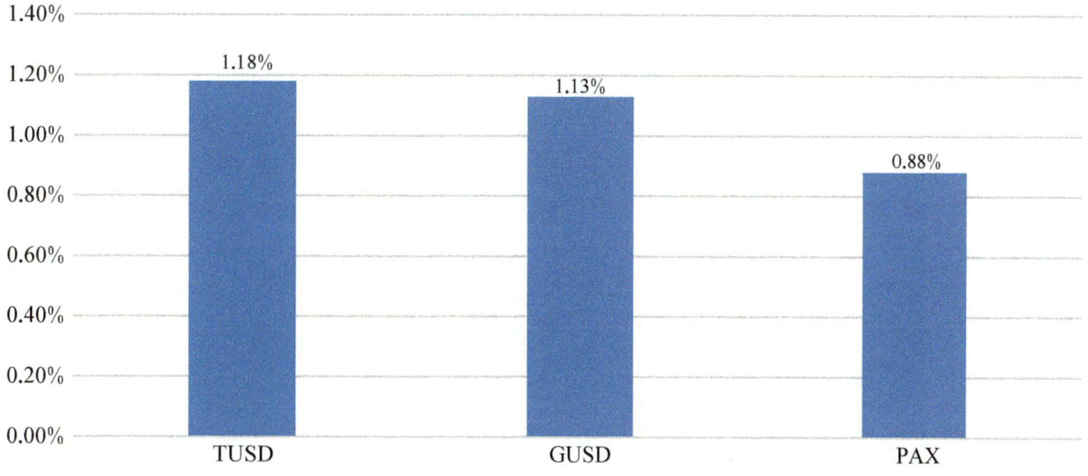

数据来源：CoinMarketCap。

图4.17　各稳定币与美元的溢价的月平均值

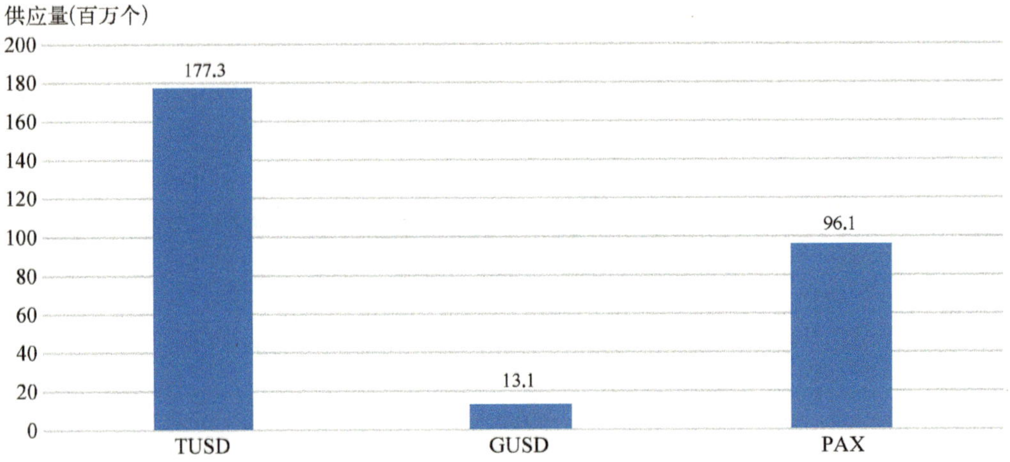

数据来源：CoinMarketCap。

图4.18　各稳定币供应量

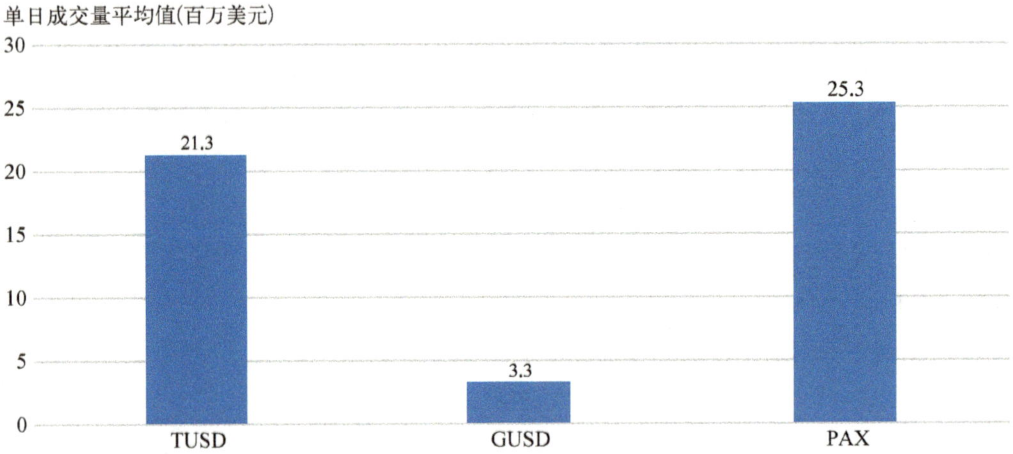

数据来源：CoinMarketCap。

图4.19　各稳定币成交量平均值

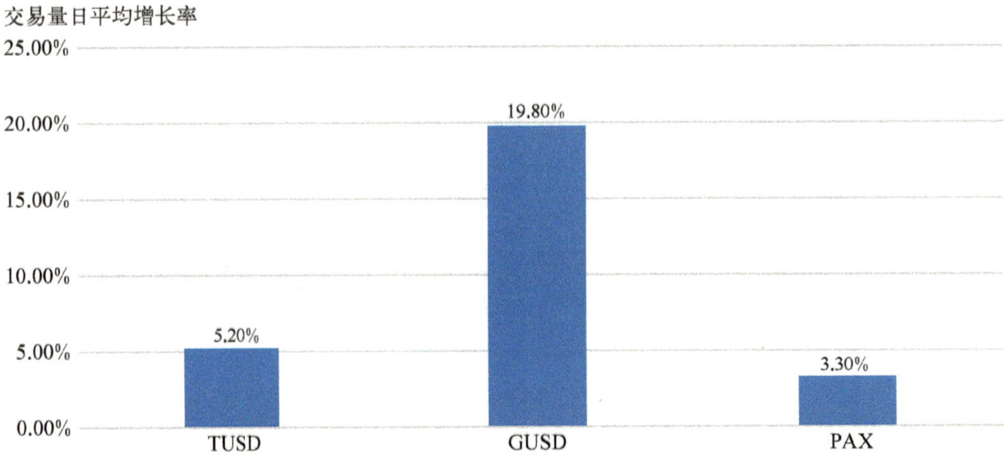

数据来源：CoinMarketCap。

图4.20　各稳定币交易量日平均增长率

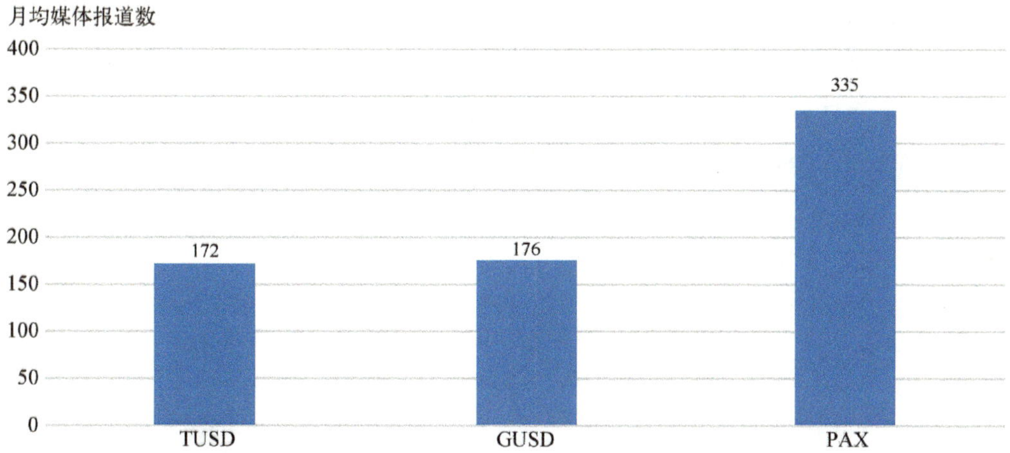

资料来源：CoinMarketCap。

图4.21　各稳定币月均媒体报道数

透明的稳定币进行筛选，选出了TUSD、GUSD和PAX做详细分析。下面我们将从价格、供给、市场规模、市场增速和媒体关注度五个维度来观察这些稳定币的优势和不足。

1. TUSD

优势：(1) 交易所认可度高。在所选3个稳定币中，登陆前100交易所的数量最多，交易量排名第二。综合市场认可度为三者中最高。(2) 价格稳定且溢价高。TUSD最近一个月兑USD的溢价长期保持在1%以上，且币价相对稳定。(3) 供给量充足。截至2018年11月的供应量为177百万个，是三者中当前供应量最多的稳定币，且增发量也比较可观。

不足：几乎没有明显劣势，仅有些国外的投资者抱怨直接购买TUSD手续较为烦琐，且只针对大额交易的机构和交易者开放购买。

2. GUSD

优势：(1) 市场潜力高：从2018年10月后，GUSD的单日交易量从之前的1M，上升至3M ～ 4M的交易量。交易量的日均增长率达到惊人的20%。此外，GUSD登陆的前100的交易所增加了9个。新增交易量位居三者第一。(2) 价格溢价较高：GUSD兑美元的平均溢价排名第二，且与第一的TUSD差距不大。(3) 投资者评价高：外媒telecom电报上提到GUSD普遍情绪分较高(排名第一)，主要因为：第一，GUSD是美国纽约金融服务局首个批准的稳定币，人们对其信用背书认可度较高；第二，购买GUSD流程较快且无手续费用。

不足：(1) 交易量仍然较少，交易量虽然较10月15日之前有明显提升，但仍然处于较低水平。(2) 供应量稀缺，且增发数量非常有限，GUSD的供应量仅13M，仅有TUSD的7%。(3) 价格波动相对较大，GUSD稳定性排名垫底，受行情波动影响较大。(4) 链上活跃度较少，表现在支付职能或融资职能上，GUSD仍然应用很少。

3. PAX

优势：(1) 在交易所的交易量大，目前PAX虽然登陆交易所的数量远没有TUSD多，但是交易量却超过TUSD，排名第一。(2) 同样为美国纽约金融服务局批准的稳定币。(3) 媒体曝光率高、社区活跃度高，PAX在数字货币最大的两个媒体Coindesk和CCN中报道数量均排名第一。另外，在

Telegram中讨论的数量也排名第一。

不足:(1)应用少,主要应用集中在交易所的交易职能。(2)外媒Telegram上讨论PAX情绪分较低,2018年10月15日USDT“黑天鹅”事件后媒体铺天盖地地报道PAX文章以及Telegram讨论量激增,部分投资者怀疑PAX与事件的关系。

（七）比特币货币期货：市场热度稳步提升

比特币期货上线满一周年了，回顾2018年走势，可以看出一个完美的左上角至右下角的形态，合约价从2018年最高的16 000美元到6 000美元徘徊。结合该产品推出市场的时间点，很难不让人相信比特币期货带来的做空机制，是助推价格暴跌的催化剂。

数据来源：Tradingview.com。

图4.22 比特币期货走势图

比特币期货在强大的空军进攻下，在2018年6月底创下历史新低，一度跌破强支撑位6 000美元，在6月29日以5 897美元创CBOE比特币期货前月合约收盘最低价。

变化出现在2018年8月，截至8月21日，根据CME交易委员会的数据，做空合约的数量是1 266份，是历史最低水平。此外，CME和CBOE的日均交易量分别是3万和5 000个比特币，首次超越了美国最大加密货币平台Coinbase的现货比特币交易量，反映了市场对比特币期货的热度稳步提高。

以太坊也有可能成为受监管的期货交易所中的第二种加密货币。2018年6月，美国证券交易委员会（SEC）正式宣布，以太坊不是一种证券。CBOE总裁随即表示，这为以太坊期货扫清了一个关键阻碍，非常高兴SEC这个公告，他和CME交易委员会讨论过，以太坊是一种流动性更高的加密货币，或许更加适合推出以太坊期货。

以太坊是否会被推出值得密切关注，随着比特币期货成交量的大幅增长，可以合理地认为，加密货币这类金融产品市场需求越来越大。

（八）加密货币全球监管政策最新变化

从全球各地最新的监管情况来看，欧盟地区、大洋洲、美洲部分地区对加密货币支持力度较大，亚洲、非洲地区对加密货币支持力度较小。总的来说，各国(地区)在不断探索监管加密货币的方法，监管政策呈现收紧的态势。

1. 完全禁止型：中国、印度

该类型国家对加密货币监管最严格，政府相关部门完全禁止加密货币。中国、印度为其中的典型代表。

2018年8月，中国银保监会、网信办、公安部、人民银行和市场监管总局发布《关于防范以“区块链”名义进行非法集资的风险提示》，强调打着金融创新的旗号，通过发行所谓的加密货币、虚拟资产等方式吸收资金，实则是庞氏骗局。

2018年4月，印度央行监管的实体被禁止为任何个人和企业实体处理和提供虚拟货币的服务和结算。如果已经提供这类服务，必须在一定期限内终止，不允许加密货币进入印度支付体系。

2. 谨慎监管，小心探索型：俄罗斯、韩国、越南、泰国

该类型国家对加密货币非常谨慎，部分业务被禁，部分被允许在监管范围内开展。

俄罗斯当局把加密货币直接定义成虚拟货币（Virtual Currency），被划分到金融工具、金融衍生品类别。

韩国在经历加密货币的野蛮生长期后，对加密货币的监管迅速走向严格。目前，该国在实名认证及背景调查方面控制严格。

越南由于2018年4月出现的ICO骗局导致投资人损失6.5亿美元，已经对ICO及加密货币市场进行了监督。

泰国的证券交易委员会已经公布了对该国加密货币和ICO监管的细则，只有在泰国注册的公司才能申请许可证。

3. 监管沙盒型：英国、新加坡

监管沙盒（Regulatory Sandbox）由英国首创，按照英国金融行为监管局的定义，监管沙盒是一个“安全空间”，在这个安全空间内，金融科技企业可以测试其创新的金融产品、服务、模式和营销，

而不受到原本的法律规范的限制。在英国，加密货币和代币都被视为私有货币（Private Currency），ICO发行者都是基于自己对法律的解读来操作，自行承担政策和法律风险。

新加坡金融监管局也采用监管沙盒的模式，对加密货币态度友好，监管比较宽松。ICO的发行被适当监管，仅需在金融监管局提前备案和授权。

4. 按证券监管型：美国、澳大利亚、中国香港

这类地区的政府把加密货币纳入现有的证券监管体系，使用原来的证券监管模式进行监管。

美国各州对数字货币态度并不一致。2018年，美国对加密货币态度宽松，导致出现了大量的加密货币诉讼案件，美国政府不得不出手监管。从2018年2月起连开多场听证会，探讨核心为“加密货币是不是证券”。2018年9月，纽约金融服务部（NYDFS）同时批准了两种基于以太坊发行的稳定币，每个token有1美元，旨在提供法币的稳定性，以及加密货币的速度和无国界属性。种种迹象表明，站在联邦角度，美国监管机构更偏向于将加密货币归入证券。

澳大利亚证券与投资委员会（ASIC）在2018年5月发布公告，正在向ASIC认为或表述有可能误导或欺骗性的ICO发行方及其顾问发出征询，经过征询后，一些发行方已经终止ICO。

中国香港在2018年2月发布《证监会告诫投资者防范数字资产风险》公告，对7个加密货币交易平台和项目方发布警告，重申ICO需要符合监管要求的必要性。

5. 积极监管型：日本、马耳他

这类地区的国家对加密货币持积极监管的态度，承认加密货币的合法地位，通过立法对加密货币进行管理。

日本在2018年6月对六家交易所进行了整改，包括该国规模最大的Bitflyer。Bitflyer被发现在洗钱、恐怖主义融资及未授权进入渠道方面出现了问题。由于新经币被盗事件，8家已经提交申请的交易所被撤回了牌照。虽然监管强化，但依旧持鼓励和支持的态度。

马耳他对加密货币的态度特别友好。2018年2月，马耳他总理Joseph Muscat公开演讲表示，加密货币的崛起势不可挡。3月，全球交易量最大的加密货币交易平台Binance，决定将总部迁至马耳他，该国总理亲自发推文表示欢迎。2018年至今，马耳他政府致力于推动数字货币法案落地，马耳他金融服务管理局（MFSA）明确表示，根据行业的反馈更新了现有的规则提案，允许投资加密货币和ICO。同时，该国正在制定“虚拟金融资产框架”法律，计划在2018年底生效。

第5部分

香港固定收益产品市场

固定收益产品是指收益水平较为确定的一类产品，其代表是债券、优先股。固定收益产品具有以下特征：

（1）利息发放的频率固定，利息金额视票面利率采取固定利率抑或浮动利率；

（2）有一定的到期日，到期偿付本金；

（3）投资人具有优先求偿权，相对较有保障；

（4）发行人支付的利息可抵扣税额，具有节税效益。

固定收益投资产品种类繁多，既包括风险极低、收益也较低的国债和评级较高的企业债，也包括收益较高但违约风险也相对较高的、评级较低的债券，同时还有可转债以及信贷证券化、专项资产管理计划和不良贷款证券化这些较为复杂的结构化产品。

投资者可以寻求专业管理下的产品，来达到实现最佳固定收益资产投资理财的目的，通过这些产品，不仅可以间接投资个人投资者无法直接购买的资产类别（如企业短期融资券在银行间交易市场交易，个人投资者无法直接参与），也可以更有保障地得到更适合自己的风险/收益配比。这些产品包括固定收益类基金、固定收益型理财产品、保险产品以及信托。

这些产品多数都是通过一系列投资组合来实现以一定风险收益比例为衡量标准的投资目标。其中最为典型的当属适合普通投资者的债券基金以及受到高净值投资者青睐的信托。

（一）债券基金（香港）

债券基金通过集中众多投资者的资金，对债券进行组合投资，寻求较为稳定的收益。

根据基金评级公司晨星的统计，香港的债券基金共计63种，其中包括各地各币种债券（如亚洲债券、新兴市场债券、欧元多元化债券、港元债券等）、可换股债券、高收益债券、通胀挂钩债券。

所谓可换股债券，也称为可转债，是债券的一种，它可以转换成债券发行公司的股票，通常票面利率较低，因为可以转换成股票的权利是对持有人的一种补偿。转换比率一般在发行时确定。高收益债券为评级较低的企业债券，这种债券通常以较高的利率来弥补较高的违约风险。通胀挂钩债券是指债券的利率随通胀浮动。

1. 一年收益率排行

香港债券型基金2018年收益率排行如表5.1所示。

表5.1　香港债券型基金2018年收益率排行

组别名称	基金数量	晨星评级四星以上基金数量	一年收益率（%）	三年年化收益率（%）	五年年化收益率（%）	十年年化收益率（%）
美元多元化债券—短期	44	17	1.03	0.81	0.54	1.43
港元债券	29	7	0.41	0.54	1.38	1.82
环球债券—美元对冲	77	10	0.36	1.57	2.03	3.55
人民币债券—在岸	77	13	0.02	−0.87	0.70	2.76
美元政府债券	27	5	−0.47	0.33	0.82	2.02
环球通胀挂钩债券—美元对冲	21	8	−0.55	2.29	2.41	4.59

(续表)

组别名称	基金数量	晨星评级四星以上基金数量	一年收益率(%)	三年年化收益率(%)	五年年化收益率(%)	十年年化收益率(%)
美元多元化债券	91	34	−1.16	1.03	1.35	3.18
美元通胀挂钩债券	14	0	−1.62	0.96	0.53	2.92
全球债券—灵活策略—美元对冲	72	23	−1.68	2.49	2.16	5.59
环球企业债券—美元对冲	60	5	−1.79	2.61	2.67	5.74

根据晨星(香港)的数据,2018年一年收益最高的四个债券基金组别为:美元多元化债券—短期(1.03%)、港元债券(0.41%)、环球债券—美元对冲(0.36%)和人民币债券—在岸(0.02%)。而这四个组别也是过去一年里仅有的收益为正的债券基金组别。金融危机后全球央行连续大幅降息,对债券市场的收益造成了打击。一年收益率前十的基金组别多为风险较低、收益率也较低的类型。

推荐基金

- **MFS全盛基金—有限偿还期基金**

  组别:美元多元化债券—短期

  晨星评级:四星

投资目标:基金的主要投资目标为寻求符合审慎投资风险的以美元计值的高当前收入,次要投资目标为保本。基金投资于投资级美国固定收益证券(主要是短期至中期证券)投资组合。基金透过投资于较短期证券,以减小波动幅度,并试图透过证券及行业拣选寻求增值。

过往收益:

一年:1.10%

三年收益率(年度化):1.25%

五年收益率(年度化):0.97%

点评:这只基金是2018年收益率名列前茅的香港债券基金。在晨星基金风格箱中属于信用度中等、利率敏感度中等的基金。选择投资等级以上中、短期的美国债券,且将保本列入次要投资目标,风险较低,这也是其在2018年债券基金普遍表现不好的市场中能够保持一定涨势的重要原因。这种基金适合在波动较大的时期投资,或适用于希望将投资风险降至最低的投资者,但缺点是收益率尤其是长期收益率较低。

- **恒生香港债券基金**

  组别:港元债券

  晨星评级:五星

投资目标:本基金的投资目标是透过投资于一系列由香港境内或境外机构所发行并以港元计值的债务证券,以及由香港机构所发行的其他债务证券,以达到最高的总回报,并同时维持稳定的收益。此外，本基金亦可能投资于中华人民共和国政府或其任何省政府、任何类似政府组织或任何政府所辖组织发行或担保的债务证券。

过往收益：

一年：2.86%

三年收益率（年度化）：2.27%

五年收益率（年度化）：2.87%

点评：该债券基金多投资于香港机构发行的基金，也可投资政府债券。属于低风险基金，但收益率高于上述基金，且较为稳定。

- **JPM环球政府债券（美元对冲）**

  组别：环球债券—美元对冲

  晨星评级：四星

投资目标：透过主要投资于环球政府定息及浮息债务证券组合，以期取得指标相若的回报。

过往收益：

一年：1.95%

三年收益率（年度化）：1.96%

五年收益率（年度化）：2.53%

点评：该基金主要投资于政府债券，目前的投资组合中占比最大的包括法国、美国、西班牙和日本政府发行的定息债券，风险较低，收益稳定。

2. 三年收益率排行

从更长时间来看，债券基金收益表现更好。以3年年化收益率来看，收益为正值的组别数量增至51个。其中12个组别的年化收益率超过3%。排在前三位的组别为环球高收益债券—欧元对冲（5.21%）、美元高收益债券（5.04%）和欧元高收益债券（4.75%）。

表5.2　三年收益排行

组别名称	基金数量	晨星评级四星以上基金数量	一年收益率（%）	三年年化收益率（%）	五年年化收益率（%）	十年年化收益率（%）
环球高收益债券—欧元对冲	52	6	−9.6	5.21	−1.57	7.58
美元高收益债券	113	17	−2.90	5.04	2.71	9.77
欧元高收益债券	58	6	−8.36	4.75	−0.97	8.00
环球高收益债券	160	38	−3.63	4.61	2.67	8.89
环球新兴市场企业债券—欧元倾向	56	3	−9.75	4.19	−1.90	7.23
环球新兴市场企业债券	50	11	−3.47	3.93	2.65	7.33

(续表)

组别名称	基金数量	晨星评级四星以上基金数量	一年收益率(%)	三年年化收益率(%)	五年年化收益率(%)	十年年化收益率(%)
环球新兴市场债券—欧元倾向	18	3	−11.80	3.69	−2.10	5.65
欧元企业债券	60	30	−6.13	3.43	−1.75	3.34
环球新兴市场债券—本地货币	132	19	−8.34	3.39	−2.23	2.82
环球新兴市场债券	236	58	−5.88	3.24	1.50	6.83

推荐基金

- **荷宝环球高收益债券IEH欧元**

组别：环球高收益债券—欧元对冲

晨星评级：五星

投资目标：子基金以达到长期资本增值为目标。子基金将其总资产最少2/3投资于评级为“BBB+”级或任何一家认可评级机构的同等评级或以下评级，或未获评级的债券、资产抵押证券及类似的定息证券。子基金投资于全球的高息企业债券，但将不会投资于新兴市场主权外债。

过往收益：

一年：−8.15%

三年收益率（年度化）：7.15%

五年收益率（年度化）：0.23%

点评：该基金三年年化收益率表现突出。总体风险属于中等，在晨星风格箱中被归类于信用等级中等、利率敏感度低等的债券基金。但可以看到该基金收益率波动较大，因此与上述基金相比，风险更高。

- **天利（卢森堡）—美元高收入债券基金**

组别：美元高收益债券

晨星评级：未予评级

投资目标：美元高入息债券基金借着主要投资于以美元计值及产生收益的债务证券、优先股及可换股证券，侧重高息市场中评级较高的层份，寻求达致资本增值。在一般情况下，该组合基金会将其资产至少2/3投资在评级低于投资级别的债务证券多元化投资组合。低于投资级别债务证券乃评级低于穆迪“Baa3”级，标准普尔“BBB−”级或获NRSRO等值评级，或未获评级及相信属于类似资质的债务证券。该组合基金一般不会购入评级低于标准普尔或穆迪的“B”级或获另一NRSRO等值评级或未获评级及相信属类似资质的债务证券。所有评级在作出投资之时适用。若某一证券的评级在购入之后有变动，该证券可由组合基金经理酌情决定继续持有。

过往收益：

一年：3.80%

三年收益率（年度化）：8.08%

五年收益率（年度化）：8.59%

点评：该基金各时长收益率均明显高于同组别基金，且收益率波动性较低。但需注意的是，历史表现并不完全代表未来表现。

- **荷宝欧洲高收益债券DH欧元**

  组别：欧元高收益债券

  晨星评级：四星

投资目标：子基金将其总资产最少2/3投资于以欧洲货币（例如，欧元及英镑）计值，评级为“BBB+”级或最少一家认可评级机构（例如，穆迪、标准普尔和惠誉）的同等评级或以下评级（包括非投资级别证券），或未获评级的债券、资产抵押证券及类似的定息证券（例如，浮息票据）。子基金的目标是取得优于巴克莱泛欧洲高收益企业债券（除金融业外）2.5%发债人限制指数的表现。

过往收益：

一年：−7.42%

三年收益率（年度化）：6.01%

五年收益率（年度化）：0.05%

点评：该基金近三年来表现明显优于同组别基金，但长期表现稍差。风险等级为中等，在晨星风格箱中属于信用等级中等、对利率敏感度低等的类别。

3. 十年收益率排行

十年收益表现更佳。61组具有十年历史的香港债券基金中，只有一个组别(欧元债券—超短期)年化收益率为负。26个组别的年化收益率大于5%。十年年化收益率最高的三个类别为亚洲高收益债券（10.07%）、美元高收益债券（9.77%）和环球高收益债券（8.89%）。

表5.3　十年收益率排行

组别名称	基金数量	晨星评级四星以上基金数量	一年收益率（%）	三年年化收益率（%）	五年年化收益率（%）	十年年化收益率（%）
亚洲高收益债券	44	14	−4.38	3.19	2.29	10.07
美元高收益债券	113	17	−2.90	5.04	2.71	9.77
环球高收益债券	160	38	−3.67	4.61	2.67	8.89
环球高收益债券—瑞士法郎对冲	3	2	−5.92	3.08	−0.55	8.59
英镑高收益债券	3	0	−9.25	−1.58	−1.29	8.12
欧元高收益债券	58	6	−8.46	4.75	−0.97	8.00
环球高收益债券—英镑对冲	18	4	−9.67	−1.40	−2.04	7.74

（续表）

组 别 名 称	基金数量	晨星评级四星以上基金数量	一年收益率（%）	三年年化收益率（%）	五年年化收益率（%）	十年年化收益率（%）
环球高收益债券—欧元对冲	52	6	−9.72	5.21	−1.57	7.58
环球新兴市场企业债券	50	11	−3.53	3.93	2.65	7.33
环球新兴市场企业债券—欧元倾向	18	3	−9.96	4.19	−1.90	7.23

另外可以看到，十年年化收益前十的香港债券基金排名中，有许多组别与三年年化收益的入榜组别重合，说明这部分组别的债券基金收益在三年至十年内都稳定地领先于其他组别。

表5.4　三年至十年收益率稳定的债券基金排行

组 别 名 称	基金数量	晨星评级四星以上基金数量	一年收益率（%）	三年年化收益率（%）	五年年化收益率（%）	十年年化收益率（%）
环球高收益债券—欧元对冲	1	8	−9.72	5.21	−1.57	7.58
美元高收益债券	2	2	−2.90	5.04	2.71	9.77
欧元高收益债券	3	6	−8.36	4.75	−0.97	8.00
环球高收益债券	4	3	−3.63	4.61	2.67	8.89
环球新兴市场企业债券—欧元倾向	5	10	−9.75	4.19	−1.90	7.23
环球新兴市场企业债券	6	9	−3.47	3.93	2.65	7.33

推荐的债券基金

- **富达基金——亚洲高收益基金**

  组别：亚洲高收益债券

  晨星评级：五星

投资目标：本基金透过主要（即至少70%之资产）投资于主要营业活动位于亚洲地区的发行人所发行之高收益、次投资级证券或次投资级发行人的高收益证券，追求高水准的流动收益及资本增值。本基金将适合寻求高收益及资本增值，并准备接纳与此类投资有关之风险的投资人。本基金主要投资之债务证券类型具有高风险且毋须符合最低评等准则。并非所有证券均会获国际认可评等机构给予信誉评等。本基金可将其净资产直接投资于在中国证券交易所挂牌上市或交易的中国境内固定收益证券。投资组合资讯：此等中国境内固定收益证券为在中国证券交易所，例如上海与深圳股票交易所挂牌上市或交易，且由许多不同类型之发行人，例如政府机构、准政府机构、银行、金融机构或其他于中国组设且主要于中国进行商业活动之公司法人，予以发行。

过往收益：

一年：–4.21%

三年收益率（年度化）：4.77%

五年收益率（年度化）：4.64%

十年收益率（年度化）：12.06%

点评：该基金在晨星风格箱中被归于信用度低等、利率敏感度低等的分类，十年收益较高，但短期收益稍逊，因此适合更为长期的投资。

- **联博—环球高收益基金 I2 USD**

  组别：环球高收益债券

  晨星评级：四星

投资目标：基金投资于世界各地（包括美国和新兴国家）发行者发行的高收益债券组合，以寻求高额现收益及总回报。本基金投资于以美元及非美元计值的证券。投资经理利用其环球固定收益及高收益队伍的投资研究。

过往收益：

一年：–5.05%

三年收益率（年度化）：5.32%

五年收益率（年度化）：3.06%

十年收益率（年度化）：11.05%

点评：从该基金目前的投资组合来看，其占比较大的投资基本均为政府债券，包括美国政府债券和包括巴西、墨西哥和土耳其在内的新兴国家政府债券。在晨星风格箱中属于信用度低等、利率敏感度中等的类别。三年和五年评级为三星，十年评级为五星。

（二）香港上市公司企业债券

1. 收益

香港公司债券一般就是指由港交所上市公司发行的以港元进行交易的债券。与价格浮动的股票不同，发债人须于债券到期日前支付早前承诺的利息，并在到期日以指定价格向债券持有人赎回债券(即归还本金)。企业债收益通常是固定年期固定收益率，例如两年期债券每年派息6%，到期归还本金和利息。债券购买的手续费较低，而且债券的派息可直接提取出来。从定义上来看，企业债是企业发行的债券，国债是国家政府为主体发行的债券。相对国债，企业债通常收益率更高。

从收益及附加优势来看，香港企业债券属于港币固定利息债券，债券认购人购置的是港币，便于针对个人情况进行海外资产配置和规划。债券购买期限灵活度也非常高，不仅有一至七年整年多年期，还有3个月、6个月的短期灵活期限，便于债券认购人根据自己时间安排进行配置和规划。港币年化利率能达到5%～12%。同时，还有每月派息、每年派息、一次性还本付息等多种派息方式。购置大额企业债券还可合法申请香港专才计划移民，便于用户进行身份规划。

2. 风险

香港上市公司企业债券起源于20世纪80年代，正值香港资本市场改革，经过30多年的稳步发展，已经日渐成熟，未有一只债券违约。债券无论在任何情况（包括企业破产清算），债券持有人的法律权益、回收本金顺序，永远高于股票或其他类型证券。

而且，只有上市公司达到一定规模或标准才能进行发债，门槛要求很高，目前港交所2 000多家上市公司，具备发债资格的不到1/10。主板上市公司发行企业债的要求高，监管严格，企业质量高。根据香港证监会要求，申请主板上市的企业必须在过去3个财政年度盈利至少5 000万港元，上市时至少达2亿港元市值，这对债券认购人来讲，也是有安全保障的。

- **2018年香港企业债表现**

追踪香港以本地货币计价的企业债券表现的标普香港企业债券指数，在2018年呈稳定增长趋势，收益达到2.4%。作为比较，标普泛亚企业债券指数在年内上升了1.6%。

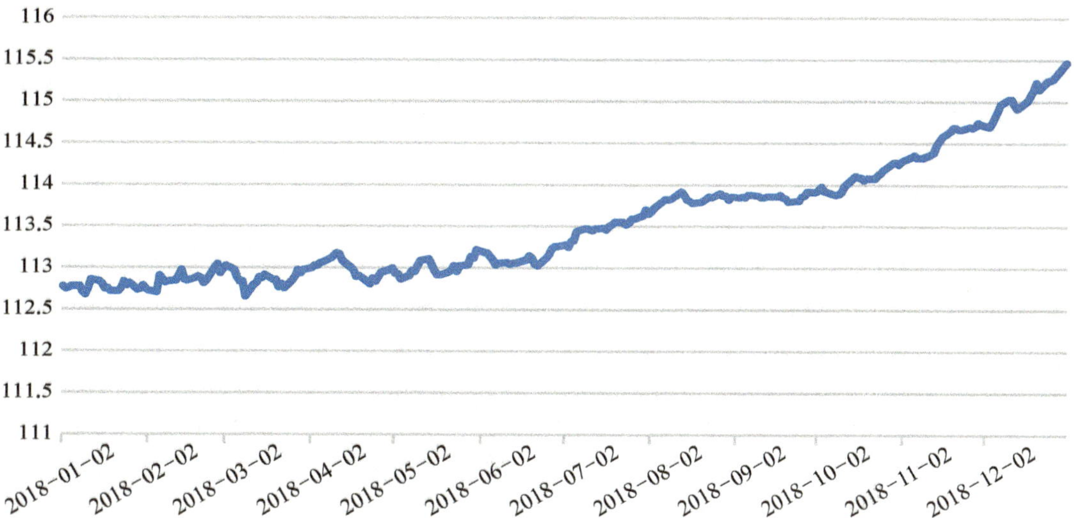

图 5.1　标普香港企业债券指数 2018 年表现

- **如何看懂企业债并且做好选择**

通常我们在交易平台可以看到与图 5.2 类似的企业债报价：

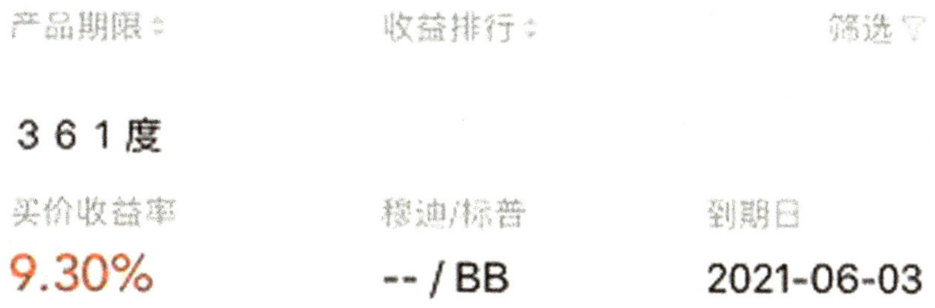

图 5.2　企业债报价

买价收益率：

一只债券的面值是不变的，其付息就是按照固定比例（票面利率）× 面值来计算。但债券的价格会随着市场的供需关系改变，面值相对于这一价格的收益率就是买价收益率。价格越高，收益率就越低，反之亦然。比如面值为 100，价格为 98，收益率就是（100−98）/98=2.04%。买价收益率越低，也就是价格越高，可能意味着这只债券风险较低，需求较高。图 5.2 中，买价收益率为 9.30%，面值为 100 元的债券价格就是（100/1.093 0=）91.49 元。

3. 评级

债券评级是指权威评级机构对于企业债券信用度的评级。世界知名的权威评级机构包括穆迪、标普和惠誉等。如果发行者到期不能偿还本息，投资者就会蒙受损失，这种风险称为信用风险。信用评级越高，这种风险就越低，也就是说，企业违约的可能性越低。一般 A 级为最高等级，D 级最低。图 5.2 中标普 BB 评级是投机级别的第一等，但信用风险高于包括 AAA、AA、A、BBB 在内的投资级别，意味着相对于其他投机级级别评级，违约的风险更低，但持续存在的重大不稳定因素，或不利的商业、金融、经济状况，可能导致发债人没有足够能力偿还债务。

表5.5 标普评级说明

评级等级	评级符号	评 级 说 明
投资级别	AAA	偿还债务能力极强（extremely strong），为标准普尔授予的最高评级级别。
	AA	偿还债务能力很强（very strong）。
	A	偿还债务能力强（strong），但略微易受外在环境及经济状况变动的不利因素所影响。
	BBB	具有适当（adequate）偿债能力，但还债能力较可能因不利经济状况而减弱。其中，“BBB–”为市场参与者认为的最低投资级评级。
投机级别	BB	相对于其他投机级级别评级，违约的风险更低。但持续存在的重大不稳定因素，或不利的商业、金融、经济状况，可能导致发债人没有足够能力偿还债务。其中，“BB+”为市场参与者认为的最高投机级评级。
	B	违约可能性较“BB”级高，发债人目前仍有能力偿还债务，但不利的商业、金融、经济条件可能削弱发债人偿还债务的能力和意愿。
	CCC	目前有可能违约，发债人能否履行财务承诺将取决于商业、金融、经济条件是否有利。当遭遇不利的商业、金融或经济环境时，发债人可能会违约。
	CC	违约的可能性高。违约尚未发生，但预计会实际发生。
	C	目前违约的可能性高，且最终违约追偿比率预计会低于其他更高评级的债务。
	D	发债人未能按期偿还债务，或违反推定承诺；也可在破产申请已被提交或采取类似行动时使用。

4. 到期日

债券到期日是指偿还本金的日期，也是这只债券生命的最后一天。通过到期日投资者可以了解到还可以收到多少利息。同时到期日也会影响收益率。到期日更长的债券通常具有更高的回报，以弥补持有者所面临的通胀和更长期持有的风险，因此收益率曲线通常是随着到期日的增加而上行。

5. 选择

债券几乎与所有的投资产品一样，收益越高，相对的风险也就越大。投资者在投资前应评估可以接受的最高风险，然后尽量选择其中收益较高的产品。判断风险可以通过以上几个变量来衡量——收益率越高、评级越低、到期日越长，风险就越高。另外还需关注收益率的波动幅度以及评级的变动，这两个动态也会时刻影响债券的风险和回报。比如，收益率的波动越大，风险就越高，评级被下调意味着风险增大等。

第 6 部分

2019 年 FX168 全球投资地图

（一）2018年FX168全球投资地图回顾

1. 投资图标一：FX168全球投资推荐的中国香港基金

2018年，中国香港180只ETF基金中，实现正收益的基金总共13只，其中10只是反向产品，3只是债券类产品。表现最好的是三星恒生指数每日反向（−1x）产品，收益率为8.3%；表现最差的是易亚Chimerica富时N股每日杠杆（2x）产品，全年亏损55.7%。

表6.1　2018年实现正收益的香港ETF基金

排序	投资标的（中国香港ETF基金）	2018年收益率
1	三星恒生指数每日反向（−1x）产品	8.3%
2	南方东英恒生指数每日反向（−1x）产品	8.2%
3	未来资产国指每日反向（−1x）产品	7.9%
4	华夏Direxion恒生指数每日反向（−1x）产品	7.7%
5	华夏Direxion恒生国企指数每日反向（−1x）产品	7.6%
6	易方达元恒生指数每日反向（−1x）产品	7.6%
7	未来资产恒指每日反向（−1x）产品	7.2%
8	南方东英恒生中国企业指数每日反向（−1x）产品	7.1%
9	三星恒生中国企业指数每日反向（−1x）产品	6.85%
10	Mirae Asset Horizons S&P 500 Daily (-1X) Inverse Product (HKD)	4.66%
11	南方东英中国五年期国债ETF（HKD）	0.57%
12	南方东英中国五年期国债ETF	0.47%
13	沛富基金	0.41%

表6.2是FX168全球投资在2018年推荐的中国香港ETF基金业绩情况。在我们推荐的五个标的中，有三个跑赢了摩根士丹利世界指数（MSCI World），表现最好的是DB马来西亚03082，年度亏损3.9%。表现最差的是iShares安硕核心韩国综合股价200指数ETF，全年亏损18.1%。

表6.2　FX168全球投资推荐的中国香港基金表现

国家/地区	投资标的（中国香港ETF基金）	2018年收益率
马来西亚	DB马来西亚03082.HK	−3.90%
美　国	db x-trackers MSCI美国总回报净值指数ETF（HKD）	−5.30%
中　国	中国平安CSI中国香港高息股ETF	−6.00%
韩　国	iShares安硕核心韩国综合股价200指数ETF	−18.10%
日　本	未来资产日本东证每日杠杆（2x）产品	

注：未来资产日本东证每日杠杆（2x）产品于2018年5月24日从港交所下市。

值得一提的是，未来资产日本东证每日杠杆（2x）产品于2018年5月24日从港交所下市，于是成功躲过了日经指数的年末暴跌。

2. 投资图标二：最值得关注的经济体——日本

2018年FX168全球投资特别推荐的国家是日本。我们先来看看日经指数2018年的走势图（见图6.1）。

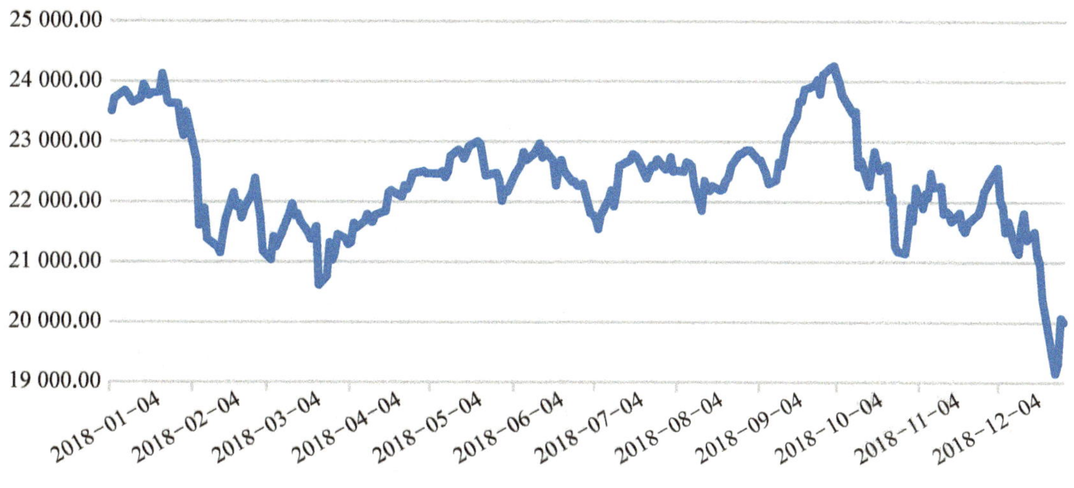

图6.1　日经指数2018年走势图

如图6.1所示，2018年9月份，日经指数创下了6.22%这一2018年最高月度增长率。直至2018年10月2日，日经指数刷新了史上最高纪录。但自那之后，日本股市又开始随着美国股市大幅下挫。仅2018年10月份一个月内，日经指数大跌了9.59%，虽然11月份有所回升（3.06%），但对年内的跌势也于事无补。到了12月份更是大跌了11.3%，且一度进入熊市，较2018年1月份高位下挫超过20%（最低值较最高值跌幅达21.05%）。最终日经指数在2018年下跌了14.85%。

如前文所述，我们所推荐的投资日本的标的未来资产日本东证每日杠杆（2x）产品，因为在2018年5月24日从港交所下市，从而避开了年末暴跌。

3. 投资图标三：股权投资——人工智能（AI）、医疗保健

（1）人工智能（AI）

根据清华大学中国科技政策中心发布的《2018年人工智能发展报告》，截至2018年6月，全球范围内共检测到人工智能企业4 025家，美国以2 028家位列榜首，是第二位中国的2倍多。在全球人工智能企业数量排名Top20的城市中，美国占9个，中国占4个，加拿大占3个，英国、德国、法国和以色列各占1个。其中，北京成为全球人工智能数量最多的城市。

从技术领域来看，中国人工智能企业的应用技术更集中于视觉和语音，而基础硬件占比偏小。从人工智能在行业的应用上来看，包括智能驾驶、无人机、AR/VR、大数据及数据服务等垂直领域的应用是国内外人工智能企业的主攻方向，但从占比上国外要比国内高出31%。

报告指出，自2013年以来，全球和中国人工智能领域投融资规模都呈现出明显的上升趋势。2017年全球人工智能领域投融资规模达395亿美元，中国融资总额达277.1亿美元，占到了70%；全球人工智能领域共发生融资事件1 208笔，中国占到了31%。约三成的投资事件获得了全球七成的融资金额，中国人工智能市场的整体融资规模处于全球领先地位。

从融资轮来看，2015年开始人工智能企业在种子轮、天使轮以及A轮这些早起投资的占比逐步下降。但从2017年的投资轮占比来看，A轮依然是占比最高的投资轮。大量的资金流入到以初创企业为主的人工智能市场，对于整个产业而言是机遇和挑战并存的。

2018年，人工智能领域大额融资频发。2018年4月，商汤科技宣布完成6亿美元C轮融资，刷新纪录；5月，商汤科技再次完成C+轮6.2亿美元融资，估值超45亿美元，创全球总融资额最大，资本对人工智能仍保持较高的热情。清华大学发布的《中国AI发展报告2018》显示，中国AI企业融资总额占全球融资总额的70%。

（2）医疗保健

根据毕马威（KPMG）的报告，医疗保健领域人工智能（AI）持续吸纳资金，2017年的投资金额达到近13亿美元，且2018年第一季度达3.2亿美元，初创公司和风险投资的投资者都认识到该领域的巨大潜力，可以改善患者护理、扩大医疗服务范围和降低医疗成本。

自2015年以来，对医疗保健领域的人工智能的风险投资飙升，2016年共65笔交易，2017年增加近一半，达到103笔交易，近13亿美元。投资在2018年第一季继续增长，18笔交易总投资3.2亿美元，如果保持这个速度，则投资规模至少将与2017年的总交易数持平。鉴于世界上大多数地区的医疗保健效率低下和成本高，人工智能的投资资金很可能会继续增长。

虽然大多数与医疗保健中人工智能相关的风险投资都集中在美国，但由于对该领域的投资持续升温，其他地区的投资可能会增加。虽然人工智能有可能降低成本并提高发达国家的医疗质量，但它也有可能帮助解决基础设施不足或资源稀缺的发展中国家或地区的问题。特别是中国近期预计会有对该领域的重大投资。

4. 投资地雷提示：具有崩盘风险的货币——巴西雷亚尔

在2018年FX168全球投资地图上，我们提示风险的是2018年具有崩盘风险的货币：巴西雷亚尔。

从图6.2可以看出，整体而言，在2018年美元/巴西雷亚尔还是大幅走高的，但构成了头肩顶的形态，所以后续可能会回落。

图6.2　美元/巴西雷亚尔2018年走势图

5. 海外房产投资地图：10大国际城市

在海外房产方面，FX168全球投资2018年推荐的10大国际城市表现详见表6.3。

表6.3　FX168全球投资推荐的10大国际城市表现

排名	城　市	2018年预估涨幅	2018年实际涨幅	2019年预测涨幅	2017年波动幅度	2018年波动幅度
1	都柏林	10%～15%	5.9%	6%～10%	中	大
2	阿姆斯特丹	10%～12%	11.9%	8%～12%	小	小
3	西雅图	8%～12%	8.3%	6%～10%	大	中
4	温哥华	8%～10%	1%	8%～10%	大	大
5	柏林	8%～12%	10.8%	8%～10%	小	小
6	巴塞罗那	8%～10%	4.2%	5%～8%	小	中

（续表）

排名	城　　市	2018年预估涨幅	2018年实际涨幅	2019年预测涨幅	2017年波动幅度	2018年波动幅度
7	墨尔本	8% ~ 10%	−1.6%	8% ~ 12%	中	大
8	多伦多	6% ~ 10%	2.6%	4% ~ 5%	小	中
9	惠灵顿	6% ~ 10%	11.4%	3% ~ 5%	小	中
10	奥克兰	5% ~ 8%	−0.5%	4% ~ 6%	中	中

从表6.3可以看出，实际情况与预测还是有一定差距的，其中，符合预期的有阿姆斯特丹、西雅图、柏林、惠灵顿。差距较大的有墨尔本、奥克兰、温哥华、多伦多。

（二）2019年FX168全球投资地图

展望2019年，美国经济回落拐点来临的可能性不大，失速下行概率很小；欧元区经济在内忧外患的交织影响下恐继续表现弱势，甚至有发生局部危机的可能；日本经济在低通胀叠加宽松政策环境下受全球经济景气下行影响或温和回落；英国经济面临脱欧前景的不确定性；新兴市场将面临分化，中国经济下行压力增加，以越南为代表的部分东盟国家及印度等南亚人口大国或表现相对强势，而以巴西、俄罗斯为首的资源国受外需疲软冲击或难有显著好转。

我们需要意识到，全球经济增长放缓已成趋势，美国经济拐点来临的时间点及欧盟危机的演变程度将是2019年最重要的看点。

1. 美国：市场过度悲观，企业盈利增长强劲，估值合理

（1）宏观经济状况依然良好

拉动美国GDP的因素是哪些？减税、基建、能源自给。净出口增加、总要素生产TFP回升。减税法案是直接的：居民减税、企业减税、资本开支抵税。根据税改法案，美国联邦企业所得税税率将从现在的35%降至21%；对美国企业留存海外的利润一次性征税，其中现金利润的税率为15.5%。能源自给、价格下降则是对整体经济的减税。

全美商业经济协会（National Association for Business Economics，NABE）10月公布的商业调查报告显示："2017年的《减税和就业法案》并没有广泛影响到成员公司的雇佣和投资计划，尽管商品生产部门的成员公司的确称出现了投资增长，以及雇佣和投资从海外到美国的转移。"美国政府削减企业税的大部分好处都被用于股票回购，而不是投资于就业、研发和企业发展。美国商务部数据显示，2018年上半年，企业投资增长大幅放缓，非住宅企业投资第三季度按年率仅增长0.8%，对GDP增长的贡献仅有0.12%。图6.3为美国GDP季度同比增长数据。

减税的直接效果已经通过企业盈利上升体现出来；刺激企业投资的间接效果还需要时间释放，持续性强。另外，与中国的贸易谈判基本可以预期。美国对中国每年超过3 000亿美元的贸易赤字有望缩减1 000亿美元或更多。这对美国的出口也是巨大的拉动。

ECRI领先指标和摩根全球制造业PMI在2018年的大部分时间都处于下降信道中。考虑到这两个指标都在2016年初触底后反弹，以及2～3年的库存短周期，我们预期2019年年中经济领先

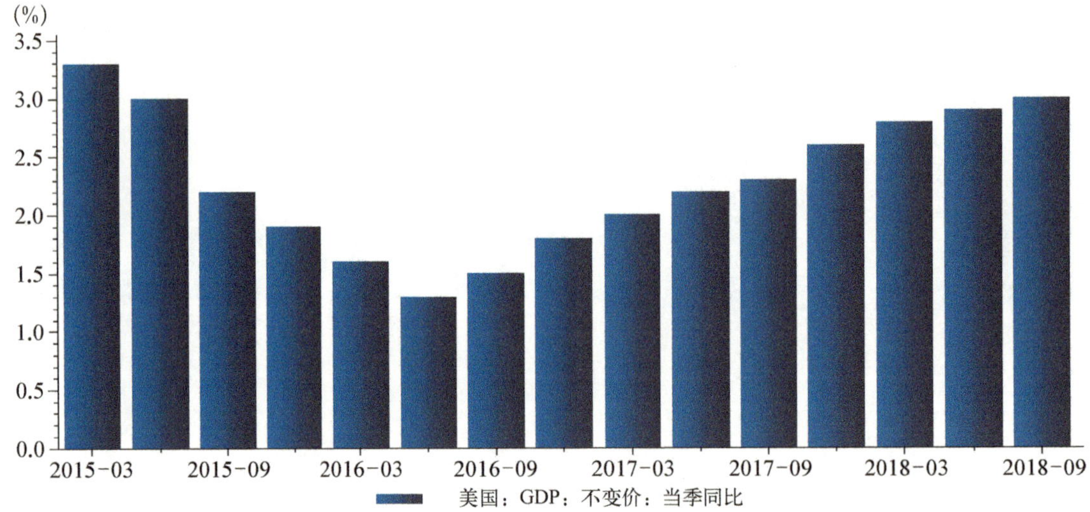

数据来源：Choice数据。

图6.3　美国GDP季度同比增长数据

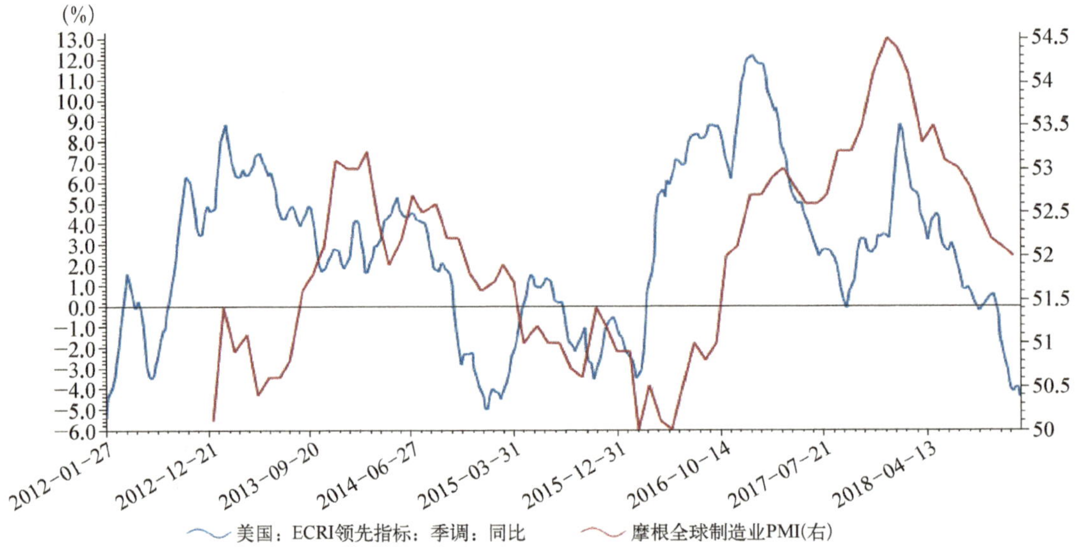

数据来源：Choice数据。

图6.4　美国ECRI指标与摩根全球制造业PMI对比

指标也大概率触底反弹(见图6.4)。

消费者信心仍然在高位(见图6.5)。

特朗普政府减税带来的直接效应是企业的股票回购、给员工现金Bonus。2018年初至10月份的油价超过15%的上涨，核心CPI通胀则从年初的1.7%一度持续上涨，突破2%的联储目标，高达2.4%。之后伴随10月后的油价大幅下落，核心CPI回落至2.1%，接近联储的目标水准。

我们认为通胀水准不会大幅偏离2%的目标，因为油价很难持续上涨，而全球化的调整乃至逆转必然短期降低经济效率，经济过热的情况很难发生。

就业率攀升，但距天花板尚远。自2011年初触底57.6以后，美国就业率持续攀升，在2018年12月达到60.7左右。距离危机前的高点63.6还有3个百分点左右(见图6.7)。

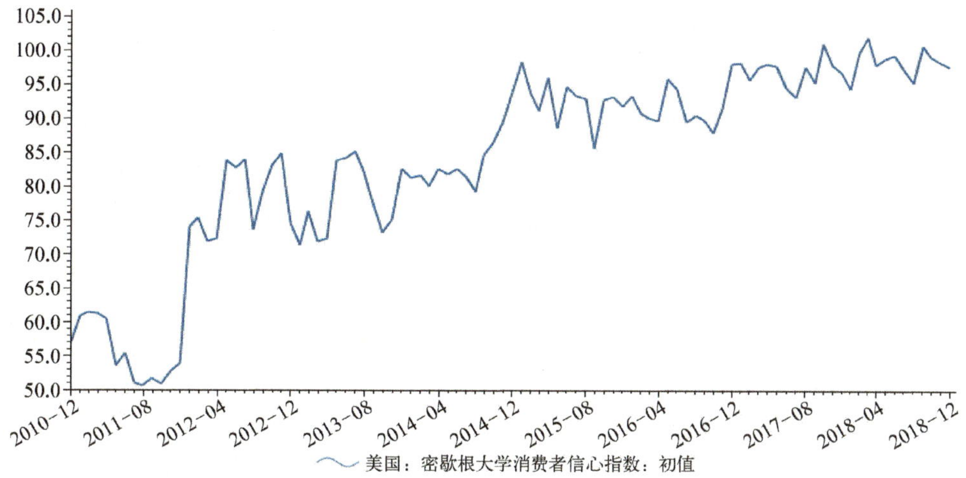

数据来源：Choice。

图6.5　密歇根大学消费者信心指数

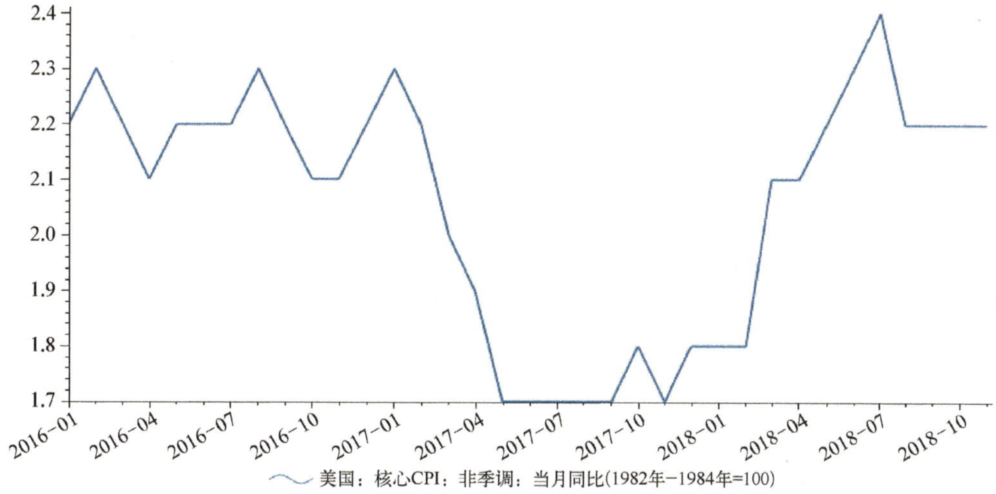

数据来源：Choice数据。

图6.6　美国核心CPI当月同比

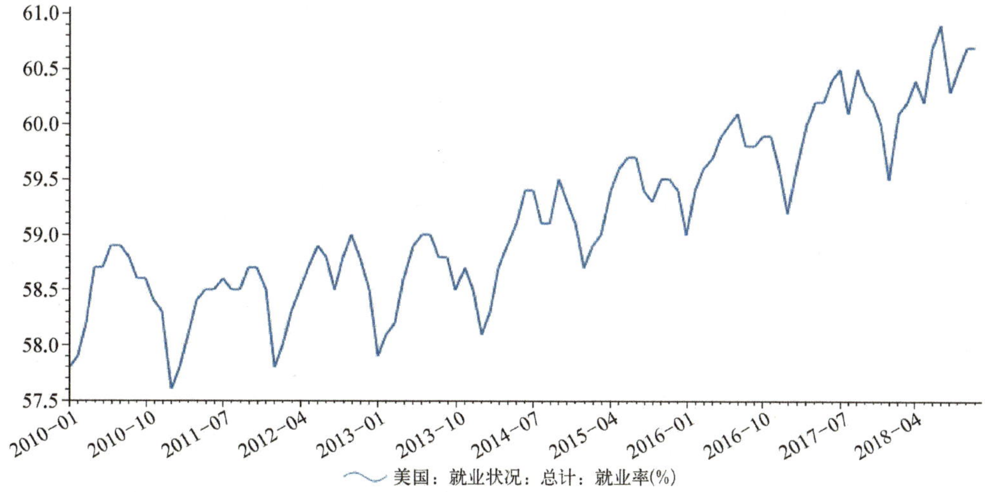

数据来源：Choice数据。

图6.7　美国就业率

（2）家庭杠杆温和可控，高危企业杠杆风险大

美国家庭在2008年之前的过度债务负担带来了信贷繁荣，随后导致信贷危机和经济下滑。当萧条来临时，那些过度借贷的人倾向于大幅减少开支。违约率通常上升速度超过预期，使金融机构陷入困境。美国家庭部门信用GDP比率与历史趋势相比较，其偏差自2008年危机之后就一直在持续下降。而且抵押贷款债务的净增长一直由信用评分较高的借款人主导。这表明家庭部门仍然有很大的加杠杆空间；而且如果经济恶化，家庭债务不会构成系统性、稳定性威胁（见图6.8）。

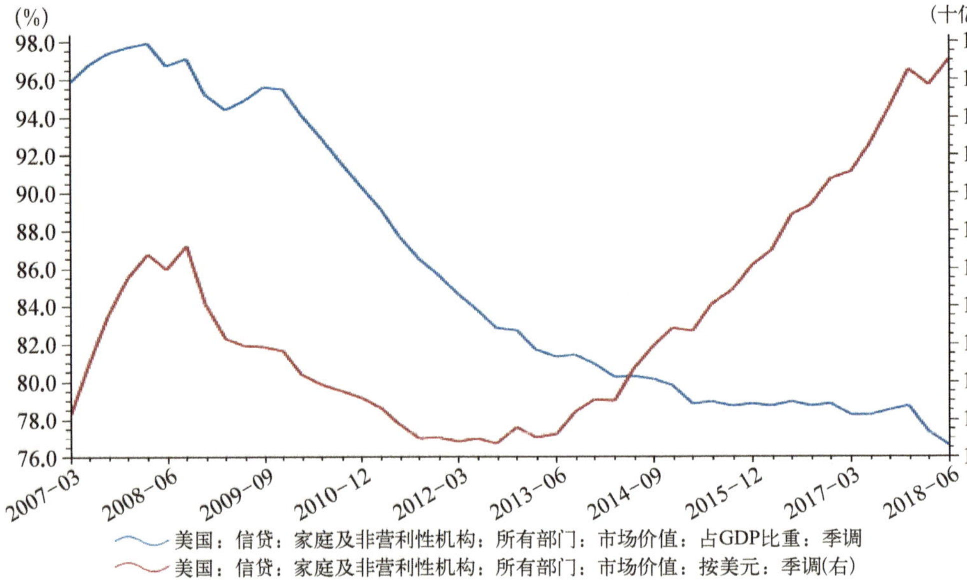

数据来源：Choice数据。

图6.8　美国家庭部门信贷量占GDP比重

公司债务与GDP的比率远高于其趋势，但尚未达到20世纪80年代末或90年代末的峰值。此外，近年来的上升趋势似乎与企业资产相对于GDP的增长大体一致。在过去一年中，具有高杠杆率和利息负担的公司一直在增加其债务负担。如果经济下滑，高杠杆企业则可能会产生坏账，影响其股价表现，但不太可能威胁系统核心机构的安全性和稳健性（见图6.9）。

（3）贸易逆差2019年会大幅缩减

随着美国经济复苏以及减税刺激，贸易逆差也在2016年初触底后再次扩张。占GDP比重则稳定在2.5%以内。由于大约一半的美国贸易逆差来自中国，随着短期内与中国的贸易谈判达成协议，2019年美国的贸易逆差会大幅缩窄，市场预计在1 000亿～2 000亿美元之间，有利于美国国内GDP和就业改善（见图6.10）。

（4）美股不贵

受益于减税和海外资金回流用以回购等因素，2018年的以标普500为代表的股票收入和利润增速都是非常理想的，分别达到了9%和19%，远高于过去5年的平均水准（见图6.11）。

私人资金在2017年的大部分时间在流入股票市场，但是从2018年3月开始净流出。这在一定程度上解释了美股的动荡行情。但是，流出规模在近几个月逐步缩小，从5月的279亿美元缩窄到9月的9亿美元。根据过往经验看，资金连续流出和连续流入经常是交替发生的，私人资金2019年很

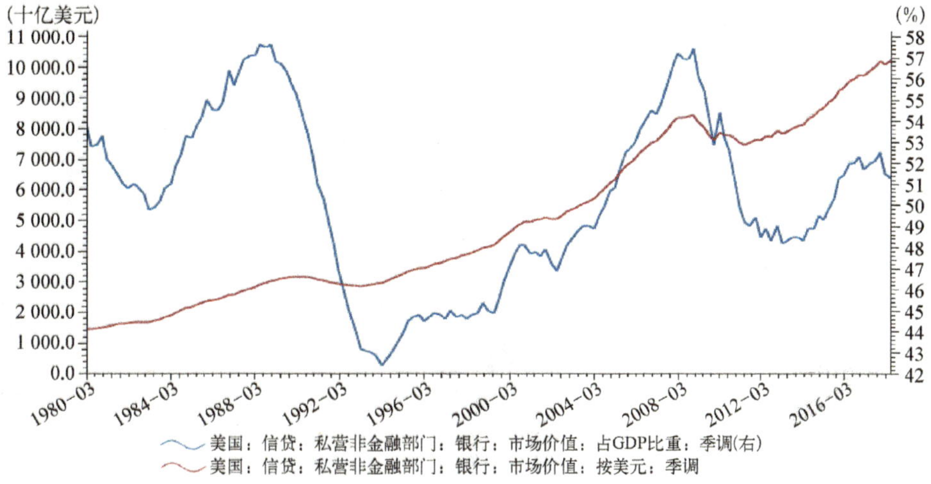

数据来源：Choice数据。

图6.9　美国私营企业信贷量占GDP比重

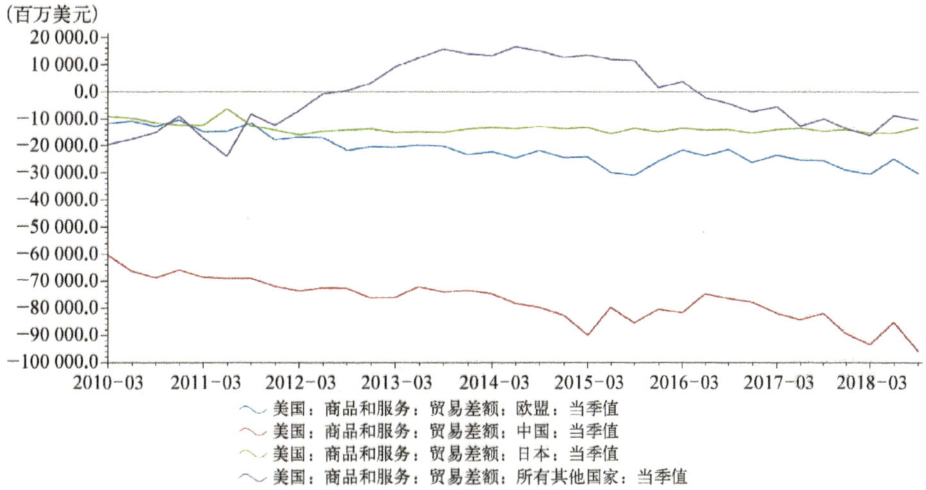

数据来源：Choice数据。

图6.10　美国对外贸易差额

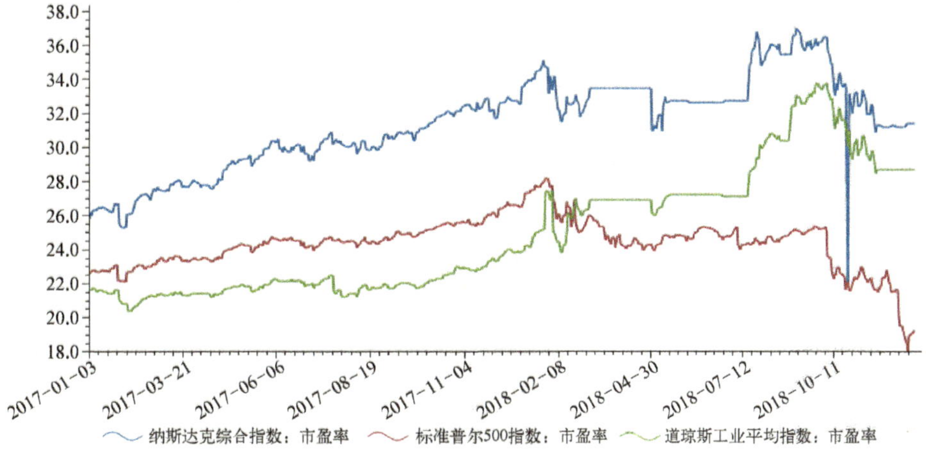

数据来源：Choice数据。

图6.11　美股市盈率

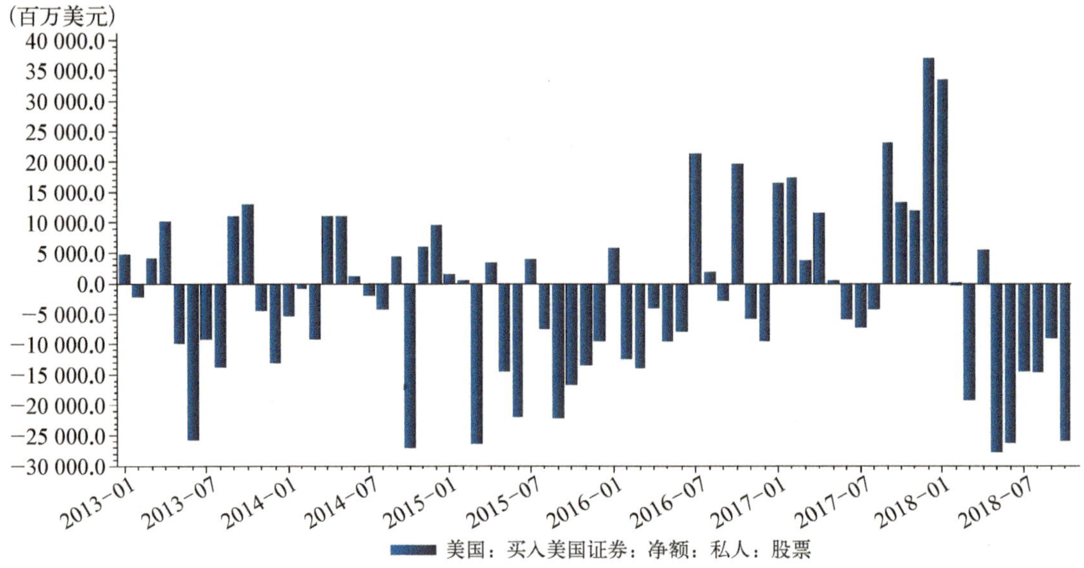

数据来源：Choice数据。

图6.12　私人买入美国证券净额

可能再次转为净流入（见图6.12）。

依然可以乐观看待，FacSet预估2018年和2019年美国企业获利都是相对高增长，长期有望支持股市表现回暖。此外，即使忽视2018年23%的盈利增长，2019年仍有11%，因此美股无理由悲观看待。

再看Bloomberg的数据，2018年第三及第四季度盈利增长均超过20%，展望2019年，企业盈利动力应可以保持强劲。

这一切让我们不得不问自己，市场是真正有效的吗？是市场看到了2019年的企业营业收入和盈利增速大幅下滑？还是由于其他非市场因素在起作用？我们倾向于认为是后者，过度悲观的情绪导致目前的价格到了一个假想中的衰退。

（5）风险因素

经济增长放缓，石油价格上升，欧洲及中东地区的地缘政局威胁，美联储加息快于预期或美联储就正常化程序向市场发出含糊不清的信号，美元强势影响美国竞争力。

2. 日本：经济数据不俗，持续缓慢复苏中，继续看好

（1）全球资本持续流入日本

日本经济表现较好，2018年9月的Markit日经制造业采购经理人指数PMI连续25个月处于荣枯线之上，反映了制造业活动持续扩张速度加快；最新失业率亦跌至2.4%，超过市场预期；工业生产及零售活动销售亦有增长；加上安倍成功三连任执政党领袖，将继续担任日本首相，为期3年至2021年9月，所以政治不明朗消除。受惠于日本基本面及稳定政治现状的支撑，日本股市在2019年可再持续吸引资金流入，提升日经指数。

（2）安倍经济学让劳动力参与率大幅上升

自2013年前后以来，日本的劳动力实际上十分强劲，持续增长，这一定程度上是政府政策产生

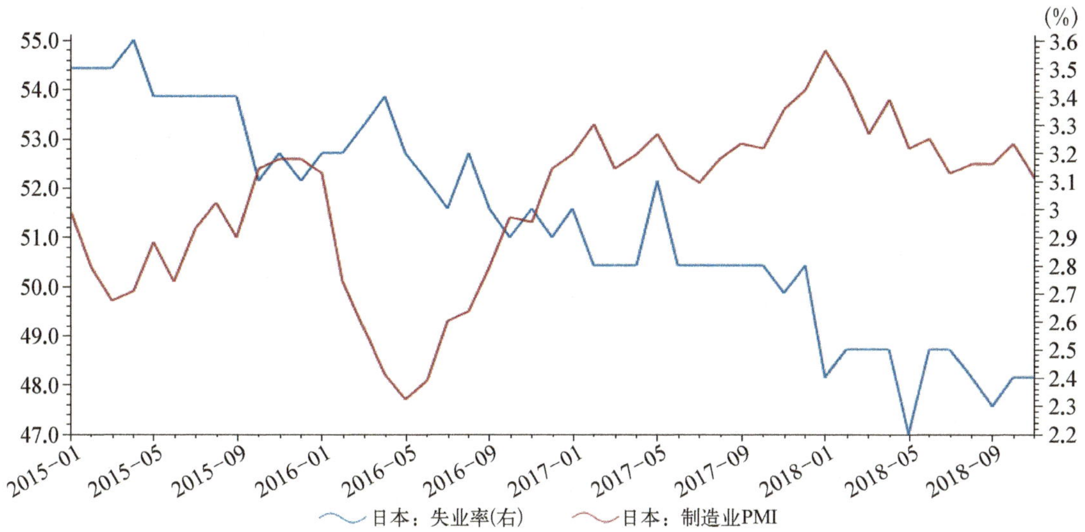

数据来源：Choice数据。

图6.13 日本失业率与制造业PMI对比

的效应。在该政策的鼓励下，女性和老年人的参与率大幅提高。但展望未来，人口发展趋势将限制进一步增长，特别是女性参与率已经达到与男性相同的水平。安倍政府正在实施引入外国劳工政策，此政策可能使日本劳动力市场进一步产生重大变化。为了成功接受外国工人，招聘系统和管理系统将得到改变。

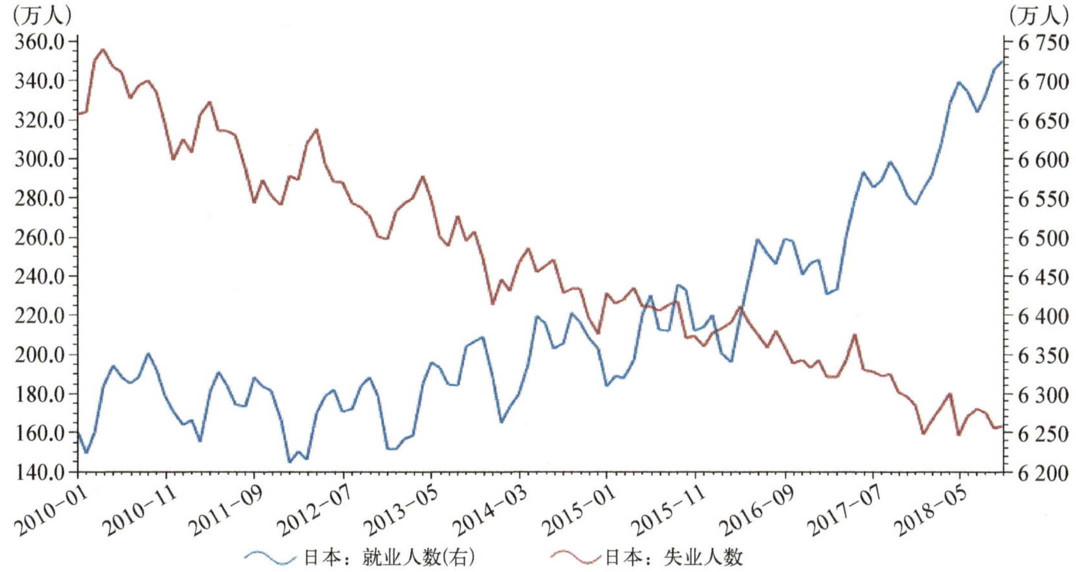

数据来源：Choice数据。

图6.14 日本就业人数与失业人数对比

(3) 日本央行一如既往维持短期利率目标不变

日本央行维持对经济的乐观看法，承诺将引导10年期国债利率维持在0附近，并采取前瞻性指引，预期将实施更具弹性的宽松政策，并维持低利率水平。日本央行议息会议声明指出，因为经济正在温和扩张,维持以灵活方式购买日本国债的承诺不变,其持仓继续以每年约80万亿日元的速度增长。至于日本央行购买ETF的额度,可能会超过或低于6万亿日元,并且扩大购买追踪东证指数的ETF。

(4)日本中长线发展可期

虽然在2018年日本出现了地震、飓风等自然灾害,无疑短暂对近期往日本观光的人数增长有轻微影响,但中长线来看,有理由相信旅游业仍然会蓬勃发展。因日元疲弱或成再度吸引游客访日的重大因素之一。此外,2020年东京奥运会亦将来临,而日本政府在2018年9月份经济报告指出未来走势为"温和复苏有望"。股市方面,以过去10年的日经平均指数表现,只有2008年及2011年的表现为负数,其余时间均出现正回报。因此,2019年,我们看好日本市场,有望延续2018年的势头。

(5)风险因素

当局无法实施结构性及其他经济改革;日元强势风险;贸易纠纷升级蔓延至日本汽车业;地震及自然灾害对旅游业及经济的影响;日本央行推出控制收益率曲线量化质化宽松政策,预计到2019年,可能进一步微调。

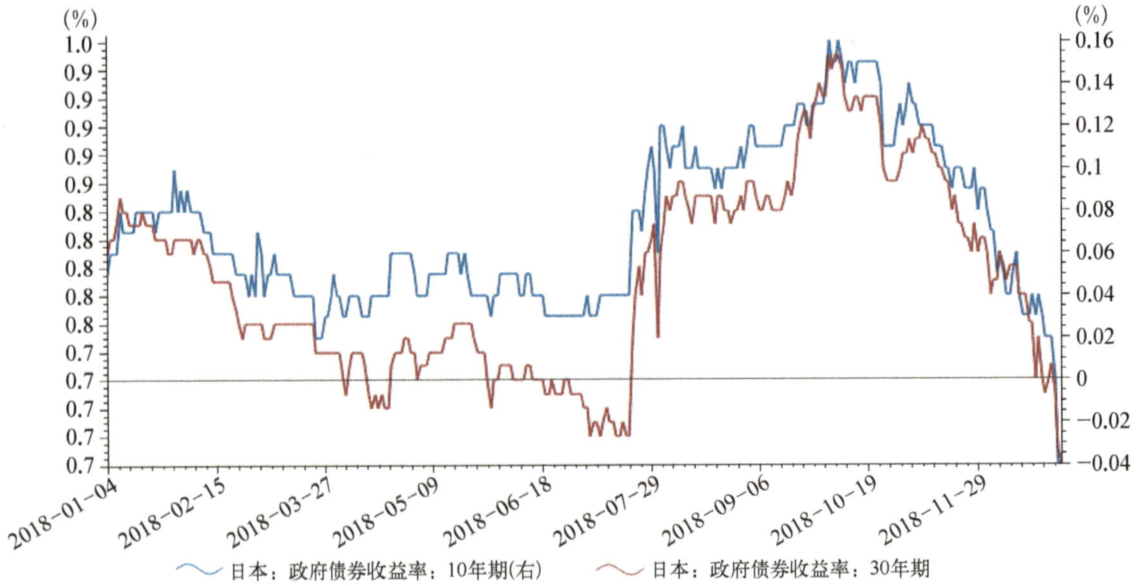

数据来源:Choice数据。

图6.15 日本10年、30年政府债券收益率

3. 欧洲地区:政局及贸易问题发酵:中性观望

(1)留意欧洲政局及全球贸易问题

截至2018年9月25日,大半数STOCXX600(道琼斯欧洲600指数)企业已公布盈利情况,当中,50%企业盈利好于市场预期,与历史平均水平接近,但企业盈利增长率只高于市场预期的3.1%,较历史平均的4%偏低。虽然市场对欧美贸易摩擦忧虑有所降温,使风险胃纳(投资人能承受的最大风险值)有所改善,但在土耳其里拉贬值引发欧洲银行忧虑、英国脱欧及意大利财政赤字问题的困扰下,欧洲股市未见明显上升动力,STOCXX600指数于2018年第三季度回报率仅为1.3%。预计进入2019年,全球贸易摩擦、英国脱欧及意大利财政赤字问题将继续成为市场焦点,欧洲股市或将维

数据来源：stocxx.com。

图6.16　道琼斯欧洲600指数走势

持在窄幅震荡区间。

（2）欧元区花旗经济惊喜指数由低位回升

欧元于2017年创出近十年最高经济增长率后，2018年度经济数据表现有所放缓，欧元区花旗经济惊喜指数由2017年尾的正92.9跌至5月份的负101，反映欧元区经济数据低于市场预期。然而，欧元区数据在2018年末有所回升，失业率降至8.1%，为10年最低。就业人数升至创纪录的高点，劳工市场收紧有助于薪资增长加快，有利于占欧元区GDP过半的家庭消费开支继续为该区域经济注入动力，有助于抵消部分因全球贸易保护主义所带来的影响。

（3）欧洲央行认为经济目前持续扩张

欧元区准备进入第5个经济增长年头，而欧洲央行也慢慢撤回经济刺激措施。在2018年9月议息会议中，欧洲央行宣布由10月起到12月，资产购买计划将由300亿欧元下降至150亿欧元，预期在2018年末结束资产购买计划，并预期将利率维持在低点至2019年夏季。虽然欧洲央行将2019年GDP增长预测下调至1.8%，但欧洲央行行长德拉吉认为经济目前仍呈持续广泛扩张，并对通胀预期感到乐观。我们继续认为欧洲央行不急于在结束买卖计划后加息，低息环境或有助于企业财务成本下降，为盈利带来动力。而美国与欧洲的贸易紧张局势舒缓，亦有助于减轻欧洲汽车制造企业的压力。

（4）受不明朗因素干扰，短期波动幅度会增加

英国脱欧谈判短期内或未能明朗，意大利财政预算未获欧盟接受，欧洲主要市场的政局不明朗。加上全球贸易保护主义升温令欧洲股市落后于其他发达市场。现在全球贸易动能减弱，欧元区属于开放型经济体，容易受到全球贸易冲突的影响。因此，我们认为欧元区经济成长率不易长期维持高位。

- **德国**

德国央行于2018年8月份报告中指出，即使贸易紧张局势有所降温，因工厂订单下降及汽车制

造商需要应对新一轮尾气排放测试,德国经济增速将可能略低于2017年水平。然而,德国经济相对于欧元区内其他国家较为稳健,若欧美就汽车关税问题达成协议,有助于德国工业生产及出口回稳,需要观望欧美贸易磋商的结果。

- **英国**

英国距离正式脱欧剩余不足6个月,但至今仍未与欧盟就脱欧计划达成共识,而英国保守党内部就脱欧方案亦存有分歧。英国财政大臣表示英国脱欧的不确定性已打击英国经济,英国企业于2018年减少投资,而且第三季度经常账赤字增长高于预期。市场焦点仍然是脱欧谈判的结果。

- **意大利**

以五星运动党为首的意大利执政联盟公布未来三年预算赤字与GDP比率设定在2.4%,明显高于上一届中立偏左的政府定下的0.8%,也违反了此前向欧盟承诺将赤字与GDP比率限制在1.9%以下。欧洲议会长警告意大利需要减少债务,意大利现在债务与GDP比率达130%,为欧元区继希腊后第二高。市场关注意大利与欧盟摩擦的升温。

4. 新兴市场:资产环境渐严峻,货币波动,中性观望

新兴市场股市表现较弱。受中美贸易摩擦及个别新兴市场经济体爆发危机,2018年整体新兴市场股走低,根据MSCI新兴市场指数,整体下跌1%,其中,深受中美贸易忧虑困扰的亚洲股市表现最差,按季度连续下跌,截至2018年第三季度末,下跌1.5%。虽然遭受土耳其及阿根廷的经济乱局,但新兴欧洲及拉丁美洲股市仍然受到原材料价格回升带动,分别取得2.6%及4.9%的上涨幅度。

(1)中美贸易冲突成为焦点

中美贸易冲突持续升级,两国互相加关税,涉及商品规模不断扩大,威胁全球贸易,令新兴市场股市投资气氛深受影响。中美贸易的不确定性亦影响众多以中国为主要出口市场的新兴市场经济体的表现。其中,亚洲经济体与中国贸易关系极为密切,例如中国台湾、韩国及不少东南亚联盟国家(地区)均处于中国制造业的供应链中,令相关市场股市受到不同程度的打击。

(2)新兴市场货币爆发贬值潮

由于美元持续走强,个别新兴市场经济体基本面正在转弱。土耳其被美国威胁经济制裁,引发资金大幅流走,而总统埃尔多安屡屡干预央行决议,令投资者信心变得更加薄弱。单单2018年第三季度,土耳其里拉已下跌40%。一石激起千层浪,货币贬值浪潮席卷新兴市场,JPM摩根大通新兴市场货币指数跌至有记录以来最低点。南非兰特、印尼盾、印度卢比、新台币及韩元等均受不同程度的贬值,部分国家(地区)货币已经跌至历史新低点。

- **新兴亚洲**

深受中美贸易冲突影响,新兴亚洲股市备受考验,当中以最为权重的中港股市跌幅最为明显。虽然中美互相开征关税对企业盈利或有影响,但市场分析人士普遍对盈利前景十分乐观,市场估计2018年亚洲(日本除外)股市盈利增长达13.6%,较贸易冲突爆发前仅轻微下跌,2019年亦可保持两位数增长。在新兴亚洲经济体中,东南亚联盟国家主要以消费推动经济增长,对出口依赖度较低,而中美贸易冲突可能令生产厂商转移中国制造基地至东南亚国家,对经济或更有利。而北亚地区的经济现状已经反映到市场跌幅上。我们认为该地区国家积累大量国内储蓄,在海外资金外流、全球利率持续上扬之际,可以为经济带来缓冲,但无法扭转货币贬值的趋势。

- **拉丁美洲**

通过观察该地区国家的实际GDP增长率、通胀率、10年期国债利率和兑美元汇率，我们发现，虽然经济复苏力度优于2017年，但不及预期。阿根廷在2018年第一季度经济增长强劲，但受到货币紧缩与金融市场波动的拖累，未来经济预计萎缩的势头会延续至2019年。该国政府与国际货币基金组织签订额度达500亿美元的备用融资协议后，汇率稍稍回稳，但是利率维持在极高位，经济活动已经浮现停滞迹象，疲态预计持续，反弹时机有待观察。同时，阿根廷在2018年底爆发政府贪污丑闻，在国内最需要投资之际带来冲击，所以在2019年后续发展仍是未知数；墨西哥方面，新总统的内阁人员多为温和派，但是从能源产业相关官员的候选人可以看出，政策或许会有转变。总统洛佩斯·奥夫拉多尔指出，未来施政将更加倾听民意，总统的政党联盟将在国会两院轻易取得多数，接近2/3席位，显示有望推动重大改革。墨西哥与美国针对汽车产业的原产地规则重新拟定双边协议，北美自由贸易协定若要全面达成，需要有加拿大的加入，故预计在未来需要更多时间；巴西方面，新总统博尔索纳罗上台，这位明显的右派总统承诺将进行改革，税收政策将会被大幅简化，养老金支出会减少，国家政府部门数量也会被减少一半。市场上对新政府改革评论褒贬不一，未来市场发展如何，毕竟从目前右翼政党上台的国家来看，情况不够明朗。

- **欧非中东地区（EEMEA）**

EEMEA国家，以匈牙利、波兰、俄罗斯、南非和土耳其为主。市场预期2019年GDP增长率有望保持，但是会略低于2018年水平。

表6.4　欧非中东地区国家GDP增长率

	实际GDP（%）	
	2018	2019F
欧非中东	3.0	2.6
匈牙利	3.8	3.2
波　兰	4.5	3.5
俄罗斯	1.8	1.6
南　非	1.5	2.0
土耳其	4.5	3.5

数据来源：Alliance Bernstein。

土耳其政府2018年9月将官方政策利率由17.75%加至24%，调升625个基点，高于市场预期300个基点。土耳其央行无视总统言论大幅加息，里拉逐渐扭转近期弱势，令投资者稍稍喘了口气。俄罗斯受欧美制裁困扰，加上预期美国在2018年11月新一轮的制裁，令俄罗斯卢布下滑。俄罗斯央行近四年来首次加息，上调利率至7.5%，显示了俄罗斯打击通胀及捍卫货币的决心。俄罗斯股市与油价关联性高，2018年下半年以来油价急升，对俄罗斯股市亦有利好作用。EEMEA地区经济面临政治、流动性及货币风险可能会急速恶化；石油、商品和农产品价格波动带来高通胀；全球贸易纠纷加剧也会削弱经济增长，加上美联储收紧的货币政策，令该市场货币备受压力。

5. 中国：改革任重道远　A股市场整体偏谨慎

2018年中国经济增长的主要问题是国内政策过度紧缩，加上外部需求不确定性又加剧了下行风险。货币紧缩往往会引发名义经济增长率加速下滑，与去杠杆的政策初衷事与愿违。

根据2018年11月以来卖方策略的观点，发现市场对2019年A股市场有以下预期：第一，总体上对2019年整体偏谨慎，这与2017年底2018年初的牛市预期完全不同；第二，节奏上，看空2019年上半年，认为下半年有些机会；第三，标的上看好成长、看好创新、看好小盘股，这与2017年底2018年初的预期一致。

市场对2019年整体偏谨慎，我们认为，是因为以下几个原因：一是对经济比较悲观，尤其是上半年，预期出口失速、大规模失业出现冲击消费；二是预期环保政策放松后价格会出现大幅下跌，PPI再次进入到通缩状态；三是对中美关系尤其是中美贸易问题比较谨慎，对G20会谈的结果比较悲观，不认为90天内能够形成有效的成果。由于对经济极度悲观，从而对政策放松尤其是货币放松预期较高，可能会出现大规模货币放松，利率下行更多，从而对成长股相对看好。

6. 2019年FX168特别推荐国家——以色列

以色列是一个所在地区面临着持续地缘政治动荡的小国家。在欧非中东地区（EMMA）国家中经济一枝独秀，不了解该国的投资者可能会认为在以色列投资是一个不合理的商业决策。但事实远非如此，因为这个国家不断突破自身局限，目前已被多家国际机构视为投资目的地。经合组织（OECD）2018年4月的研究报告显示，流入OECD国家的FDI同比减少了37%，以色列则是少数FDI净流入明显增长的国家之一。

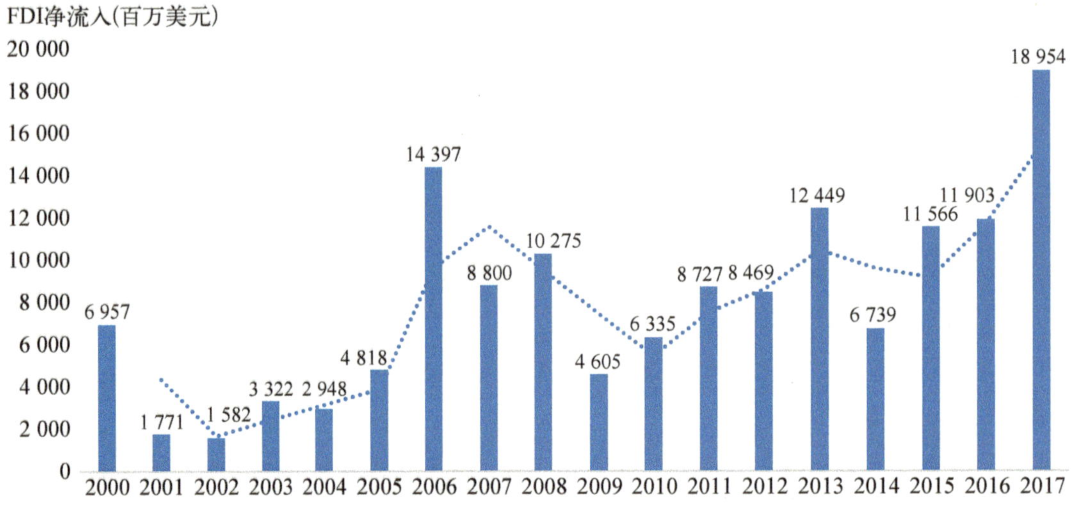

数据来源：以色列经济产业部。

图6.17　以色列FDI净流入

在纳斯达克上市的以色列公司的数量仅次于美国和中国，人均风险投资额全球第一，全球领先的科技公司、风险基金、私募股权基金以及更多机构或个人近来持续投资以色列，无论出于战略原因，亦或为了获得二级市场的流动性，以色列给投资者带来的回报令人满意，截至2018年11月，TA125指数较年初上涨13%。

数据来源：Investing.com。

图6.18　特拉维夫证券交易所125指数

（1）宏观经济面表现稳健，国际竞争力强

自2008年金融海啸至今，以色列的经济表现始终优于预期。

IMF发布预测，以色列2018年经济增长率为3.4%。以色列央行维持基本利率0.1%，持续采取宽松货币政策。

以色列经济产业部数据，以美元计价GDP自2010年至今共增长50%，失业率到了历史低点，失业率预计自2018年的4.2%减少至2020年的4%以下。

国际组织OECD则表示，未来以色列经济将受惠于宽松的财政和货币条件、新油气田的开发、低失业率及持续上涨的工资。未来两年以色列失业率将保持在4.2%左右低档，家庭大幅增加储蓄率，从2017年可支配收入的1.5%到2019年的3.4%。OECD预测以色列2018年经济增长率达3.5%，略高于IMF的预测，但均高于大部分发达国家的经济增速。

根据世界经济论坛（WEF）发布2017—2018年全球竞争力报告，针对全球137个国家进行竞争力评比，以色列排名第16（较2016年上升8个名次），位居中东及北非地区首位。在创新力排名中列全球第3，其他如风险资本可用性（排名第2）、科研机构质量（排名第3）、企业研发支出（排名第3）及大学企业研发合作度（排名第3）等类别皆名列前茅。

（2）政府采取系统性措施鼓励投资和创新，强化增长动能

以色列国家通过立法鼓励经济增长，为有意在以色列投资的企业提供众多的优惠条件。具体有：《资本投资鼓励法》，该法律的目标是吸引资金到以色列，鼓励外国和本地资本投资以色列经济活动。为有效吸引更多资金投资，包括拨款计划和税收优惠计划。《鼓励产业研究和发展法》，在该法的催生下，以色列最有名的创业投资基金YOZMA在1992年成立，由政府出资1亿美元，其中8 000万美元主要用来与国际知名的金融机构（大部分是风险投资公司）合作并发起成立子基金，另外2 000万美元直接投资高科技新创企业。该计划引导创立了10只风险投资基金，被公认为世界上最成功之政府主导风险投资促进计划之一。《以色列天使法》，该法的目的是以色列政府鼓励投资者能大胆地投资高科技新创企业。

（3）中东最具消费潜力市场，对外坚持自由贸易

依据以色列中央统计局资料，以色列人口约884.2万人，2018年人均GDP达40 300美元，超过日本和英国，在中东地区排名第二，仅次于石油富国卡塔尔，为中东地区最具消费潜力的市场之一。

以色列家庭平均拥有2.1部手机、71%家庭拥有个人电脑、62%家庭拥有至少1辆汽车。

以色列自1991年以来实施贸易自由化政策，除农产品及少数内需型产业外，一般产品关税水准逐年下降，已经与欧盟、南方共同市场（南美洲自由贸易协议区）、美国、加拿大、墨西哥、土耳其等签署7个自由贸易协定，同时为了分散进口来源地区，减轻对欧美等地的进口依赖，以色列政府正在计划与中国、印度、韩国等亚洲国家洽谈签署自由贸易协定。由于亚洲地区经济快速发展，以色列与亚洲国家关系日益加深，以色列官方认为亚洲市场为以色列未来经济发展之重点地区。

（4）劳动力素质高，社会文化多元宽容

以色列教育普及，其劳动人口学历高于大学本科者占12%，本科毕业者占24%，高中毕业者占41%，其劳工拥有大学学历的比例（24%）在全球工业国家排名仅次于美国及荷兰。此外，其科学家及技术人员占劳工比例为全球最高，瑞士洛桑国际管理学院的世界竞争力报告对以色列电脑科学、化学、生物科技等方面研发生产力均有极高的评价。

在语言方面，由于以色列1948年建国后，来自各方的犹太裔移民大规模返国从事建设，故其社会具多重文化及语言的特色，以色列官方语言为希伯来文及阿拉伯文，但许多以色列人会讲流畅的英语、法语、德语、意大利语、西班牙语、俄语等各种语言。

（5）战争和政治风险基本可控，投资环境良好

以色列所面临的外部战争和内部政治风险自建国起就存在，在以色列投资主要需注意的风险包括如下几点：

① 中东地区局势的复杂性以及不稳定性，以色列的国家安全和社会安定因此而受影响，政治风险的存在不利于国内经济的长期发展。

② 现任联合政府都是强硬派政党或宗教政党，包括主张兼并部分占领区，反对巴勒斯坦人建国，与周边大多数阿拉伯国家贸易关系迟迟没有正常化。

③ 以色列经济发展受到自然资源匮乏性制约，国土面积小，人口少，市场规模有限，经济很大程度上依赖欧盟及美国。

但犹太民族有着过去百年独特的历史进程，让以色列政府可以同时与美国和俄罗斯交好。特朗普政府甚至直接承认耶路撒冷为以色列首都，将大使馆从特拉维夫搬迁至耶路撒冷；俄罗斯普京也频繁与以色列内塔尼亚胡进行首脑会谈，巩固双方传统友谊。我们认为，在两个联合国常任理事国的全力支持下，以色列的战争和政治风险将在未来很长一段时间内维持在可控范围内。

就总体投资环境风险评估来说，2017、2018年以色列低通货膨胀率和低失业率，使得多家国际机构看好以色列的投资环境。以色列是中东地区政治制度最现代化的国家，政府更迭平稳，且政策连续性好，在中东地区国家中投资风险相对较小。以色列经商环境在世界银行2019年的排名中位列第49位，较2018年提高了5位，名次逐年提高，基本上仍是在中东地区发展商业活动的首选之地。国际信用评估机构穆迪对于新政府协调经济政策和财政规划给出了正面评级，肯定了其较强的融资能力和信誉，并将以色列（A1/稳定）信贷指标界定为改善趋势。

综合考虑来看，投资以色列机遇将大于挑战。想参与投资以色列，通常有以下途径：

投资以色列上市企业：指成立时间较长、业务稳定的以色列企业。对于这类企业，可谈判以入股、并购（私募股权），或是在二级市场收购等方式投资。

投资以色列初创类公司：对于此类企业，除了选择有发展潜力、可作为中期投资标的之目标外，最重要的是能够作为战略投资。新创公司投资有一定的风险，投资人除了判断眼光，对产业发展也最好要了解。

成立投资基金：设定投资领域，一有好的标的出现，就能及时入股。以色列政府对于外资基金有税率优惠。

投资以色列资产类标的：最佳的风险考量投资方法，可以独资或合资，与以色列的投资公司合作，购入商业或住宅房地产，并由投资公司进行管理，以出租或出售方式获利。

（三）2019年FX168全球投资资产配置

通过前述对2019年全球各经济体及主要投资市场的判断，我们对2019年的全球资产配置持“谨慎”态度，持币观望为主。如果投资意愿较强烈，那么，我们也挑选出如下标的供参考：

1. 权益资产类可选标的

表6.5　权益类资产可选投资标的

投资国家/行业	可选的投资标的（ETF基金）	上市交易所
印　度	iShares安硕核心标普BSE SENSEX印度指数ETF 2836.HK	中国香港
	该ETF投资印度孟买交易所的30间市值最大上市公司，经过筛选是印度股票投资的高流量交易工具，能够实现单一国家的多元化投资组合。近十年表现稳定，十年平均年化收益率为10.36%，享受到了印度高增长的红利。	
日　本	领航富时日本指数ETF　3126.HK	中国香港
	该基金寻求追踪富时日本指数的表现，分散投资于日本企业大型及中型股。	
以色列	iShare MSCI Israel ETF〈EIS〉	纽交所
	以色列在创新产品和服务的开发方面领先，该国交易所市值最高的两家公司所属行业分别是制药和软件服务。该基金也投资于以色列大型和中型股。	
全球公共事业板块	iShare Global Utilities ETF〈JXI〉	纽交所
	该基金分散投资超过十个国家的公共事业企业，公司类型包括但不限于电力、燃气和自来水公司。	

2. 固定收益产品可选标的

表6.6　固定收益类产品可选标的

可选的投资标的	基　金　点　评
天利（卢森堡）—美元高收入债券基金	该基金各时长收益率均明显高于同组别基金，且收益率波动性较低。

（续表）

可选的投资标的	基金点评
富达基金—亚洲高收益基金	该基金在晨星风格箱中被归于信用度低等、利率敏感度低等的分类，十年收益较高，但短期收益稍逊，因此适合更为长期的投资。
联博—环球高收益基金I2 USD	从该基金目前的投资组合来看，其占比较大的投资基本均为政府债券，包括美国政府债券和包括巴西、墨西哥和土耳其在内的新兴国家政府债券。在晨星风格箱中属于信用度低等、利率敏感度中等的类别。三年和五年评级为三星，十年评级为五星。
JPM环球政府债券（美元对冲）	该基金主要投资于政府债券，目前的投资组合中占比最大的包括法国、美国、西班牙和日本政府发行的定息债券，风险较低，收益稳定。
恒生香港债券基金	该债券基金多投资于香港机构发行的基金，也可投资政府债券，属于低风险基金，但收益率高于上述基金，且较为稳定。

注：以上基金详情见“第5部分　香港固定收益产品市场”。

3. 房产：十大租售比最优城市

在房产方面，FX168全球投资团队精选出两类国际城市：一类是2019年预估涨幅较大的；一类是租售比较高的。

表6.7　2019年预估涨幅前十大城市

城　　市	短期潜力评分	2019年预估涨幅	2018年实际涨幅
阿姆斯特丹	★★★★☆	8%～12%	11.9%
惠灵顿	★★★★☆	5%～10%	11.4%
柏　林	★★★★	5%～10%	10.8%
曼　谷	★★★★	8%～10%	10%
西雅图	★★★★	8%～12%	8.3%
休斯顿	★★★★	5%～10%	7.3%
旧金山	★★★☆	4%～10%	10.6%
都柏林	★★★☆	5%～10%	5.9%
巴塞罗那	★★★☆	3%～5%	4.2%
维也纳	★★★☆	3%～7%	4.2%

表6.8　租售比前十大城市

城　　市	租售比	房价工资比	贷款薪资比
休斯顿	14.18%	2.2	16%
迪拜	10.85%	3.85	27%

（续表）

城　　市	租售比	房价工资比	贷款薪资比
华盛顿	7.50%	4.85	36%
洛杉矶	6.71%	7.72	58%
惠灵顿	6.13%	7.32	57%
西雅图	6.12%	6.16	46%
旧金山	5.92%	9.26	77%
胡志明市	5.50%	22.92	245%
都柏林	5.48%	10.47	75%
夏威夷	5.47%	8.66	63%

数据解释：以休斯顿为例，租售比14.18%表示，按照休斯顿当年房价和平均租金，购房出租的年收益率大约为14.18%。

ACY SECURITIES
稀 万 证 券

专业诚信
承诺品质

我们希望公司的新老交易者都了解，ACY 稀万证券正在演变且不断发展和创新。

在发展的道路上，ACY 稀万证券依然保持着一贯的专业、诚信及承诺保证品质的核心价值。在平台与交易者及投资者之间打破边界、自由链接、彼此颠覆和协作，让投资者价值和投资理念在 ACY 稀万证券逐步形成和提高。同时还体现出 ACY 稀万证券是一家专业度高，有影响力的金融服务平台。

Synergy
FX 兴集

ACY 稀万
Superior For Trading 改变 | 交易

ACY SECURITIES
稀 万 证 券

此前 logo 上“改变 · 交易”的标识褪去，意味着 ACY 稀万证券已经逐步成长为集平台、内容、终端和应用为一体的完整和多方面的“金融交易平台”。ACY 稀万证券将这种精神体现到整个品牌策划中，将原来的“改变 · 交易”升级成“证券”，表明未来我们将有更多的产品上线，这其中将涉及股票，股指，国债等，为交易者提供更多国际化的投资选择。

经历无数次修改和创作，最终呈现的全新品牌 logo 完美地展现了 ACY 稀万证券品牌的精髓。ACY 稀万证券成立至今，每一次 logo 的升级，都意味着 ACY 稀万证券完成一次自我进化、自我提升的过程，同时更颠覆了传统金融行业。

改变，已变。

未来我们将会更多地注重产品上的多元化，交易平台的科技化，教学的国际化，多措并举让 ACY 稀万证券的优势和投资理念涉及全球的投资者。

此外，我们还上线了国内网络刷新速度最快的即时更新财经日历，这一创新科技的运用，将使 ACY 稀万证券的平台交易速度达到极致。

赞助历程

2018年，在大家的见证下，ACY稀万证券举办并赞助了多场极具重要意义的活动，为中澳文化传播和发展做贡献。在交易服务方面，我们将一如既往地以优质的服务、丰富的交易产品、系统的免费教育资源和良好的交易环境为澳洲本土和全球各地的交易者提供一流的金融服务。

"学友 经典”2018 世界巡演悉尼站演唱会

2018 年 3 月 ACY 稀万证券独家冠名赞助了 Jacky Cheung “A CLASSIC TOUR 学友经典”2018 世界巡演悉尼站演唱会，此次演唱会也创下了澳洲演唱会室内场馆的最大制作和单场容纳观众数最多的演唱会史上双记录。

李易峰主演《动物世界》电影亚太区首映礼主办权

2018 年 6 月，ACY 稀万证券获得由李易峰主演《动物世界》电影亚太区首映礼主办权，这也是 ACY 稀万证券继独家冠名赞助张学友悉尼演唱会后的又一次具有战略性意义的合作。

张靓颖 2018“珍·相”世界巡回演唱会(悉尼站)主办权

2018 年 7 月获得张靓颖 2018“珍·相”世界巡回演唱会(悉尼站)主办权，于 10 月 27 日登陆悉尼，这也是张靓颖出道十三年来第二次踏足澳洲舞台。

2018 年 9 月 ACY 稀万证券成功收购澳大利亚领先的直通式交易经纪商——Synergy FX 兴集。Synergy FX 兴集自 2011 年成立以来服务着全球数百万客户。

联系我们

台湾地区：02 5594 4927
其他地区：+61 2 9188 2999
企业电邮：support.cn@acy.com
官方网址： https://www.acysecurities.com
中文官网： https://www.acyasia.com
QQ 客服： 8000 97651
总部地址： 804/12 Help St Chatswood NSW 2067, Australia

微信二维码

微信二维码

FX168
财经集团

全球投资市场蓝皮书

下册·海外房产

2018—2019全球投资市场蓝皮书 下册·海外房产 FX168金融研究院 编

Global
Investment Markets
Blue Book
Overseas Real Estate

2019

上海财经大学出版社

图书在版编目(CIP)数据

2018—2019全球投资市场蓝皮书 / FX168金融研究院编. —上海：上海财经大学出版社，2019.3
ISBN 978-7-5642-3216-0 / F.3216

Ⅰ.①2… Ⅱ.①F… Ⅲ.①金融投资-金融市场-研究报告-世界-2018—2019 Ⅳ.①F831.5

中国版本图书馆CIP数据核字(2019)第042039号

□ 责任编辑 李志浩
□ 封面设计 侯南恩

2018—2019全球投资市场蓝皮书
(下册·海外房产)

FX168金融研究院 编

上海财经大学出版社出版发行
(上海市中山北一路369号 邮编200083)
网 址：http://www.sufep.com
电子邮箱：webmaster@sufep.com
全国新华书店经销
虎彩印艺股份有限公司印刷装订
2019年3月第1版 2019年3月第1次印刷

889mm×1194mm 1/16 13印张 314千字
定价：168.00元(上下册)

卷首语

转眼间FX168编写的《全球投资市场蓝皮书》已经进入第四个年头。世界经济在这四个年头里发生了翻天覆地的变化。世界最大经济体美国在特朗普上台之后与全球各势力之间的关系彻底被改写。英国脱离欧盟更使整个世界大跌眼镜。亚太地区，尤其是东亚地区的局势也出现了很多新元素。纷乱的国际形势造就了一个又一个跌宕起伏的市场波动，而在波涛汹涌的市场大潮中，我们能够清晰地看到越来越多的中国投资者开始成为全球资本市场中的弄潮儿。随着中国经济不断高速发展，中国在国际上影响力不断提升，中国资本成为世界经济舞台上的主角之一已经顺理成章。

相对于瞬息万变的金融市场，房地产市场走势更加稳定和持久，保值的同时还能创造相当可观的固定收益，同时房地产作为可以直接居住享受的消费品，本身给投资者带来的使用价值也是其他任何投资品不能替代的。正是这些优点让很多高净值投资者认识到配置房地产投资的重要性，也让房地产投资成为海外资产配置的万金油，既能作为其他投资的保值搭配产品，也能作为开发新国家市场的桥头堡。

房地产板块在过去的几年中，尽我们所能为国内的高净值投资者提供海外房产投资的建议。我们一直在说，未来的世界经济局势中，中国绝对是最不可忽视的力量，而房地产市场是中国资本走向世界的重要中转站之一。有眼光的高净值投资者，都应该认真考虑海外房地产投资，搭上中国资本迈向世界的这一班列车。而在2018年，似乎不止中国投资者意识到了这一点，世界也意识到了这一点。

美国、加拿大、澳大利亚以及欧洲的很多发达国家已经发现近年来市场上出现了一股非常活跃的购房势力——华人房产投资者，他们已经在全球范围内打响了自己的名头。对于华人投资者来说，这是优势，也是一种障碍。

华人成为市场上主力消费者群体，让海外房地产商们看到了商机，大量宣传、服务经费被用于华语市场。更多华人或者说华语的经纪出现在世界各地的房地产行业中。买卖房屋、贷款、保险行业的华语资料越来越完善。甚至一些国家的房地产相关法律文件都开始提供一些华语版本供华人参考。如果说21世纪全球开始真正关注中国，那么到眼下本世纪第二个十年快要过去之际，全球，尤其是发达国家才开始真正意义上重视中国、重视华人海外投资者。这种新的态度让华人投资者在海外房地产市场更加如鱼得水，语言、文化差异造成的投资困难被进一步减轻。二十年前一个华人投资者在初次接触海外房地产市场时会感到不知所措，但现在，包括我们蓝皮书在内的大量资料甚至能在投资者尚未进入相关市场的时候就对当地房地产有一定了解。

但在另一方面，受到重视并不完全意味着世界各国百分之百地欢迎华人投资者。2018年这一点表现得尤为明显。华人在海外市场的大量出现让当地人将华人和房价上涨挂上了钩。华人成为很多国家房价上涨过程中备受指责的一个群体。澳大利亚、加拿大早已经在一两年前正式出台针对海外买家的房地产购买限制政策。英国和德国最近两年也开始关注以华人为首的海外买家大量涌入房地产市场的现象，尽管并未作出太多实际行动，但未来步澳大利亚和加拿大后尘的可能性并不算小。中国古话说枪打出头鸟，其实大部分欧美的经济学家都知道华人并不能算当地市场的主流，将因为低贷款利率等因素导致的房价上涨全怪在华人身上并不公平。但出于一些政治原因，限制海外买家的政策仍然在多个城市地区浮出水面。

机遇总是与挑战并存。到了2019年的今天，华人投资者在面对各个方面的市场变化时已经逐渐成熟起来。我们不会简单因为海外面向华人的市场活动更多就沾沾自喜，也不会因为个别舆论批评或政府限制而对某个市场悲观。华人逐渐能够更老练地驾驭各种海外房产市场，主要得益于信息网络的不断发展。能否掌握及时、准确、详细的信息成为成功投资的关键，这正是我们FX168财经集团制作《全球投资市场蓝皮书》的初衷——为投资者提供最完善的信息，为海外投资铺平道路，保驾护航。

序言

笔者曾经在2016年赴日本东京—京都—大阪自费旅游，印象比较深刻的有两点，一是密度低，即使在东京、京都、大阪和名古屋的市区，居民住宅也到处是二三层独栋小楼（一户建），公寓楼不是很多，即使公寓楼也没有太多高层的，4-6楼为主，没有像一般大城市那样的黑压压让人窒息的高楼林立。二是租金水平高，在东京街头看了几个租房广告，60～70平方米的房子月租金在1.5万元人民币左右。

再来看看本书中对东京的描述，还是很贴合当地情况的。

FX168财经集团的研究团队通过宜居水平、综合成本、短期潜力、长期稳定的四大维度，同时辅以租售比、持有成本等数据对全球主要的31个城市进行全面的描述，让广大读者不出国门也可以对当地有一个较为直观的了解。

近几年海外置业逐渐兴起，不论是自住需求还是投资需求，其中的各种风险都是必须要全面了解的。这一点，在本书中也有很好的内容解析。

笔者认为，住房的特殊性在于，其包括投机性和自住性需求，但投资性需求最终还是依赖于自住性需求，只是对自住性需求的提前预支和套利。而自住性需求，归根到底来自本地的就业机会和生活环境。对于一个城市的楼市而言，当自住性需求迅速萎缩、消失，或者说转移了，自然其投资价值也就崩溃了。

房价水平除了由当地当前的收入决定，也取决于公共服务品质和人们对这个城市的发展前景的预期。耶鲁大学经济学教授席勒认为，当资产市场上的投资者有动物本能而失去冷静判断，会把未来的亮点过度放大，也会把一点乌云变成暴风骤雨。

因此，海外置业尤其需要注意这一点。

读万卷书行万里路，多出去亲眼看看，开阔眼界，这还是很重要的。

陈　杰
上海交通大学国际与公共事务学院教授
中国城市治理研究院嘉华教授
2019年2月

目录

CONTENTS

第1部分　城市综合评分

第2部分 2018全球房地产重大趋势

第3部分 全球商业地产

附 录

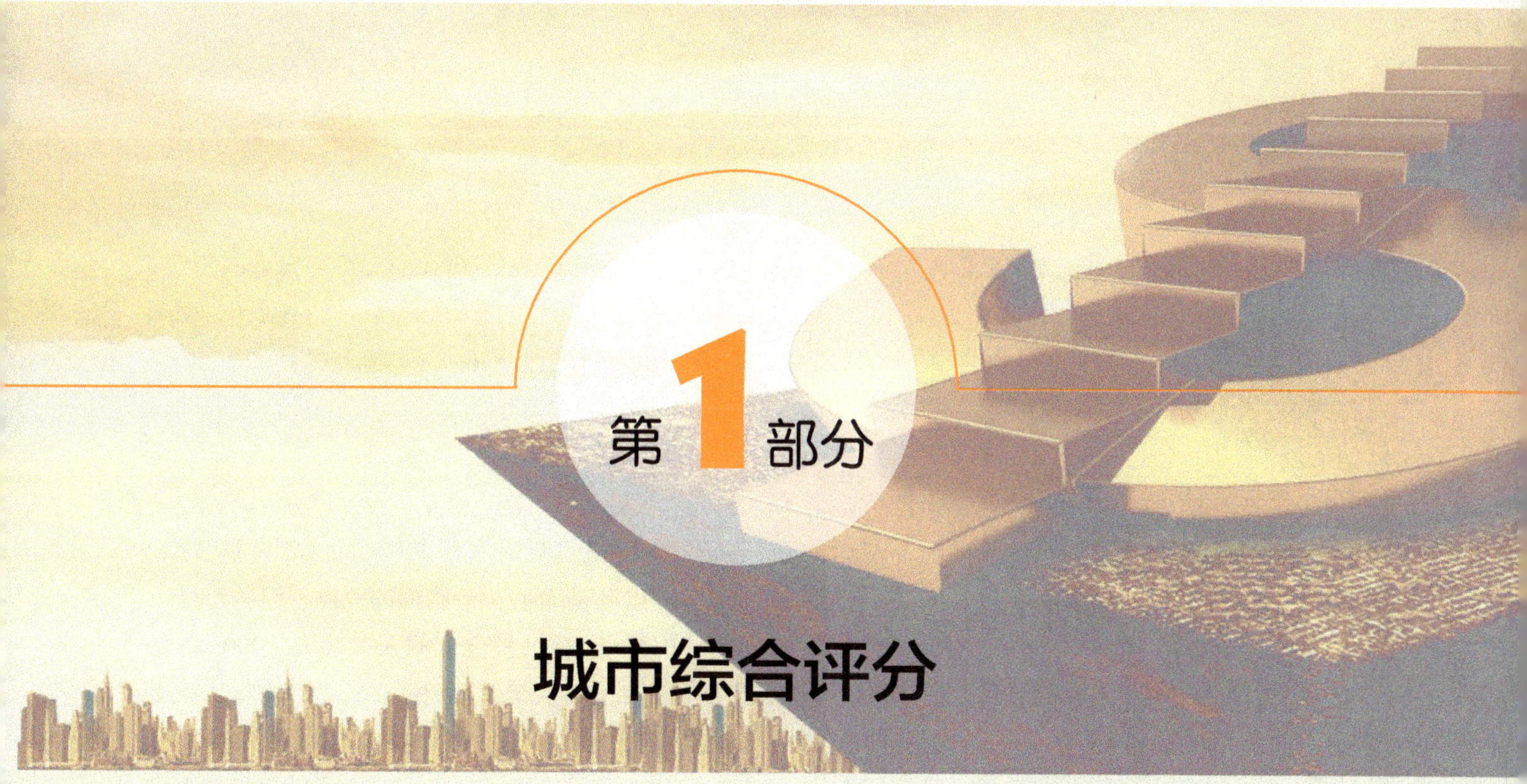

第1部分

城市综合评分

（一）美国市场

宜居评级：★★★☆

成本评级：★☆

短线评级：★☆

稳定评级：★★★★☆

市场现状

纽约大区GDP：1.7万亿美元

人均收入：6.9万美元/年

纽约大区人口：2 000万（2017年）

人口增长率：0.8%

"Make your mark in New York and you are a made man."

—Mark Twain

"在纽约留下你的印记，你就是一个成熟的人。"

——马克·吐温

1. 纽约

纽约被称为世界之都，是世界最繁华的现代化都市，从政治、经济、文化等多方面都可以算是大都会最典型的范例。纽约市区人口800万以上，加上周边城市，整个都会区的人口接近2 000万，是美国第一大城市。纽约是美国金融工商业中心，居民平均收入在全美国排在前列。如果拿纽约州当作一个国家，其GDP在全球可以排到第十位，相当于加拿大一国的经济总水平。作为世界很多大型企业总部所在地，纽约市同时也是全世界高净值人士最集中的地区。包括美国现任总统特朗普在内，世界上最富有的一部分人都在纽约拥有房产。纽约市中心曼哈顿岛上的房产总估值按照现在的房价水平接近2万亿美元，加上纽约证交所以及纳斯达克证交所价值2.5万亿美元的股票，使纽约当之无愧地成为世界上资本流通的核心地带。上述这些情况让纽约的房产市场拥有了自己独特的属性。纽约独特的魅力吸引了全世界的房产投资者，但同时，由于纽约在世界城市中的特殊地位，想要驾驭当地房产，对于投资者的资本实力等各方面要求都会很高。

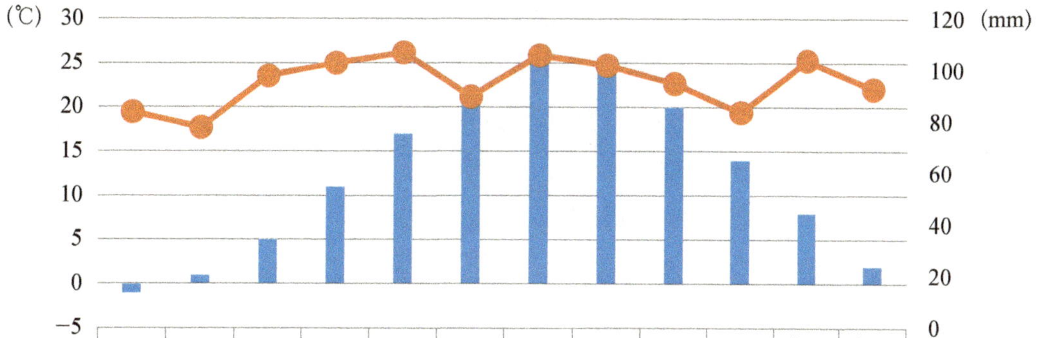

	一月	二月	三月	四月	五月	六月	七月	八月	九月	十月	十一月	十二月
月平均温度	−1	1	5	11	17	22	25	24	20	14	8	2
降雨量	84	78	98	103	107	90	106	102	95	84	104	93

图 1.1　纽约气候概况

宜居评级：★★★☆

美世生活质量调查排名：第45名

气候：四季分明　纽约地处美国东北部，位于哈德逊河入海口，北面是一望无际的美东大平原，而东南面则是大西洋。纽约地区春秋时节较为湿润，年降雨量达到1 144毫米。一月的平均气温为零下1摄氏度，七月的平均气温为25摄氏度。尽管夏季偶尔出现暴雨天气，但当地全年日照相对充足，冬季偶有暴雪。

空气质量：清洁　作为美国东北部传统重工业中心之一，纽约的空气质量历史并不光彩。但在市政府将大型工业企业搬离市区多年之后，当地的空气质量已经常年保持在良好的范围内。PM2.5含量日常不超过30，属于低污染城市。主要的空气污染排放来自纽约都会区上千万的人口。单从环境上来讲，纽约在全球大都会范围内达到中等偏上，温和的气候适合大部分来自温带中国地区的投资者居住。

交通：拥堵，依赖公共交通　纽约居民平均通勤距离17公里，平均通勤时间43分钟，21%的居民选择私家车通勤，47%的居民选择公共交通，14%的居民步行上下班。作为世界最大都市，纽约在社会和人文方面优势和劣势并存，这让当地的人文宜居水平处于全球房产市场中游的位置。作为拥有800万人口的城市，纽约市区的拥堵程度其实还算不错。虽然当地交通日均吞吐量排在世界前列，但在一些杂志评出的“最拥堵城市”排行榜中，纽约上榜并不频繁，偶尔出现几次也排不到最前面，这主要归功于历史悠久的城建工作以及纽约州充足的政府资金。

治安：良好　纽约整体治安水平在世界大型城市中算是良好，作为世界上最大的都会区之一，尽管黑帮等问题仍然不能根除，但抢劫、盗窃等财产犯罪数量连年下降。同为人口众多的美国东部传统大城市，纽约目前的犯罪率已经远远低于芝加哥、费城等市，在整个美国大城市中也算是中等偏上的水平。

华裔社群：发达　最新的统计数据显示，纽约地区约有80多万华裔人口，占总人口数的9%。整体亚裔人群大约占城市总人口的15%。这使纽约成为整个西半球最大的华裔聚居地。曼哈顿区、皇后区和布鲁克林区均有唐人街和华人聚居的社区。当地华人超市、餐厅数量众多，而且质量很高。纽约华人移民社区历史悠久,尽管在美国一直存在一些种族歧视问题,但近年来华人的社区族群意识越来越强。华人在当地政治、经济、传媒领域的影响力也不断增加。尤其是政治方面华人面孔最近几年不断增加,在市议会、高级法院、警局都有华人高管出现,这对当地华裔群体具有非常重要的意义,标志着华裔在纽约地区的地位正在稳定提升。

教育:优秀　纽约的城市整体教育水平处于美国中上游,但整个都会区的教育质量参差不齐。这里既有全美排名前十的学校,也有全美排名倒数的学校。整体来说纽约的教学投入还是全美最高的,市政府在每个学生身上平均花费1.9万美元,远远高出全美平均水平的1万美元标准。高质量的学校均分布在富裕的社区,入住这些社区本身的价格已经不菲。不过美国大量常青藤名校分布在纽约附近的美国东北部地区,从这一点来看,当地整体的教育吸引力算是本书中研究的几个美国城市中较高的。主要大学包括康奈尔大学、哥伦比亚大学、纽约大学等。

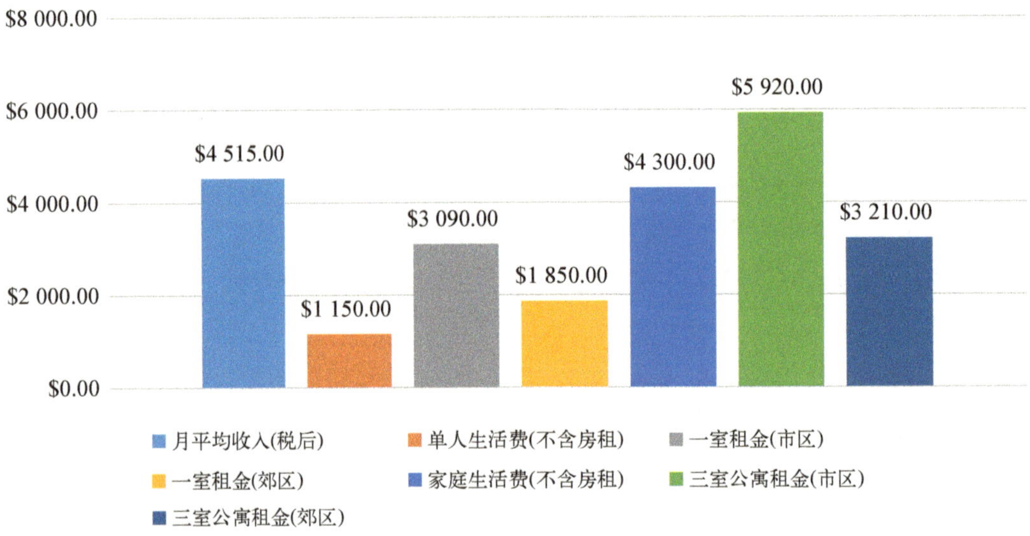

图1.2　纽约生活成本

50万、100万、1 000万美元在纽约能够买到什么样的房产?

价格:50万美元,曼哈顿中央公园附近一室公寓,面积45平方米

成本评级:★☆

房价水平:高　纽约寸土寸金的曼哈顿市区主要的房产基本是公寓。曼哈顿岛每平方米价格达到1.45万美元,郊区也要高达6 000美元/平方米。拥有大型阳台、跃层的公寓就已经是非常豪华的选择了。如果是超过三层、并排建筑的联排别墅价格基本上都会达到千万级别。而外部市郊地区则更多是独立屋和联排别墅。最为抢手的曼哈顿公寓价格按照位置不同,平均单元价格可以达到100万～200万美元不等。而纽约郊区尽管也有价格

相对便宜的独立屋，但便宜的地区通常也是治安较差的区域。

交易成本：较高　当地买房除房款之外，交易时还需要缴纳产权保险费约0.4%、房屋转让税1%～1.425%（按照房价高低税率不同）、律师费0.16%左右，以及包括房屋检查费在内的其他杂费。在纽约购房，总计需要缴纳房价2%左右的额外费用。如果房产成交价格超过100万美元，买方还要额外缴纳2%的豪宅税。另外还有2%～6%不等的房产中介费，总计额外成本可能在5%～10%之间。

持有成本：较高　纽约地税在全美算中等偏上，每年地税接近房价的1.6%。公寓管理费的价格也比较昂贵。如果加上维护开销和公寓管理费，每年大约需要房价的2%～3%之间。从固定开销角度看，纽约在全球各大城市中绝对算是投资成本比较大的市场之一。所以很多人认为纽约的房子“买得起也养不起”。

贷款成本：较高　纽约州贷款利率整体要比美国其他地区高出一点点，当地目前20年固定贷款利率在4.2%左右。通常贷款的上限是年收入的5倍左右。海外居民也能在个别银行贷款，但有很多限制且利率稍高，而且贷款额度要看资产水平。

价格：100万美元，曼哈顿近地铁一室一厅，面积70平方米

价格：1 000万美元，曼哈顿下城区四室四卫浴豪华跃层公寓，面积400平方米，位于纽约均价最高的Tribeca区，靠近华尔街

短线评级：★☆

2018价格年率增长：3.1%　随着纽约的新屋供给继续攀升，纽约整体房价在2018年初已经非常明显地开始下滑。过去一年中美国整体的经济数据向好，但在纽约这个全美房价最高的地区，价格继续攀升阻力已经很大。同时，另一个让人担忧的数据显示，纽约市区的房屋交易周期延长至100天以上，这意味着大部分房屋挂牌之后需要至少3个月时间才能找到买家。尽管如此，房价相比2017年同期仍然有一定上涨。美国普通居民和中产阶级收入虽然在近期有所增加，但房贷利率也随着美联储加息而增加。短期内，尽管本地人购房的刚需以及全世界对纽约房地产的投资热情不减，但房价大幅走高的可能性不大，甚至存在小幅回调的可能性。

2019增长预期：–2%～2%　尽管在国际经贸方面备受盟友指责，而且也输掉了中期大选，

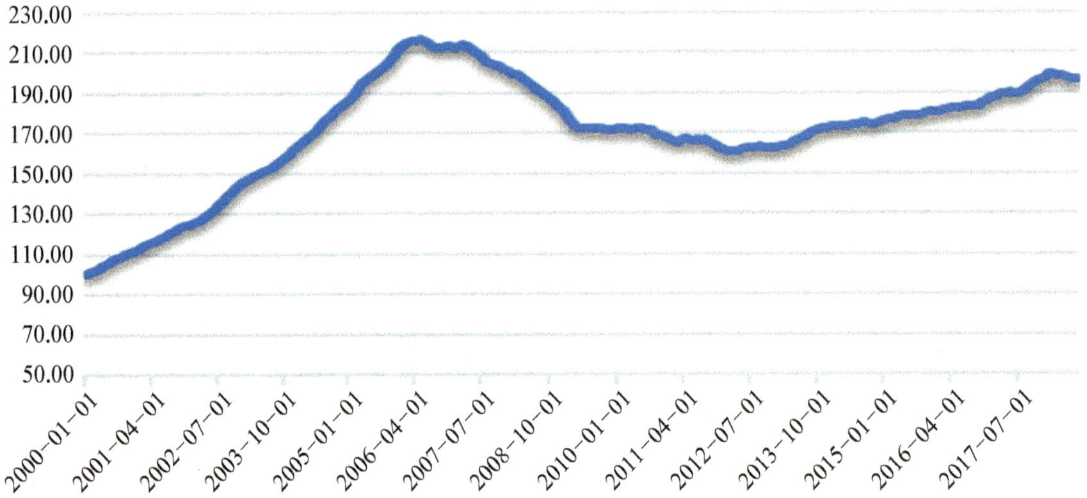

资料来源:圣路易斯联储数据库。

图1.3 纽约房价指数(2000年按100计算)

但特朗普和美国共和党在税改、增加居民收入、提高就业等方面的成绩单还算不错。这给美国整体房地产市场提供了一些积极推动。但纽约市场由于价格超出美国平均水平太多,市场内的冷却信号明显。同时,美国贷款利率将可能在2019年突破5%的整数位大关,这对房地产需求将是一个考验。即使2019年美国经济出现其他推动房地产市场的因素,考虑到纽约的价格水平,大幅上涨的可能性也不大。经济学家普遍认为,2019年纽约房市将会趋于调整。

短期影响因素:喜忧参半 2019年纽约房地产市场最关注的因素可能将会是亚马逊公司第二总部落户皇后区。这将给纽约曾经最落后的社区带来罕见的刺激。另一个可能在短期内影响纽约房地产市场的是政府对营建许可的审批以及可负担房屋计划的推行。这两个方面将决定未来纽约地区会有多少新屋进入市场。一个较为积极的因素是:纽约目前的租金水平仍在上升,这对房价产生一些积极的影响,也会吸引更多投资者尝试进入纽约市场。

出租投资:尚可 纽约2018年仍然是美国房租水平最高的城市之一,但由于房价还是相对太高,售租比仍然达到19.03。市中心的一室公寓租金高达3 000美元。尽管如此,每年租金收入有一半以上要支付地税和管理维护费用。当地地税在1%左右。如果投资者是贷款购买房产,考虑到目前美国的贷款利率,可供操作的空间更小。投资回报主要来源于房屋本身的升值。但如果贷款金额不大,以房养贷仍然可行。

稳定评级:★★★★☆

政治局势:稳定

市场发展:规范化,历史悠久

自然灾害:少,偶有台风

城市规模:极大

支撑因素一:国际经济地位 作为世界第一大经济体中最大的城市,同时也是世界经济的绝对中心之一,纽约本身的人口基数、经济规模以及在国际大都会中毫无争议的地位成为这个城市房产市场最大的支撑要素。纽约在世界上的地位重要到我们甚至难以想象什么情况下当地的房产可

纽约历史时间表

1524年，意大利探险家乔瓦尼首次发现纽约港。

1624年，荷兰人在曼哈顿岛建立殖民地，称新阿姆斯特丹。

1664年，英国占领当地，改名新约克（音译纽约）。

1776年，美国独立，纽约州成为最早独立的十三州之一。

能出现大幅崩盘的局面。美国经济崩溃？“后天”级别的重大自然灾害？除此之外，当地房产即使在美国最艰难的情况下，相对世界其他城市仍然具有难以抗拒的吸引力。

支撑因素二：多元化移民背景　纽约在很多方面可以说是美国这个移民国家的门户，同时也是缩影。自由女神像是很多海外移民第一次接触美国的标志性建筑。当地已经发展上百年根深蒂固的移民文化让移民能够更快融入美国人种大熔炉的生活。当地各种移民也吸引更多海外人士移居纽约。从这个角度，即使排除人口自然增长的影响，纽约对于房产的需求也将会继续保持稳定。

支撑因素三：人口基数　纽约市人口超过800万，加上附近都会区人口更是接近2 000万，在欧美国家中，这个人口规模已经算是非常庞大了。人口本身支持着纽约房产市场需求。除了人口的自然增长外，纽约作为世界上最繁华的大都会，每年还吸引成千上万的国内及海外移民。这进一步提高了当地房地产市场的刚性需求。

潜力因素：纽约硅谷　亚马逊第二总部现已正式敲定，一分为二选定纽约皇后区和华盛顿附近的艾灵顿两个地址。同时有消息指出，谷歌也计划申请在纽约兴建12层的办公大楼。最近几年纽约成为美国高科技产业增长最快的城市之一。未来美国高科技产业向东部移动的趋势能否延续目前还不清楚，但如果情况属实，这将为当地带来大量新的就业机会。

风险因素，城市老化，基础设施陈旧　纽约市数百年的历史以及很多别具风情的老式建筑是当地一大特色，但同时也给纽约带来一些问题。建筑本身以及很多基础设施相对陈旧，同时在纽约人口众多的环境下，这些建筑和基础设施更换起来非常困难。这在长期将为纽约市房产带来挑战。政府和规划机构已经注意了这方面的问题，并在不断尝试寻找解决办法，但未来这个问题究竟是能够被解决还是会继续恶化，目前还不能确定。

宜居评级：★★☆

成本评级：★★☆

短线评级：★★★☆

稳定评级：★★★★

市场现状

华盛顿大区GDP：5 200亿美元

人均收入：7.1万美元/年

华盛顿大区人口：613万（2017年）

人口增长率：1.4%

"A community of Southern efficiency and Northern charm."

—John F. Kennedy

"这里融会了南方的效率和北方的魅力。"

——约翰·肯尼迪

2. 华盛顿

作为美国首都，华盛顿特区的政治地位在美国无可替代。而当地劳动力市场受到政府及大量机构总部的带动，长期以来都在美国保持非常稳定的走势。大量中产阶级的存在也使华盛顿地区成为美国各城市中房产市场发展最为稳健的一个。如果考虑单人的收入水平和平均GDP，这里绝对是全美国财富最集中的地区。不过与中国的首都北京不同，华盛顿是一座"为了成为首都"而建立的城市。除了政治地位之外，华盛顿在金融、商务和文化上的整体影响力实际上要逊于纽约和洛杉矶这东、西两大都会。首都较为死板的娱乐生活以及过于严肃的城市氛围并不吸引年轻人和富豪阶级。总的来说，华盛顿本身浓厚的政治色彩给当地经济赋予了其他城市不可能拥有的优势，但同时其特殊性也给投资当地房地产带来独特的挑战。

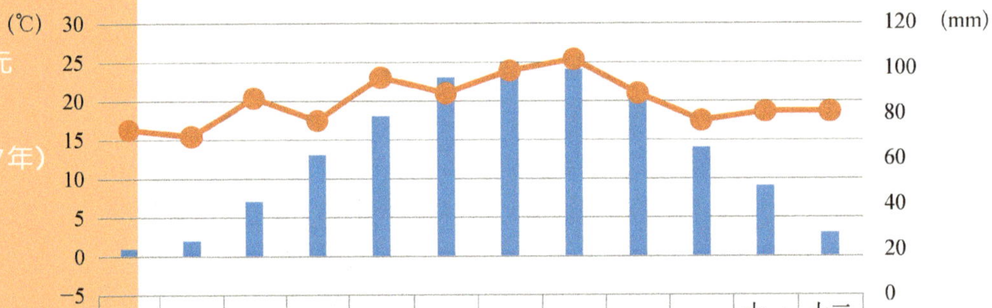

	一月	二月	三月	四月	五月	六月	七月	八月	九月	十月	十一月	十二月
月平均温度	1	2	7	13	18	23	25	24	21	14	9	3
降雨量	73	70	87	77	96	89	99	104	89	77	81	81

图1.4　华盛顿气候概况

宜居评级：★★☆

美世生活质量调查排名：第48名

气候：四季分明　华盛顿地处美国东部大平原，市区有波多马克河和安那考斯迪亚河交汇。当地温和湿润，全年雨水充足，年降雨量在1 023毫米左右。1月平均气温1摄氏度，7月平均气温25摄氏度。当地四季分明，尤其是春秋两季晴朗温和，非常适合出行。

空气质量：清洁　由于华盛顿特区附近的几个州都是农业州，工业活动相对较少，所以当地的空气质量保持在比较高的水平。PM2.5含量日常可以保持在20以下。

交通：拥堵　华盛顿居民平均通勤距离22公里，平均通勤时间41分钟，66%的居民选择私家车通勤，13%的居民选择公共交通。华盛顿的交通情况并不是一个为当地居民乐道的亮点。很多人说华盛顿特区不但是美国首都，也是美国首"堵"。缺乏完善的公共交通可能是当地交通避不开的一个难题。考虑到特区政治上的特殊性，也很难像其他州府那样有大量资金投入公共交通建设。

治安：中等　华盛顿的整体治安水平在美国排在中游，作为国家政治中心，政府的重视力度绝对堪称全美第一流。但也正因为华盛顿是美国首都，流动人口和有政治诉求的美国人也经常到华盛顿地区游荡。盗窃、抢劫等针对财物的犯罪在美国的"天子脚下"也时有发生。与华盛顿临近的巴尔的摩也是美国治安较为混乱的区域，这也给华盛顿带来不良影响。

华人社区：较小　华盛顿当地华人社区尽管历史不长，但也继承了华盛顿特区严谨的特点，井然有序。这一点上比纽约和旧金山上百年相对破旧的老唐人街要好得多。不过华人社区在华盛顿并不繁华，华裔在人口中仅占不到3%，中餐、华人文化活动相比美国其他大城市要少。

教育质量：高　华盛顿州的教育水平绝对能够在全美国排名前列，而且平均水平非常稳定。当地基本上没有哪个区的教学质量与整体水平相差太多。居民受教育程度也非常高。主要大学包括乔治城大学、华盛顿大学等。

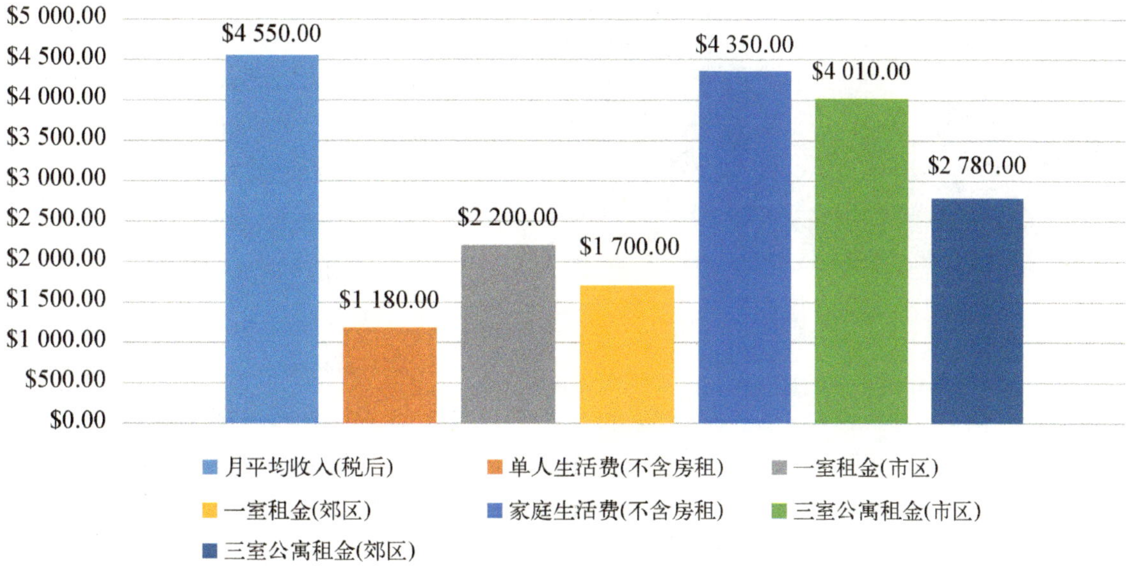

图1.5　华盛顿生活成本

成本评级：★★☆

房价水平：中等　华盛顿郊区房产多为独立屋和联排别墅。大部分多层公寓分布在市区。市区公寓平均价格大约为每平方米6 000美元，郊区则要接近3 000美元/平方米。

交易成本：较高　当地买房除房款之外，交易时还需要缴纳一次性过户费700美元、房屋转让税1.1%～1.45%(按照房价高低税率不同)、房产证保险0.4%左右以及房屋检查费及其他杂费。加上中介费，总计需要缴纳房价5%左右的额外费用。

50万、100万、1 000万美元在华盛顿能够买到什么样的房产？

价格：50万美元，华盛顿市中心，靠近白宫、国家地理博物馆，面积70平方米

价格：100万美元，安静社区两室两卫浴公寓，面积120平方米

价格：1 000万美元，特区西北豪华山庄，八卧室11卫浴，占地半英亩，配置室外游泳池、花园、酒窖、台球室、按摩浴缸

持有成本：较低 华盛顿特区地税为0.56%左右。物业费平均每年7 000美元左右。拥有当地房产之后，每年的房产税加物业费额外开销大约在房价的1%～2%之间。

贷款成本：较高 华盛顿特区贷款利率处在美国中等水平，当地20年贷款固定利率为4.2%左右。通常贷款的上限是年收入的5倍左右。海外居民也能在个别银行贷款，但有很多限制且利率稍高，而且贷款额度要看资产水平。特区有一些针对首次购房者和政府员工的贷款福利，若满足条件，贷款压力则会相对减轻。

短线评级：★★★☆

2018价格年率增长：2.9% 从各方面的数据来看，华盛顿的房地产市场都处在一个平稳上升的状态。销售数据保持良好，市场上的房源非常紧俏，平均两周挂牌的房源就会售出。此外，尽管开工新建的房屋逐年增加，但由于城市人口增多等原因带来的刚需更胜一筹，所以导致整体市场上仍然处在供不应求的局面。考虑到华盛顿的城市情况，这里并不会出现像纽约或者旧金山那样的房市大行情。但在美国整体经济保持良好、政府以及大企业总部带来的当地工作机会充足的情况下，华盛顿特区能够获得目前这样的涨幅理所应当。

2019增长预期：2%～4% 美国整体房价在金融危机之后一直保持着稳定上升。长期的上涨趋势让一些居安思危的经济学家感到担忧。而同时，房地美等机构也纷纷警告称，2019年美国整体房地产市场将面临不少的挑战。考虑到华盛顿稳定的房市属性，继续保持现在的涨幅不难。即使在整个美国面临房

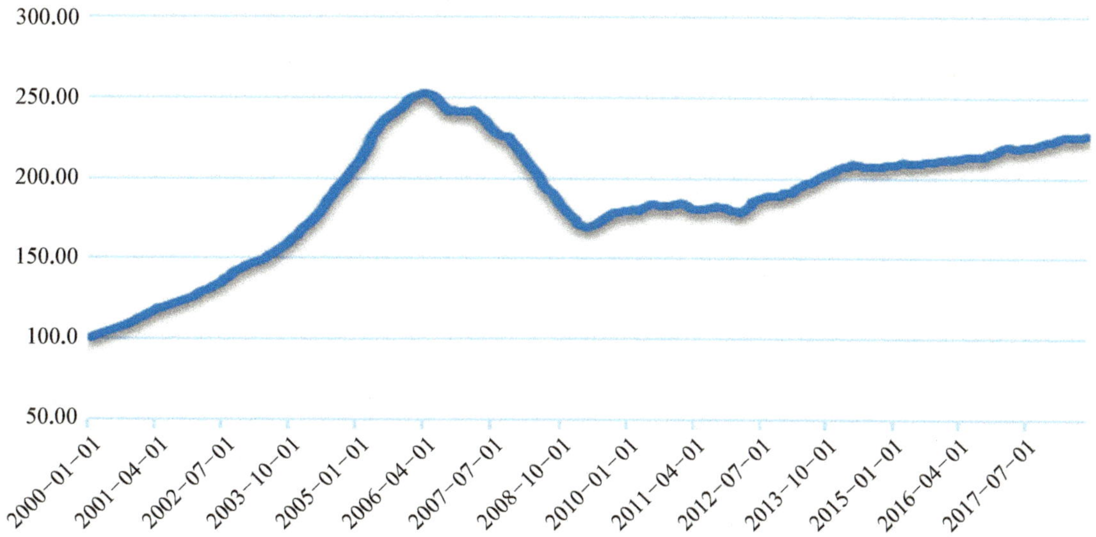

资料来源：圣路易斯联储数据库。

图1.6　华盛顿特区房价指数(2000年按100计算)

市冲击的时候，相比旧金山和纽约，华盛顿特区的价格下行风险也要小很多。而且按照眼下华盛顿供不应求的市场现状，即使一些投资者被整体房价的下滑吓退，华盛顿当地仍然有大量的刚需买家愿意进入市场。另一方面，尽管特朗普上任时一再强调自己会精简政府部门机构，他本人也确实“炒掉”了不少白宫以及政府内部高官，但实际上华盛顿的政府工作岗位并没有明显减少。从这个角度考虑，华盛顿未来的房产市场不会从这位以爱开除人闻名的总统那里获得什么负面影响。

短期影响因素：较积极　亚马逊在艾灵顿预计开设的第二总部将会是一个积极的未来影响因素。但考虑到亚马逊公司向来不太受人推崇的工资待遇，想要靠这个项目养活大量能够买房的中产阶级难度不小。华盛顿特区的高工资仍然是受到美国联邦政府、大型企业提供的高薪工作支撑的。在纽约等地面临房市冷却的情况下，华盛顿可能会迎来一些寻求“避难”的投资者。但这些因素对市场价格的影响力都并不足以左右整体局势。

出租投资：良好　华盛顿2018年的售租比达到13.33，郊区更是低于9。这意味着当地出租房屋10年左右就能收回购房成本。这个水平基本只在美国中小城市才能看到。但考虑到华盛顿低于5%的房屋空置率，可以说在这里购房出租，绝对是非常不错的投资选择。市中心的一室公寓月租价格大约2 200美元，但类似户型的售价只有纽约的一半左右。华盛顿特区的地税为房屋估值的0.85%左右，加上管理费和贷款，在这里出租房屋不但可以保证覆盖成本，还可能有一定的固定盈余。

稳定评级：★★★★

政治局势：稳定

市场发展：规范化

自然灾害：少

城市规模：大

支撑因素一：政治稳定性　作为美国首都，华盛顿在政治稳定性上可以达到世界一流的水平。

华盛顿历史时间表

1752年，乔治城地区的土地丈量首次完成。

1789年，乔治城成为马里兰州一座城市，同年乔治城大学创立。

1790～1791年，划定特殊行政区，以美国国父华盛顿命名。

1791～1800年，白宫、美国国会等政府机构大楼陆续开工，美国政府机构向华盛顿特区迁移。

1800年，华盛顿特区正式成为美国首都开始运作。

尽管美国本身也会有各种影响资本市场的政治不确定性因素存在，但建国数百年之后，华盛顿的首都地位并不会被任何一个其他城市所取代。

支撑因素二：房价可持续性 相比美国其他城市，华盛顿的大部分居民都是政府公务员、相关服务人员，以及与政府有密切关系的企业的员工。这些人生活出现大起大落的可能性较小。华盛顿历来也相对远离房产投机行为。当地房产市场的价格水平在过去数百年都保持了相对温和的波动幅度。未来我们认为这种情况还会继续下去。

风险因素：人口老龄化 相比美国其他城市，华盛顿主要的工作机会更倾向于与政府相关的业务。缺乏类似纽约或者旧金山等地发达经济的原因之一是当地吸引年轻人的能力有限。华盛顿特区拥有远低于美国其他各州的年轻人比例。在20世纪80～90年代，华盛顿曾经经历过一段时间的人口大幅下滑。21世纪初到目前为止，人口受到移民等支撑保持上升，但按照目前的人口结构来看，未来并不是没有再次出现人口下滑的可能性。

宜居评级：★★★★
成本评级：★☆
短线评级：★★★☆
稳定评级：★★★★☆

市场现状
旧金山湾区GDP：5 000亿美元
人均收入：8.6万美元/年
旧金山湾区人口：700万（2017年）
人口增长率：0.7%

"San Francisco has only one drawback — it's hard to leave."

—Rudyard Kipling

"旧金山只有一个缺点——你不愿离开这里。"

——鲁德亚德·吉卜林

3. 旧金山

对于来自太平洋彼岸的大量老一辈亚裔移民来说，旧金山是他们第一次踏上的北美洲大陆土地，金门大桥是他们第一次亲眼见到的美国标志，而湾区也是他们第一次在美国扎根安定下来的第二故乡。我们前面讲过纽约是整个西半球最大的华裔聚居群落。但如果考虑人口占比，旧金山则是美国华裔最密集的地区。这里同时也是美国房价水平最高的地区之一。加州在19世纪中叶因为淘金热而迎来了飞速发展，获得了自己首个房地产大涨行情。而在20世纪末，随着硅谷的兴起，旧金山迎来了新的时代。当地大量世界上最顶尖的科技企业如苹果、谷歌、脸书等为当地创造了大量高薪工作岗位。这些工作岗位又为房地产市场创造了稳定高质量的刚需。光靠这些还不足以推动旧金山房价走到今天的水平。旧金山冬暖夏凉，气候环境非常宜人，在美国本土是非常少见的宜居型大城市。美国以及世界各地的大量高净值人士在这里定居、旅居或安度晚年。综合这些因素，使旧金山房地产市场成为从各方面都不容忽视、值得所有海外房产投资者随时关注的一个重要市场。

宜居评级：★★★★

美世生活质量调查排名：第30名

气候：冬暖夏凉　旧金山地区西临太平洋，常年干燥凉爽，冬季不冷，夏季不热。1月平均气温达到10摄氏度左右，而7月平均气温受到海风和雾气的影响也仅为16摄氏度左右。平均气温最高的9月也在18摄氏度左右。年均降雨量相对稀少，大约为537毫米。全年晴天260天左右，超过全美平均水平。

空气质量：清洁　湾区向来没有什么特别集中的重工业。该地区人口是主要空气污染来源。PM2.5指数通常都保持在20以下。但有一点需要注意的就是，加州气候干燥，偶尔有山火发生，这对当地空气质量有时会产生很大影响。

交通：拥堵　旧金山居民平均通勤距离23公里，平均通勤时间46分钟，50%的居民选择私家车通勤，13%的居民选择公共交通，18%的居民步行上下班。湾区常年凉爽的天气非常适

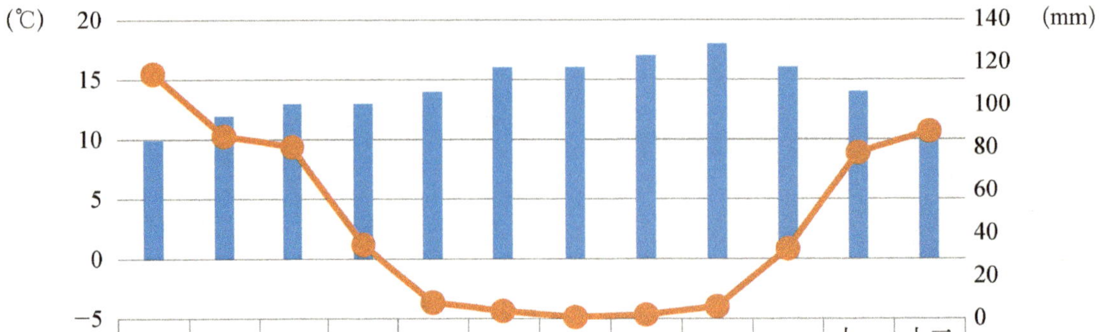

	一月	二月	三月	四月	五月	六月	七月	八月	九月	十月	十一月	十二月
月平均温度	10	12	13	13	14	16	16	17	18	16	14	11
降雨量	115	86	81	35	8	4	1	2	6	33	78	88

图1.7　旧金山气候概况

合出行到户外活动，这也成为当地交通拥堵的原因之一。城市居民出行基本依靠私家车。公共交通受到海湾、山地等因素影响并不能满足市区居民通勤的所有需求。另外，虽然著名的“九曲花街”并不是实际的主要道路，但旧金山市区山地地形陡峭，对于城市交通来说，很难说是个正面因素。最严重的问题是，湾区由于有水道的分割，很多地区之间的交通完全依赖桥梁。而与纽约地区不一样，宽阔且水位更深的旧金山海湾比起河流更难修建桥梁。所以湾区房产的宜居程度也受到交通情况的影响。交通便利的地区与一桥之隔的较远地区，出行舒适度可能出现非常巨大的差别。

治安：一般　旧金山的犯罪率是当地的老问题。奥克兰长期以来都是美国黑帮聚集的地区。即使在较为富裕的旧金山市区，盗窃等针对财物的犯罪案件数量也居高不下，湾区三城中表现最好的是大学和高科技企业扎堆的圣荷西，但这里的治安水平也仅仅算是及格程度。这对当地的宜居水平算是一个不小的减分项目。

华裔社群：发达　湾区的华人比例在全美排名最高。这里的唐人街是世界上最著名的海外华裔代表社群。不太熟悉北美生活的华人投资者能够在这里快速融入当地环境。当地华人人数近80万人，整个亚裔人口占到城市人口总数的35%，这大大超过亚裔人口在美国其他城市的占比水平。从最早的第一代华裔移民后裔，到最近几年刚刚登陆美国的华裔工程师大军，旧金山华裔社区的活跃程度一直相当高。加州政治文化开放，华裔在这里的影响力远大于在其他州的水平。

教育：优秀　湾区的教育水平很高，尤其是旧金山市区的教育在加州排名前列。加州作为美国GDP最高的州府，主要的发展动力来源于旧金山和洛杉矶两大都会区。而相比更加偏向文化的洛杉矶，旧金山附近的硅谷地区高新技术产业的发展也是当地吸引高技术人才的重要原因。在这一点上，不管是手持技术的第一代移民，还是为子女着想的第二代移民，都会受益于旧金山地区良好的教育环境和就业形势。旧金山的企业创新思想绝大部分来自本地高等学府。很多世界上最年轻的大企业CEO、亿万富翁都是从斯坦福大学、加州大学、旧金山城市学院等学府里获得自己第一个创意和第一桶金，并从此走向成功的。这也吸引着大量注重子女教育的华人在当地定居。

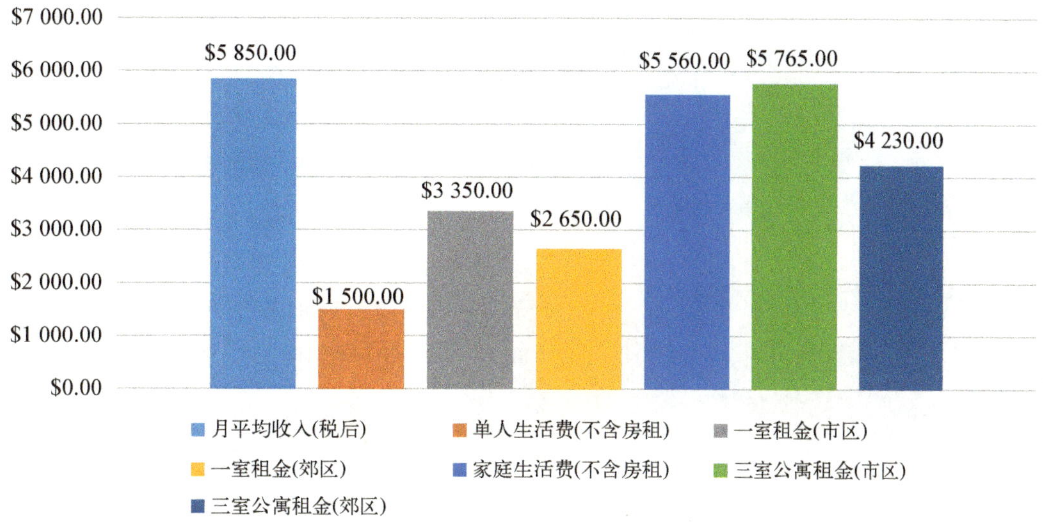

图1.8　旧金山生活成本

成本评级：★☆

房价水平：高　旧金山市区公寓房价平均约每平方米1.2万美元。单从城市平均房价来看，这里可以和纽约并称美国两大最高房价城市。尽管旧金山市区多山，但当地市场中公寓、联排城市屋和独立屋的比例仍然较为平均。市区大坡度的街道两边，也经常可以看到设计别致的独立豪宅。

交易成本：较高　当地买房除了房款之外，交易时还需要缴纳一次性公证费1 000美元、房屋转让税0.5%～0.75%(按照房价高低税率不同)、房产证保险1 500美元以及房屋检查费及其他杂费。加上中介费，在旧金山买房，总计需要缴纳房价4%左右的额外费用。

持有成本：较高　北加州地税大约为0.85%。另外，旧金山城区公寓的管理费用不菲。拥有当地房产之后，每年的房产税加物业费额外开销在房价的1%～2%之间。

贷款成本：较高　加州贷款利率整体要比美国其他地区低一些，当地20年贷

50万、100万、1 000万美元在旧金山能够买到什么样的房产?

价格：50万美元，旧金山市中心小套间(一房加厨房厕所不配客厅)，面积35平方米

价格：100万美元，旧金山金融区附近高层一房一卫浴公寓，面积60平方米

价格：1 000万美元，金门大桥北岸Tiburon地区海景豪宅，四卧室五卫浴，面积500平方米，占地0.45英亩

款固定利率为4.25%左右。通常贷款的上限是年收入的5倍左右。海外居民也能在个别银行贷款，但有很多限制且利率稍高，而且贷款额度要看资产水平。

短线评级：★★★☆

2018价格年率增长：10.6%　虽然旧金山房地产市场在很多地方都与纽约市场相提并论，但2018年两个市场的表现却南辕北辙。旧金山房地产价格指数在2018年再次迎来一轮大涨。房价指数再次飙升10%。经过2016和2017两年相对冷淡的行情和有价无市的局面，很多人认为旧金山市场将会继续保持相对清淡的局面。但2018年的股市成为房地产市场的驱动因素，主要科技企业在全年的大部分时间内都表现出了强劲上涨势头，这让湾区的网络工程师们钱包鼓了不少。进而，房地产市场也感受到股票上涨的红利，在已经高处不胜寒的价格基础上进一步攀升。

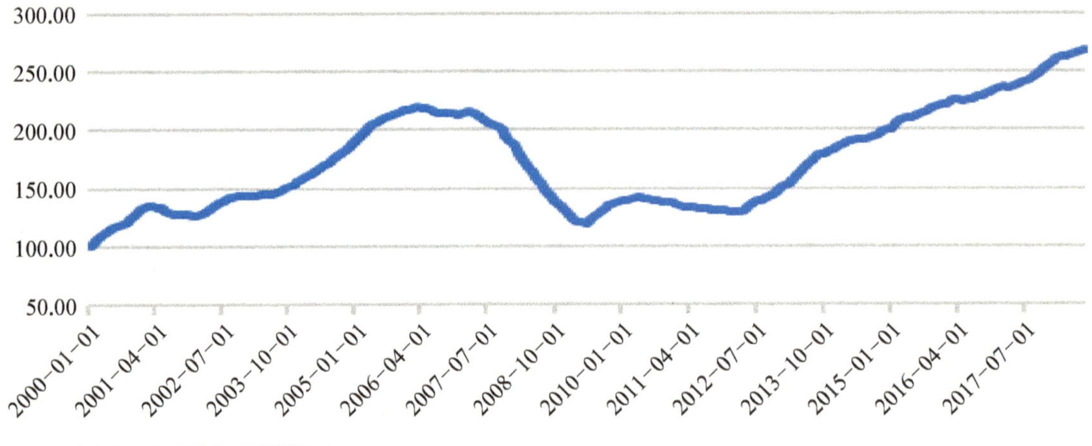

资料来源：圣路易斯联储数据库。

图1.9　旧金山房价指数（2000年按100计算）

2019增长预期：4%～10%　如果从现有的市场状态对2019年旧金山房地产进行分析，会是一个非常困难的任务。市场上最主要的指标如销售量、销售天数等都表示旧金山市场目前仍然积极健康。如果不看当地已经高达一百多万美元的平均房价，我们会轻易做出房市还会继续大涨的预测。这里10左右的房价工资比例是全北美第五，仍然低于加拿大东西两大城市以及纽约。可以说目前能够左右2019年房价的最重要因素就是科技公司2020年的表现。如果工程师们手头宽裕，那么旧金山的房市就会继续保持高涨，哪怕房价中位数涨到150万美元，对于年薪二三十万美元的旧金山新贵们来说，也没什么大不了。尽管科技股在2018年最后一个季度回落，但在中期大选尘

埃落定、减税继续推行等有利条件下，2019年旧金山的房市仍然值得期待。

短期影响因素：存在风险 旧金山的市场未来并不一帆风顺。实际上，尽管来自大型科技企业的强大支撑可能不会在短期消失，但已经有大量中小型企业表示承担不起当地高昂的成本。很多企业选择搬离旧金山和圣荷西市区，另一些甚至直接选择北上西雅图重新开辟自己的新天地。这将会成为未来几年影响旧金山房地产市场的最重要因素。接近0的人口增长率究竟会在什么时候出现负值，也将会是旧金山房地产市场未来面临的重大问题。有限的发展机会、高昂的生活成本已经吓退了很多想要搬到旧金山的年轻人，还有更多旧金山人在想方设法搬离这里，这都可能在未来给当地房地产市场造成压力。

出租投资：有利可图 在所有美国大城市中，旧金山的房租水平一马当先。甚至连当地的房价在租金水平面前都显得不那么离谱。售租比2018年达到16.89，比纽约、波士顿等东部大城市都要低。市中心的一室公寓租金高达3 350美元。同时，这里的房屋持有成本尚可接受。当地地税为0.6%左右，租金负担管理费加地税绰绰有余。如果投资者是贷款购买房产，考虑到目前加州的贷款利率，可供操作的空间仍比较充裕。不但以房养贷可行，而且如果贷款负担不算太重，租金负担贷款和养房成本之后仍然有一定的稳定收入余地。

稳定评级：★★★★☆

政治局势：稳定

市场发展：规范化

自然灾害：少

城市规模：大

支撑因素一：硅谷 旧金山地区经济并不仅仅来自硅谷，但不可否认的是，硅谷的高科技产业是当地经济支柱的一个标志。作为美国西部经济发展最快速的地区，整个旧金山湾区的创新氛围哪怕是纽约都无法媲美的，而增长迅速的高科技产业创造了大量高薪工作。富裕的年轻人购买房产，成了旧金山当地房市最直接的支撑。考虑到旧金山地区已经成型的教育、研究、资金配置创新企业发展链条，我们认为未来旧金山地区将继续保持经济活跃水平。而对于当地房产市场来说，活跃的经济就意味着稳定的房屋需求。

支撑因素二：有限的空间 尽管湾区东部仍然有一些可供开发的土地，但旧金山整体受到附近山脉、海湾限制的土地规模保证了当地供给不可能出现大幅攀升的情况。这对房价形成长期支

旧金山历史时间表

1776年，西班牙探险者成为最早到达旧金山地区的欧洲殖民者。

1847年，城市正式更名为“圣弗朗西斯科”。

1848—1855年，加州发现黄金，淘金热兴起，大量华工因修铁路和淘金聚居当地，将此地称作“金山”。直到1855年前后，澳大利亚墨尔本附近发现金矿，被称为“新金山”，圣弗朗西斯科于是被华裔称为“旧金山”，以示区别。至今中文翻译仍以这一种称呼最广为流传，另外两种称呼分别是“三藩市”以及音译“圣弗朗西斯科”。

撑。只要旧金山中心地带没有变化，那么这个太平洋沿岸狭小的半岛就会继续保持寸土寸金的局面。

支撑因素三：美国本土最宜人的气候 纽约、波士顿太冷，迈阿密太热、德州全是沙漠，西雅图雨水太多。尽管上述这些城市都具有自身独特的吸引力，但对于大部分希望单纯享受生活，又不愿意搬到美国本土之外的人来说，旧金山绝对是大城市中最好的选择。

风险因素：过高的市场价格 不平衡的整体价格水平仍旧是旧金山地区房地产市场的一个风险因素。房价相比2007年的最高水平增长了30%以上。而美国其他地区的房价目前大部分都还不到2007年高点的80%。这种不平衡的状态继续成为旧金山房地产市场头顶悬挂的一柄风险利刃，时时刻刻提醒投资者谨慎行事。

宜居评级：★★★☆

成本评级：★★☆

短线评级：★★★

稳定评级：★★★★

市场现状

洛杉矶大区GDP：1万亿美元

人均收入：6.25万美元/年

洛杉矶大区人口：1313万（2017年）

人口增长率：1.1%

"In Los Angeles, everyone is a star."

—Denzel Washington

"在洛杉矶，每一个人都是明星。"

——丹泽尔·华盛顿

4. 洛杉矶

洛杉矶是美国第二大城市、西海岸人口最多的都会区以及美国对太平洋地区贸易的枢纽。这里也是美国最具娱乐精神的城市之一。当地同时还是美国豪宅最密集的地区。很多购买高端房产的富豪，不是好莱坞的大腕，就是喜爱纸醉金迷的"天使之城"的其他国家地区的富翁。但另一方面，洛杉矶本地失业率相对纽约和同在加州的旧金山较高，人口成分两极分化严重。这就造就了洛杉矶房产高端市场和低端市场脱节、不平衡的情况。当地包括比弗利山庄、马里布等豪宅区是全美国房产平均价格最高的社区。但就在十几公里外的中城区也存在大片房价不到豪宅区1%的廉价地区。洛杉矶房地产市场的独特风格对于房地产投资者来说其实并不算是坏事。只要你能够读懂这个号称美国最多元化、最现实的城市，你就有机会接触各种不同类型的房地产投资标的。可以说洛杉矶非常适合来自海外的房地产投资者，这里既有新手区，也有高级别地带。

宜居评级：★★★☆

美世生活质量调查排名：第64名

气候：亚热带气候　洛杉矶位于美国西南海岸线上，受到太平洋海流的影响，当地终年温和干燥，降雨量偏少，全年仅有不

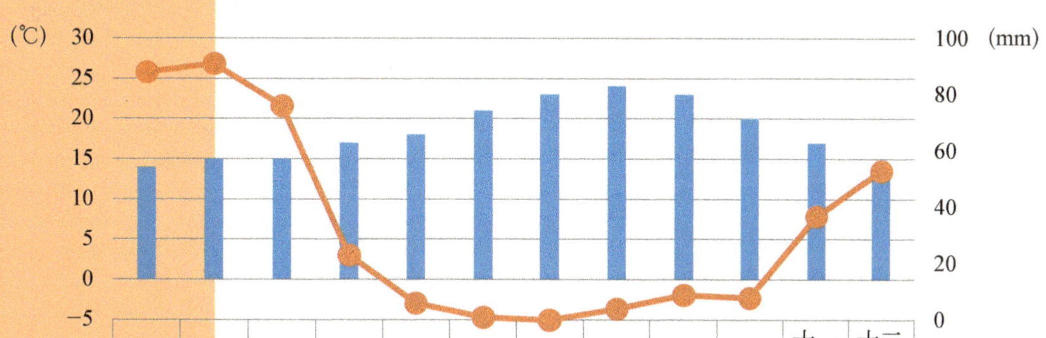

	一月	二月	三月	四月	五月	六月	七月	八月	九月	十月	十一月	十二月
月平均温度	14	15	15	17	18	21	23	24	23	20	17	14
降雨量	88	91	76	23	6	1	0	4	9	8	37	53

图1.10　洛杉矶气候概况

到396毫米降雨。1月平均气温14摄氏度，7月平均气温23摄氏度。当地时常受到亚热带飓风影响，偶尔在夏秋交替时期受到暴雨和狂风的影响。但整体来说，“天使之城”全年大部分时间阳光明媚。

空气质量：良好　洛杉矶平时的PM2.5指数能够保持在60以下。作为美国西海岸最大的港口和人口最密集的大都会，这里的空气质量尚可接受。2018年末，洛杉矶西郊马里布地区的严重山火给市区空气质量造成严重影响，附近地区居民被迫撤离。这是一起不幸的自然灾害事件，但从平时的表现来看，洛杉矶当地的空气质量水平还是相当不错的。

交通：拥堵　洛杉矶居民平均通勤距离29公里，平均通勤时间47分钟，81%的居民选择私家车通勤。洛杉矶的交通状况被很多媒体评为全美最差。人口众多，又是著名旅游城市，这些因素都让当地的交通情况成为居民怨声载道的问题之一。

治安：一般　美国很多人都认为洛杉矶这个以天使命名的城市治安混乱是一件很讽刺的事。但实际上，贫富差距悬殊的市区人口成分确实导致当地针对财务的犯罪率在美国各城市中排名靠前。对此，当地的富人选择安装监控系统，甚至雇用保镖或保安公司来保护自己的财产和人身安全。和旧金山一样，这一点对于“天使之城”的宜居水平产生了不良的影响。

华裔社群：发达　洛杉矶的华人人数为50万左右，亚裔比例约为3.9%，尽管人口比例中华人并不多，但当地拥有世界除了中国之外顶尖水平的华人餐馆。华人超市等设施也非常齐全。

教育：良好　洛杉矶著名的高等学府有加州大学洛杉矶分校、南加州大学等，名校完全不逊于美国其他大城市。由于都会区内幅员辽阔、人口众多，不同社区的小学、中学教育水平参差不齐。

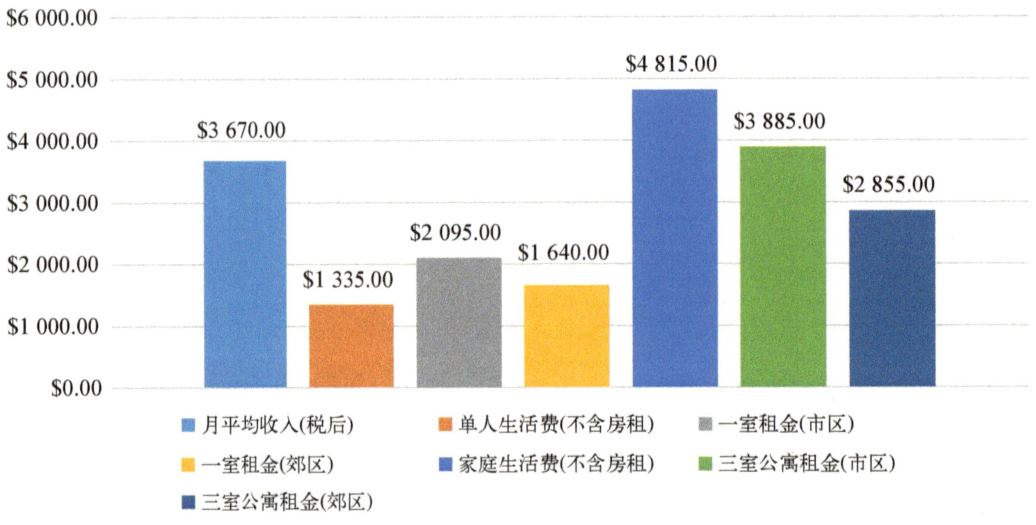

图1.11　洛杉矶生活成本

成本评级：★★☆

房价水平：较高　作为世界上屈指可数的超级大都会之一，洛杉矶地区的房价其实并没有太可怕。每平方米的均价约为7 200美元。乍一看价格水平和国内北、上、深等城市完全没有可比性，和一些准一线城市也差不太多，但如果深度观察洛杉矶市场上的房源，你会发现世界上最豪华的私人住宅大多聚集在这里。比弗利山庄里上亿美元的超级豪宅就有七八套之多，几乎相当于美国其他地区这个价位豪宅的综合。千万级别的别墅在城市西北部的富豪区比比皆是。但另一方面，南部城区的房价确实并不算贵。靠近长滩、港口区的中低收入地带，公寓的价格可能还要低于中国国内的二线城市。很多人把洛杉矶看做美国社会贫富差距现状的缩影，从房价的角度看，这很贴切。

交易成本：较高 当地买房除了房款之外，交易时还需要缴纳一次性公证费1 000美元、房屋转让税0.55%左右、房产证保险1 500美元以及房屋检查费及其他杂费。另外，中介费需要6%左右。

持有成本：较低 加州平均地税为0.8%左右。洛杉矶虽然有个别地区地税达到1%，但整体来看持有成本并不算高。洛杉矶平均工资水平相比其他美国大都会来说算是比较低的，这使房产的其他持有成本如管理费等也低于美国平均水平。

贷款成本：较高 加州贷款成本相比美国东部要低一些。洛杉矶当地20年贷款固定利率为4.35%左右。贷款的上限通常是年收入的5倍左右。当地除了大银行之外，还有很多中小型金融机构提供贷款，对收入、资产的要求会相对降低，但利率则会比大银行高一些。

短线评级：★★★

2018价格年率增长：5.6% 洛杉矶2018年整体房价指数虽然从账面上看表现不错，但实际上却在3月开始走平，一直到八九月份才继续小幅上涨。科技股大涨等2018年大事件对于洛杉矶地区都没有太大实际影响。甚至洛杉矶当地的平均工资还出现一定程度的下滑。特朗普对世界各国尤其是中国等亚洲国家的贸易战策略也使洛杉矶的港口物流产业受

50万、100万、1 000万美元在洛杉矶能够买到什么样的房产？

价格：50万美元，好莱坞西区老式公寓，一卧室两卫浴，面积80平方米

价格：100万美元，加州大学洛杉矶分校附近高层公寓，两卧室三卫浴，面积110平方米

价格：1 000万美元，比弗利山庄舒适别墅豪宅，五卧室四卫浴，配置私人游泳池、法式风格安静庭院，室内面积500平方米

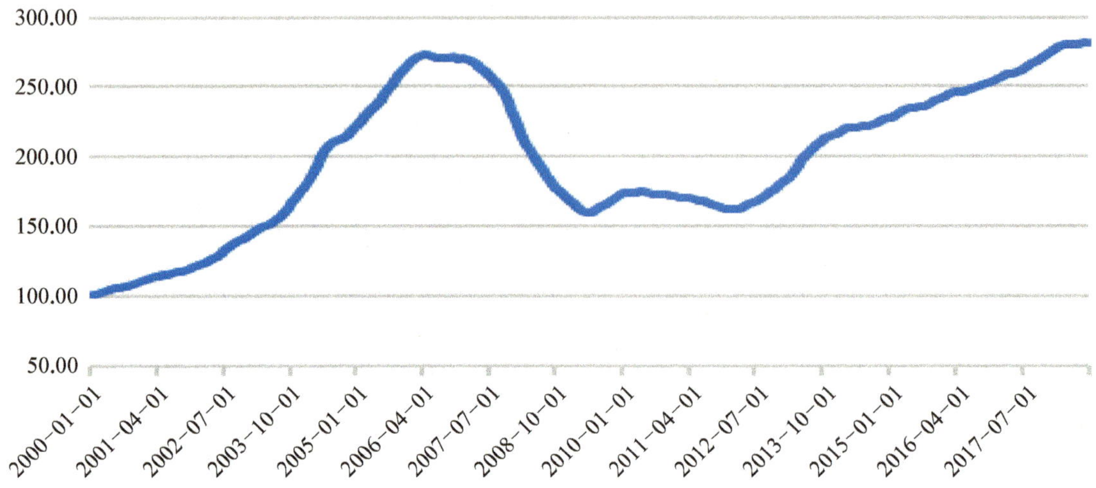

资料来源：圣路易斯联储数据库。

图1.12　洛杉矶房价指数（2000年按100计算）

到影响。房价能够继续攀升，可能缘于美国整体房价上涨的带动作用。

2019增长预期：2%～5%　经济学家和分析人士对于洛杉矶2019年的房价走势目前还并不是特别悲观。尽管房市在2018年夏季走平，销售周期、销售量等指向性数据下滑，但下定论说洛杉矶进入买家市场还为时尚早。考虑到洛杉矶目前的价格和可负担水平，即使房市在2019年进一步冷却，价格向下的阻力还是不小。此外，山火带来的影响也会在2019年发酵。这成为我们谨慎看好洛杉矶房市2019年走向的一个重要依据。

短期影响因素：喜忧参半　不断增加的库存将会是洛杉矶房市短期面临的最大压力。自然灾害带来的影响也不容忽视。2018年末的山火给旧金山西北郊区造成了沉重打击，经济角度的损失达到上百亿美元。但在灾害之后，由保险费用支撑的修复工作会给洛杉矶地区带来大量临时就业。市区的房源也会成为火灾地区居民的避难所。

出租投资：有利可图　洛杉矶出租市场活跃，库存庞大，当地的租金水平并不算高。房屋的平均售租比为14.90，比纽约和旧金山低，但相比2017年的水平要高，这说明房价的涨幅超过了租金的涨幅。按照现在的市场价格，购买当地房屋出租的固定租金收益不多。租金足够应付地税和管理费开销，但并不能获得太多回报。

稳定评级：★★★★

政治局势：稳定

市场发展：规范化

自然灾害：少，偶有台风、山火

城市规模：极大

支撑因素一：好莱坞　尽管在失业率、经济活跃程度等方面落后于拥有硅谷的旧金山湾区，但洛杉矶地区仍然是美国西部最大的大都会。这可能很大程度要归功于好莱坞的存在和对美国梦的追寻。因为好莱坞，“天使之城”成为美国乃至世界新闻媒体关注的焦点，当地也是能够碰到世界级电影明星机会最大的城市之一。对于大部分投资房产并不特别在乎数据绝对比较结果的人来

洛杉矶历史时间表

1524年，为西班牙帝国工作的葡萄牙探险者首次到达洛杉矶，但并未定居。

1769年，时隔200年之后，欧洲殖民者加斯帕才首次在洛杉矶建立定居点。

1781年，西属加利福尼亚总督费利佩建立洛杉矶。

1821年，墨西哥独立后洛杉矶及南加州归墨西哥所有。

1847年，美国在美墨战争之后与墨西哥签署条约，获得了包括洛杉矶地区在内的加州大片土地。

1890年，洛杉矶地区发现石油，城市开始大量吸引人才，超过西部其他城市，逐渐发展成美国西部最大都会区。

说，“能够住在好莱坞所在城市”比起房屋性价比、失业率等冷冰冰的数据来得更有诱惑力。好莱坞的存在让洛杉矶本身就存在一种富豪文化，当地西北部豪宅区比弗利山庄、马利布等经常出现在《财富》杂志上的地名一直是世界各地名流富豪向往的投资标的。好莱坞代表洛杉矶本身的一种上流社会气质，一种数据体现不出来的吸引力。这本身就成为洛杉矶房产市场未来很长一段时间的金字招牌。

支撑因素二：人口基数 洛杉矶被很多专家认为在20到30年内有机会赶超纽约，成为美国人口最多的城市都会区。目前，洛杉矶及附近城市的人口已经达到1 500万。人口本身的日常需求成为当地经济的支柱之一。而人口本身也成为房产需求中长期的绝对保障。

支撑因素三：洛杉矶港 洛杉矶港是目前美国最大、最繁忙的集装箱港口。港口本身对当地经济的支撑作用可能要超过世界知名的好莱坞对洛杉矶的影响。作为美国亚太地区最重要的贸易中转站，港口的存在意味着大量企业将继续把洛杉矶作为最重要的总部或者分部所在地。这进而保证了当地大量的就业机会，并间接支撑了房产市场。

风险因素：自然灾害 2018年末的马里布大火让洛杉矶西北豪宅区受到重创。而这并不是当地首次类似的灾害发生。南加州干旱少雨，山火时有发生。而豪宅又通常会选在靠近森林的山地地区，这给当地豪宅市场的投资安全带来一些隐患。

"In Seattle you haven't had enough coffee until you can thread a sewing machine while it's running."

—Jeff Bezos

"作为一个西雅图人，如果你不能在缝纫机转动的同时给它穿线，那你一定是咖啡没喝够。"

——杰夫·贝佐斯

宜居评级：★★★★

成本评级：★★☆

短线评级：★★★★

稳定评级：★★★★

市场现状

GDP：3 600亿美元

人均收入：7万美元/年

大区人口：380万（2017年）

人口增长率：2.5%

5. 西雅图

西雅图在很多世界城市居住环境的评比中，常常被近在咫尺的世界著名宜居城市温哥华的风光掩盖。但实际上，从地理位置、环境、气候等方面来看，西雅图几乎就是温哥华的翻版。甚至再考虑到经济等方面因素的话，西雅图对于某些中产阶级来说，是比温哥华还要好的居住城市。当地包括波音、微软、星巴克、亚马逊等大企业为西雅图带来大量高质量工作。整体来说，西雅图可以算是中产阶级购房的天堂，这里有工作、有生活。文化上，西雅图文艺而又不失自然野性的氛围对小资群体有着难以抗拒的诱惑力。对于较高段位的高净值投资者来说，这里还有更特别的吸引力。家财万贯的老总们只要考虑一件事，就会对西雅图趋之如鹜：企业老总们，有谁不想和世界首富贝佐斯或是比尔·盖茨做邻居的呢？

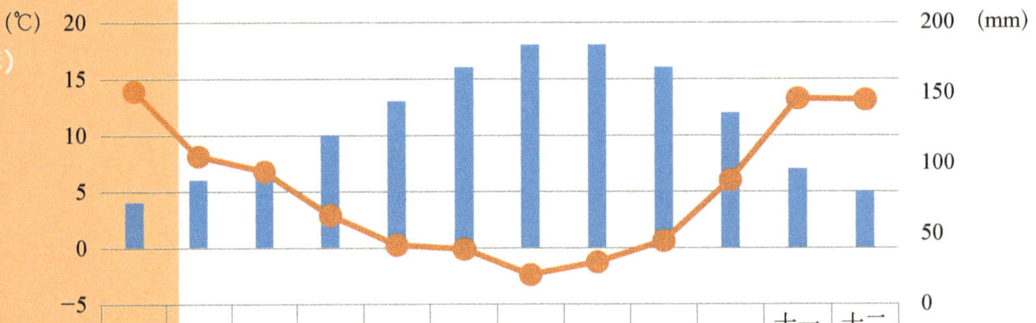

	一月	二月	三月	四月	五月	六月	七月	八月	九月	十月	十一月	十二月
月平均温度	4	6	7	10	13	16	18	18	16	12	7	5
降雨量	151	105	94	63	42	39	21	30	45	88	146	145

图1.13　西雅图气候概况

宜居评级：★★★★

美世生活质量调查排名：第44名

气候：四季分明　不考虑阿拉斯加的话，西雅图位于美国西海岸的最北端。当地常年温和湿润，降雨量年均969毫米。1月平均气温4摄氏度，7月平均气温18摄氏度。冬季多雨雪天气。

空气质量：清洁　由于当地属于北美洲西海岸著名的温带雨林气候，附近山脉基本是绿树成荫，植被繁茂。同时整个美国西北部地区人烟相对稀少，工业活动不多，这些因素都使西雅图的空气质量达到全美国最好的水平。当地基本上没有空气污染的问题，是自然界天然形成的健康氧吧。

交通：拥堵　西雅图居民平均通勤距离23公里，平均通勤时间43分钟，63%的居民选择私家车通勤，19%的居民选择公共交通。当地的交通有着所有海边多河流、湖泊城市的通病：遇桥则堵。尤其是西雅图居民多为朝九晚五的上班族，在上下班高峰期当地的交通情况会比平时差很多。

治安：良好　西雅图当地治安在美国大城市里排名很高。唯一可能有些影响的是当地流浪汉不少，不过基本上也聚集在城区偏远一隅，与大部分市民和游客相安无事。

华裔社群：适中　西雅图整体人口不多，市区人口60多万，其中华裔不到3万。当地主要的居民种族是白人，但有5%左右的居民声称自己是多种族混血。整体来说，当地华裔移民能够很好融入城市中去，但在当地影响力不算太大。当地文化氛围在整个美国都属于比较自由奔放的风格。这让西雅图成为一个相对欢迎新事物的城市。对于移民来说，这样的城市文化氛围还是比较友好的。这也是西雅图吸引移民的一个重要因素。

教育：优秀　西雅图著名大学有华盛顿大学、西雅图大学、西雅图太平洋大学等。教学质量高而且有很多专业研究所可供继续深造。当地的小学、高中教育也颇为优秀，城市内拥有高等学历的比例大大高于美国平均水平。

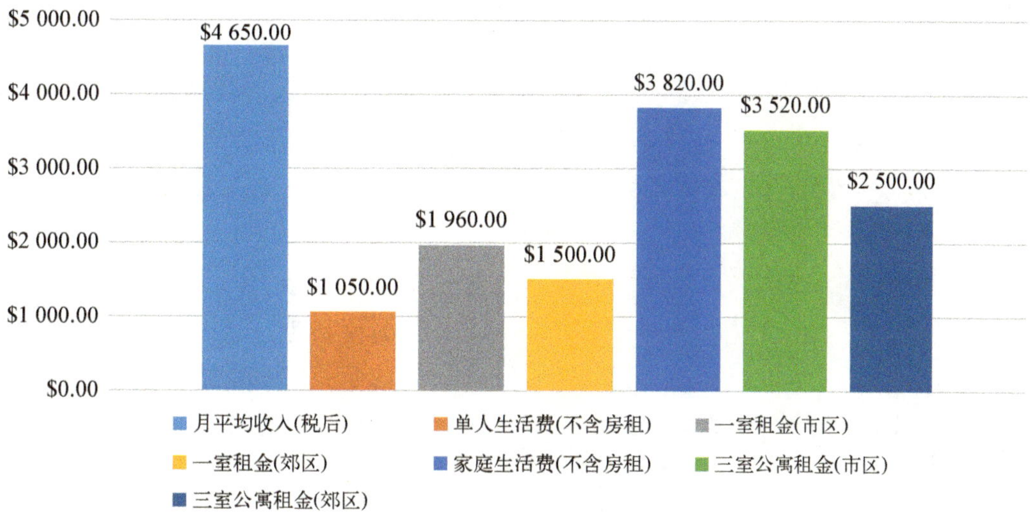

图1.14　西雅图生活成本

成本评级：★★☆

房价水平：较高　西雅图市中心公寓平均价格在7 200美元上下。独立屋和双拼屋是当地整体市场主要的房地产类型。公寓房源则主要集中于市中心以及主要公共交通枢纽地带。眼下的价位在全世界主要房地产市场中仍然不算是特别高，可负担的价位也是当地房市最近几年持续升温的原因之一。西雅图除了比尔·盖茨居住的贝尔维尤西部豪宅地区之外，大部分地区房价并不高，当地与北部的加拿大邻居温哥华相比平均房价更低，但是地税更贵。

50万、100万、1 000万美元在西雅图能够买到什么样的房产?

价格:50万美元,西雅图市中心海景小套间,一卧室一卫浴,面积50平方米

价格:100万美元,西雅图市中心跃层公寓,两卧室三卫浴,面积110平方米

价格:1 000万美元,湖景自带码头豪华别墅,室内面积近1 000平方米,五卧室七卫浴

购房成本:较高 当地买房除了房款之外,交易时还需要缴纳一次性过户费1 500美元、房屋转让税1.28%～1.78%(按照地区存在不同)、房产证保险1 000美元、房屋检查费700美元及其他杂费。购买西雅图房产,需要缴纳房价之外大约2%的费用。当地中介费也为房价的6%左右。

持有成本:较高 华盛顿州地税大约为1%,在美国算是中游水平。拥有当地房产之后,每年的房产税加物业费额外开销大约为房价的2%。

贷款成本:较高 华盛顿州贷款利率处于美国中上水平,当地20年贷款固定利率为4.3%左右。通常贷款的上限是年收入的5倍左右。

短线评级:★★★★

2018价格年率增长:8.3% 从结果上看,西雅图房市在2018年仍然表现出了强劲的增长。但我们可以明显看到,在保持了六七年10%上下增长之后,西雅图房价指数实际上在2018年秋季开始出现罕见的下滑。由于2017年是近年来西雅图房价涨幅最大的一年,目前的迹象表明,房价更接近进入一种调整阶段。相比美国其他大部分城市来说,西雅图在2018年的涨幅已经很高。即使在世界范围内,8%的年增长率也算是不错的成绩。

2019增长预期:5%～10% 不可否认的是,西雅图房市在2018年确实出现了冷却的信号。但横向比较之后,我们可以看出销售量、销售周期等指向性数据仍然保持在健康的区间内。当地房屋平均的销售时间目前在50天之内,尽管房市冷却,但务实的西雅图卖家们理性地选择稍微降低挂牌价格,而买家也看准时机进

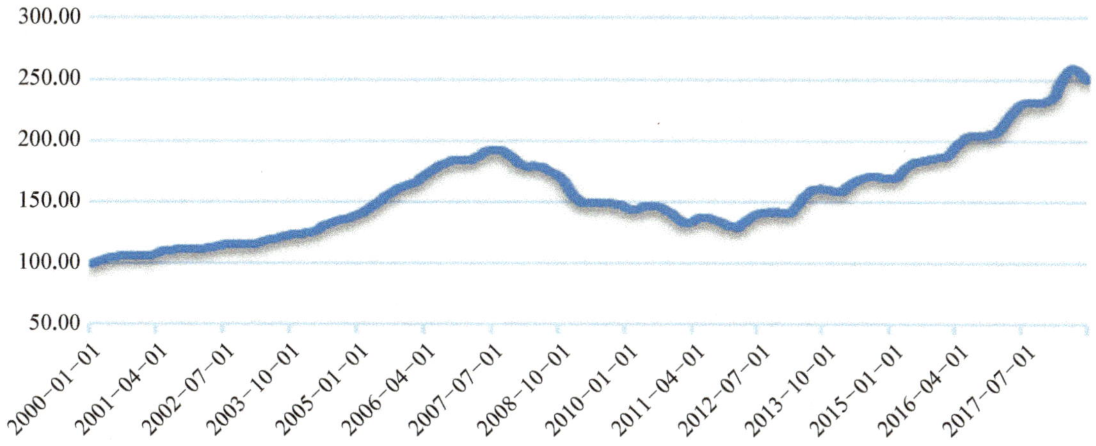

资料来源：圣路易斯联储数据库。

图 1.15　西雅图房价指数（2000 年按 100 计算）

场。在这种情况下，2019年当地房价出现大跌的可能性很低。考虑到美国高科技企业在西海岸向北（主要向西雅图）移动的趋势，我们有理由认为2019年当地房地产市场仍有上涨空间。不过库存数据在2019年也有可能继续攀升，这将会促使当地房市进一步冷却。

短期影响因素：轻微乐观　美国科技企业，尤其是中小型科技企业向北迁徙的趋势在2018年已经表现明显。相比硅谷和纽约等传统创业孵化区，这里的各项配置水平已经明显跟上脚步，而房价等成本又存在明显的优势。这些都为西雅图吸引了大量移民和入驻企业，进而提高了商业、住宅房地产市场需求。西雅图目前也是美国人口增长最快的都会区之一，城市规模的扩大势在必行。但考虑到海外买家这个重要的驱动因素在2019年可能继续迷失，短期内房市维持之前的涨幅可能比较困难。降速是最有可能的结果。

出租投资：有利可图　西雅图房屋的平均售租比为16.33。按照现在的市场价格，购买当地房屋纯为了出租而投资回报不错。租金足够应付地税和管理费开销。

稳定评级：★★★★

政治局势：稳定

市场发展：规范化

自然灾害：少

城市规模：较大

支撑因素一：自然环境　西雅图位于温带雨林的湿润温和气候可能并不适合所有人，但当地

西雅图历史时间表

1792 年，英国探险家乔治·温哥华测绘太平洋西北地区地图时首次到达西雅图，成为首个到此的欧洲人。西雅图地名来源于当地原住民一位首领的名字。

1851 年，美国人路德·柯林斯等人在西雅图度瓦米许河口建立殖民地。

1869 年，西雅图正式建立市级单位，成为美国西北部重要城市。

群山环绕、空气清新的气候的确非常适宜人类居住。不管世界经济怎样发展，自然环境相对较好的城市总是会继续受到人们的欢迎，这在长期保证了西雅图房产市场具有吸引力。同时，居住在这种氧吧级别的城市中本身就是一个长期、持续、用金钱不能衡量的回报。

支撑因素二：微软、波音、星巴克、亚马逊 西雅图并不是一个单单靠环境吸引居民的城市。当地数家大型企业创造了大量的高级职位，给西雅图当地的房产注入强有力的需求侧资金。西雅图的几家公司都是各自行业的佼佼者，而且近些年一直没有满足现状，仍然保持了快速的增长和发展。未来至少可见的10年之内，这些企业的存在仍然将给城市房产带来支撑。

支撑因素三：土地有限 西雅图市区建在落基山脉与太平洋之间狭窄的海湾之间。城市附近并没有太多可供开发的土地。尽管当地市政府近期尝试提高西雅图某些地区的建筑最高要求，以增加房屋库存，但当地可供修建房屋的土地稀少仍然会在未来限制房产供给。

宜居评级：★★☆

成本评级：★★★☆

短线评级：★★★★

稳定评级：★★★☆

市场现状

GDP：4 500亿美元

人均收入：6万美元/年

市区人口：230万（2017年）

人口增长率：1.4%

"This is a place where you really are what you achieve, and that's a tremendous boon to this town."

—Richard Kinder

"休斯顿给你最大的恩惠是，你有多大成就，就能获得多高的地位。"

——理查德·金德

6. 休斯顿

很多中国投资者第一次听说休斯顿这个城市，可能还是因为2002年姚明被休斯顿火箭队选为NBA状元。但实际上，作为美国按人口算第四大城市，休斯顿在全美国的经济地位非常重要。休斯顿是原油大州得克萨斯的第一大城市，同时也是美国著名的航天城。"呼叫休斯顿"是我们经常能够在好莱坞科幻影视剧中听到的词汇。由于上述几种特殊身份，休斯顿成为美国南部墨西哥湾地区最吸引技术人才的地区。当地的房产走势在近些年因原油价格低迷影响逐渐冷却，但价格仍然受到由人口带来的需求支撑。相比其他几个价格居高不下的热门城市来说，在休斯顿购置房产的投资者，看中的更多是长远的发展和较低的入场条件。

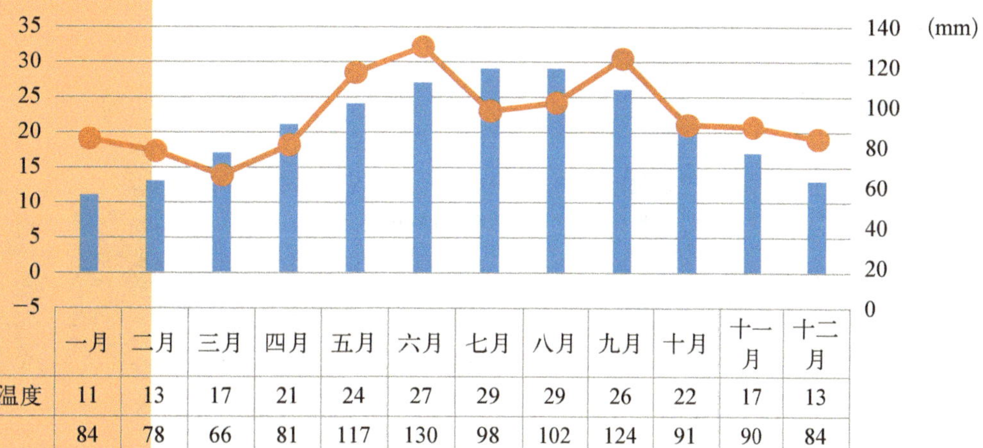

	一月	二月	三月	四月	五月	六月	七月	八月	九月	十月	十一月	十二月
月平均温度	11	13	17	21	24	27	29	29	26	22	17	13
降雨量	84	78	66	81	117	130	98	102	124	91	90	84

图1.16　休斯顿气候概况

宜居评级：★★☆

美世生活质量调查排名：第64名

气候：亚热带气候　临近墨西哥湾的休斯顿是美国纬度最低的大城市之一。当地冬季温和，夏季炎热，1月平均气温11摄氏度，7月平均气温29摄氏度。由于墨西哥湾亚热带气候的影响，休斯顿在一年四季中均有某些天会出现暴雨。当地的年降雨量达到1 145毫米左右，且时不时会受到亚热带飓风的袭击。

空气质量：良好　得州是美国产油大州，但同时也是美国农业大州。虽然休斯顿附近包括达拉斯、奥斯汀等城市整体人口众多，相对荒芜的德州大平原没有太多植被，但空气质量还算保持在合理范围。

交通：较拥堵　休斯顿居民平均通勤距离31公里，平均通勤时间43分钟，90%的居民选择私家车通勤。休斯顿作为美国第四大城市，在过去100年里发展迅速。这给城市交通带来很大压力。

治安：较差　治安表现不佳算是休斯顿另一项影响宜居程度评比的劣势。在全美大城市中，休斯顿犯罪率相对偏高，甚至在与同样受到得州牛仔彪悍民风影响的达拉斯和奥斯汀比较时，休斯顿当地的犯罪率也是相对较高的。当地政府和警方近年来已经尝试整治治安问题，但目前为止，收效并不明显。

华裔社群：较大　根据美国2010年的人口普查数据，休斯顿的华人人口为15万人左右，是印度人、越南人之后的当地第三大亚裔种族。整体来说，当地对于华裔移民还是比较友好的。但鉴于得州历史上存在比较严重的种族歧视，尽管目前情况好转，当地也不能算是美国最“欢迎华人”的地区。

教育：一般　休斯顿最著名的高等学府包括莱斯大学和休斯顿大学等，相比本书前面提到的城市，这里的高等学府排名稍微靠后一些。当地的小学、中学水平在全美也并不在前列。尽管NASA航天城聚集了全美航空航天界最高水平的人才，但从整体情况看，得州的受教育程度仍然不到全美平均水平。

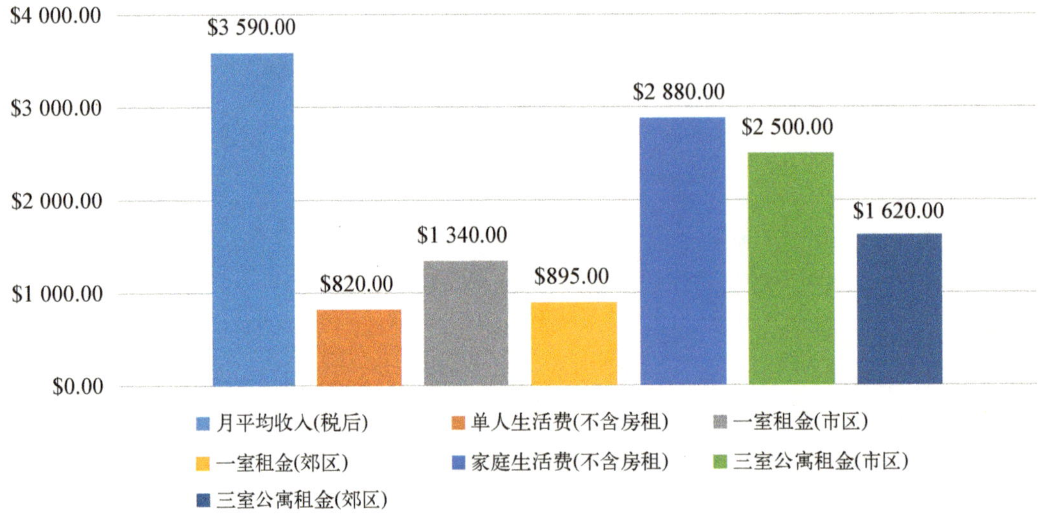

图1.17　休斯顿生活成本

成本评级：★★★☆

房价水平：较低　休斯顿市区公寓平均房价在每平方米2 000美元左右。由于当地幅员辽阔，可用的土地数量庞大，独立屋就成了当地最普遍的住宅房地产类型。公寓集中在市中心和附近的主要交通枢纽，高层建筑较少。

交易成本：较低 当地买房除房款之外，交易时还需要缴纳一次性产权和物业转让费500美元。得州没有房产转让税，购买休斯顿的房地产，除了房价之外需要缴纳的费用很少。当地房产中介费大约为3%。

持有成本：高 作为美国各州中税务最为繁重的州，得州的地税和其他税费非常高。养房的成本要比其他地区昂贵许多。得州地税为1.9%左右，另外，当地处于台风影响地区，每年的房屋保险还要1 000美元左右。拥有该处房产之后，每年的房产税、物业费或者维护额外开销为房价的3%左右。

贷款成本：较高 休斯顿当地20年贷款固定利率为4.2%左右。通常贷款的上限是年收入的5倍左右。

短线评级：★★★★

2018价格年率增长：7.3% 休斯顿房价在2018年表现可以算是美国大城市中的佼佼者之一。2017年的Harvey台风给休斯顿地区造成很大打击，而2018年房市的火热多少借了台风过后修复工作的光。特朗普政府对于石油行业的支持也给休斯顿地区带来一些积极影响。

2019增长预期：5%～10% 美国主流的经济学家和房地产市场分析人士目前普遍看好休斯顿在2019年的表现。价格仍然是吸引投资者最大的驱动因素，当然市场数据方面，不和谐的声音也不是没有。80天左右的销售周期在美国大城市里算是相对较长的。预计未来一年房地产库存也可能会有进一步增加。

短期影响因素：较为乐观 特朗普政府对于能源产业的支持将会继续使休斯顿获得更多移民、投资者的关注。飓

50万、100万、1 000万美元在休斯顿能够买到什么样的房产？

价格：50万美元，休斯顿市区联排别墅，三卧室四卫浴，面积210平方米

价格：100万美元，休斯顿市中心高档联排别墅，三卧室五卫浴，面积300平方米

价格：1 000万美元，休斯顿市区豪华庄园，占地面积3.5英亩，室内面积1 600平方米，八卧室十三卫浴，配置私人影院、酒窖、健身房、室外游泳池

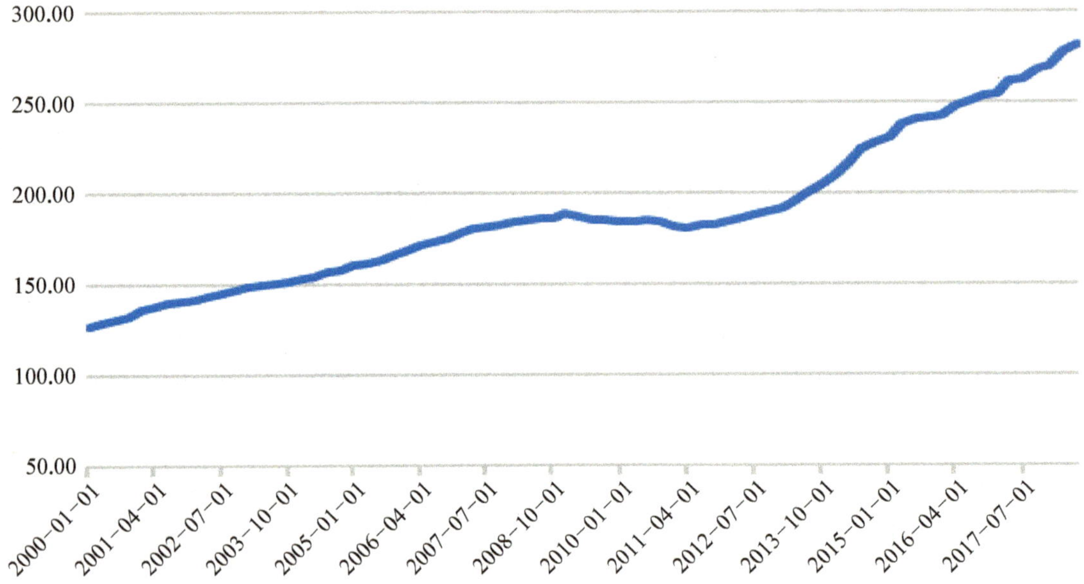

资料来源：圣路易斯联储数据库。

图 1.18　休斯顿房价指数（2000 年按 100 计算）

风之后的修复工作也仍然是房市短期内的积极影响因素。不过飓风带来的影响将会在未来逐渐减弱。

出租投资：市场不活跃　休斯顿市区售租比仅为7.05。房价相比租金并不算昂贵。从投资的角度来看出租当地房产绝对是划算的。但较低的租售比也导致当地需要租房的人口较少。大部分有工作的家庭都能够负担买房的费用，这对出租市场来说影响偏向负面。

稳定评级：★★★☆

政治局势：稳定

市场发展：规范化

自然灾害：少，偶有台风

城市规模：大

支撑因素一：城市规模　休斯顿是美国第四大城市，人口本身带来的房产需求是相对稳定的。近年来，这里的人口增长率也位于美国大城市的前列。当地是美国中西部企业总部聚集地，人口、工作等因素将在未来很长一段时间里继续支撑房产市场的需求。当地作为美国航天局的所在地，

休斯顿历史时间表

1836 年，纽约地产经纪约翰 · 艾伦和奥古斯塔斯 · 艾伦花了 9 428 美元购买了 27 平方公里的土地，并以美国军事家、政治家山姆 · 休斯顿的名字命名。

1961 年，美国航天局 NASA 在休斯顿建立“载人飞船中心”，后改称“约翰逊航天中心”，当地航天工业起步。

也是美国最重要的信息科技中心之一。同时生物医药科学在休斯顿也已经形成规模。整体来说，尽管因为坐落在西南一隅，相比纽约、洛杉矶来说比较受冷落，但休斯顿本身的大都会氛围和城市规模足以支撑一个长期稳定的房产市场。

支撑因素二&风险因素：原油化工业　休斯顿或者说整个得州是美国石油化工以及相关重工业的基地。当地在这方面的投入很大。很多经济来源和就业岗位与原油密切相关。但当地重点开发的原油企业实际上存在两面性。原油价格可高可低，油企和相关行业的日子也可好可坏。这无形中为休斯顿房产市场带来其他城市没有的变数。同时原油行业也带来一定程度的污染。这在长期来讲对于休斯顿当地的房产市场吸引力具有负面影响。而且最关键的问题是，随着人类科技发展，最终人们可能还是会放弃化石燃料，虽然我们不确定这种情况会在什么时候出现，但如果把休斯顿以及得州与100年前那些欧洲因煤炭兴起的大城市作比较的话，我们就能看到，当地至少来自原油这一块的经济增长可能最终还是会消失。对于休斯顿当地居民来说，这个问题可能还很遥远。不过，如果房产投资者的眼光足够长远，那么这的确是一个需要琢磨的因素。

宜居评级：★★★★☆

成本评级：★★☆

短线评级：★★★

稳定评级：★★★☆

市场现状

GDP：730亿美元

人均收入：5.3万美元/年

夏威夷州人口：143万（2017年）

人口增长率：1%

"Hawaii is not a state of mind，but a state of grace."

—Paul Theroux

"夏威夷不是心境，它是天境。"

——保罗·索鲁

7. 夏威夷

夏威夷作为美国第五十大州，当地有自己的语言、自己独特的民俗和独一无二的太平洋中心岛国地理环境。作为世界著名的旅游胜地，夏威夷的房产在过去几十年中一直保持非常稳定的发展。即使在金融危机时期全美国房产市场最为低迷的2008年，夏威夷房产也表现出了强大的韧性。当地基本上没有太多工业，旅游业是最大的经济支柱。所以投资夏威夷房产，如果没有海外经济支柱的话，除非经营旅游业，剩下的当地经济来源选择可能不多。这也是为什么夏威夷等热带、亚热带海岛虽然一直被认为是旅游度假的最佳选择，却鲜少在"世界宜居城市"评比中出现的主要原因。当然，当地的房产还是非常适合高端高净值人士投资作为度假屋。

宜居评级：★★★★☆

美世生活质量调查排名：第36名

气候：亚热带岛屿　夏威夷州首府檀香山（或称火奴鲁鲁）一年中大部分温暖干爽，只有冬季相对多雨。受到加利福尼亚洋流的影响，当地尽管地处热带，但温度不会太高，1月平均气温22摄氏度，气温最高的8月平均气温26摄氏度。年降雨量尽管只有770毫米左右，但是常年海风带来的潮湿空气让夏威夷地区并不干燥。对于喜爱海边活动的人们来说，夏威夷的确就是名副其实的人间天堂。

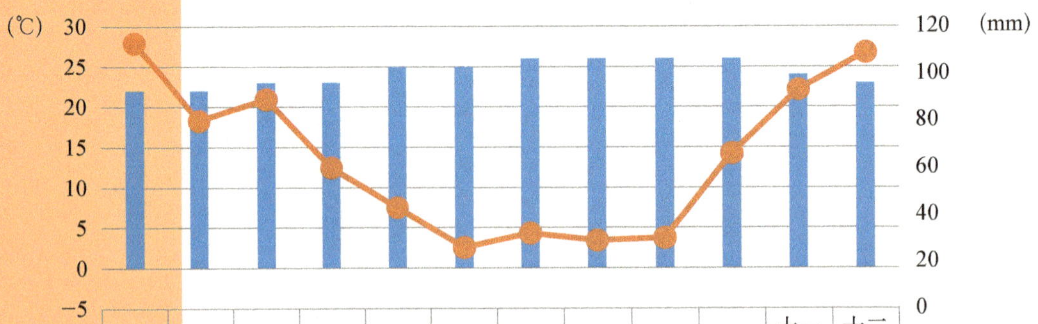

	一月	二月	三月	四月	五月	六月	七月	八月	九月	十月	十一月	十二月
月平均温度	22	22	23	23	25	25	26	26	26	26	24	23
降雨量	113	80	89	60	43	26	32	29	30	66	93	109

图1.19　夏威夷气候概况

空气质量：清洁　夏威夷地区仅有少量的矿业和原材料加工业可能成为少量污染源。岛屿最主要的行业是旅游业。再加上地处太平洋中心，远离人类聚居的大陆，空气质量绝佳。

交通：拥堵　夏威夷首府檀香山居民平均通勤距离21公里，平均通勤时间43分钟，88%的居民选择私家车通勤。作为世界最热门的旅游目的地之一，夏威夷常年被成千上万的游客占据。作为海岛城市，檀香山的交通状况并不算是很好。但檀香山本来面积就不算太大，很多地方步行都可以到达。所以实际上这并不特别影响在夏威夷生活的居民。檀香山在全世界作为城市进行宜居水平排名的时候并不算受宠，这主要是因为当地距离其他大陆太远。岛上本身的基础设施也并不算现代化。从夏威夷到中国大陆的平均飞行时间要达到10个小时以上，到美国本土也要至少5个小时。单从自然环境来说，这里绝对是世界上数一数二的宝地，不过如果从一个城市的角度来看，檀香山的确仍然欠缺一些元素。

治安：较好　当地治安整体来说要比美国本土的平均水平好，但大量游客也吸引了很多针对财产的盗窃行为。这一点与世界其他主要旅游景点基本没什么差别。

华裔社群：中等水平　华裔在夏威夷定居已经有100多年的历史。当地由于岛屿环境，距离美国本土或者中国大陆都需要乘坐长途飞机。地理位置上还是相对偏远一些。比起中餐，在夏威夷吃到地道日本料理的机会更多。

教育水平：一般　夏威夷地区最主要的高等学府要算多个岛屿都有分校的夏威夷大学。当地的中小学教育水平基本仅达到全美平均水平或略低于全美水平。不过夏威夷州的整体教育程度高于全美平均。

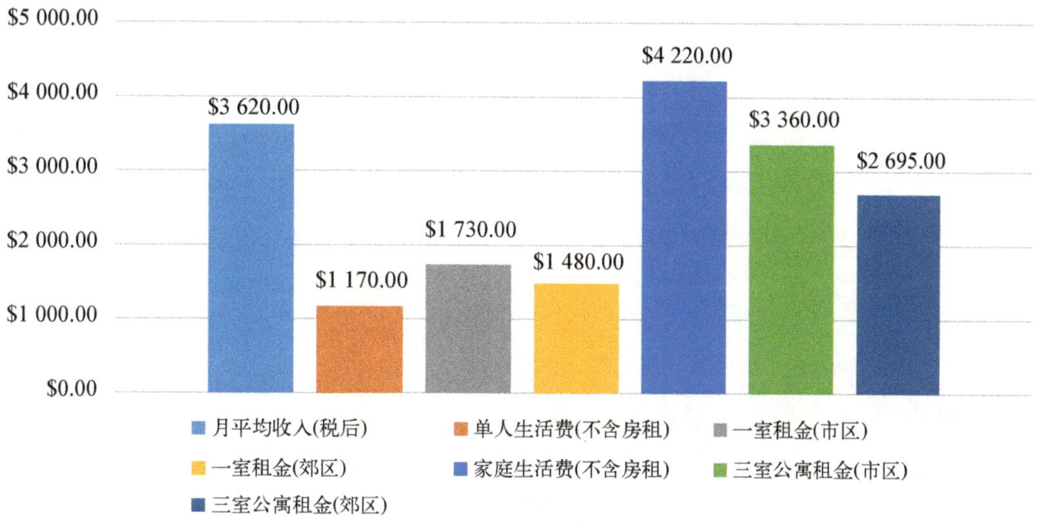

图1.20　夏威夷生活成本

成本评级：★★☆

房价水平：较高　夏威夷首府檀香山地区的平均房价在每平方米7 150美元左右。这个价格与洛杉矶等城市类似。当地虽然是海岛，可供建造房屋的土地不多，但人口压力不算太大，常住人口除了本土居民和旅游从业人员之外，就只剩下享清福的高净值人士。岛上的房价虽然不低，但很少有面积很小的单元出现，大部分房屋的居住环境都很舒适、宽敞。

50万、100万、1 000万美元在夏威夷能够买到什么样的房产？

价格：50万美元，檀香山市区顶层公寓，两卧室两卫浴，面积150平方米

价格：100万美元，檀香山市区海景独立度假屋，四卧室四卫浴，面积190平方米

价格：1 000万美元，檀香山海滨度假村建筑用地，占地0.8英亩（约3 500平方米），临近多个著名景点、商业区，位于檀香山著名的Kahala滨海大道上

交易成本：较高　当地买房除了房款之外，房屋转让税0.1%～0.35%（按照房价高低税率不同）。为了保护本地房地产不受海外资金炒作影响，非夏威夷岛民出售房产时，会有5%左右的惩罚性扣缴税务。

持有成本：较高　夏威夷地税按照岛屿不同，在0.2%～0.9%不等。檀香山的地税在0.3%左右。非夏威夷岛民即使在交地税的方面，也按照身份不同拥有不同的税率。考虑维护费和管理费等开销，拥有夏威夷房地产，每年需要缴纳大约房价的1%的固定费用。如果短期出租，还需要缴纳额外的税收。

贷款成本：较高　夏威夷州当地20年贷款固定利率为4.3%左右。通常贷款的上限是年收入的5倍左右。

短线评级：★★★

2018价格年率增长：3.6%　2018年夏季开始，夏威夷房价的涨势开始有些减缓的趋势。很多分析人士将这次的房价波动归咎于基拉韦厄火山2018年活跃喷发和熔岩流阻碍交通、烧毁房屋的新闻传播。除了这个原因之外，海外买家作为夏威夷最主要的推动房市上涨动力来源，在2018年表现比较冷淡，这也使当地房价涨幅没能超出美国本土的平均水平。

2019增长预期：2%～5%　作为岛屿城市的最主要代表，夏威夷的房地产市场受到旅游业和海外买家的直接影响。

尽管这两者在2018年受到自然灾害等因素的影响，但实际上这种影响并不太可能持续。夏威夷一直都是多火山地震的地区，这并不影响它成为世界上最吸引人的度假胜地。预计在2019年负面影响退去之后，夏威夷房地产仍然会继续保持

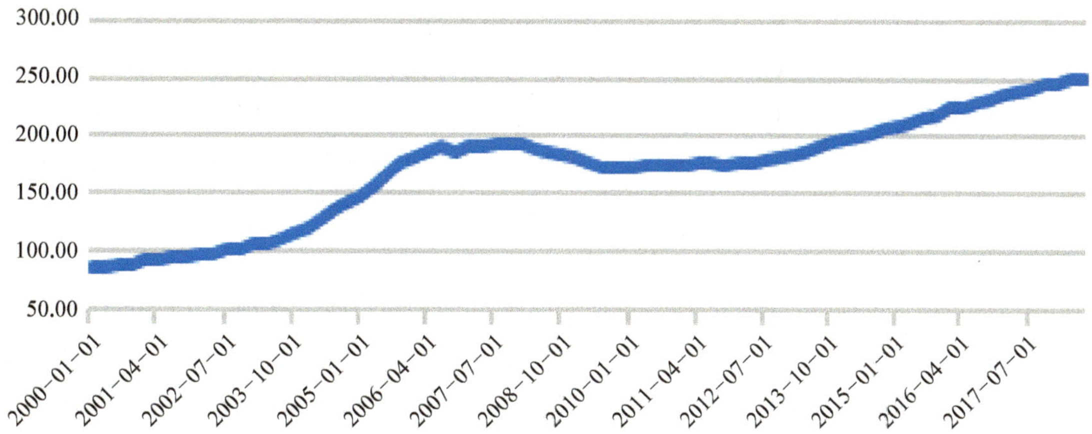

资料来源：圣路易斯联储数据库。

图1.21 檀香山房价指数（2000年按100计算）

其稳定的增长。

短期影响因素：较为乐观 夏威夷2018年的国际游客旅游人数出现了1%的轻微下滑，而美国本土游客的人数则攀升了6%。这其实是一个比较好的迹象，说明火山活动影响的主要是对夏威夷情况不太了解的外国人。固定前往夏威夷度假的美国人仍然对当地兴致满满。预计在2019年，国际旅游恢复正常的时候，夏威夷当地度假屋市场会获得更多的关注。

出租投资：有利可图 夏威夷房屋的平均租售比达到18.29，当地对于房屋出租有严格的要求。180天租约以下的短租要向政府缴纳租金收入9.25%的“酒店税”。当地购买度假屋出租仍然有利可图。如果合理经营进行短租，收益更高。

稳定评级：★★★☆

政治局势：稳定

市场发展：规范化

自然灾害：时有发生，火山熔岩、台风

城市规模：中

夏威夷历史时间表

1776年，欧洲航海家库克首次作为欧洲人发现夏威夷群岛，夏威夷的名称源自岛民语言中“故乡”一词。

1795年，夏威夷酋长卡美哈梅哈一世统一整个群岛，自立为夏威夷国王。

1843年，英国公开宣布拥有夏威夷主权。

1849年，法国宣称占领夏威夷，但引起岛民不满。

1893年，美国商人与基督教传教士以教会名义推翻夏威夷王国政权。

1898年，夏威夷正式并入美国。

1959年，夏威夷成立州政府，成为美国第50州。

支撑因素一：海岛天堂，度假胜地 类似夏威夷这种岛屿度假胜地，实际上房产的本质可能就与美国本土或者世界其他大城市不太一样。当地得天独厚的地理环境让夏威夷成为全世界旅游者经常光顾的度假目的地。同时，当地也是大量高净值投资者颐养天年的胜地。美国、日本、中国很多富商在告老还乡或者退居幕后的时候都喜欢选择夏威夷作为居住地。当地房产受到政治、经济等不时波动的国际因素影响最小。同时在当地居住本身就是一种享受。从这个角度考虑，夏威夷地理环境的得天独厚保证当地的房产相比其他城市更加稳定。

支撑因素二：岛屿地形，房屋数量有限 夏威夷群岛的地形本身就限制了土地的面积。而当地火山群岛的地理状态更是让很多山脉、悬崖和峡谷成为难以建筑房屋的地区。目前仅有的土地数量有限。即使当地房产再热门，能够获得一栋夏威夷房产也并不是随随便便就能实现的目标。这让夏威夷房产从物以稀为贵的角度更进一步提高了保值能力。

支撑因素三：价格稳定，可负担水平高 夏威夷房产由于有限的空间以及基本以旅游业为基础的经济模式，收入和房价比例要比美国其他大城市低得多。当地尽管是美国房价平均水平最高的州，但工资水平与房价并不脱节，投资者和旅游者更多，当地收入也会增长。这保证夏威夷更不容易进入类似目前悉尼、墨尔本和温哥华这种海外资金大量流入导致当地居民买不起房的局面。从这个角度讲，夏威夷当地出现房价大幅波动的可能性更小。这为长期稳定加分不少。

风险因素一：距离大陆太远 夏威夷得天独厚的地理位置作为度假胜地来说绝对是优秀的。但考虑到生活、出行和其他方面，这里就远远比不上位于大陆上的其他城市了。岛上除了旅游业和少许矿业之外，也缺乏其他稳定的工商业活动。所以对于正值壮年的投资者，夏威夷只能当做度假目的地，常住的可能性较小。

风险因素二：自然灾害 夏威夷是世界上著名的火山岛屿，当地拥有多座太平洋地区规模最大的活火山。熔岩流侵袭附近城镇的情况过去时有发生。除了火山活动之外，夏威夷也是一个台风多发的地区。亚热带风暴时常给城市带来巨大冲击。

（二）加拿大市场

宜居评级：★★★★☆

成本评级：★★

短线评级：★★

稳定评级：★★★★☆

市场现状

GDP：2 200亿美元

人均收入：7万美元/年

大多伦多人口：630万（2016年）

人口增长率：0.9%

"The fact that over 50 per cent of the residents of Toronto are not from Canada, that's always a good thing, creatively, and for food especially. That's easily a city's biggest strength, and it is Toronto's unique strength."

—Anthony Bourdain

"超过百分之五十的多伦多居民并不是加拿大土生土长的，从创造性的角度，尤其是从美食的角度来看，这绝对是件好事。这种特征使多伦多充满独特魅力。"

——安东尼·波登

1. 多伦多

多伦多是加拿大地区人口最多、经济最发达的地区。当地是加拿大经济、金融、文化等领域的核心地带。当地的房产市场规模自然也是加拿大首屈一指的。这里同时也被认为是世界上文化最多元的城市之一。多伦多市区拥有大约200万人口，他们之中一半来自世界各地。整个包括附近卫星城的大多伦多都会区有600万人口。加拿大20%的GDP来自这个地区。高度集中的经济活动让多伦多地区拥有加拿大最密集的工作机会。这也成为多伦多吸引大量国际和国内移民的重要因素。

宜居评级：★★★★☆

经济学人宜居城市排名：第7名

美世生活质量调查排名：第16名

气候：四季分明　多伦多位于北美东部大平原地区。尽管纬度并不算太高，但往北一马平川的大平原没有任何足以

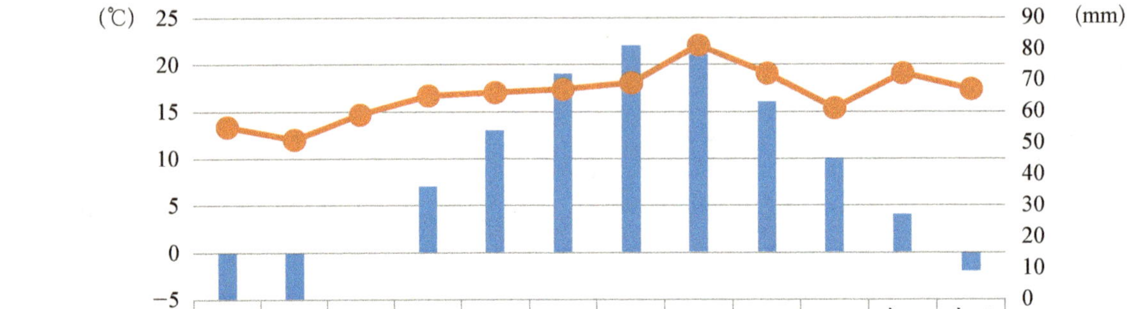

	一月	二月	三月	四月	五月	六月	七月	八月	九月	十月	十一月	十二月
月平均温度	−5	−5	0	7	13	19	22	21	16	10	4	−2
降雨量	55	51	59	65	66	67	69	81	72	61	72	67

图1.22　多伦多气候概况

抵挡来自北极寒流的崇山峻岭。这让当地的气候略偏寒冷，冬夏温差较大。1月平均气温为零下5摄氏度，7月平均气温22摄氏度。冬季北部寒流侵袭的时候，气温经常会降至零下10摄氏度以下。当地的年平均降雨量约为785毫米。整体来说，多伦多的气候与中国东北较为相似。

空气质量：较好　多伦多所在的安大略省南部是加拿大最主要的工业中心之一。多伦多市区的整体空气质量尚在合理范围。PM2.5数值一般不会超过50，空气较为清洁。

交通：较拥堵　多伦多居民平均通勤距离22公里，平均通勤时间43分钟，49%的居民选择私家车通勤，13%的居民选择公共交通，14%的居民步行上下班。多伦多的城市交通在整个北美大城市里算是及格的水平。尽管上下班时间段仍然会出现拥堵，但整体来说，纵横南北东西的数条高速公路和城市公共交通还可以负担上百万人的上下班通勤。

治安：良好　当地治安在加拿大各大城市中属中上游水平。尽管作为大城市终归会有不少犯罪案件，但相对人口来说，犯罪率排名算是加拿大较低的。

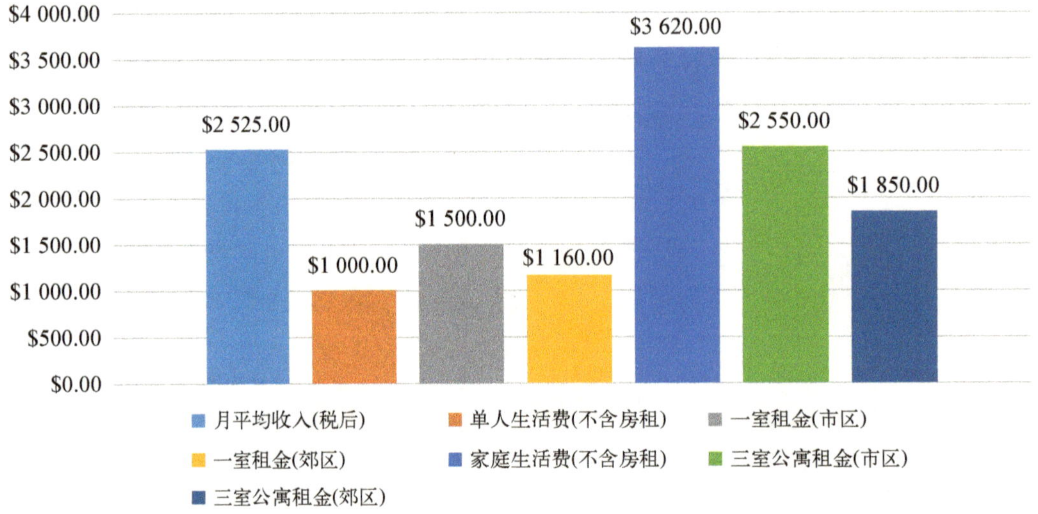

图1.23　多伦多生活成本

华裔社群：发达　多伦多华裔人口在70万上下，占当地总人口数的12%左右。这里的华裔社区历史超过100年，华裔人口激增主要是在20世纪下半叶。当地的华裔人群在社会上有很大影响力。中餐、中国超市的数量也基本上遍布整个大多伦多地区。尤其是多伦多东北的列治文山、万锦、士嘉堡等地已经形成非常密集的华人聚居社区。多伦多作为一个以多元文化著称的城市，超过50%的人口不是加拿大土生土长，所以对移民和外来人口非常包容。

教育：优秀　多伦多地区的教育水平很高，高等学府包括多伦多大学、约克大学等。安省作为加拿大经济的支柱省份，对于下一代一直很舍得花钱，中小学教学质量高出加拿大平均水平很多。

成本评级：★★

房价水平：较高　在最近几年的房价大幅攀升之后，多伦多市区目前的平均房价已经达到每平方米7 500美元左右。这个价格超过了美国大部分一线城市。虽然还比不上纽约、旧金山、伦敦、香港等世界上最贵的房地产市场，但按照多伦多当地的工资水平，负担房价对于本地人来说已经有些吃力。这也是多伦多在很多城市宜居水平调查中排名下降的原因之一。

交易成本：高　当地买房除了房款之外，交易时一次性验屋费500加元、房屋转让税在0.5%～2.5%之间（按照房价高低税率不同）。在多伦多购买房地产，除了房价之外还需要额外缴纳1%～3%的附加费用。新房买家需要缴纳13%的消费税，而二手房买家则不用负担这部分开支。另外，自2017年开始，海外买家在多伦多购买房地产需要缴纳房价15%的附加税。安省为了控制当地房价，出台了许多限制海外买家的政策，所以当地的购房交易成本很高。

持有成本：较低　多伦多地税大约为0.5%。拥有当地房产的固定开销比国境南边的美国东部低很多。如果房产是公寓或者其他共管类建筑，管理费的价格大约是每年2 000到5 000加元不等。房产的豪华程度越高，建筑年头越早，管理费的价格也越高。

贷款成本：较高　加拿大贷款利率近年来大幅增加，但仍然低于美国和世界上大部分国家。目前多伦多当地20年贷款固定利率在3.7%左右。贷款的上限约为年收入的5倍，但加拿大政府最近进一

50万、100万、1 000万美元在多伦多能够买到什么样的房产？

价格：50万美元，多伦多市中心一室一厅公寓，面积60平方米

价格：100万美元，多伦多湖景豪华公寓，两卧室两卫浴，面积90平方米

价格：1 000万美元，多伦多万锦市庄园别墅，四卧室五卫浴，占地面积1.2英亩，室内面积1 000平方米

步收紧了贷款市场，能否取得贷款需要看收入能否负担月供。

短线评级：★★

2018价格年率增长：2.6% 海外买家的因素在2018年年初之后忽然从多伦多等宜居城市中迷失，这让很多市场分析人士感到有些意外。实际上，即使在2017年安省政府重手打压房地产市场的时候，我们仍然看到很多海外买家积极的投资活动。从时间线上看，多伦多房价在2017年3月达到峰值，随后5月政府出台十多项政策打压房价，房价指数随后一路下滑，2017年下半年达到短期低谷，到2018年初开始有回升迹象，但之后的形势后继乏力，基本趋于走平。

2019增长预期：2% ～ 7% 如果不考虑海外买家的因素，多伦多当地的房屋可负担水平目前维持在一个比较高的程度上。销售量、销售周期两个重要指向性指标目前处于从2017年末低谷回升的状态，这些都是相对乐观的迹象。市场目前的调整可能会持续一段时间。但眼下最重要的问题是，房价相对多伦多当地居民收入已经较为昂贵，这让很多首次购房者难以进场。

短期影响因素：缺乏动能 加拿大最近几年的经济表现并不算太好。原油价格的持续低迷一直打击着加拿大最重要的能源产业。而另一方面与美国在贸易协定上的纠葛又导致农产品等其他行业受挫。对于多伦多的居民来说，能够在短期内获得大幅工资增长的机会不多。由于政府对房地产市场和贷款市场的紧缩政策，海外买家和首次购房者也很难在短期内大量进场。尽管市场本身的价格下行风险不大，但短期内再次大涨也同样存在困难。

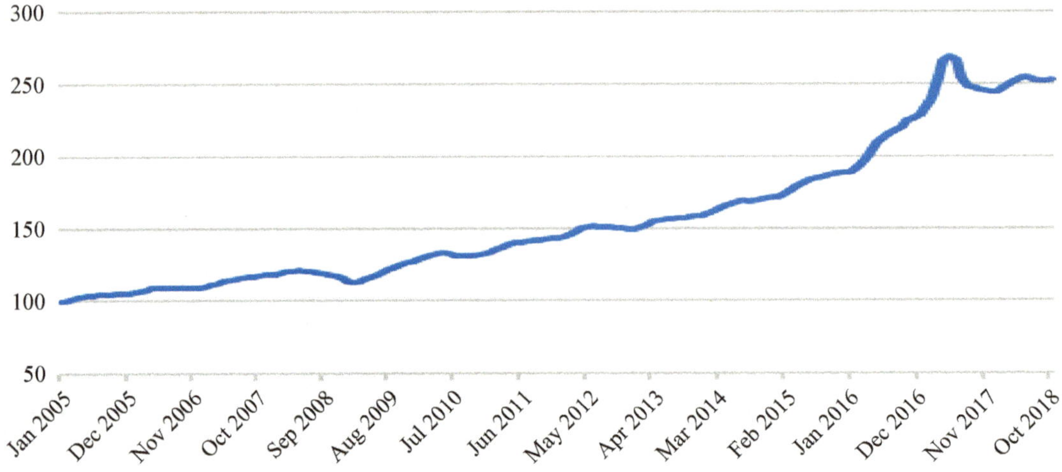

资料来源：加拿大地产协会数据库。

图1.24 多伦多房价指数（2005年按100计算）

出租投资：尚可　多伦多房价本身相比美国大城市要便宜许多。考虑到加币汇率以及当地低廉的地税，在多伦多以房养贷、以房养房的方式可以实现。不过最近两年租金涨幅未能跟上房价上涨，多伦多的平均售租比为23.25，由于地税相对较少，租金应付地税和管理费开销绰绰有余。

稳定评级：★★★★☆

政治局势：稳定

市场发展：规范化

自然灾害：少

城市规模：大

支撑因素一：加拿大最大都会区中心　尽管加拿大拥有将近一千万平方公里的土地，是世界国土面积第二大的国家。但加拿大的主要人口和经济基本都聚集在安大略省东南部相对狭小的五大湖地区。而多伦多正是这个地区的核心城市。作为加拿大最大的都会区，大多伦多地区的GDP占到全加拿大20%，比加拿大魁北克省、阿尔伯塔省和BC省等省份占的比重都要大。当地以外贸、物流、银行业为主体，配合制造业和服务业的综合型经济模式创造了大量就业机会。过去近百年中，不管国际形势如何改变，多伦多经济都保持了相当的稳定性。这对于当地房产起到很大的支撑作用。

多伦多历史时间表

1492年，欧洲殖民者首次踏足加拿大地区，当时多伦多是休伦部落的领土，“多伦多”一词源于易洛魁语言中“有生长在水中的大树的地方”。

1750年，法国人在多伦多地区建立首个欧洲殖民者要塞。

1787年，英国人从土著居民手中购买了现多伦多市区和约克区大约25万英亩土地。

1793年，英国人在约克地区建立城堡。

1834年，英国人在约克镇基础上成立多伦多市。

支撑因素二：人口基数　多伦多是加拿大人口最多的都会区。当地经济和工作机会吸引大量加拿大年轻人前往定居。加拿大是一个移民国家，大量海外移民也愿意将多伦多作为他们登陆加拿大的第一站。因为在这里，他们找到工作并开始适应加拿大生活的成功率更高。多伦多本身也是一个多元文化的大熔炉，当地加拿大人、亚洲人、欧洲人、拉丁美洲人和非洲人能够比较融洽地生活在一片土地上，这也提高了多伦多成为移民首选的概率。未来数十年内，我们认为人口本身的自然增长以及多伦多吸引移民的能力将继续保证当地房产市场不缺需求来源。

支撑因素三：生活环境　多伦多一直是世界宜居城市排行榜的常客。当地相对寒冷的气候对于一些来自温暖地区的移民来说可能较难接受。但整体来说，多伦多的气候环境在世界发达国家中是比较靠前的。加拿大北部大片森林提升了当地空气质量。而加拿大本身的移民政策，则使多伦多成为相对美国东北部大城市更加适合移民的目的地。这些因素能够帮助多伦多在吸引海外资产上更加具有竞争力。

宜居评级：★★★★★

成本评级：★★

短线评级：★☆

稳定评级：★★★★

市场现状

GDP：1 000亿美元

人均收入：4.2万美元/年

大温哥华地区人口：250万（2016年）

人口增长率：1.3%

"It's gray and rainy there a lot of the time, but for some reason, even though it's gray and rainy, I feel like it's a sunny day."

—Billy Campbell

"温哥华的天空通常是灰色的，那里经常下雨，但不知为什么，即使是灰暗的阴雨天，我在那里也会有晴朗的心情。"

——比利·坎贝尔

2. 温哥华

温哥华是世界上最适宜人类居住的城市之一，同时也是北美华人最密集的城市。由于加拿大移民政策的关系，温哥华在过去三四十年中，经历了数次大规模的亚裔移民潮。从最初参加加拿大铁路建设的华工，到逃离东南亚动荡的侨胞，到后来的港澳移民，再到最近人数逐渐占据大多数的中国大陆移民，华人成为温哥华人数最多的族群之一。对于华人投资者来说，一座世界宜居城市排行榜常年前列的城市，近1/4的华裔人口比例，依山傍水、四季如春，这些因素都足以让投资者将温哥华作为他们首选的海外房产投资标的。

宜居评级：★★★★★

经济学人宜居城市排名：第6名

美世生活质量调查排名：第5名

*Monocle*生活质量调查排名：第15名

气候：四季分明　温哥华位于落基山脉脚下，西面是长460公里、最宽100多公里的温哥华岛。当地四季相对分明，但冬季没有严寒，夏季极少酷暑，1月平均气温3摄氏度，7月平均气温18摄氏

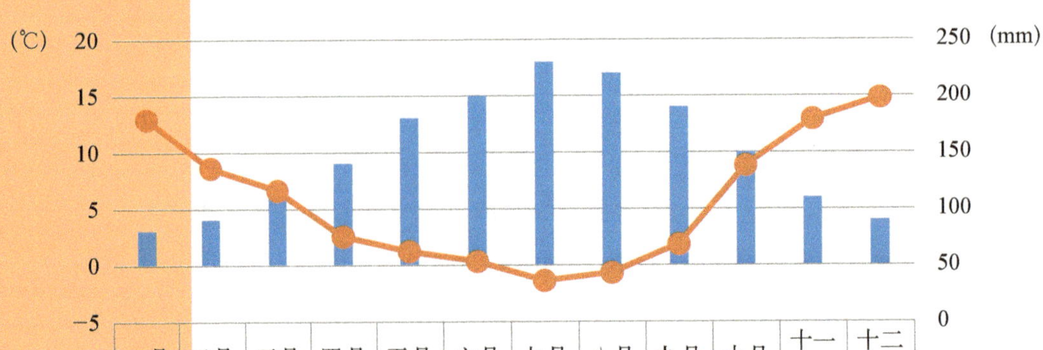

	一月	二月	三月	四月	五月	六月	七月	八月	九月	十月	十一月	十二月
月平均温度	3	4	6	9	13	15	18	17	14	10	6	4
降雨量	179	136	116	75	62	53	36	43	68	138	179	198

图1.25　温哥华气候概况

度。春天有满街樱花盛开，秋季则有漫山遍野的红叶，除了夏天之外一年大部分时间北部的群山上都覆盖着积雪。全年降雨量在1 283毫米左右。

空气质量：清洁　温哥华所在的加拿大不列颠哥伦比亚省是全世界清洁能源使用率最高的地区。温哥华当地目前97%的能源来自水力等可再生能源发电。同时温哥华四面基本被山林环绕，空气非常清新。

交通：拥堵　温哥华居民平均通勤距离17公里，平均通勤时间40分钟，49%的居民选择私家车通勤，14%的居民选择公共交通，19%的居民步行上下班。温哥华的交通可能算是唯一公认的不足之处。当地地理环境复杂，既有海湾又有河谷，城市分区被水域分割，往来基本需要依靠桥梁。城市人口数量并不太多，且温哥华算不上非常繁忙的旅游目的地。这些因素算是帮了温哥华交通状况很大的忙。即使如此，温哥华仍然在近年内被一些媒体评为北美最拥堵的城市之一。

治安：良好　当地治安整体在北美城市中是不错的。但东南部的卫星城素里市附近也有一些黑帮活动。不过在华人聚居的地区和豪宅区，除了小偷小摸之外，基本上治安水平良好。

华裔社群：发达　温哥华最吸引人的就是其华裔社区的氛围。当地早在20世纪末就迎来大量华裔移民，1997年前后以香港人居多。进入21世纪之后，大陆移民大量涌入当地。目前温哥华粗略估算全部华裔人口在60万左右，占城市人口总数1/4。华人在当地商界、文化，甚至以往不太涉足的政界均有很强的影响力。在温哥华某些华人聚居的城市居住，你甚至不感觉自己身处加拿大，满街都是亚裔面孔。中国游客、移民来到温哥华，基本上在安家落户、衣食住行上没有任何问题。

教育：良好　温哥华地区最著名的大学包括英属哥伦比亚大学、西门菲莎大学等。当地的中小学教育水平超过加拿大平均水平很多。整体的教育水准在北美也可以排在前列。

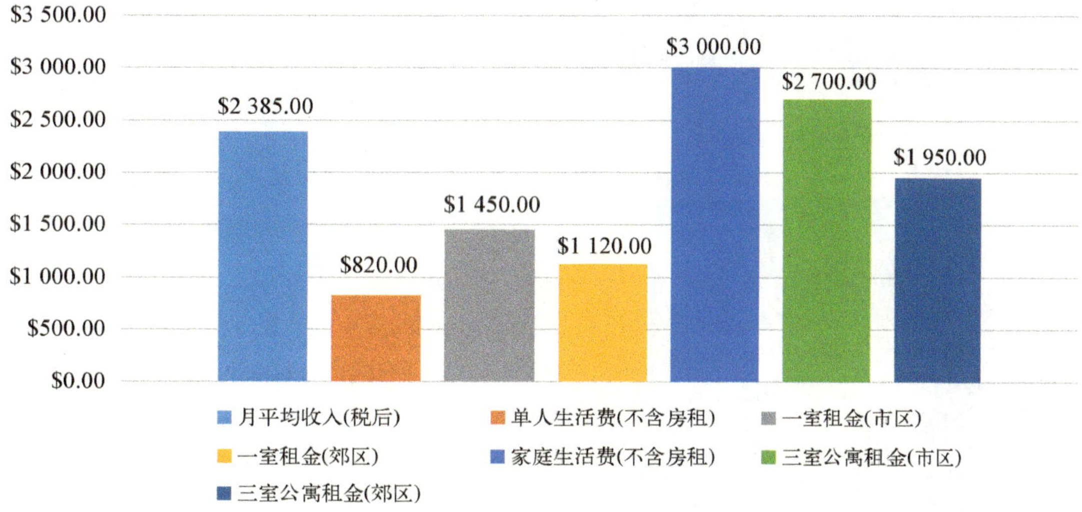

图1.26　温哥华生活成本

成本评级：★★

房价水平：高　温哥华的房价平均水平目前已经远远甩开人口规模类似的其他北美城市，甚至一些人口超过500万的超大城市都望尘莫及。其每平方米8 800美元的价格虽然距离纽约、伦敦

50万、100万、1 000万美元在温哥华能够买到什么样的房产？

价格：50万美元，温哥华市中心公寓，一室一厅，面积45平方米

价格：100万美元，温哥华市中心高层公寓，三卧室两卫浴，面积110平方米

价格：1 000万美元，温哥华西区现代化别墅豪宅，五卧室六卫浴，占地面积1 700平方米，室内面积550平方米

还有差距，但作为一个只有250万人口的城市已经是相当高昂。

交易成本：高 当地买房除了房款之外，交易时一次性验屋费500加元可以选择性消费。房屋转让税按照房价不同在1%～5%之间（按照房价高低税率不同）。其他的律师费等杂费一般不超过1 000加元。新房买家需要缴纳5%的消费税，而二手房买家则不用负担这部分开支。整体来说，当地居民购房需要缴纳房价3%左右的额外费用，新屋买家需要缴纳额外5%。2018年省政府再次加大力度限制海外买家投机当地房产，海外买家目前在温哥华购买房产需要额外再缴纳房价的20%的惩罚性税收。

持有成本：较低 温哥华地税为0.5%左右。公寓和独立屋价格不尽相同。共管的公寓和城市屋地税较低，但管理费需要额外负担。独立屋地税较高，但不需要支付管理费，维护房屋的开支自己负担。在温哥华购买房地产，每年的固定开销低于房价的1%。但温哥华市和英属哥伦比亚政府近来相继出台空屋税，如果投资当地房地产但不出租，每年还要额外缴纳约2%房屋价值的惩罚性税收。

贷款成本：较高 温哥华当地20年贷款固定利率在3.7%左右。通常贷款的上限是年收入的5倍左右。没有当地报税记录和收入的海外买家在温哥华已经越来越难拿到贷款，但仍有一些银行可以有条件地为海外买家提供贷款。

短线评级：★☆

2018价格年率增长：1% 温哥华房价在2018年五六月达到历史最高点，随后出现下滑。市场从年初就开始面临下行压力。销售量和销售周期数据均显示出房市

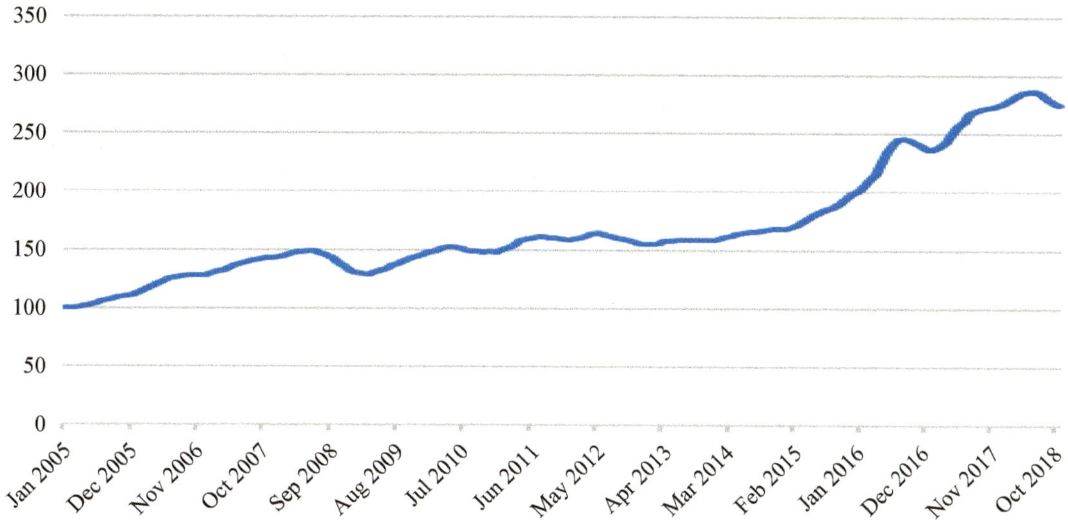

资料来源：加拿大地产协会。

图1.27　温哥华房价指数（2005年按100计算）

面临的巨大压力。最终尽管在年终仍比2017年有些微上涨，但相比最高水平已经回撤了5%左右。

2019增长预期：–5% ～ 5%　温哥华上一次价格的回撤发生在2016年省政府首次推出海外买家投机税时。作为一个华裔占人口总数1/4，没有加拿大定居身份海外买家占市场总数1/10的城市，温哥华房市涨跌与海外资金流动关系密切。2018年房市冷却除了海外资金的影响，还有一个原因就是逐渐缩紧的贷款政策。目前温哥华的房价已经远远超过很多首次购房者的可负担水平，贷款限制吓住了大部分首次购房者。如果2019年政府进一步加息并继续严格限制贷款发放，那么温哥华的房价可能继续回撤。即使这样也只是回到2017年左右的价格，首次购房者还是很难进场。当然，如果政府在2019年逐步放开贷款政策，房价再次温和走高也有一定可能。

短期影响因素：缺乏动能　与多伦多一样，在经历了房价大涨、政府打压房价、房价回落这一系列波动之后，温哥华房市未来两年都可能保持在调整的阶段。市场短期内看不到太多的积极因素，只能等待贷款等方面压力降低。另外，美国与中国的贸易战以及加拿大与美国的贸易协定也给经济带来压力，这些因素对于房价来说都不是积极影响。

出租投资：尚可　温哥华的平均售租比为27.45左右，房租涨幅仍然低于房价涨幅，而且当地政府保护租客，让房租更难上涨。不过温哥华租房市场紧缩，房源紧张，寻找租客不是问题。租金应付地税和管理费开销绰绰有余，贷款购买这里的房地产出租获取收入或是以房养贷，是现实可行的投资手段。

稳定评级：★★★★

政治局势：稳定

市场发展：规范化

自然灾害：少

城市规模：较大

支撑因素一：世界顶级宜居城市　温哥华是世界数一数二的宜居城市。这一点本身就是当地房产市场最大的金字招牌。最近几年各大宜居城市评比对温哥华的排名进行了下调,这主要是因为当地房价涨幅太大,可负担水平降低。不考虑成本,单纯从生活环境的角度考虑,当地温和的气候以及与世无争的地理位置都是海外高净值投资者选择当地房产的最大决定因素。当地绝大部分高价房产的买主来自美国、中国和世界其他地区。很多美国富豪、名流也有在温哥华的避暑别墅。这让温哥华当地的高端房产市场从来都不缺阔绰的买主。房价居高不下的原因也正在于此。

温哥华历史时间表

1791年,西班牙海军军官纳尔维斯成为首位探索温哥华地区水域的欧洲人。

1792年,英国航海家乔治·温哥华航行至此展开开辟活动,城市以他的名字命名。

1858年,菲沙河谷发现金矿,大批淘金者涌向当地并在此定居。

1886年,温哥华正式设立市级单位。

支撑因素二:可开发土地稀有 几乎所有位于北美洲西海岸的城市都有这一通病,那就是城市被水域分割,可建筑的土地相对稀有。物以稀为贵的概念在温哥华最为明显。北面的群山并不适合居住,而南面就是美国边境。温哥华在这个狭长的地区已经非常拥挤,还要考虑当地拥有多条河流、海湾。这些先天因素让温哥华市区、西温、北温等豪宅区供需严重不平衡。即使房价大涨,也很难找到差不多的替代品。所以温哥华当地经常会看到两处相近房产过一条河、过一条街就相差几十万甚至上百万的例子。地理环境基本是难以改变的,所以这个因素将继续在未来支撑温哥华房价。

风险因素:缺乏核心经济支柱 温哥华是目前加拿大就业增长最快的地区之一。但当地在整体经济规模上仍然难以与东部的多伦多进行比较。在原油价格较高的年份里,温哥华的经济表现甚至不如位于落基山脉上的阿尔伯塔省城市。当地尽管房价在全加拿大稳居第一,但经济缺少能够创造高质量就业机会的支柱产业。外贸、物流、能源、高科技、电影等产业虽然近些年都有一定发展,但都达不到成气候的规模。温哥华本身并不缺乏成为经济规模庞大城市的条件。但相对保守的政治氛围限制了其发展。

宜居评级：★★★

成本评级：★★★☆

短线评级：★★★

稳定评级：★★★★

市场现状

GDP：1 450亿美元

人均收入：4.2万美元/年

蒙特利尔大区人口：400万（2016年）

人口增长率：1.1%

"Some places you been before are so great that you don't ever mind going back. Some places you been before you don't ever want to go back, you know, like Montreal in the Winter."

—Morgan Freeman

"有些地方你去过还会愿意再去，有些地方你去过就不会再想去了，比如冬天的蒙特利尔。"

——摩根·弗里曼

3. 蒙特利尔

很多人想到蒙特利尔第一印象就是寒冷的冬季。蒙特利尔是加拿大魁北克省最大城市。魁北克省在加拿大特殊的地位，以及当地移民政策相比加拿大联邦更加宽松的形势，让蒙特利尔房产最近几年格外受到关注。随着加拿大近年来不断收紧包括投资移民在内的移民通道，蒙特利尔已经成为追求更加便利移民条件人士的最佳选择。相比加拿大其他城市来说，魁北克的法语环境可能让一些人望而却步，但实际上，作为英法双语混合非常好的城市，在蒙特利尔生活并不像某些人想象的那么困难。而相对更低的价格标准，也为投资者带来更多选择。

宜居评级：★★★

美世生活质量调查排名：第21名

气候：四季分明　蒙特利尔位于加拿大东部。除了位于东北方的魁北克城之外，正北方几百公里外基本就是荒无人烟的加拿大北寒林地带。冬季寒冷多雪，年降雪量能够达到2.14米，夏季炎热干燥。1月平均气温零下10摄氏度，7月平均气温21摄氏度。大雪通常并不影响人们出行，因为蒙特利尔政府每年都会花

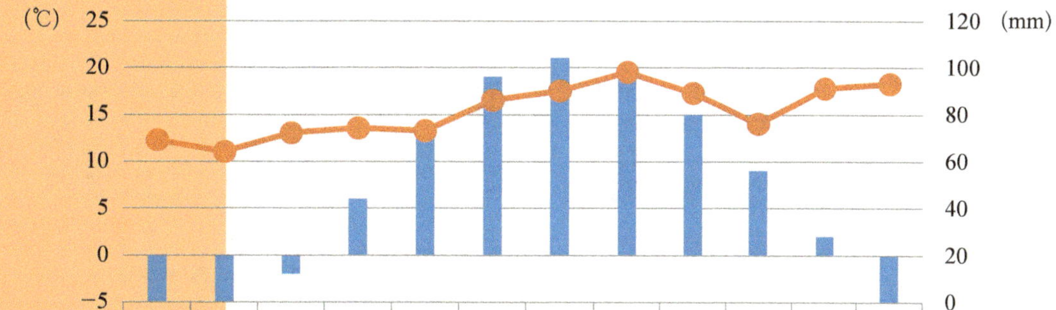

	一月	二月	三月	四月	五月	六月	七月	八月	九月	十月	十一月	十二月
月平均温度	−10	−8	−2	6	13	19	21	20	15	9	2	−6
降雨量	69	64	72	74	73	86	90	98	89	76	91	93

图1.28　蒙特利尔气候概况

费上千万加元来保证除雪工作正常进行。经常在大雪刚下时，除雪车就已经开始工作了。

空气质量：清洁　蒙特利尔的空气质量很好。附近地区植被丰富，尽管寒冷但氧气充足。城区PM2.5数值通常不会超过50左右。

交通：较拥堵　蒙特利尔居民平均通勤距离16公里，平均通勤时间42分钟，44%的居民选择私家车通勤，19%的居民选择公共交通，15%的居民步行上下班。蒙特利尔的交通状况在北美大城市中排名中游。城市地铁和公共交通基本能够满足居民需求。同时由于主要的城区都集中在劳伦斯河主流北部的本岛上，所以整体来说，并不算特别拥堵。基础设施相对陈旧可能是当地存在的一个问题，蒙特利尔主要的道路基本都是20世纪七八十年代建成的，近些年城市道路偶尔传出破损的问题，不过政府也在尽力补修。

治安：较好　魁北克法语区在色情行业等方面管理与加拿大其他地区不太一样。这让市区增添了一些传统意义上比较“乱”的地带。古老的城区和地下四通八达的商业地下城让大量无业游民聚集。但实际上，如果从犯罪率等统计数据看，在整个北美地区，蒙特利尔的治安表现要好于大部分美国城市。整体水平与多伦多、温哥华市区相差不大。

华人氛围：中等　相比多伦多和温哥华来说，蒙特利尔的华人群体规模较小，活跃程度也不高。市区仅有五六万华人人口，主要集中在大学附近以及老港唐人街地区。魁北克省在加拿大各省中算是比较排外的一个，前往蒙特利尔的华人，除了求学之外，主要是看中了当地相对宽松的移民政策。

教育：良好　蒙特利尔的教育水平在加拿大范围内是不输给多伦多和温哥华任何一个的。当地知名大学包括麦吉尔大学、蒙特利尔大学、康考迪亚大学等。而中小学教育也基本都是以英法双语教学。在这一点上，希望子女有多语种能力的投资者选择住在魁北克可以说是额外获得了一个无价的法语生活环境。

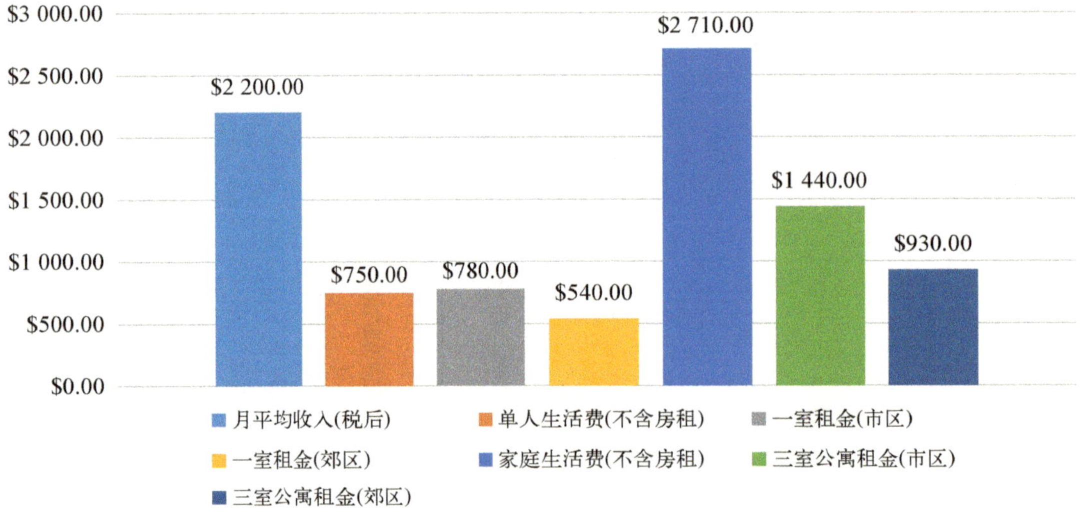

图1.29　蒙特利尔生活成本

成本评级：★★★☆

房价水平：适中　蒙特利尔市区的平均房价为每平方米3 800美元左右。这个价位在全北美大城市中算是比较便宜的。不过当地城区相对古老，尤其是皇家山北部的老城区多为数十年甚至百年以上的老房，这多少拉低了整体的价位。但总体来说，蒙特利尔的房价水平还是要比加拿大另两大城市以及美国各大城市低廉。

交易成本：较高　当地买房除了房款之外，交易时一次性验屋费500加元可以选择性消费。房屋转让税按照房价不同在0.5%～1.5%之间（按照房价高低税率不同）。其他的律师费等杂费一般不超过1 000加元。新房买家需要缴纳14.97%的消费税，而二手房买家则不用负担这部分开支。

持有成本：较低　蒙特利尔地税为0.9%左右，比加拿大其他地区要略贵一些，但仍然比美国东部的地税要低。除了地税之外，蒙特利尔的其他税收也都要比加拿大其他地区多，但并不会差距太大。整体持有成本还是要比美国大部分地区便宜。

贷款成本：较高　蒙特利尔当地20年贷款固定利率在3.4%左右，略高于温哥华和多伦多。通常贷款的上限是年收入的5倍左右。

短线评级：★★★

2018价格年率增长：6.2%　蒙特利尔房价涨势在2018年继续提速。尽管在多伦多和温哥华前两年相继录得超过20%增速后，蒙特利尔的房价涨幅看起来不温不火，但在最近两年上述两个城市房价因为政府打压以及房价难以负担而房市冷却的情况下，蒙特利尔似乎获得了更多的关注。

2019增长预期：3%～7%　作为加

50万、100万、1 000万美元在蒙特利尔能够买到什么样的房产？

价格：50万美元，蒙特利尔市中心两卧室一卫浴公寓，面积90平方米

价格：100万美元，蒙特利尔市区独栋别墅，四卧室两卫浴，面积200平方米，土地面积350平方米

价格：1 000万美元，蒙特利尔皇家山庄园别墅，占地1 400平方米，室内面积500平方米，六卧室六卫浴

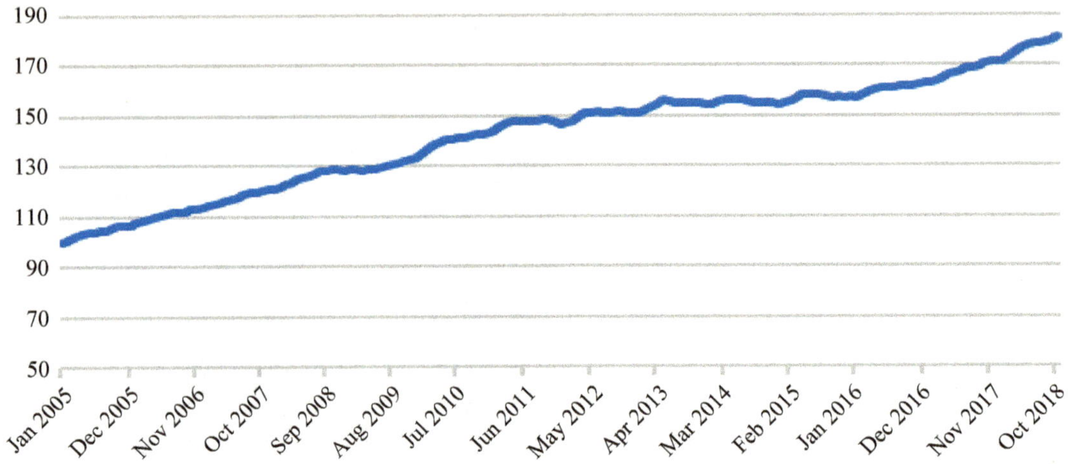

资料来源：加拿大地产协会。

图1.30　蒙特利尔房价指数（2005年按100计算）

拿大几大城市中的“第三选择”，蒙特利尔目前的房价上涨仍然需要看多伦多和温哥华两个城市的脸色。另外，近来魁北克地区的地方保护政党势力再次抬头，可能会对蒙特利尔房市产生一些负面影响。

短期影响因素：喜忧参半　魁北克地区长期以来都因为移民政策相对宽松而吸引不少外来人口。但在2018年魁北克地方政党势力抬头的情况下，未来可能会出现移民政策缩紧的情况。不过考虑到目前蒙特利尔的房价相比多伦多、温哥华都更可负担，城市的就业率也比前几年有所改善，这里仍然能够获得一些对房市积极的影响。

出租投资：有利可图　蒙特利尔的平均售租比为19.04左右。租金应付地税和管理费开销没有问题。在当地以房养房的策略对于大部分比较容易出租的公寓来说还是非常合适的。不过鉴于当地是较为寒冷的地区，如果在当地有占地较大的独立屋，夏天除草、冬天除雪的成本较高，而且如果屋主不管理好自家门前，市政府也会视情况罚款。

稳定评级：★★★★

政治局势：较稳定

市场发展：规范化

自然灾害：少

城市规模：较大

支撑因素一：宽松的移民政策　作为加拿大唯一的法语省份，魁北克省的移民政策可以算是加拿大全国最为宽松的。这让魁北克成为很多在其他地区获得移民身份较为困难的投资者首选的登陆地点。当地独特的身份让其政策与其他省份较为不同。所以尽管在加拿大三大城市中，蒙特利尔在气候和经济两方面占不到太多便宜，但通过宽松的移民政策仍然吸引了一些人口流入。当地的房产也因此获得一些需求支撑。

支撑因素二：英法双语环境　蒙特利尔是一个双语城市，但法语对于美国和中国很多移民来说都是比较麻烦的一个问题。蒙特利尔相对多伦多和温哥华来说都要更加寒冷一些。这些因素让

蒙特利尔历史时间表

1535年，法国探险家雅克卡蒂埃航行至劳伦斯河并成为首个到达蒙特利尔的欧洲人。

1611年，法国人尚普兰在蒙特利尔岛上建立毛皮交易站。

1642年，蒙特利尔建立了首个法国殖民地。

1760年，英法七年战争中蒙特利尔被英国夺取，之后一直被英国占领。

1844—1849年，蒙特利尔曾一度成为英国加拿大省首府。

蒙特利尔在加拿大的房产市场相对不受重视。但在全世界范围内，混合英法双语环境的城市并不多，这给蒙特利尔一些相对优势。

风险因素：经济衰退之后缺乏发展方向　蒙特利尔曾经是加拿大第二大经济中心，而且在20世纪的大部分时期，当地与多伦多的差距非常微小。但随着港口因为国际化船只逐渐变大而被放弃，蒙特利尔引以为傲的外贸和重工业都开始走下坡路。当地经济在进入21世纪之后重新在高科技、金融领域找到一些发展方向。但预计蒙特利尔房产在未来10到20年内，想要从当地经济方面获得增长的动能难度还是大了一些。

宜居评级：★★★☆

成本评级：★★★☆

短线评级：★☆

稳定评级：★★★☆

市场现状

GDP：900亿美元

人均收入：4.5万美元/年

市区人口：130万（2017年）

人口增长率：0.9%

"The stream in my hometown Calgary is the oil and gas industry — that's the talk you hear on the street."

—Gary Kovacs

"石油和天然气是我家乡卡尔加里的命脉，大街小巷都能听到关于这个话题的讨论。"

——盖瑞·科瓦克斯

4. 卡尔加里

作为加拿大第四大城市，坐落在落基山脉脚下的卡尔加里的命运与加拿大的油田息息相关。而近两年原油国际价格的低迷大大打击了卡尔加里当地的经济。房产市场也受到波及。随着很多原油企业大量裁员，卡尔加里流失了大量高薪的工作机会，很多居民被迫出售房产，寻求家庭收支平衡，或者搬离卡尔加里到其他城市寻找机会。这些情况都使卡尔加里近几年的房产走势创造有史以来最低迷的表现。卡尔加里相对加拿大其他城市便宜很多的房价水平则为投资者提供了一个准入条件很低的投资平台。这些，都是卡尔加里房地产市场近期最值得研究的特点。

宜居评级：★★★☆

经济学人宜居城市排名：第4名

美世生活质量调查排名：第33名

气候：高原山地　卡尔加里坐落在落基山东麓，平均海拔在1 000米左右，属于高原气候。当地寒冷干燥，年降雨量428毫米左右，年降雪量1.24米。当地一天内的温差有时可以达到20摄氏度以上。1月平均气温零下11度，7月平均气温16度，冬季时常会出

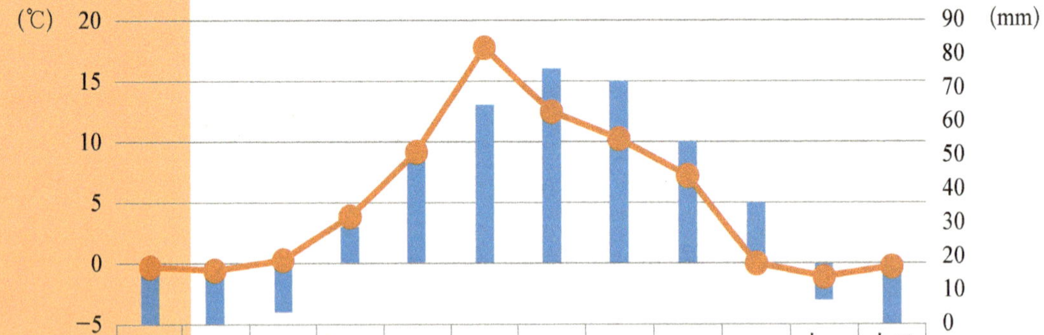

	一月	二月	三月	四月	五月	六月	七月	八月	九月	十月	十一月	十二月
月平均温度	−11	−7	−4	3	9	13	16	15	10	5	−3	−8
降雨量	17	16	19	32	51	82	63	55	44	18	14	17

图1.31　卡尔加里气候概况

现零下30度以下的极端寒冷天气。

空气质量：较清洁　作为加拿大最大的石油生产省，卡尔加里在碳排放上算是全加拿大最多的一个。不过落基山脉茂盛的植被为吸收有害气体做出很大贡献。卡尔加里距离世界著名的班夫国家公园仅有1个多小时的车程。当地的冬季运动如滑雪等异常发达，这一点对于爱好滑雪的人士来说是一个加分项。

交通：尚可　卡尔加里居民平均通勤距离18公里，平均通勤时间36分钟，64%的居民选择私家车通勤，6%的居民选择公共交通，16%的居民步行上下班。卡尔加里的城市建设和交通相对加拿大其他大城市来说要好很多。高原上土地面积广阔。城市并不缺少可供建造道路、桥梁的空间。这让卡尔加里的交通状况至少在加拿大前四大城市中算是最好的一个。除了冬季偶尔出现名副其实的大雪封门情况之外，基本上交通不是卡尔加里居民经常抱怨的问题。

治安：较好　石油城治安也是加拿大比较好的一个。当地民风淳朴，同时冬季的极端天气也让流浪汉数量非常稀少。整体来说，犯罪率比其他大城市都要低。

华裔社群：中等　卡尔加里的华裔居民人口为5万人左右。当地拥有几家不错的中餐厅，也有华人超市。但整体华人的社区水平还是不能与多伦多、温哥华相比。

教育水平：中等　卡尔加里的教育水平在加拿大人口前四大城市中并不算突出。最有名气的大学是当地的卡尔加里大学。

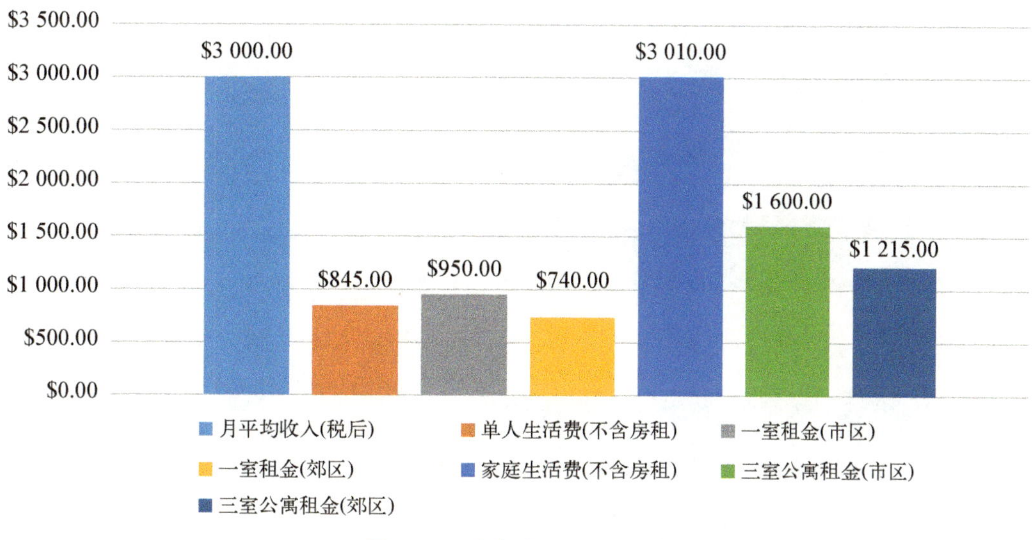

图1.32　卡尔加里生活成本

成本评级：★★★☆

房价水平：适中　卡尔加里市中心的房价水平为每平方米3 800美元左右。这个价位低于大部分美国和加拿大主要城市。在加拿大石油企业受到国际原油价格影响的这段时间里，卡尔加里的经济和房市都受到打击。但即使在原油价格最高的时候，卡尔加里的房价也没有出现过特别昂贵的时期。主要是因为城市附近可用土地众多，人口压力也不大。房价没有特别强力的推升动能。

交易成本：较低　卡尔加里买房除了房款之外，交易时一次性验屋费500加元可以选择性消

50万、100万、1 000万美元在卡尔加里能够买到什么样的房产？

价格：50万美元，卡尔加里市中心豪华公寓，两卧室两卫浴，面积100平方米

价格：100万美元，卡尔加里市区独门独院联排别墅，四卧室四卫浴，面积250平方米

价格：1 000万美元，卡尔加里市郊庄园别墅，十卧室十四卫浴，占地2.6英亩，室内面积1 000平方米，配置室内篮球场、家庭影院、酒窖等

费。其他的律师费等杂费一般不超过1 000加元。新房买家需要缴纳14.97%的消费税，而二手房买家则不用负担这部分开支。阿尔伯塔省不征收房屋转让税，所以在卡尔加里购房的居民可以免去这一部分开销。在这里购买房产，如果是二手房产，除了房价之外需要缴纳的额外费用很少。

持有成本：较低 卡尔加里地税为0.37%左右。拥有当地房产之后，每年的房产税加物业费额外固定开销为房价的0.5%左右。

贷款成本：较高 卡尔加里当地20年贷款固定利率大约为3.55%。通常贷款的上限是年收入的5倍左右。海外居民也能在个别银行贷款，但有很多限制且利率稍高，而且贷款额度要看资产水平。

短线评级：★☆

2018价格年率增长：−2.6% 2018年末卡尔加里的房价相比2017年同期出现了小幅下滑。市场仍然受到过剩新屋建成的影响。早在四五年前，当原油价格飙升至100美元以上的时候，阿尔伯塔省经济飞速发展，大批其他城市甚至其他国家的石油相关从业人员涌入卡尔加里。很多建筑商借机大兴土木。但之后原油价格下跌导致当地经济受到重创，开始兴建的楼盘却只能继续推进，最后导致到目前为止卡尔加里仍然需要消化过剩的新屋库存。

2019增长预期：0%～3% 对于卡尔加里的房地产投资者来说，好消息是库存过剩的问题目前已经有开始缓解的迹象。2018年尤其是下半年的数据显示，当地的库存已经开始大幅下降。这对市场将会是一个积极的推动。

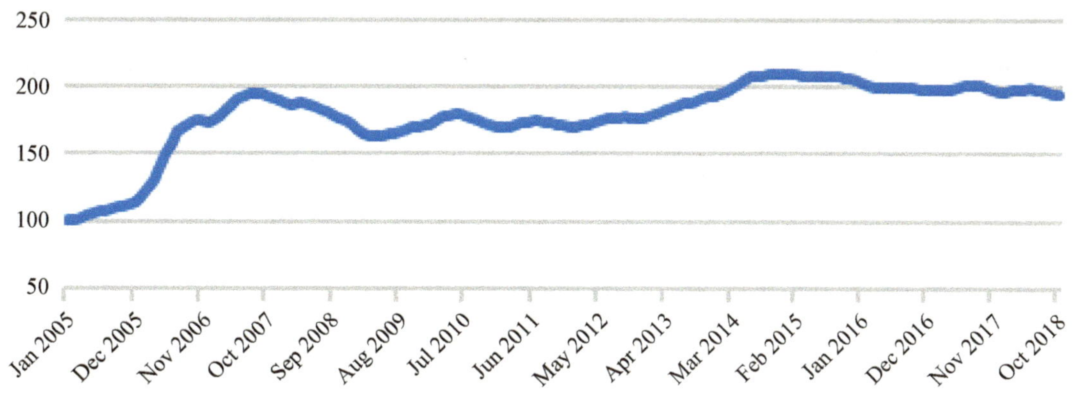

资料来源：加拿大地产协会。

图1.33　卡尔加里房价指数（2005年按100计算）

短期影响因素：喜忧参半　库存数量的减少将会是卡尔加里房地产市场未来最大的积极因素。但对当地房市不利的问题在于，原油价格目前仍然没有稳定回暖的迹象。而且最重要的是，阿尔伯塔最近两年的原油输出遇到问题。向隔壁温哥华地区计划的横山输油管项目尽管获得联邦政府支持，但最终还是在最高法院方面被判项目暂停。加拿大和美国之间的原油进出口也因为贸易协定等问题受到影响。经济如果不能提供支撑，卡尔加里的房市重新回暖的难度会很大。

出租投资：市场不活跃　卡尔加里的平均售租比为18.78左右。租金应付地税和管理费开销不成问题，但是找到稳定的租客是个难题。经济不景气给当地租房市场带来的冲击同样严重。

稳定评级：★★★☆

政治局势：稳定

市场发展：规范化

自然灾害：少

城市规模：中等

支撑因素&风险因素：石油　长期来讲，卡尔加里房产市场除了石油，真的找不出其他关键影响因素。卡尔加里本身就靠着石油发家。一个位于山区曾经主要以农业为主的小镇因为地处世界最大的原油产地中心，在短短半个世纪成为加拿大第四大城市。可以说石油给了卡尔加里发展的

卡尔加里历史时间表

1787年，探险家大卫·汤普森在进行测绘工作时在弓河岸边扎营度过寒冬，成为有记录的首位在当地居住的欧洲人。

1873年，卡尔加里成为西北骑警（加拿大皇家骑警前身）的一所驿站，卡尔加里的名字来源于苏格兰同名小镇，在古诺斯语言中意为“寒冷的花园”。

1884年，卡尔加里正式成立镇级行政单位。

1941年，卡尔加里地区发现丰富的石油和天然气，城市从此迅速发展，逐渐成为加拿大第四大城市。

核心力量,同时也是卡尔加里最大的“软肋”。2014年末石油大幅崩跌之后卡尔加里房产市场的波动已经告诉我们,石油对于当地有多么重要。长期来讲,想象一下将来人类不使用石油作为主要燃料的时候卡尔加里会是什么样子。但从另一方面,目前人类的确看不到短期内能够将石油彻底取代的可能性。所以我们有理由相信,卡尔加里的房产至少在石油产业继续保持的情况下,不会失去其吸引力。

（三）欧洲市场

宜居评级：★★★☆

成本评级：★

短线评级：★☆

稳定评级：★★★★

市场现状

GDP：8 300亿美元

人均收入：4.9万美元/年

人口：880万（2017年）

人口增长率：1.5%

"When a man is tired of London, he is tired of life; for there is in London all that life can afford."

—Samuel Johnson

"一个人如果厌倦了伦敦，那他也就厌倦了生活，因为伦敦有人生能赋予的一切。"

——塞缪尔·约翰逊

1. 伦敦

伦敦作为英国首都，也是整个英联邦国家名义元首英国女王的居住地，这里拥有世界上最昂贵的私人住宅——白金汉宫。同时伦敦还是欧洲甚至全世界最热门的房地产市场。英国脱欧是最近几十年里伦敦房地产市场经历过的最大挑战。但在这个世纪挑战面前，这个古老的市场充分表现出自身积累数百年打造的韧性。透明、稳定、系统、完善的房地产投资市场是伦敦最大的吸引力。但与此同时，作为世界上房价最昂贵的城市之一，伦敦也因为最近的脱欧影响被认为存在房价估值过高、存在泡沫的问题。2019年，英国脱欧的最终细节将会浮出水面。市场在经历了两年左右的准备之后，会以何种方式面对新的挑战成为房地产行业讨论的热门话题。但世界上最古老又最活跃的市场之一面临如此重大的波动，这件事本身也吸引了很多对自己眼光有信心的投资者。伦敦绝对是高端房产投资者才能驾驭的市场，这一点是毋庸置疑的，所以能够驾驭伦敦房地产，也是对一个房地产投资者最大的肯定。

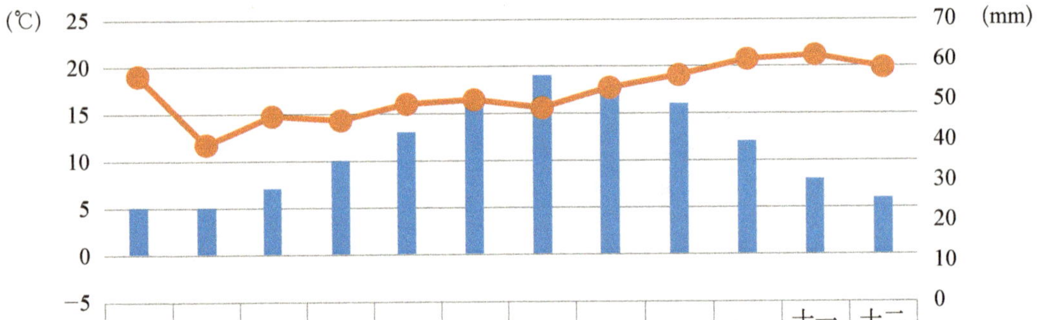

	一月	二月	三月	四月	五月	六月	七月	八月	九月	十月	十一月	十二月
月平均温度	5	5	7	10	13	17	19	18	16	12	8	6
降雨量	56	39	46	45	49	50	48	53	56	60	61	58

图1.34　伦敦气候概况

宜居评级：★★★☆

美世生活质量调查排名：第41名

气候：凉爽、潮湿　当地1月平均气温5摄氏度，7月平均气温19摄氏度。年降雨量约为621毫米。尽管降雨量不多，但来自北海的潮湿空气仍然使当地整体偏向潮湿。

空气质量：尚可　伦敦最著名的别称就是“雾都”。这个称呼顾名思义当然就是说伦敦当地雾气较大。实际上，学者们对于伦敦的雾，有两种解释：雾气聚集的一种原因是伦敦距离英吉利海峡很近，北海寒冷的雾气经常顺泰晤士河而上进入伦敦城；另外一个原因是英国作为工业革命的核心地区，拥有世界上最古老的燃烧煤矿历史。煤矿的大量燃烧导致了雾霾天气多发。英国政府近几十年一直在整顿当地空气污染问题。目前的伦敦，已经基本上只有雾，而没有霾了。不过伦敦的空气质量与北美或者澳洲城市比起来，还是会稍微差一些。

交通：拥堵　伦敦居民平均通勤距离15公里，平均通勤时间48分钟，11%的居民选择私家车通勤，48%的居民选择公共交通，21%的居民步行上下班。伦敦公共交通系统发达，拥有世界上最密集的城市地铁网络之一。在伦敦市郊居住的人基本上是不会考虑开车上下班的，城区内很多道路都有上百年历史，既不宽阔，又错综复杂，从地图上就能看到，当地道路很少有横平竖直的状况。不过整体来说，公交的存在弥补了道路的缺陷，对于居住来说，伦敦交通状况尚算便利。

治安：尚可　伦敦当地的治安整体还算不错，东区是伦敦犯罪率最高的地带。这里也聚集了大量来自欧洲以及中东的移民。相比美国东部和欧洲南部来说，伦敦的治安水平要好一些。当地治安也比英国另两个大城市曼彻斯特和伯明翰好。

华裔社群：发达　作为欧洲最主要（基本也是唯一）的英语系大都市，伦敦的华人社区发展非常完善。超市、餐厅应有尽有。不过在欧美各国中，英国的移民政策是相对严格的。尤其是在历任移民部长、素来以限制留学生政策著称的特蕾莎 · 梅成为首相之后，移民政策理论上说可能不会给海外投资者很多机会。

教育：优秀　伦敦当地是世界著名的教育和文化中心。从小学到大学的教育水平即使在全世界范围也首屈一指。大英博物馆等众多文化机构更是让人流连忘返。主要的世界知名大学包括伦敦政治经济学院、伦敦国王学院、伦敦大学、帝国理工大学等。当地的中小学高水平也是世界级的，

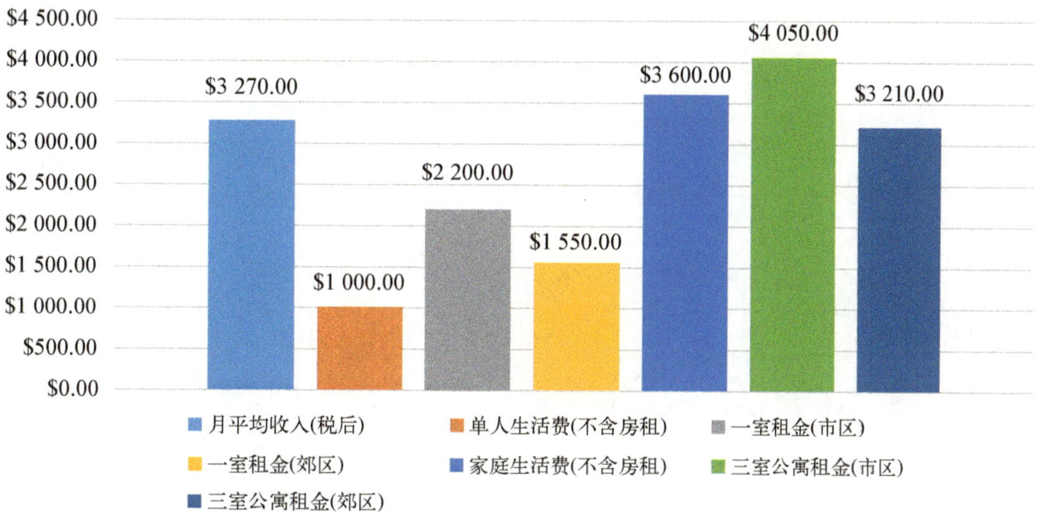

图1.35　伦敦生活成本

很多私校在全世界都有相当程度的名气。

成本评级：★

房价水平：高　伦敦的物价水平是欧美各国中相对较高的，如果不在当地工作的话，除了房产投资之外，日常花销也要比其他国家开支更大一些。当地人口众多，寸土寸金，所以伦敦大部分的房产主要以公寓或是联排别墅的形式存在。伦敦城历史悠久，很多老式建筑保养完好，配合历史情调和地理位置甚至比新房价格还高。当地市区公寓占多数，市区公寓平均价格高达每平方米17 000美元。伦敦市区土地价值连城，市区内独立有院子的古老豪宅动辄上千万英镑。而且这类房屋有价无市，不是轻易可以购得的。伦敦市面上主要的房屋类型基本是公寓或者联排类型房屋。

交易成本：较低　当地买房除了房款之外，律师费就可能达到上千英镑，而验房又要上千英镑。伦敦的房产转让费在1%～2%之间。同时第二栋房和出租的房屋需要缴纳土地印花税。在伦敦购买房地产，交房时需要缴纳房价大约

50万、100万、1 000万美元在伦敦能够买到什么样的房产？

价格：50万美元，伦敦Regent公园附近老式一室一厅公寓，面积34平方米

价格：100万美元，白金汉宫附近两室公寓，面积59平方米

价格：1 000万美元，海德公园附近豪华四层跃层公寓，独门独院，自带车库，面积300平方米

2%～3%的额外费用。

持有成本：较低　伦敦没有地税，但有所谓的市政税，这项税务按照居民居住区域的不同从几千到上万英镑不等。持有伦敦房产，每年的市政税加上维护、水电等额外开销为房价的1%左右。

贷款成本：较高　伦敦当地20年贷款固定利率为3.25%左右。自住投资者首付只需20%，投资性投资者首付款最低可以达到25%。贷款的利率也按照自住和投资有所差异，投资用房屋的贷款利率要相对高出1%～2%。个人贷款额度基本是年薪的五倍左右。投资者需要提供相关的收入证明才能贷到上述额度。还款年限通常为20～25年。

短线评级：★☆

2018价格年率增长：−0.3%　包括伦敦以及附近卫星城在内的大伦敦地区房价出现些微的下滑。不过整体价格水平基本上没有任何明显波动。市场在英国宣布脱欧至今仍然在等待一些更加实际、更直接的影响因素出现。英国脱欧目前似乎演变成一部怎么也不结局的连续剧，不断出现新的插曲和番外篇。而伦敦的房价也将会随着连续剧的拖沓而继续保持现在的局面。

2019增长预期：−5%～5%　经济学家和分析人士目前不管是对于英国整体经济还是伦敦的房价都持非常谨慎的态度。但随着英国其他地区的房价上涨，伦敦与其他地区的房价差距已经开始缩小。而在海外方面，英镑兑其他货币也仍然保持在低位。所以尽管伦敦的房价上涨缺乏动

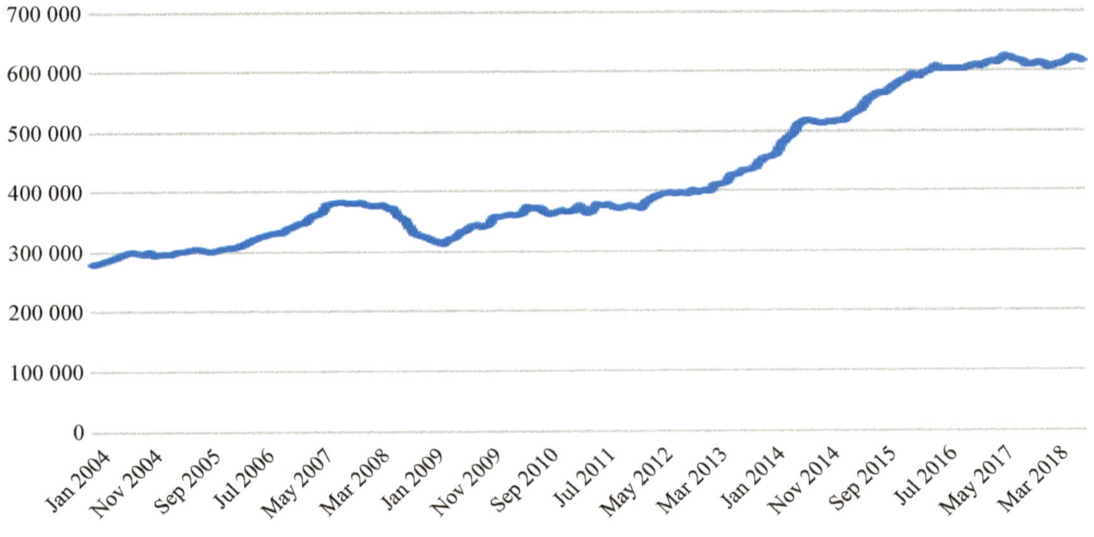

资料来源：英国统计局。

图1.36　大伦敦地区平均房价（单位：美元）

力，但仍然有不少来自海外和英国其他地区的投资者趁机进场。2019年3月，英国将正式脱离欧盟，届时市场将会看到一直期待的最终答案。

短期影响因素：暗潮汹涌 伦敦作为目前世界上最古老、最完善的房地产市场之一，应对冲击的能力至少比大部分新兴市场强得多。但英国脱欧毕竟不是常见的情况。目前市场在公投之后漫长的波动期能够保持稳定，就说明投资者们已经预演了各种脱欧结局的可能性。但即使如此，如果2019年3月出现一些让市场不安的信号，价格波动仍然是一种必然现象。不过在有准备的情况下，波动的幅度理论上不会太大。最坏的可能性下价格下跌的程度也不太可能超过2008年金融危机时期的水平。

出租投资：回报率较低 伦敦租房市场非常活跃，但由于房价太高，回报率较为不理想。伦敦市中心地区售租比达到36.18。大部分老房的维护费用不菲，而且政府在2015年新加入的出租房屋印花税对于房东来说影响也不少。整体来说，在伦敦买房出租收益尚可。伦敦市中心理想地段房价基本都比较离谱，在较好的地段买房出租盈利的可能性不高，这里的大部分房主除了海外高净值投资者之外，多为伦敦几十年的老居民。新进场的纯投资者更多看中的是房屋本身价值的上涨以及伦敦稳定的市场。

稳定评级：★★★★

政治局势：稳定

市场发展：规范化，历史悠久

自然灾害：少

城市规模：极大

支撑因素一：世界顶级都会区的吸引力 伦敦与纽约类似，即使在世界级大都会中，也可以算是保持最前列的超级城市。这样的市场，名字本身就是一个非常吸引人的品牌。伦敦仍然是英语世界最吸引人的欧洲房产投资标的。这种城市的吸引力主要体现在国际高净值投资者角度，所以伦敦的房产高端市场受到的支撑更多。

支撑因素二：经济规模 英国尽管目前在GDP上仅仅排到世界第五，但伦敦仍然是欧洲的金融中心。当地在英国本身的地位、在欧洲的经济地位都将继续在支持就业、经济发展等与房产息息相关的领域表现。伦敦目前仍然拥有欧洲排名第一的人均GDP水平。当地居民本身的购房实力在未来支撑房产绰绰有余。

伦敦历史时间表

公元前4500年，伦敦地区已有石器时代人类活动痕迹。

公元43年，罗马人入侵，在伦敦地区建立定居地和军营。

公元100年，伦敦成为罗马不列颠尼亚行省的首府，人口达到20 000人。

11世纪前后，伦敦发展成为英格兰地区最大的城镇，诺曼底公爵于1066年在威斯敏斯特大教堂加冕为英格兰国王。

1831—1925年，伦敦保持作为世界上最大的城市。

支撑因素三：稳定、成熟的市场环境　伦敦城市历史已经有两千年，比英国本身的历史还要久远。而近代英国几百年的发展中，现有的伦敦房地产市场才在历史沉淀下逐渐形成。千百年的历史让伦敦的房地产行业积累了厚重的经验。这使得伦敦房地产市场完善、透明、稳定。长远角度讲，如此完善的房地产市场中，投资获得的保障要大大高于那些仍然在发展的市场。这也是伦敦在全世界房地产市场中一直占据最重要地位的主要原因之一。

支撑因素＆不确定因素：英国脱欧　英国与欧盟在2019年都逃不过最终接受脱欧考验的命运。虽然脱欧公投已经过去了两年，但覆水难收，现在整个欧洲只能接受这个已经发生的既定事实。我们并不认为简单脱离欧盟就能给英国难以挽回的沉重打击，市场更多的是接受一个新的政治经济格局而已。作为欧洲的重要组成部分，英国不管在不在欧盟内部，都会与欧洲大陆保持紧密的联系，但毕竟适应过程会有阵痛期。未来一段时间内，英国和欧盟的命运都将会受到2019年双方的最终分手协定的影响。

宜居评级：★★★

成本评级：★★

短线评级：★★★

稳定评级：★★★★

市场现状

GDP：7 700亿美元

人均收入：5.6万美元/年

大巴黎地区人口：1 190万（2017年）

人口增长率：0.5%

"L'être qui ne vient pas souvent à Paris, ne sera jamais complètement élégant."

— Honoré de Balzac

"不经常访问巴黎的人，不能成为真正的优雅之士。"

——巴尔扎克

2. 巴黎

巴黎是法国首都、法国最大城市，同时也是西欧文化最多元的大都市。巴黎历史悠久，有超过1 000年的时间在西方世界保持着最大城市的宝座。在16世纪到18世纪初还保持了200年之久世界最大的城市的称号。这里历史文化底蕴丰富，拥有上千个法国国家历史遗产和四个著名的世界历史遗产，而像埃菲尔铁塔、卢浮宫、巴黎圣母院等世界著名的景点每年也吸引着数千万游客慕名前往。从房地产角度看，巴黎是西欧地区除了伦敦之外规模最大的市场。投资者在谈论欧洲房地产时，很难绕过巴黎。法语在中国流行度不及英语，这成为巴黎房地产在华语世界中并不算热门的瓶颈之一。但随着华人对于法语、德语等小语种的关注度增加，巴黎房地产的魅力将逐渐被中国投资者所深入了解。

宜居评级：★★★

美世生活质量调查排名：第38名

气候：四季分明　巴黎位于法国北部巴黎盆地中央，塞纳河由东南至西北流经市区。整体来说，相比温暖的法国南部来说，巴黎受到寒冷的大西洋气候影响的程度更高一些。这里冬季多雨，夏季相对炎热干燥。1月平均气温3摄氏度，7月平均气温19

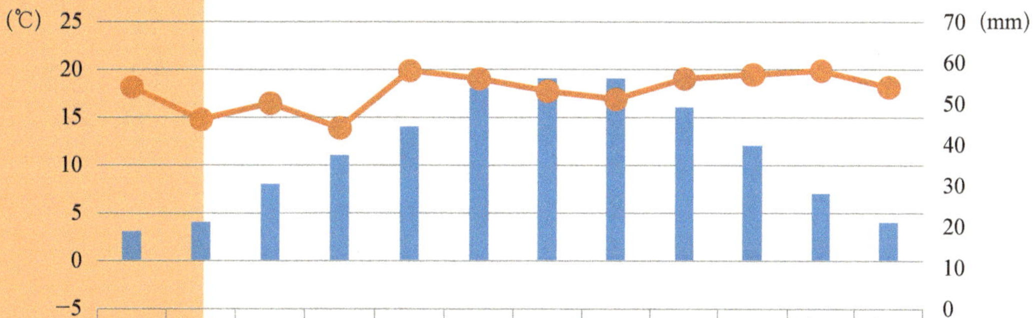

	一月	二月	三月	四月	五月	六月	七月	八月	九月	十月	十一月	十二月
月平均温度	3	4	8	11	14	18	19	19	16	12	7	4
降雨量	54	46	50	44	58	56	53	51	56	57	58	54

图1.37　巴黎气候概况

摄氏度。全年的降雨量647毫米左右，但降雨量分布比较平均，同时受到雾气的影响，当地整体较为湿润。

空气质量：一般 巴黎的空气质量在全世界大城市中属于中等水平。PM2.5指数偶尔会达到80～100的水平。上千万的大城区人口以及附近工业给巴黎的自然环境带来不小压力。

交通：拥堵 巴黎居民平均通勤距离16公里，平均通勤时间44分钟，23%的居民选择私家车通勤，44%的居民选择公共交通，8%的居民步行上下班。考虑到限行、上下班高峰以及时不时出现的游行示威，巴黎的交通状况对于开车出行的居民并不友好。但市政府近年来一直大力发展公交系统，包括在一些节假日或者周末可能造成堵车的时段采取限行加公交免费的政策，让大部分巴黎人更愿意选择乘坐公共交通出行。这一定程度上缓解了巴黎当地的交通拥堵状况。

治安：良好 巴黎城区中心的治安还算可以，在游客众多的市中心除了盗窃问题略微频繁之外，并没有特别让人担心的问题。但北部城市近郊的中亚、北非移民聚居区治安一直不太好。综合来讲，当地治安算是欧洲各大城市中的中游水平。

华裔社群：中等 华人在巴黎的地位比较尴尬，这与上面说到的治安问题有很大联系。很多华人聚居区都处于巴黎外围治安不佳的地带。在这一点上宜居评分算是减分项。当地白人尽管也存在对外来人口不满的态度，但整体来说，还是相对欢迎有钱又不喜欢闹事的中国人。但是"华人有钱"这一标签也导致当地犯罪分子经常把华人当作目标。当地华人人口并没有明确的官方统计数据，但巴黎地区的东亚裔人口总共只有十万多人。

教育：优秀 巴黎是法语世界里教育水平当之无愧第一的城市。当地著名的大学包括巴黎高等师范学院、巴黎综合理工学院、巴黎第六大学等。当地的中小学教育受地区影响参差不齐，房价、靠近中心程度和教学质量基本成正比。

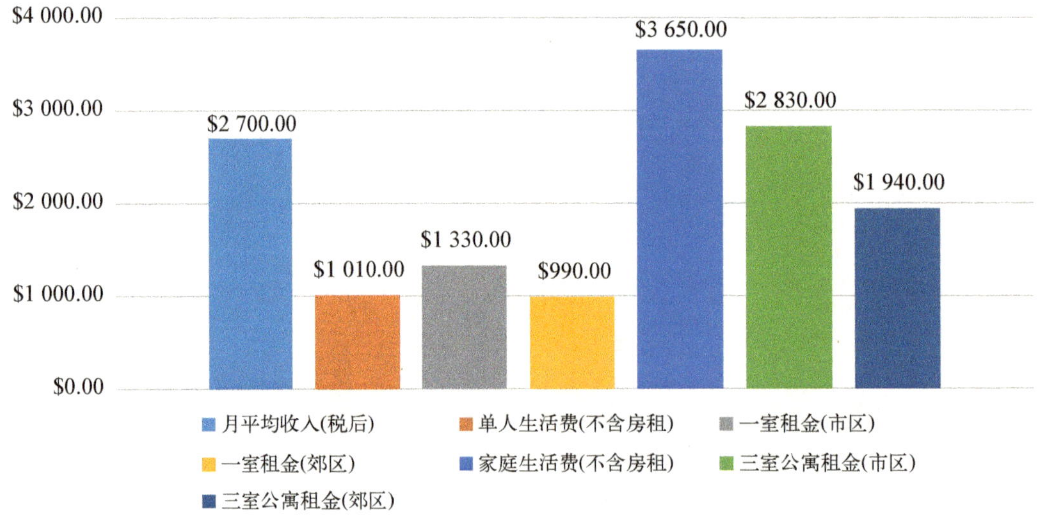

图1.38 巴黎生活成本

成本评级：★★

房价水平：高 巴黎作为欧洲地区第二大城市，同时也是世界最著名的奢侈品贸易中心，房价自然也不可能低。这里的市区房价平均每平方米11 000美元左右。作为欧洲历史最悠久的城市，巴黎市区绝大部分房源的房龄也比较长。但在艺术氛围浓厚的巴黎并不缺高水平的建筑师，当地老式公寓建筑并不比其他城市的新房质量差，甚至还具有独特魅力。

交易成本：较高　巴黎二手房私人之间买卖最主要的开销就是律师的公证费，大约在房款的7%～10%之间。

持有成本：较低　巴黎的地税按照街区、地段的不同，同样面积和价位的房屋可能从几百到上千欧元不等。而且巴黎当地税率计算方式与其他很多国家不同，是按照房屋的出租价值而不是出售价值作为基数计算。但每年整体的持有成本一般不会超过房屋价值的1%。

贷款成本：较高　巴黎当地20年贷款固定利率在1.85%左右。通常贷款的上限是年收入的5倍左右。海外居民也能在个别银行贷款，但有很多限制且利率稍高，而且贷款额度要看资产水平。

短线评级：★★★

2018价格年率增长：6.2%　巴黎房价在2018年表现抢眼，市场录得6.2%的增长，基本延续了自2015年开始的上涨趋势。市场目前的表现超过了很多积极的信号。虽然当地房价与收入的差距仍然很大，绝大部分新移民和首次购房者很难进场。但另一方面市场的供给也很难满足需求。最重要的是，作为一个发展了上千年的成熟大都市，巴黎市区已经鲜有可供开发的土地。

2019增长预期：3%～8%　指向性数据方面，巴黎的房地产销售周期正在缩短，而销售数量仍然在不断增加。两个重要数据都显示当地的房地产仍然处于积极的卖家市场领域。

50万、100万、1 000万美元在巴黎能够买到什么样的房产？

价格：50万美元，巴黎市中心9区一室公寓，面积52平方米

价格：100万美元，巴黎4区两卧室公寓，面积80平方米

价格：1 000万美元，巴黎3区百年豪华别墅，面积600平方米，配备250平方米花园庭院，靠近卢浮宫、塞纳河

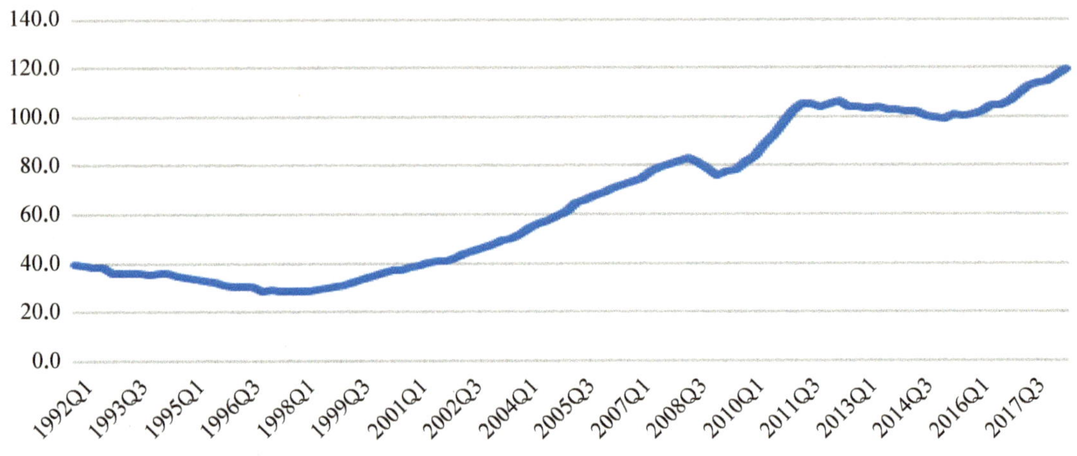

资料来源：巴黎地产协会。

图1.39　巴黎房价指数（2015年按100计算）

短期影响因素：相对积极　巴黎2019年目前可见的房地产市场驱动因素基本偏向积极的一面。经济最近的表现还算不错，失业率仍在降低。而英国脱欧也使得不少大型金融机构将巴黎选作总部地点。虽然政治局势上，巴黎仍然因为一些抗议活动和骚乱受到负面影响，但作为欧洲大陆最大城市，目前看来这种情况也在可以接受的范围内。

出租投资：回报率低　相对其他国家，法国人对于租客的保护可以说到了有些过分的程度。巴黎的平均售租比为38.23左右。尽管租金负担政府的各项税收、房屋的杂费还是可以的，但是在巴黎租房需要事事操心。所以实际上，除了在当地居住的巴黎人外，海外投资者购房出租的仍然在少数。但从收入比例的角度，购买当地房产出租有一定的获利余地，但空间不大。

稳定评级：★★★★

政治局势：稳定

市场发展：规范化

自然灾害：少

城市规模：极大

支撑因素一：人口基数，法语世界中心　尽管法国和法语已经不像17、18世纪那样在全球占据统治地位，但巴黎作为法语国家中最大的城市仍然对持同类语言的人具有巨大吸引力。巴黎市区人口为200多万，而在整个大巴黎范围内人口达到一千万的水平。作为欧元区最大的城市，每年还有大量流动人口涌向巴黎。庞大的人口基数成为房产需求坚实稳定的主要支撑。

支撑因素二：奢侈品、豪宅、香榭丽舍大道　巴黎目前的经济主要依赖于当地的商业和服务业。城市中的企业80%是商业、公共交通、服务业等类别。6.5%的巴黎企业从事建筑业。仅有3.8%在巴黎注册的企业从事工业生产。著名的香榭丽舍大道上化妆品、奢侈品店铺，以及当地人口加上成千上万旅游者支撑起的酒店服务业成为城市最主要的经济来源。这些因素支撑着巴黎在全世界排名前五名的房价。考虑到奢侈品相对不太受长远经济发展和社会进步影响，我们认为只要巴黎人继续保持对流行的嗅觉，那么当地总会在全球的经济体系中占据一席之地。这将给当地房产，尤其是高端房产带来相应的支撑。

巴黎历史时间表

公元前4200年，巴黎地区出现人类聚居痕迹。

公元前52年，罗马人征服巴黎地区，此地作为小规模聚居地。

公元508年，法兰克人占领巴黎，国王克洛维一世将巴黎定为王朝首都。

公元11世纪，巴黎开始向塞纳河右岸发展，腓力二世建设了首座环绕巴黎的城墙。

巴黎在中世纪和拿破仑时期两度被外国占领，1940年第二次世界大战时期德军再次占领巴黎。

1944年，巴黎解放前夕，希特勒曾下令彻底摧毁这座城市，但德军指挥官迪特里希并没有执行这项命令，德军在1944年8月25日撤出巴黎。

风险因素：宗教、难民　法国在过去近半个世纪从殖民地独立、难民政策以及其他途径吸收了大量不同宗教、不同种族的难民和移民。这些人目前有一大部分就居住在巴黎北部近郊。人口众多的伊斯兰教移民与法国本地人的融合，尽管经过数十年，仍然没有进展。很多人也把近期发生的一系列恐怖袭击归咎于法国目前的宗教和民族问题上。目前来看，法国政府对此也无能为力。这一点在未来将继续成为巴黎房产市场的较大潜在风险。

宜居评级：★★★☆

成本评级：★★☆

短线评级：★★★★

稳定评级：★★★★

市场现状

GDP：1 400亿美元

人均收入：5.1万美元/年

市区人口：355万（2017年）

人口增长率：0.4%

"Du bist verrückt mein Kind, du musst nach Berlin."

—Franz von Suppé

"我的孩子，你疯了，你必须去柏林。"

——弗兰兹·冯·苏佩

3. 柏林

柏林是德国首都，也是德国最大的城市。作为欧洲最大的经济体，德国一直是全世界技术型人才向往的移民目的地之一。就像前面那句19世纪的歌词一样，这里从几百年前，就一直是欧洲充满激情、创造力和欲望的年轻人向往的城市。进入21世纪，柏林对于欧洲其他地区的移民又有了新的意义。随着欧盟的成立，德国逐渐从欧洲的一个单独的强大经济体转变成整个欧元区最主要的工商业中心。这里的就业机会更多、工资水平更高，福利条件也更好。同时，柏林的房地产市场受到政府的严格把控，价格波动较少，投机者在当地很难通过资金操纵市场。价格的涨跌基本符合市场的刚性需求，这给了柏林房地产更多的稳定性。同时，柏林也是中欧地区最适宜人类居住的地区之一，这里没有鲁尔工业区污浊的空气，城市绿化程度高，城市建设也明显优于其他中欧国家城市。柏林的房地产市场，对单纯投资的限制较多，更适合在欧元区尤其是在德国居住的投资者。

宜居评级：★★★☆

美世生活质量调查排名：第13名

Monocle 生活质量调查排名：第3名

气候：四季分明　柏林位于德国北部的低地平原地区，距离波罗的海大约100公里。这里基本是标准的北欧城市气候，相对寒

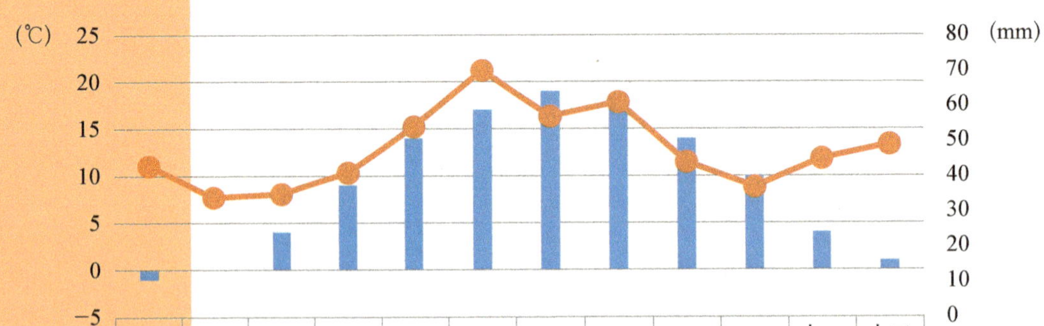

	一月	二月	三月	四月	五月	六月	七月	八月	九月	十月	十一月	十二月
月平均温度	−1	0	4	9	14	17	19	18	14	10	4	1
降雨量	43	34	35	41	54	70	57	61	44	37	45	49

图1.40　柏林气候概况

冷、潮湿。1月平均气温零下1摄氏度，7月平均气温19摄氏度。年降雨量在570毫米左右。

空气质量：较清洁 柏林本地的工业相比德国西南部已经少了很多，但受到欧洲中部整体的影响，空气质量处于中上水平。PM2.5指数一般能够维持在60以下。

交通：拥堵 柏林居民平均通勤距离15公里，平均通勤时间48分钟，12%的居民选择私家车通勤，30%的居民选择公共交通，18%的居民步行上下班，28%的居民骑自行车上下班。柏林的城市规划可以算是全世界大都市的典范。德国人缜密而又注重创新的思维让城市整体的规划方式符合长远发展的需求。当地飞机场、火车站等核心建筑相对分散，但城市通过公共交通紧密连接。在市区对于私家车进行限制，但同时在郊区外部拥有不限速的高速公路来缓解城区压力。柏林在城市基础设施建设上也处于世界前列。

治安：较好 柏林在整个西欧地区国家首都中是治安较好的一个。整体的犯罪率并不算高。但目前困扰德国人的大量外来移民成为当地一个隐患。尽管并没有具体证明移民和最近几年犯罪率的飙升有直接原因，但大量有关难民犯罪的新闻曝出，确实让德国人感到头疼。

华裔社群：较小 柏林的华裔目前的统计数字有一到两万人。整体来说，这里并没有特别发达的华人聚居社区，中餐、中国超市数量也相对较少。德国对于海外移民的态度相对包容，但想要真正融入当地文化还是有一定的困难。

教育：优秀 柏林的主要大学包括柏林洪堡大学、柏林自由大学等。当地的中小学教育程度也非常高。德国文化相对严谨，教育体系的严格管理水平也是世界知名。这里的教育水平是非常受到世界认可的。

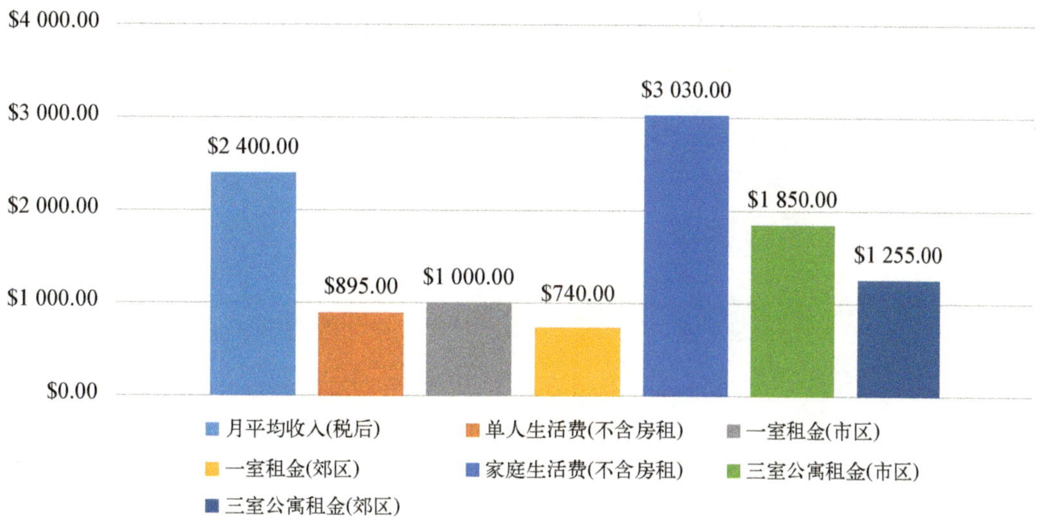

图1.41 柏林生活成本

成本评级：★★☆

房价水平：较高 柏林市中心公寓价格在每平方米6 000美元左右，全市整体的平均价格大约为每平方米4 500美元。在全球发达国家首都中，这已经算是非常实惠的价格。这里的房源基本都是偏向自住的紧凑户型。房屋设计上也呈现较多朴实的风格。豪宅和超大型的奢华庄园在德国还是比较少见的。朴实的建筑风格多多少少限制了投机活动和海外资本炒作当地房地产，倒是给当

50万、100万、1 000万美元在柏林能够买到什么样的房产？

价格：50万美元，柏林市区两卧室百年老式公寓，面积100平方米

价格：100万美元，柏林市区2018年新建成高档公寓，面积120平方米

价格：1 000万美元，柏林市区豪华跃层公寓，四卧室五卫浴，面积300平方米，位于柏林市中心，靠近中心商业区、国会大厦

地的房价可负担程度带来一些积极影响。

交易成本：高　在柏林购置房产，买方需要缴纳7.14%的含税佣金。公证费和其他登记费用为房价的1.5%左右。同时柏林当地房产转让税还有6%。在柏林购买房产，交易时需要缴纳大约15%的额外费用。

持有成本：较低　柏林除了地税之外，还有公共资源费用。购买当地房产，每年的固定开销不到房价的0.5%。不过当地房屋存在巨大差异。很多一二百年的老屋经历过第二次世界大战的动荡还是完好无损、结构坚实。但在战后50～80年代资源匮乏时期，有些房屋结构就比较薄弱，维修费用可能很高。

贷款成本：较低　德国目前的贷款利率在全球发达国家中算是很低的。当地20年贷款固定利率为1.95%左右。德国的贷款政策最多可以允许买家申请房价80%的贷款，海外居民则最多只能申请到50%或60%。此外需要月供款不得超过月收入的35%。

短线评级：★★★

2018价格年率增长：10.8%　柏林房价在2017年就已经是世界主要发达国家中涨幅最高的一个。在2018年这种涨幅基本得到了延续。当地居民大部分租房居住，但在最近七年，柏林地区的房租已经上涨了接近一倍，很多租客已经开始向政府施压，从柏林市政府到德国国会，目前都已经将控制房价提上议程。

2019增长预期：5%～10%　柏林2019年的房价走势很大程度上取决于市政府和德国国家政府将如何处理目前日益严峻的房屋可负担问题。从市场的角度，柏林房价未来的上升空间很大。城市

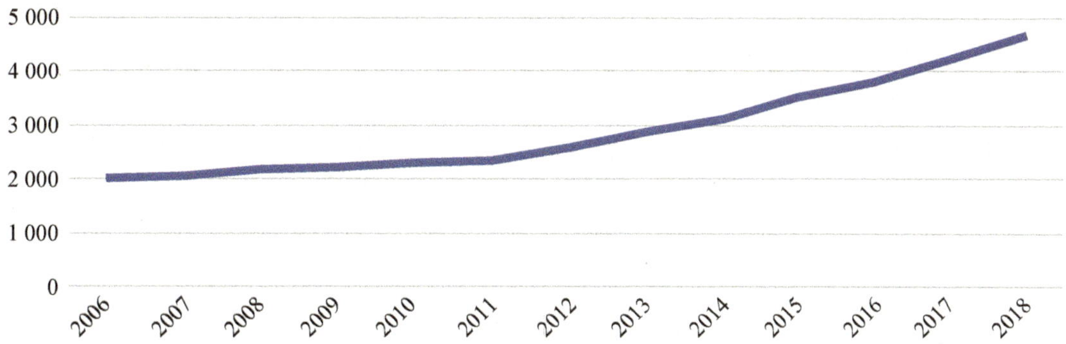

资料来源：柏林Guthmann地产。

图1.42　柏林平均房价（单位：美元/平方米）

失业率达到21世纪之后少见的低位，贷款利率相比其他国家或地区低很多，欧洲其他地区的动荡局势也在继续推动移民涌向福利较好、工作机会较多的德国。而在另一方面，柏林的新建房屋数量与需求之间的差距仍然巨大。如果政府不加干预，那么柏林房价未来三四年之内都可能延续目前的涨势。但从目前的情况看，政府不太可能眼睁睁任由房价继续按照10%以上的年率增长。德国大部分居民选择租房居住，相比澳洲和加拿大来说，居民对房价的上涨敏感程度还算较低。但即使这样，近年来房租的上涨仍然成为居民向政府施压控制房价的导火索。柏林素来就有抵制海外投机的历史，如果政府出手控制房价，那么可能会出现限制甚至直接禁止海外人士购买当地房产的局面。到时候房价的涨幅必定受到一定程度的打压。但如果德国的贷款政策不变，市场的刚性需求也继续保持的话，光是限制海外投资也不会让房价保持现状，到时候房价仍然会继续一定程度的上涨。

短期影响因素：偏向乐观　柏林目前的房价在整个欧盟地区可负担水平仍然相对较高。同时当地房地产市场本身的发展目前主要还是由健康的刚性需求推动。即使政府做出一定程度的调控，市场的上行趋势仍然很难迅速被打压。贷款利率较低是另外一个对房市乐观的信号。所以即使考虑一部分可能发生的负面因素，柏林的房地产未来仍然是较为让人乐观的。

出租投资：回报率低　柏林目前的房屋租售比为28.5，在整个德国大城市中比较来看，远低于慕尼黑和法兰克福，与汉堡类似。考虑到德国超过半数的居民宁愿一辈子租房也不买房，这里的租房市场不愁找不到租客。但这同时带来一个问题，由于德国人大部分长期租房，当你出售房产时，租客有的时候可能成为一个潜在障碍。换句话说，这里的房地产转手相比其他国家或地区可能要多一些琐事需要处理。

稳定评级：★★★★

政治局势：稳定

市场发展：规范化

自然灾害：少

城市规模：较大

支撑因素：政治经济稳定性　德国是目前世界上第四大经济体、欧洲第一大经济体。稳定的经济是当地市场最大的房产支撑因素之一。但与其他世界发达国家不同的是，德国政府对于房产

柏林历史时间表

1237年,柏林在施普雷河东岸建成,是商人的聚居地,西岸原为科恩,是一个渔村。

1307年,柏林和科恩合并成一个城市,在阿斯坎尼家族统治下成为附近地区重要商业中心。

1415年,柏林成为勃兰登堡选帝侯领地首府。

1701年,腓特烈一世加冕普鲁士国王,柏林成为普鲁士首都。

1871年,柏林成为德意志帝国首都。

1945年,柏林被苏联军队攻陷,战后柏林被分为苏联控制区和美英法控制区。

1961年,由于不断升温的冷战形势,东德在柏林建起柏林墙。

1990年,东、西德重新统一,柏林墙被拆除。

一贯的态度是居者有其房。长期严格限制房产投机,让德国的房价、房屋销售量和供需关系都一直保持在非常稳定的状态下。德国民众对于政府在这方面的政策非常满意,不管是目前执政的基民盟还是在野诸党派,都没有表现出要大幅改革这一方面的态度。所以至少在可预见的未来,德国房产将继续以保值为最大卖点。

不确定因素:欧盟的未来 德国作为欧盟内部最大的经济体,被很多人认为是从欧盟体制中受益最多的国家之一。德国房产自然也会多多少少得到一些实惠。近年来,尽管默克尔和基民盟在德国的支持率有一定波动,但经济表现上还算及格。柏林作为德国首都,确实受到包括移民、工作机会等方面的实惠。但欧盟毕竟不是一个独立国家。英国的脱欧对于欧盟成员国究竟有什么长远影响,目前还很难说。虽然最坏情况下如果欧盟不复存在,以德国本身的经济实力来说柏林的房地产市场也不会差到哪里去,但我们仍然需要将这个问题当做对当地房地产市场长期稳定影响不确定的因素。

宜居评级：★★★★★

成本评级：★★☆

短线评级：★★★☆

稳定评级：★★★☆

市场现状

GDP：980亿美元

人均收入：5.3万美元/年

市区人口：187万（2017年）

人口增长率：1.5%

“Vienna is a handsome, lively city, and pleases me exceedingly.”

—Frederic Chopin

“维也纳是一座英俊、充满活力的城市，这里总能让我心旷神怡。”

——弗雷德里克·肖邦

4. 维也纳

两枚金牌、一枚铜牌，这是维也纳在2018年三项世界宜居城市评比中的总成绩。“音乐之都”在21世纪仍然保持其难以抵挡的魅力。当地文化氛围浓厚的特点使维也纳吸引了大量慕名而来的游客和移民。整体安全有序的城市生活使维也纳获得了全球各界非常高的评价。曾经的“欧洲首都”在如今的时代可能已经在经济总量、繁荣程度上落后于伦敦、巴黎、柏林等大国首都，但维也纳的历史底蕴、文化涵养是其他城市难以模仿的。上百年的古建筑与铭刻在城市记忆中的众多历史故事为城市吸引来自世界各地的艺术家。在信息时代，维也纳与时俱进的精神让城市在宜居的角度获得了新的吸引力。这里目前是世界上最智能化的城市之一，同时也是举办国际会议和各类大会的首选城市。维也纳市场不是海外房地产投资新手可以轻松驾驭的。这里的房地产不光是投资品，也是艺术品。

宜居评级：★★★★★

经济学人宜居性调查排名：第1名

美世生活质量调查排名：第1名

Monocle 生活质量调查排名：第3名

气候：四季分明　维也纳坐落在阿尔卑斯山东北麓和维也

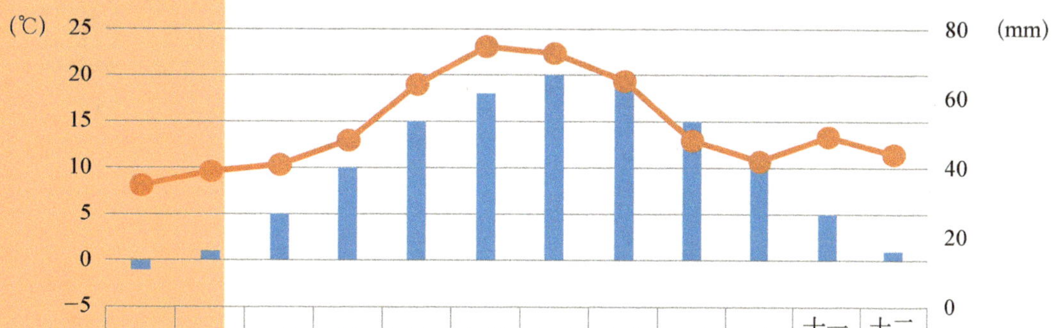

	一月	二月	三月	四月	五月	六月	七月	八月	九月	十月	十一月	十二月
月平均温度	−1	1	5	10	15	18	20	20	15	10	5	1
降雨量	35	39	41	48	64	75	73	65	48	42	49	44

图1.43　维也纳气候概况

纳盆地西北部之间，多瑙河自东南向西北贯穿维也纳市中心。由于东部大陆气候和西部海洋气候的交汇影响，维也纳冬夏两季的差别较大。冬季寒冷干燥，夏季炎热多雨。1月平均气温零下1摄氏度，7月平均气温20摄氏度。年降雨量约为623毫米，降雪量约为0.68米。

空气质量：清洁　维也纳空气质量在全欧洲大城市中算是相当不错的。奥地利政府本身非常重视环境保护。维也纳市政府对于控制市区空气质量也起到很大作用。当地PM2.5指数常年在20以下。

交通：通畅　维也纳居民平均通勤距离8公里，平均通勤时间26分钟，17%的居民选择私家车通勤，33%的居民选择公共交通，23%的居民步行上下班，13%的居民骑自行车上下班。当地的城建规划水平世界一流，城市规划一直被世界各地作为范本进行研究。城市的交通系统在全球范围内都可以算是最有效率的一个。

治安：良好　维也纳治安情况在欧洲地区也是非常不错的。不管是小偷小摸还是恶性案件在这里都少有发生。在全球大城市中，维也纳可以说已经接近夜不闭户的治安水平了。

华裔社群：较小　维也纳目前非官方的数字显示有一万多华人定居，其中还包括一定数量的留学生。华人在维也纳并没有太多成规模的聚居社区。当地有一些华人餐厅和超市，但规模都不太大。

教育：优秀　维也纳是世界上最著名的音乐学府聚集地。著名大学包括维也纳大学、维也纳音乐学院、维也纳音乐与戏剧艺术学院等。奥地利拥有自己的义务教育系统，会较早地将学生按照兴趣和成绩分流，但并不追求精英教育。这对于很多家长来说也是一个非常有吸引力的特点。

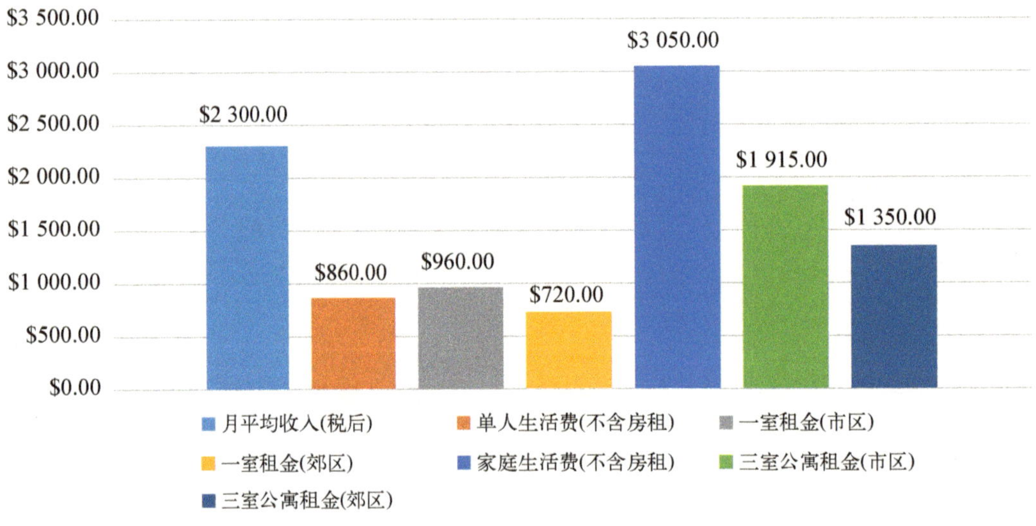

图1.44　维也纳生活成本

成本评级：★★☆

房价水平：较高　维也纳市中心的平均房价达到每平方米7 200美元左右，市中心以外的房价大约在每平方米4 300美元。这个价格在全球主要城市中相对较高，尤其是在德国和奥地利的整个德语区，维也纳的房价是最高的。当地市场中设计华丽且历史悠久的老房要比新房更昂贵。

交易成本：较高　在维也纳购买房产需要缴纳1%～3%的法务费用。过户费大约是房款的

3.5%，登记税为1%，另有中介费1.5%～2%，总计额外支出7%～10%之间。

持有成本：较低 维也纳地税约0.225%。维持房屋最大的开销可能就是维修。老房子经常需要维护，这可能会是一笔不小的意外开支。不过考虑到较为低廉的地税和当地工资水平，这里的房地产持有成本比美国和英国等高价区还是要便宜不少。

贷款成本：较低 维也纳当地20年贷款固定利率大约为2.2%。比德国稍高，但仍然低于西欧国家和北美地区。海外买家需要支付40%左右的首付款才可能获得贷款批准。

短线评级：★★★☆

2018价格年率增长：4.2% 维也纳房价的涨幅目前维持在一个非常健康的水平上。这里的房地产市场很活跃，房源仍然供不应求。但维也纳政府在控制房价上做得很好。虽然并没有对海外买家直接征税，但非欧盟居民需要申请额外的许可才能拥有当地房产，这限制了投机资本进入当地。同时，维也纳便利的交通系统也对房价起到疏导的作用。在维也纳工作的人并不需要为了节省通勤时间而挤在市中心，自住房主们可以毫无顾虑地选择郊区房源。这使当地的房价涨幅甚至比奥地利整体涨幅还要低。

2019增长预期：3%～7% 2019年维也纳房价维持现状的可能性非常高。奥地利目前的经济增长并不算太快。不过城市的宜居程度仍然在吸引移民。同时低廉的利率也会成为推动房价继续攀升的动力。目前看来，温和的增长是维也纳房价最可能的短期走势。

短期影响因素：偏向乐观 维也纳

50万、100万、1 000万美元在维也纳能够买到什么样的房产？

价格：50万美元，维也纳市区一室一厅公寓，面积48平方米

价格：100万美元，维也纳市区两室一厅顶楼公寓，面积120平方米

价格：1 000万美元，维也纳市中心豪华公寓，配置酒店式服务管理，五卧室四卫浴，面积300平方米，靠近奥地利国会大厦

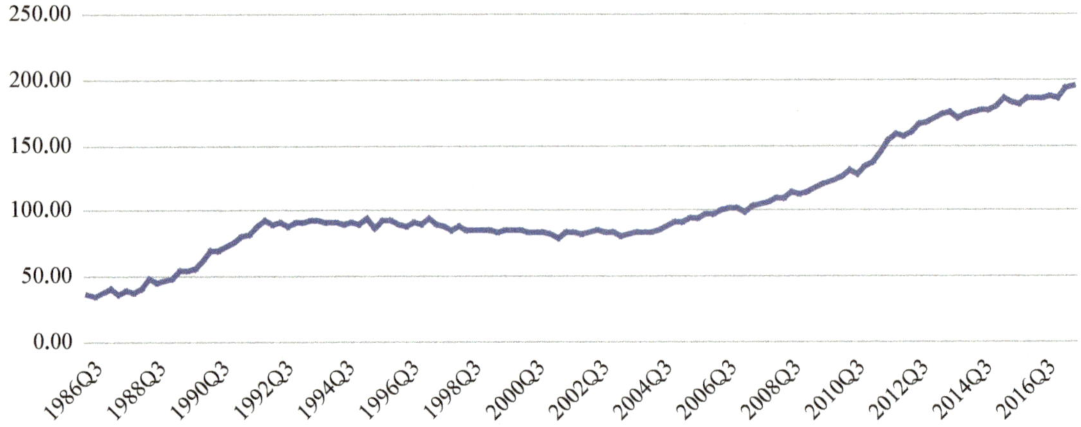

资料来源：奥地利国家银行。

图1.45　维也纳房价指数（2007年按100计算）

较为健康的房地产市场走势在未来几年内都不太可能给当地居民带来太大压力。所以类似澳洲和加拿大那种宜居城市，房价飞涨进而导致政府打压房市的情况也不会发生。短期内我们仍然会看到当地房市受到刚需的推动。

出租投资：回报率低　维也纳的房屋售租比是欧洲大城市中第四高的37.18。在维也纳海外买家买房出租回报率并不高，考虑到房屋的持有成本不高，投资还是有利可图。不过当地租房市场相比其他欧洲大城市比较不活跃。而且政府也有很多各类福利房政策。出租投资本身的回报尚可，但不一定有利可图。

稳定评级：★★★☆

政治局势：较稳定

市场发展：规范化

自然灾害：少

城市规模：中等

支撑因素一：宜居水平　2018年维也纳在经济学人宜居城市排行榜上终于击败墨尔本登顶。在其他各类评比中，维也纳长期以来宜居水平都排在世界前列。这本身就是一种无形的房产稳定因素。大部分前往当地居住的房产投资者看中的是维也纳的居住环境而不是投资回报率。这一点保证了当地房产市场很难出现大幅崩跌、投资者蜂拥出逃的局面。维也纳曾经被称作欧洲的中心，

维也纳历史时间表

公元前500年，凯尔特人在现在维也纳的位置建立了名为“Vedunia”的居住区。

公元100年前后，罗马帝国在多瑙河现维也纳市中心地带建立城市。

976年，巴本堡家族的利奥波德一世成为当地诸侯，维也纳成为其首府。

1278年，哈布斯堡家族的鲁道夫一世开始统治奥地利，维也纳成为奥地利首都。

1526年，维也纳成为神圣罗马帝国首都。

但目前实际上也仅仅是欧洲诸多大城市中较为不起眼的一个。当地并不是特别受国际上追逐利益的炒房团关注。这对于维也纳来说,也是房产市场保持稳定的优势。

支撑因素二:欧洲中心地位 尽管奥地利在欧洲经济并不算特别发达,但维也纳作为欧洲东部最大的都市之一,连接了整个欧洲东西南北各个方向的国家和人民。这也是几百年前维也纳建城时开始就有的优势。在欧盟地区劳动力流动频繁的今天,维也纳作为该地区的地理中心,将继续保持对四周国家劳动力的吸引力,这给当地房地产带来长期支撑。

宜居评级：★★★★

成本评级：★☆

短线评级：★★

稳定评级：★★★★

市场现状

GDP：470亿美元

人均收入：10万美元/年

日内瓦州人口：50万（2017年）

人口增长率：0.5%

“I should like the window to open onto the Lake of Geneva—and there I'd sit and read all day like the picture of somebody reading.”

— John Keats

“我喜欢推开对着日内瓦湖畔的窗户，然后像画里阅读的人一样，坐上一整天阅读。”

—— 约翰·慈济

5. 日内瓦

日内瓦是瑞士人口第二多的城市，也是世界上包括联合国在内多个国际机构的总部所在地。同时，作为一个仅有50万人左右，市区人口20万人的小城市，这里管理着大约一万亿美元的资产。瑞士最著名的两项产业——银行业和钟表业是日内瓦的核心经济支柱，当地的房地产除了供应这两个产业中的高薪人士之外，还从来自世界各地的商人、富豪那里获得不小的需求。瑞士是著名的避税天堂国家，同时也是经历了两次世界大战仍然坚守原则的中立国。这些因素使日内瓦等瑞士城市成为高净值人士购买度假房屋的胜地。瑞士最近几年的房价处于调整期，瑞郎几年前的波动仍然让当地人心有余悸。整体来说，日内瓦房地产市场与其银行业密不可分，海外投资者通常是看中当地银行业和避税属性而在此投资。

宜居评级：★★★★

美世生活质量调查排名：第8名

气候：山地气候　日内瓦城区海拔大约373米，四周被阿尔卑斯山围绕。当地1月平均气温1摄氏度，7月平均气温20摄氏度。

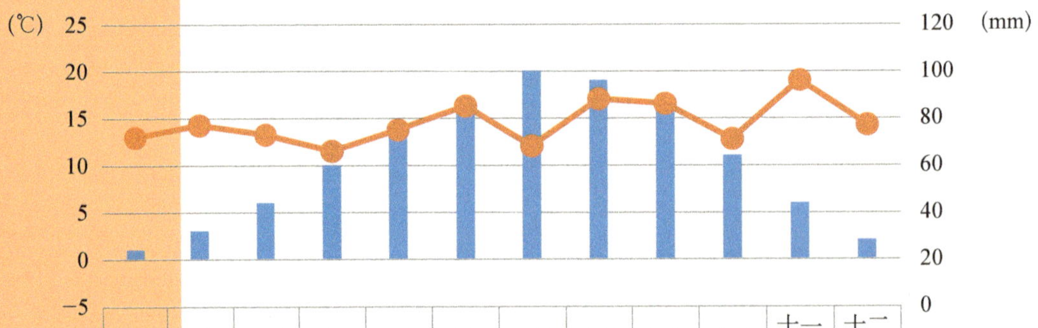

	一月	二月	三月	四月	五月	六月	七月	八月	九月	十月	十一月	十二月
月平均温度	1	3	6	10	14	17	20	19	16	11	6	2
降雨量	72	77	73	66	75	85	68	88	86	71	96	77

图1.46　日内瓦气候概况

当地年降雨量934毫米左右。当地虽然海拔不高，但深处阿尔卑斯山脉，较为偏向山地气候。

空气质量：清洁　瑞士工业相对较少。山区也没有太多来自其他国家或地区的空气污染。且日内瓦市区人口仅有20万左右，车辆和人口造成的空气污染极小。当地PM2.5指数通常都在20以下。

交通：通畅　日内瓦居民平均通勤距离9公里，平均通勤时间24分钟，36%的居民选择私家车通勤，20%的居民选择公共交通，28%的居民步行上下班，12%的居民骑自行车上下班。当地人口规模小，城市规划压力不大，所以交通也比较便利。

治安：良好　瑞士治安水平整体都要优于四周的欧盟国家。日内瓦市内的治安情况也是非常稳定的。不过相对来说，最近三四年当地的治安状况有一定的恶化，市政府近期也对此问题投入了更多精力。

华裔社群：较小　瑞士全国的华人数量仅为两万到三万人，主要集中在苏黎世、日内瓦和伯尔尼等大城市。其中，日内瓦的华人很多都是当地国际组织的工作人员和外派人员。当地的华人社区相对较小，没有什么特别集中的华人聚居地。

教育：良好　日内瓦主要高等学府包括日内瓦大学、日内瓦商学院等。当地中小学教育良好，同样作为拥有义务教育制度的国家，日内瓦在欧洲法语区教学质量算是较高的。

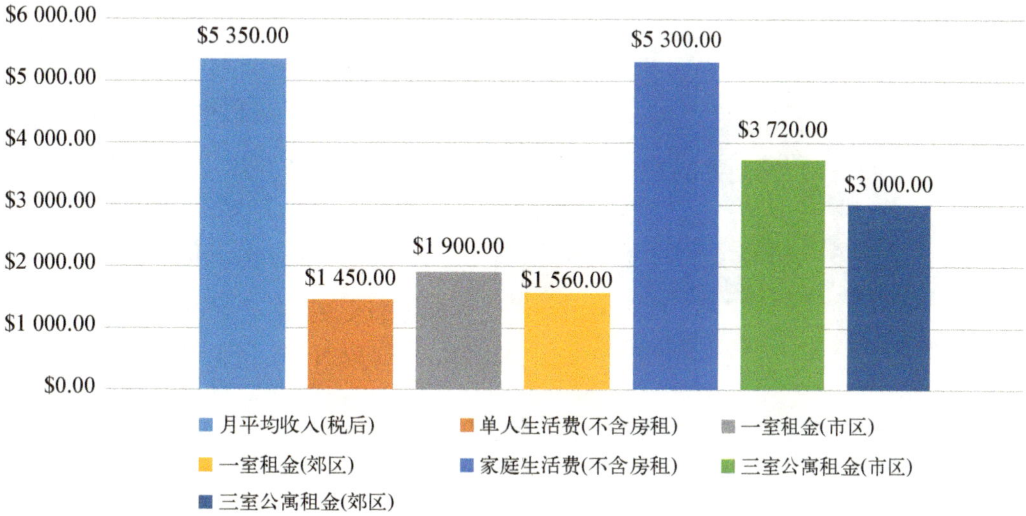

图1.47　日内瓦生活成本

成本评级：★☆

房价水平：高　日内瓦的市中心房价达到每平方米12 500美元，郊区房价平均也要每平方米9 400美元。在全球范围内也就只有一些亚洲大都市的房价比这个水平高。日内瓦城市规模不大，市区主要以矮层公寓和紧凑式独立别墅为主，市区之外也有不少风景优美的庄园式别墅。

交易成本：较高　在日内瓦购买房产需要缴纳4%左右的过户费，另外还有4%左右的中介费用。在当地购买房产需要缴纳房价8%左右的额外费用。

持有成本：较低　日内瓦的地税是按照个人净资产的高低收取的，这还是比较符合瑞士作

50万、100万、1 000万美元在日内瓦能够买到什么样的房产？

价格：50万美元，日内瓦市区一室一厅公寓，面积50平方米

价格：100万美元，日内瓦郊区老式公寓，三室三卫浴，面积130平方米

价格：1 000万美元，日内瓦湖畔豪华庄园别墅，占地0.5英亩，室内面积600平方米，七卧室九卫浴，配备游泳池、酒窖、娱乐室

为世界著名银行业国家的特征。个人拥有的房产、股票、基金等均会被考虑到征税标准中。对房产的税率大概在0.3%～0.5%之间。不过这个税率仅仅是“拥有”房屋的成本。房屋出租所获得的收入要交税、房屋升值同样要交税，可以说在这一点上，精通银行业的瑞士政府充分利用了在当地投资的国际富豪每一分资产价值。不过整体来说，瑞士毕竟是世界上著名的避税天堂国家。拥有房产需要的固定开销比例并不算大。

贷款成本：较低 日内瓦州当地20年贷款固定利率在1.75%左右，与德国、奥地利等地差不多，低于英、法等国。首付款最低要求基本在20%左右。还款年限通常为20年。

短线评级：★★

2018价格年率增长：2% 瑞士房价在经历了前几年瑞郎黑天鹅冲击之后，一直保持在调整阶段。但在最近几年，随着欧洲其他国家或地区移民继续涌入瑞士，日内瓦等房市仍然火热。作为规模较小的城市，房价数据样本较小，但我们仍然可以看到，在市区房价保持原有水平的情况下，日内瓦郊区的房价水平有不小的上涨。

2019增长预期：0%～3% 欧洲在未来的一年内将会继续受到英国脱欧各方面的影响，重新调整经济格局。但作为中立国和老牌银行业中心的瑞士并不会从中受到太大影响。瑞士目前的经济形势已经较三四年前瑞郎黑天鹅事件前后稳定许多。目前的房地产市场继续温和走高的可能性较大。

短期影响因素：影响较小 为了应对之前几年的房价上涨，日内瓦州政府近

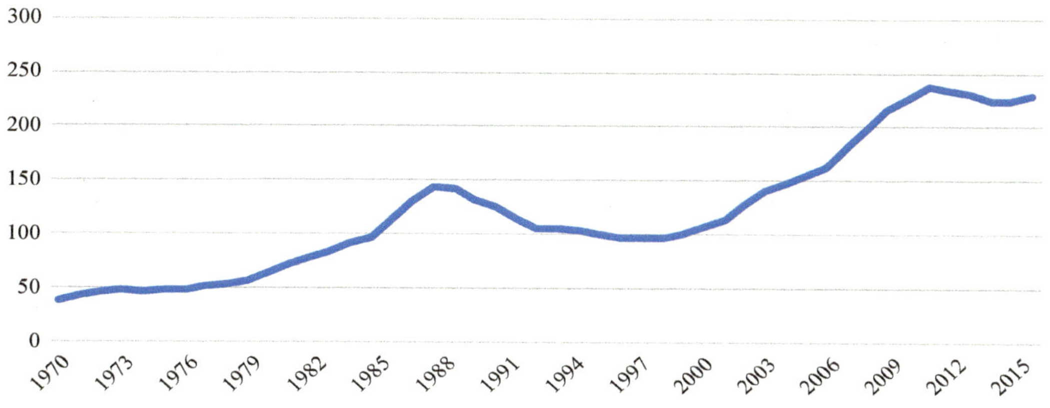

资料来源：瑞士中央银行。

图1.48　日内瓦房价指数（2000年按100计算）

年来批准了更多的新建公寓。但在瑞郎黑天鹅事件之后，当地利率不断下调，这刺激了更多的购房需求。不过日内瓦湖四周仍有不少可用的建筑用地，所以短期内还看不到太多房价大幅波动的因素。

出租投资：尚可　日内瓦房屋售租比30.24。尽管相对值不低，但税收的主体都是出租的收入，所以政府还是留下一部分给房东用于房屋维护和自己的收入上面。不过当地房源稀少，能够买到适合出租的房屋不是很容易。但瑞士作为旅游度假胜地，不管是长租还是短住，寻找租客并不难。

稳定评级：★★★★

政治局势：稳定

市场发展：规范化

自然灾害：少

城市规模：较小

支撑因素一：政治稳定性　瑞士在过去数百年来，一直在纷乱的欧洲很完美地保持了自身的领土完整和国家稳定。即使在第二次世界大战最艰难的时期，瑞士也保持了相当程度的中立和完整。在全欧洲几乎都加入欧盟的时候，瑞士人继续谨慎地选择了若即若离的态度。当地尽管没有从加入欧盟中获取利益，但同时也不会因为欧盟的一些问题而经济波动。瑞士人一直以古老、谨慎、缜密的银行业运营而著称。而日内瓦的房产与此类似，这是保值的象征。

日内瓦历史时间表

公元前58年，日内瓦最早被恺撒的著作《高卢战记》记载，此前凯尔特人在此已经建立了古城。

公元9世纪，日内瓦成为勃艮第首都。

1541年，日内瓦成立神权共和国。

1815年，日内瓦以“日内瓦共和国与州”的名义加入瑞士联邦。

支撑因素二:资产稳定性、避税天堂 长期以来,瑞士都是世界上最有钱的人们逃避本国税收的避风港。当地对于外汇不设管制、客户利益至上的政策让瑞士成为很多富裕阶级保存资产的绝佳选择。瑞士目前的税率对于某些行业或者特定的经济行为有一定的政策优惠,属于准避税天堂或者叫租税胜地的概念。相应地,日内瓦的房产也成为这些富豪关注的投资标的。瑞士人对自己的这种国际身份目前还是非常满意。我们也认为这一点在可见的未来不会出现动荡。基于这种考量,我们认为日内瓦房产将继续受益于瑞士避税国家的身份。

宜居评级：★★★

成本评级：★★★

短线评级：★★★☆

稳定评级：★★★

市场现状

GDP：1 700亿美元

人均收入：3.9万美元/年

市区人口：460万（2017年）

人口增长率：1.4%

"Barcelona, archivos de cortesía, refugio de los extranjeros, hospital de los pobres, tierra paterna de los valientes, venganza de la correspondencia ofendida y agradable de la amistad firme, y en el sitio, y en belleza, única."

—Miguel de Cervantes

"独具魅力的巴塞罗那，彬彬有礼的礼仪之城，这里是西班牙的骄傲，是居民的乐土，是外国人的聚集地，是穷人的医院，是弱者的依赖，是强者的家园，是友谊的桥梁。"

——米格尔·德·塞万提斯

6. 巴塞罗那

加泰罗尼亚独立仍然是巴塞罗那房地产市场最大的未知因素。西班牙整体经济形势目前仍然不容乐观。但政府近年来吸引海外投资的计划已经初见成效。尤其是房产市场简单、粗暴的"买房即移民"政策吸引了大量来自海外的投资。这让西班牙房产市场逐渐活跃起来。另一方面，作为欧洲最西端的国家，西班牙在过去一段时间在叙利亚难民潮问题上受到的影响最小。当地福利与北欧国家不可同日而语，这就导致前往西班牙的都是真正希望开展新生活的难民。他们的到来不但没有让当地环境恶化，反而增加了大批非常有质量的劳动力。当地市场相比北美和英国波动因素更多，比较适合希望移民的投资者或者海外房产投资老手。

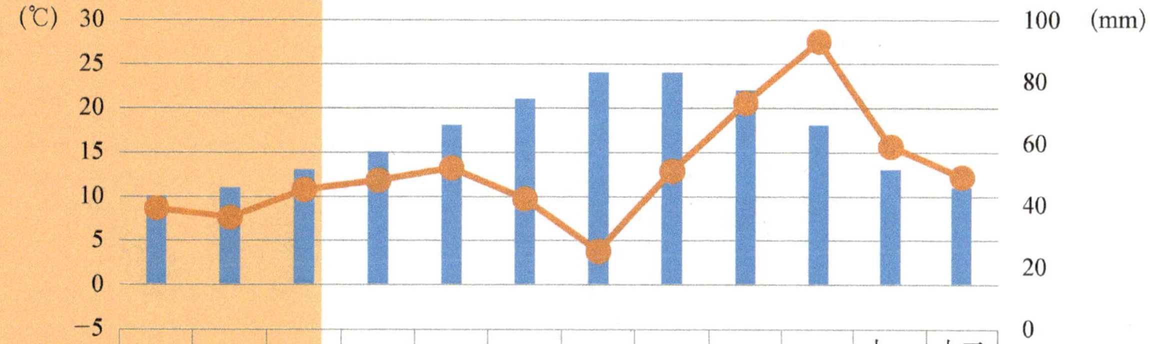

	一月	二月	三月	四月	五月	六月	七月	八月	九月	十月	十一月	十二月
月平均温度	10	11	13	15	18	21	24	24	22	18	13	11
降雨量	39	36	45	48	52	42	25	51	73	93	59	49

图1.49　巴塞罗那气候概况

宜居评级：★★★

美世生活质量调查排名：第45名

气候：温和湿润　巴塞罗那位于地中海北岸。北部是分割法国和西班牙的比利牛斯山脉。山脉的存在挡住了来自北方的寒冷空气，而温暖的海风则为巴塞罗那带来潮湿的空气。当地冬季温暖湿润，夏季炎热干燥。1月平均气温10摄氏度，7月平均气温24摄氏度。年降雨量612毫米左右，降雨天气主要集中在秋季。当地日照充足，是世界上最好的日光浴胜地之一。

空气质量：一般　巴塞罗那空气质量在西欧大城市中算是中等水平。城市PM2.5指数通常低于60。这里居民对于柴油车和摩托的喜好可能是空气污染的罪魁祸首。白天的城市空气质量并不特别清洁。

交通：一般　巴塞罗那居民平均通勤距离10公里，平均通勤时间32分钟，20%的居民选择私家车通勤，20%的居民选择公共交通，21%的居民步行上下班。和大部分欧洲大城市一样，巴塞罗那悠久的历史和城市规划的错综复杂让当地开车出行并不方便，但公共交通基本上可以满足市民日常的出行。

治安：良好　巴塞罗那整体治安良好，但是针对富人和游客的盗窃活动还是时有发生。同为地中海南部大城市，当地治安比隔壁法国的马赛和图卢兹都要好一些，但略差于西班牙其他城市。

华裔社群：有待发展　相比其他西欧大都会来说，西班牙的工作机会较少。当地的华人社区的规模与英语国家也不能同日而语。近些年，华人数量在不断上升，当地已经拥有超过一万人的华裔人口，且最近几年出现了一些小型的华人聚居社群。

教育：良好　巴塞罗那著名大学包括巴塞罗那大学、巴塞罗那自治大学、加泰罗尼亚理工大学等。当地移民众多，中小学教育有公立、私立学校之分，教育质量尚算不错。

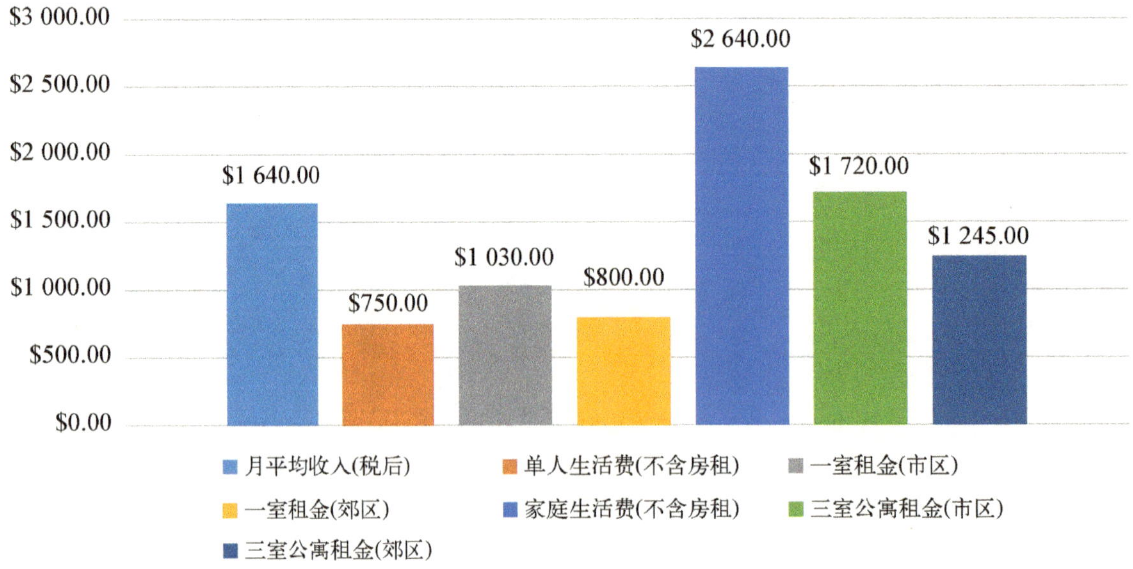

图1.50　巴塞罗那生活成本

成本评级：★★★

房价水平：较高　巴塞罗那市区的公寓平均价格在每平方米5 350美元左右，郊区价格每平方米3 380美元。当地人口密集程度较高，但由于城市历史悠久，大量文化遗产让很多老城区难以进行大规模扩建，所以房屋供应相对紧张。不过西班牙工资水平整体远低于欧洲其他大国，当地的经济很难支撑更高的房价。

交易成本：高　在巴塞罗那购买房产附加费用为8%～15%左右。其中包括过户费5%、附加税10%、公证费1%～2.5%，含税法律费用1%～2%左右。

持有成本：较低　巴塞罗那地税大约0.75%。不过西班牙政治相对动荡，税率会经常改变。持有巴塞罗那地产，每年的固定开销在1%左右。

贷款成本：较低　本地的20年定息贷款利率约为2.5%。西班牙也是相对较为欢迎海外投资者的国家。海外买家购房贷款最低首付也可以达到20%。

短线评级：★★★☆

2018价格年率增长：4.2%　西班牙最近两年的经济表现尚不错。尽管失业率相比德、法等国仍然高出很多，但相比自身2008年金融危机之后的窘境已经好转不少。房市同样从低谷中回暖，价格攀升且销售量保持稳定。

2019增长预期：3%～5%　加泰罗尼亚地区独立公投之后，西班牙政府已经冻结了当地的自治权并强行解散加泰罗尼亚政府，这导致了当地居民更大规模的抗议活动。但在政府紧张的局势之下，当地经济发展仍然保持良好状态。2019年预计市场的回暖状态很有可能继续。

短期影响因素：喜忧参半　独立对

50万、100万、1 000万美元在巴塞罗那能够买到什么样的房产？

价格：50万美元，巴塞罗那市区一室一厅公寓，面积70平方米

价格：100万美元，巴塞罗那市区顶层公寓，三卧室两卫浴，面积100平方米

价格：1 000万美元，距离巴塞罗那市中心35公里，数百年历史的西班牙中世纪风格庄园，占地4英亩，室内面积总计4 000平方米，配置农庄、马棚、泳池、酒窖

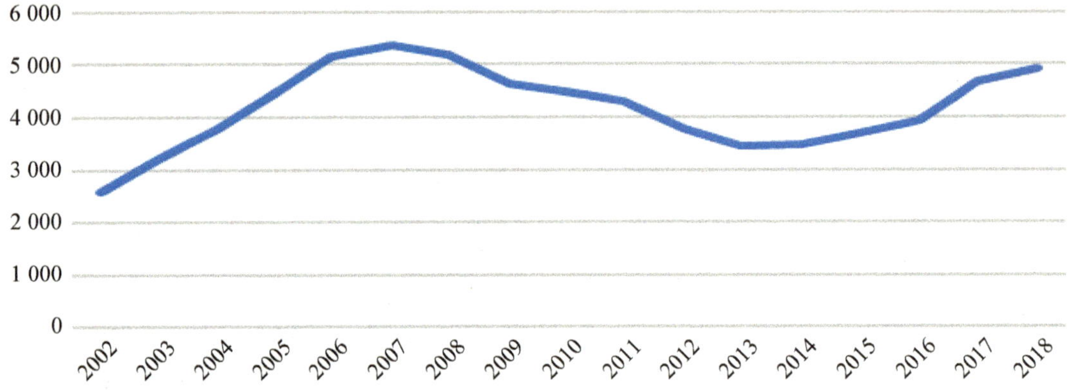

资料来源：西班牙地产协会。

图1.51　巴塞罗那一室公寓均价（单位：美元/平方米）

于加泰罗尼亚和巴塞罗那来说既是机会又是挑战。单从经济数据的角度，巴塞罗那房市目前的状态不错。但考虑到独立问题未来仍然充满不确定性，我们现在并不认为当地房地产市场的驱动因素是明显偏向积极的。

出租投资：有利可图　巴塞罗那市中心平均售租比约为24。房屋出租在这里还是有一定的收益可图。不过巴塞罗那政府对于不出租房屋并在当地没有其他收入的居民有很大的税收补贴。符合条件的话地税只需要缴纳1/4。在当地出租房屋究竟是不是划算还需要居民按照自己的情况考量。

稳定评级：★★★

政治局势：较不稳定

市场发展：一般规范化

自然灾害：少

城市规模：较大

支撑因素一：经济实力　尽管西班牙整体经济实力在欧洲大国中算是相对较弱的一个，GDP也要排在德、英、法、意等国之后，但巴塞罗那以及附近的加泰罗尼亚却算得上是欧洲最富裕的地区之一。当地人均GDP达到近3万欧元，相比欧盟平均水平高出15%以上。当地的商业、旅游业、制

巴塞罗那历史时间表

公元前400年，迦太基传奇英雄汉尼拔的父亲哈米尔卡·巴卡建立巴塞罗那，城市名称来自巴卡的姓氏。

418年，巴塞罗那被西哥特王国征服。

公元8世纪，巴塞罗那被摩尔人征服，随后法国人将此地短暂夺回，但在公元985年再次被倭马亚帝国洗劫。

公元12世纪年，加泰罗尼亚地区并入阿拉贡王国版图。

1469年，阿拉贡王国与卡斯蒂利亚王国合并，巴塞罗那随之并入后来的西班牙。

造业和服装流行品行业为巴塞罗那带来就业和财富。而就业和财富则转化成房产市场中的稳定投资。

支撑因素二：人口密度和城市地理位置　巴塞罗那是欧洲人口密度最高的城市之一。不到200万的人口聚集在山脉和地中海之间狭长的市区地带，这限制了巴塞罗那城市的发展，也保证现有的城市房产价值会因为房源稀缺继续稳定。

不确定因素：加泰罗尼亚独立　加泰罗尼亚独立问题到2018年底仍然算是西班牙政府的暂时胜利。通过宪法以及强权暂时控制住了当地局势。但当地在过去一年已经发生了多次上百万人游行的情况。虽然最终并没有演变成恶性事件，但国家政府和当地独立主义的对抗将会延续。我们目前并不能确定此次事件究竟对巴塞罗那房地产市场的影响。只要最终的结局不是暴力的起义与镇压，那么当地房地产市场不会在长期受到太大影响。虽然目前可能性不大，但假如加泰罗尼亚最终成功独立，那可能反而巴塞罗那房地产市场会迎来更多机会。眼下，独立闹剧仍然只能算是一个非常不确定的未知因素。

宜居评级：★★★★

成本评级：★★☆

短线评级：★★★★☆

稳定评级：★★★☆

市场现状

GDP：1 200亿美元

人均收入：5.4万美元/年

市区人口：240万（2018年）

人口增长率：0.8%

"Some tourists think Amsterdam is a city of sin, but in truth, it is a city of freedom. And in freedom, most people find sin."

—John Green

"有些观光客，把阿姆斯特丹视为罪恶之城，但事实上，她是一座自由之城，只是很多人在自由当中看到罪恶。"

——约翰·葛林

7. 阿姆斯特丹

阿姆斯特丹是荷兰首都，也是荷兰第一大城市，同时是欧洲地区第六大都会区。提到荷兰，很多人首先想到的可能是风车、郁金香、奶牛、运河或者红灯区和大麻。但在最近四五年时间里，随着全球高端房地产市场的暗流涌动，阿姆斯特丹这个古老城市的房地产也逐渐成为高净值人士津津乐道的话题之一。作为一个欧洲小国的首都，阿姆斯特丹在经济、政治地位上并不算是欧洲顶尖，但近年来随着国际移民趋势越来越灵活多变，当地宜人的环境和开放的文化氛围吸引了大量海外移民。另一方面，阿姆斯特丹本身作为欧洲重要金融、贸易中心之一的身份也吸引了很多跨国企业进驻。多方面的优势，让阿姆斯特丹房地产市场在全世界范围内占据自己应得的一席之地。

宜居评级：★★★★

美世生活质量调查排名：第12名

Monocle 生活质量调查排名：第16名

气候：四季分明　阿姆斯特丹城区位于荷兰的西北部，北海运河将该城的水道与北海连接起来。尽管地处较高纬度的欧洲大陆

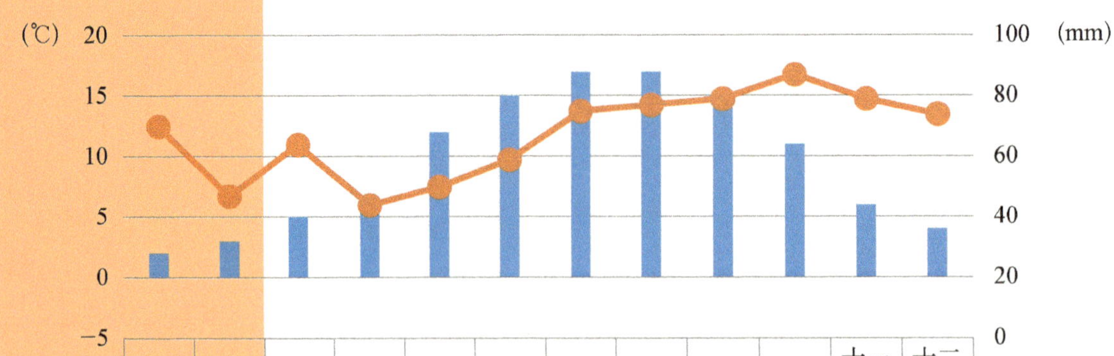

	一月	二月	三月	四月	五月	六月	七月	八月	九月	十月	十一月	十二月
月平均温度	2	3	5	6	12	15	17	17	14	11	6	4
降雨量	70	47	64	44	50	59	75	77	79	87	79	74

图1.52　阿姆斯特丹气候概况

北部，但由于海洋性气候的因素，阿姆斯特丹一年四季气候都相对宜人。当地1月平均气温2摄氏度，7月平均气温17摄氏度。全年降雨量805毫米，降雨在一年中基本分布均匀，秋冬交季相对更加多雨。

空气质量：清洁　阿姆斯特丹当地人口稠密，空气质量水平相对适中。城市人口是空气污染的主要来源。PM2.5指数通常为40。

交通：拥堵　阿姆斯特丹是著名的自行车都市。居民平均通勤距离16公里，平均通勤时间32分钟，16%的居民选择私家车通勤，15%的居民选择公共交通，23%的居民步行上下班，34%的居民骑自行车上下班。城市交通状况良好。

治安：良好　夜生活是阿姆斯特丹人不可或缺的一部分，这里的红灯区也是世界著名景点。尽管从宜居角度我们不好界定这个特征有无负面影响，但整体来说，城市的生活氛围确实比较活跃。当地的治安表现不错，自由的城市氛围并没有滋养太多罪恶。

华裔社群：较发达　荷兰全国有10万左右的华裔人口，除了来自中国大陆、中国台湾和港澳地区的华人之外，这里还有很多来自荷兰前殖民地印尼等地的华裔移民。和欧美大部分城市一样，华裔第一代移民在阿姆斯特丹主要从事餐饮行业。但最近十几年越来越多的高学历移民以及二代移民在荷兰华裔社群中出现，华人的地位和影响力在当地已经有了一定程度的提升。阿姆斯特丹当地有一些发展不错的华裔聚居区，规模尚可而且近期有很多新开的大型华人超市。

教育：良好　阿姆斯特丹著名高等学府包括阿姆斯特丹大学、阿姆斯特丹自由大学等。荷兰的中小学教育也采取偏向因材施教的系统。学生很早就根据水平和兴趣爱好进行分班。教育水平较好但并不提倡精英式教育风格。

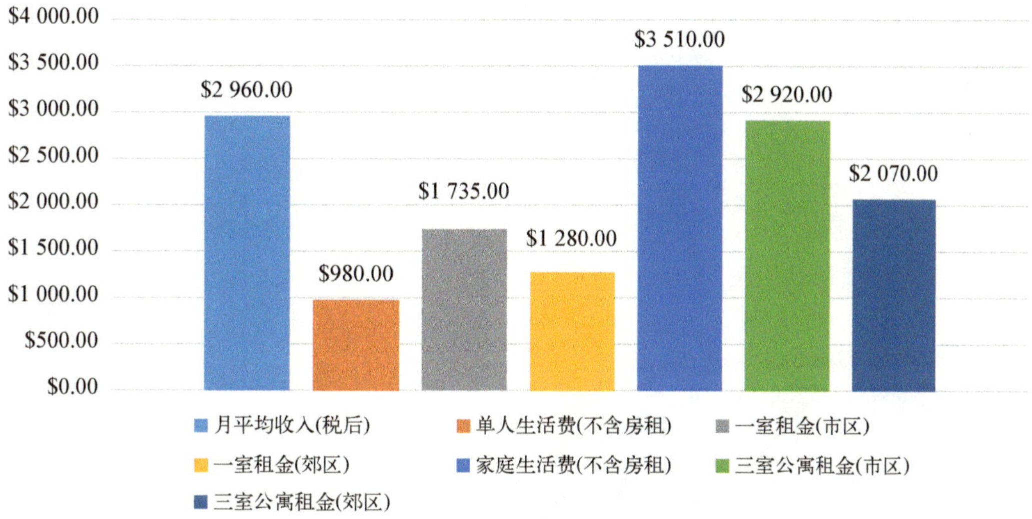

图1.53　阿姆斯特丹生活成本

成本评级：★★

房价水平：较高　阿姆斯特丹市区的房价在每平方米7 800美元左右，市中心之外的地区则在5 400美元/每平方米左右。这里的房价算是欧洲西部的中上游水平。城市水域众多，市中心大部分建筑都是顺着运河建造的五六层老式建筑，但随着城市发展也有不少地区出现新的较高层公寓

50万、100万、1 000万美元在阿姆斯特丹能够买到什么样的房产?

价格:50万美元,阿姆斯特丹市区独栋小户型别墅,面积67平方米,两卧室

价格:100万美元,阿姆斯特丹市区河景公寓,两卧室,面积135平方米

价格:1 000万美元,阿姆斯特丹市中心河景老式公寓,独栋共五层,五卧室,面积400平方米,建于1690年,内部重新装修加入了大量现代化高科技设备

建筑。

交易成本:较低 当地买房除了房款之外,二手房交易时还需要缴纳房价2%的过户税、房屋买卖中介费1.5%左右。另外,还有几百欧元的律师、验房等费用。在当地购房,总计需要缴纳房价4%左右的额外费用。

持有成本:较低 阿姆斯特丹地税为0.5%左右。拥有当地房产之后,每年的房产税加物业费额外开销很少。在这里拥有房产基本不用担心高昂的持有成本,不过,老式公寓的确需要每年固定付出一些维修费用。

贷款成本:较低 阿姆斯特丹目前20年的固定贷款利率为2.6%左右,在欧美国家里算是较低的水平。荷兰对于海外投资者的态度相对较为开放。当地也允许年轻人从父母那里获得最多10万欧元的免税房地产资助。

短线评级:★★★★☆

2018价格年率增长:11.9% 阿姆斯特丹房市在2018年基本上完美延续了之前的涨幅。过去的一年里,阿姆斯特丹房市的活跃程度基本上没有太大的波动,人口仍然呈增加的趋势。而且在低利率、低持有成本的诱惑下,更多当地人选择购买而不是租赁,这将继续推动房价走高。荷兰人并没有生活在与世隔绝的石器时代。当今网络和社交媒体信息传播迅速,他们看到了过去几年发生在澳洲和加拿大的房价大涨。在目睹了自己城市房价连续上升之后,阿姆斯特丹人选择理性地购入房产,争取搭上房地产上涨的列车。

2019增长预期:8%～12% 阿姆斯特丹城目前算是全欧洲未来十年发展最被看好的一座城市。当地的工资水平

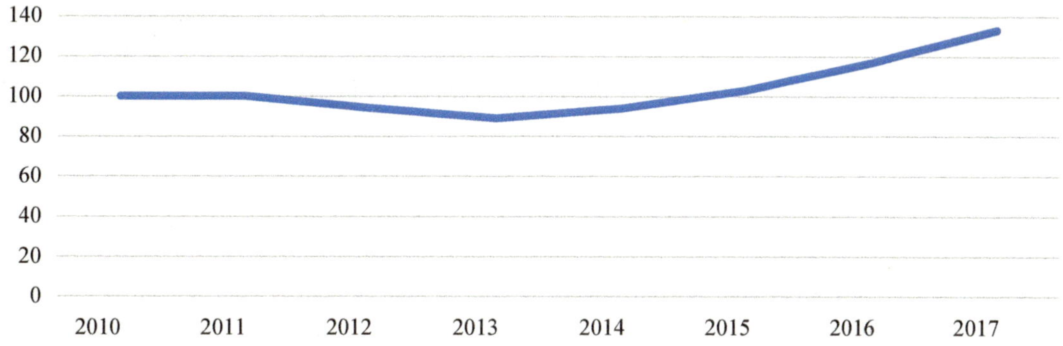

资料来源：荷兰统计局。

图1.54　阿姆斯特丹房价指数（2010年按100计算）

仍然有增长空间。城市新的基础设施建设将会使市区容积增加，能够适合更多居民生活。当地的房价仍然在相对可负担的水平。而且城市自由的文化非常吸引青年到此组建自己新的家庭。但在这些积极因素之上，我们必须看到一些需要警惕的信号。荷兰房价已经快速增长大约三年的时间，目前，阿姆斯特丹的房价大约比2014年价格高出50%。欧洲央行有计划在2019年结束量化宽松政策。届时利率的升高将逐渐让房价回归平稳。

短期影响因素：偏向乐观　2019年阿姆斯特丹市场的整体仍然倾向于乐观。市场的库存和销量数据都支持2019年房价继续攀升。我们需要警惕2019年出现的一些新影响因素，比如利率可能上升。英国脱欧之后整个欧盟的贸易格局可能改变，但从目前可见的发展来看，2019年继续收获一定程度的涨幅在阿姆斯特丹市场还是比较可信的。

出租投资：尚可　阿姆斯特丹房屋的平均售租比为20.50，租金应付地税和管理费开销绰绰有余。即使贷款购买当地房产，也有一定的固定收入空间。

稳定评级：★★★☆

政治局势：较稳定

市场发展：规范化

自然灾害：少

城市规模：较大

支撑因素一：宜居、自由　阿姆斯特丹在世界知名媒体的宜居城市排行榜上虽然没有特别靠前的名次，但基本都有上榜。当地自然环境良好，人文环境自由奔放，尤其对年轻人的胃口。作为世界著名旅游城市之一，阿姆斯特丹的风景优美。这种宜居水平高的大型城市，历来房价都能在长期内保持稳定。同时，自由的人文氛围也能保证城市吸引年轻一代移民，长远角度也保证了人口稳定增长，为房地产市场刚需提供支撑。

支撑因素二：经济前景　在17世纪荷兰最鼎盛的时期，阿姆斯特丹是整个世界上最繁华的城市之一。荷兰作为“海上马车夫”的岁月里，当地几乎垄断了一半欧洲的海上贸易。时至今日，荷兰在贸易上的国际地位虽然不复当年盛景，但仍然在整个欧洲是排名前列的。荷兰最近几年的经济增长水平也在欧盟地区名列前茅。经济表现稳定成为房地产市场的支撑因素，让投资者放心在当地进行中长期投资。

阿姆斯特丹历史时间表

13世纪,荷兰人在当地阿姆斯特尔河上建筑水坝,阿姆斯特丹的名字就来源于“阿姆斯特河上的水坝”。

14世纪,汉萨同盟在北海发展航运商业,阿姆斯特丹作为天然良港迅速发展。

1581年,尼德兰地区七省组成联省共和国,阿姆斯特丹作为主要港口进入黄金时期,直到18世纪被拿破仑率领的法军占领。

1815年,摆脱法国统治的荷兰重新建立现代的荷兰王国,阿姆斯特丹成为首都。

风险因素:右翼以及民粹主义抬头 长期以来,荷兰都可以算是欧洲新政治风潮的“试验田”,很多新的政治理念都是在荷兰政坛首先出现。2017年,荷兰曾一度被认为是欧盟“第一块倒下的多米诺骨牌”。人们认为,荷兰的民粹右翼反对党将会掌权并开始推动脱欧的进程。对于房地产市场来说,脱离欧盟或抵制海外移民就相当于给现有的快速增长判死刑。

宜居评级：★★★★

成本评级：★★☆

短线评级：★★★

稳定评级：★★★☆

市场现状

GDP：1150亿美元

人均收入：2.9万美元/年

哥本哈根大区人口：200万（2017年）

人口增长率：1.3%

"If Copenhagen were a person, that person would be generous, beautiful, elderly, but with a flair."

—Connie Nielsen

"如果哥本哈根是一个人，她会是一个慷慨、具有魅力的老人，但仍天赋满满。"

——康妮·尼尔森

8. 哥本哈根

哥本哈根是丹麦首都，也是波罗的海东南部最大的港口城市。这里是连接波罗的海与北海、大西洋以及世界其他地区海路航线的必经之地。哥本哈根的市名在低地德语中意为"商人的港口"。在建城几百年的历史中，这个城市也完美诠释了这一名称。直到今天，哥本哈根仍然是北欧地区最重要的港口城市之一。当地房地产市场在最近十年左右的时间里一直受到国际投资者的青睐，可能要起于2008年*Monocle*杂志的世界生活质量将哥本哈根评为世界上最适合居住的城市。同时，丹麦在最近几年的国家幸福指数排名中，也被评为世界上幸福水平最高的国家。城市的气候略微偏冷但不算严寒，而城市生活成本水平稳定，治安水平很高，人文环境自由开放，这些都成为近些年哥本哈根吸引来自全世界的投资者的卖点。最近几年丹麦央行为了刺激经济，一直将利率保持在低位，这给房地产市场带来巨大提振，也吸引了更多海外投资者进入当地。

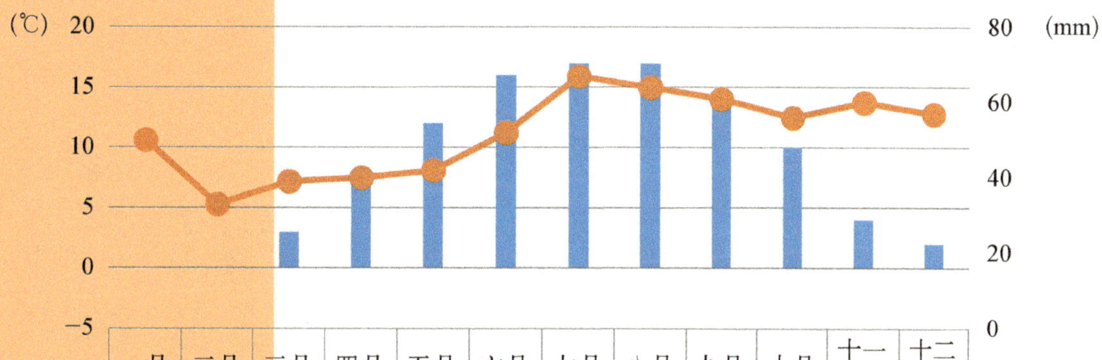

	一月	二月	三月	四月	五月	六月	七月	八月	九月	十月	十一月	十二月
月平均温度	0	0	3	7	12	16	17	17	14	10	4	2
降雨量	50	33	39	40	42	52	67	64	61	56	60	57

图1.55　哥本哈根气候概况

宜居评级：★★★★

经济学人宜居城市排名：第9名

美世生活质量调查排名：第9名

Monocle 生活质量调查排名：第5名

气候：凉爽、湿润　哥本哈根位于整个丹麦日德兰半岛最东端，与瑞典国境隔海相望。市区基本上三面环海，城市位于连接波罗的海与北海的狭长水道中间。当地属于海洋性气候，秋冬相对多雨，但全年很少有极端的高温或者低温。当地1月平均气温0摄氏度，7月平均气温17摄氏度。全年降雨量621毫米，降雨在一年中基本分布均匀，秋季相对更加多雨。

空气质量：清洁　丹麦人口相对稀少，工业活动也并不集中，哥本哈根市区的空气质量很好，空气中极少有污染物质，加上北海湿冷的气候，当地的空气水平整体良好。PM2.5常年保持在20以下。

交通：拥堵　哥本哈根居民平均通勤距离11公里，平均通勤时间29分钟，15%的居民选择私家车通勤，13%的居民选择公共交通，16%的居民步行上下班，43%的居民骑自行车上下班。自行车和摩托车是城市中最主要的交通工具。

治安：良好　哥本哈根市区的治安水平要比南方的欧洲大陆地区大部分城市好很多。当地的各项犯罪率都处比较低的水平。不过当地仍然存在一定程度的盗窃问题，尤其是针对游客的盗窃时有发生。

华裔社群：人数稀少　哥本哈根地区华裔人口只有7 000人左右，整个丹麦的华人也才1万人。当地有华人聚居的中国城，但规模不大，能够购买到的亚洲食品也比较有限。

教育：优秀　哥本哈根当地著名高等学府包括洛斯基德商学院、尼尔森布鲁克商学院、哥本哈根大学等。当地中小学教育重点培养青少年的人格和自我修养，并不推崇精英式教育。教学水平在世界上可以排在前列。

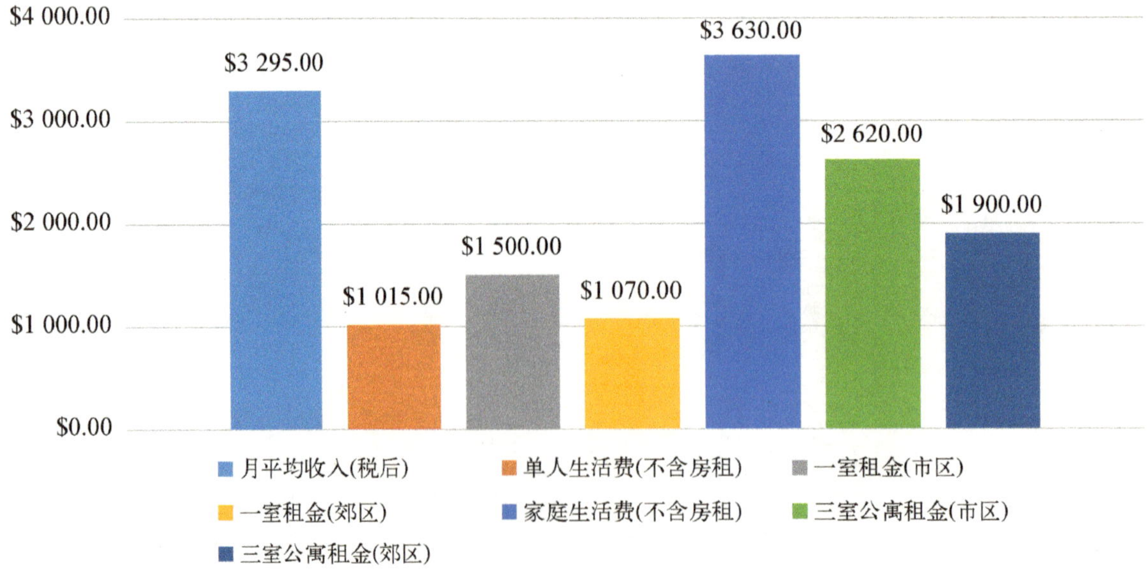

图1.56　哥本哈根生活成本

成本评级：★★☆

房价水平：较高　哥本哈根市中心公寓均价在每平方米7 000美元左右，市郊房价平均每平方米4 500美元。这个价位在欧洲算是中游。近年来，当地逐渐受到海外投资者关注，房价已经出现了一些上涨。丹麦经济体量不大，哥本哈根又地处北海相对寒冷、偏远的北欧地区，能够获得大量关注已经说明投资者看到了哥本哈根房地产市场的吸引力。

交易成本：较低　当地买房除了房款之外，交易时还需要缴纳律师费0.1%～0.5%、财产税大于2%、房产的注册费用大约1 500克朗。在哥本哈根购房，总计需要缴纳房价3%左右的额外费用。

持有成本：较低　哥本哈根地税为1%左右。另外当地的管理费也偏高。拥有当地房产之后，每年的房产税加物业费额外开销为房价的2%左右。

贷款成本：较低　丹麦在整个欧洲地区来说，获得海外投资者青睐的程度相对不算太高。政府对海外人士贷款买房的态度既不支持也不抵制。银行方面也主要依据居民的资产信用情况发放贷款。当地20年贷款固定利率在2.1%左右。

短线评级：★★★

2018价格年率增长：4.1%　哥本哈根2018年的房价涨幅基本在市场预期范围之内。丹麦首都最近几年频繁在各大宜居城市排行榜上名列前茅，海外投资者对这里已经较之前更加关注。数据也显示当地的海外投资已经达到历史新高。但在多方因素支持下，当地的房价涨势仍然不算特别剧烈，这可能要归因于当地经

50万、100万、1 000万美元在哥本哈根能够买到什么样的房产？

价格：50万美元，哥本哈根市区海滨一卧室公寓，面积57平方米

价格：100万美元，哥本哈根市中心三卧室公寓，面积128平方米

价格：1 000万美元，哥本哈根市郊豪宅庄园，室内面积1 200平方米，占地面积7 400平方米，五卧室十一卫浴，建于1900年，拥有接近200平方米沙滩

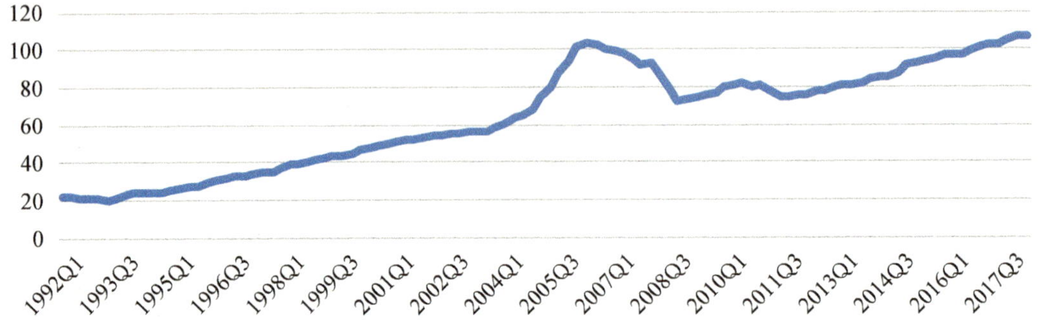

资料来源：丹麦国家统计局。

图 1.57　哥本哈根房价指数（2006 年按 100 计算）

济不活跃、气候寒冷上。

2019 增长预期：4% ～ 6%　从过去30年的历史数据我们可以看到，哥本哈根通常来说房价走势都相对平稳。在2005到2010年当地房价受到来自海外资本的冲击，其他的大部分时间这里的市场都习惯于稳步攀升。

短期影响因素：喜忧参半　丹麦政府最近刚刚下调了2019年的经济预期。随着欧盟停止量化宽松、英国脱欧，整个欧洲地区的经济将会面临一轮考验。作为没有加入欧元区的欧盟成员国，丹麦面对的挑战可能会比欧元区更加温和。

出租投资：尚可　哥本哈根市中心房屋售租比为20.99。出租的租金收入应付房屋固定开销足够。但丹麦对于租客高度保护，绝大部分当地购房者都不愿意将房屋出租，即使出租也会对租客有很多要求，以防止自己陷入麻烦。

稳定评级：★★★☆

政治局势：较稳定

市场发展：较规范化

自然灾害：少

城市规模：中等

支撑因素：世界上最幸福的童话之国　丹麦成为世界上幸福指数第一的国家，很大一部分原因是因为当地丹麦人不攀比，随性享受生活的民风。这一点并不是一个从中国移民过去的人能够

丹麦历史时间表

12世纪，丹麦人在厄松区域建立城堡保护过往船只，城堡和附近居民区被称为“商人的城堡”，“哥本哈根”一词由此而来。

1254年，哥本哈根获得城市权，正式建立。

1369年，汉萨同盟视新兴的哥本哈根为竞争对手，将城市与城堡一起摧毁。

1416年，丹麦国王艾力克迁居至此，重建哥本哈根。

1443年，哥本哈根重建基本完成，正式成为丹麦王国首都。

轻易学得来的。但我们从市场稳定性角度考虑，正是这样的人文环境让丹麦的市场保持了淳朴、恬淡的一面。相比其他市场，这里少一些浮躁，多一份稳定。事实上，在第二次世界大战后的半个多世纪，丹麦也一直被当作欧洲大陆上的避险国度。

宜居评级：★★★
成本评级：★★★
短线评级：★★★☆
稳定评级：★★★☆

市场现状
GDP：950亿美元
人均收入：4.2万美元/年
市区人口：120万（2017年）
人口增长率：1.1%

"Fabulous place, Dublin is. The trouble is, you work hard and in Dublin you play hard as well."

—Bonnie Tyler

"都柏林就像童话里的城市，比较麻烦的是，在这里不管你多努力工作，你都会玩得同等程度的疯。"

——邦尼·泰勒

9. 都柏林

作为爱尔兰共和国首都以及该国最大城市，都柏林是爱尔兰政治、经济中心，同时也是欧洲经济发展最快的地区之一。爱尔兰政府最近几年通过引进高新技术公司在当地投资，获得了大量经济发展机会和工作岗位。该国允许一些诸如苹果这样的大企业依靠爱尔兰在欧盟的身份实施避税，这也引起了欧盟其他成员国的不满，但该国仍然坚持吸引外资的发展方向，这让爱尔兰，尤其是首都都柏林地区的失业率在短短几年内迅速降低。100多万的人口虽然在欧洲算不上大城市级别，但作为很多高新技术企业打入欧洲市场的桥头堡，这里备受技术移民的青睐。经济和劳动力市场的火热带动了房地产行业，使爱尔兰一度低迷的房价在最近三四年中迅速回升，目前都柏林的房价距离历史高位仍然有一段距离，每年10%以上的涨幅还没有减缓的迹象。可以说，从短期回报的角度考虑，这里是欧洲最值得期待的市场之一。

宜居评级：★★★

美世生活质量调查排名：第34名

气候：温和湿润　都柏林地处爱尔兰岛屿东部，隔海遥望英国

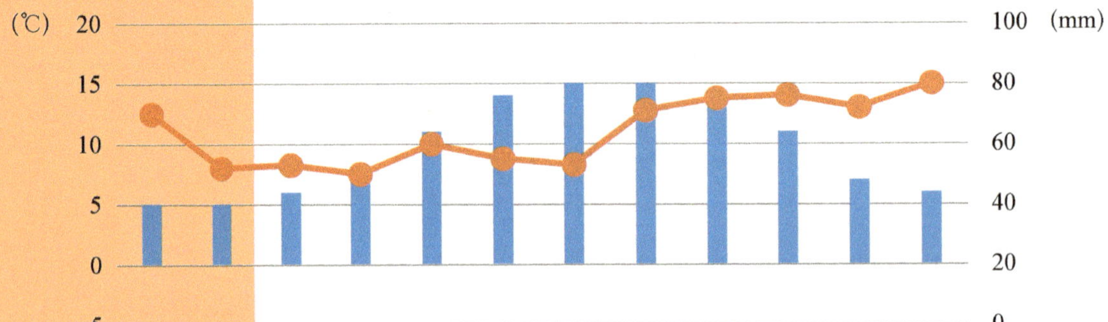

	一月	二月	三月	四月	五月	六月	七月	八月	九月	十月	十一月	十二月
月平均温度	5	5	6	7	11	14	15	15	13	11	7	6
降雨量	70	52	53	50	60	55	53	71	75	76	72	80

图1.58　都柏林气候概况

的利物浦市。当地属于温带海洋性气候，冬暖夏凉，基本没有太极端的气温。来自大西洋的暖风不断带来潮湿空气，但爱尔兰主要的降雨都集中在岛屿西面，都柏林相对获得的日照要多得多。当地1月平均气温5摄氏度，7月平均气温15摄氏度。全年降雨量767毫米，降雨在一年中基本分布均匀，冬季相对更加多雨。

空气质量：清洁　由于远离欧洲大陆的传统工业区，且大西洋季风常年掠过岛屿，所以爱尔兰的空气质量在整个欧洲都算是非常不错的。PM2.5指数常年保持在30以下。

交通：拥堵　都柏林居民平均通勤距离12公里，平均通勤时间38分钟，27%的居民选择私家车通勤，21%的居民选择公共交通，27%的居民步行上下班，12%的居民骑自行车上下班。作为一个并不算太大的小国首都城市，拥堵程度尚算可以接受。

治安：一般　尽管人口较少、人种也没有伦敦那么多样化，但都柏林与隔壁英国首都的治安水平基本差不多。当地盗窃、滥用药物等问题都比较严重。游手好闲的年轻人也很多，尤其是当街偷手机的现象很猖獗。在这里生活需要保管好自己的财物。

华裔社群：尚可　爱尔兰全国的华裔人口有两万人左右，其中大部分集中在首都都柏林地区。绝大部分移民当地的华人从事体力劳动，仅有10%左右的专业人才和高级管理人员。华人社群在爱尔兰还算是比较融入当地社会，这里的华人聚居地不多，但规模尚可。

教育：良好　都柏林主要的高等学府包括都柏林大学、国立都柏林大学等。当地的中小学教育系统与英国类似，私立学校教学水平明显优于公立学校。

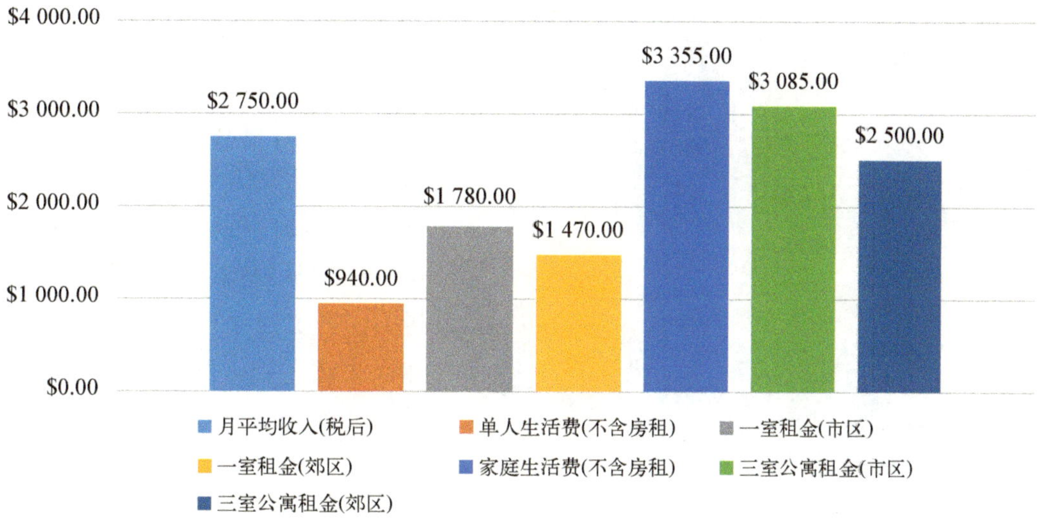

图1.59　都柏林生活成本

成本评级：★★★

房价水平：高　都柏林市中心的公寓均价大约在7 000美元/每平方米，市郊均价约为4 700美元。都柏林地区不少社区都是联排别墅和人口密度不算太高的矮层公寓单元。这里的房价也在近期经历过大幅上涨。目前的水平相比世界最前列仍然有一定差距，但相比当地历史价格已经是比较高了。

交易成本：较低　当地买房除了房款之外，交易时还需要缴纳一次性过户费80欧元、房屋契

50万、100万、1 000万美元在都柏林能够买到什么样的房产？

价格：50万美元，都柏林市郊半独立连体别墅，室内面积144平方米，三卧室两卫浴

价格：100万美元，都柏林市区联排别墅，六卧室六卫浴，面积213平方米

价格：1 000万美元，都柏林市郊城堡式庄园，占地32英亩，室内面积895平方米，八卧室九卫浴，维多利亚时代装修风格，配置独立车房、马厩、佣人房、小教堂

税1.5%左右（按照房价高低税率不同）。另外，很多房屋交易需要购房者缴纳2%～3%的维护基金。在都柏林购房，总计需要缴纳房价3%左右的额外费用。

持有成本：低 爱尔兰地税为0.18%左右。拥有当地房产之后，每年的房产税加物业费额外开销很少。这也是购买当地房产的好处之一，固定开销在全球各大城市中算是非常低的。

贷款成本：较高 爱尔兰在欧洲是一个相对欢迎海外投资者的国家。当地银行对于海外人士贷款购买房产的政策也较为宽松。当地甚至有被称为“帮助购买”的贷款优惠政策。不过当地贷款利率相较欧洲内陆要高一些，都柏林当地的20年固定贷款利率约为3.6%。

短线评级：★★★☆

2018价格年率增长：5.9% 都柏林地区的房价在2018年已经开始有明显降温的趋势，年初第一季度的年度同比涨幅曾经一度达到12%附近，但在夏季后继乏力。作为全爱尔兰房价最贵的地区，都柏林的市场在过去一年受到爱尔兰央行新增加的贷款限制政策影响。但尽管政府进行了一定程度的干预，当地房价涨幅仍然大大超过通货膨胀的水平。可以说都柏林目前仍然是投资者非常热衷的市场之一。

2019增长预期：5%～10% 大部分经济学家和分析人士认为2019年都柏林的房价将会实现“软着陆”，即房价持续上涨，但涨幅逐年回落。实际情况是，在整个欧盟地区，爱尔兰的经济体量显得有些微不足道。而在隔壁的英国2019年脱欧、欧洲央行又准备退出量化宽松的情况下，房市能够像上面所说那样软着陆其

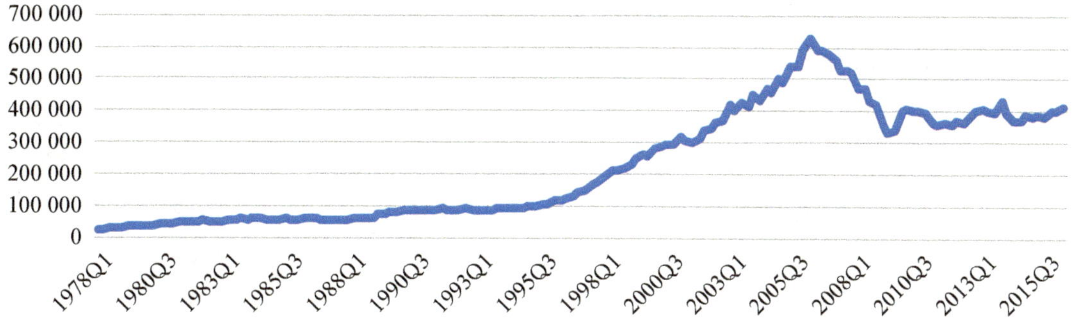

资料来源：圣路易斯联储数据库。

图1.60　都柏林平均房价（单位：美元）

实已经非常难能可贵。

短期影响因素：喜忧参半　考虑到目前当地的价格水平尚未达到难以负担的程度，2019年的一些负面因素能够给房市带来的冲击预期不会太大。而英国脱欧本身带来的影响将会在未来一年明确化，这反而增加了市场的稳定性。另外非常重要的一点是，都柏林目前是分析人士们最看好在未来数年内经济大幅增长的欧洲城市之一，经济给房市带来的推动将是最直接、最稳固的。

出租投资：有利可图　都柏林房屋的平均售租比为18.26，由于地税很少，租金应付地税和管理费开销绰绰有余。即使贷款购买当地房产，也有一定的固定收入空间。

稳定评级：★★★☆

政治局势：较稳定

市场发展：较规范化

自然灾害：少

城市规模：中等

支撑因素：国际经济政策的灵活性　很多人将特朗普当选美国总统认定为西方国家民粹主义抬头的最有力证据。欧洲大陆上目前这种反国际化、追求本国利益至上的理念也发展迅速。但与欧洲大陆很多国家相比，爱尔兰的民粹主义目前并不算主流。作为欧洲边缘地带的小国，爱尔兰深谙顺应国际形势的治国之道。2016年为了苹果公司而与欧盟对立的态度就证明了这一点。只要外资能够给爱尔兰带来工作和经济增长，该国并不担心外来的企业会带来太多竞争，如果这种精神继续保持，那么都柏林在未来一段时间内都会是一个欢迎国际资本的城市。这将给当地房地产市场

都柏林历史时间表

公元140年，希腊天文学家和地图学家托勒密最早记载了都柏林地区，他将其称为爱布拉纳。

1171年，诺曼人英格兰国王亨利二世征服爱尔兰，都柏林被定为爱尔兰政治中心。

1541年，爱尔兰王国作为联合王国一部分，都柏林成为爱尔兰王国首都。

1919年，爱尔兰从联合王国独立，都柏林成为爱尔兰共和国首都。

带来大量外来资金，市场内的流动性也会保持较高水平。对于一个小国首都房地产市场来说，这些将会是最好的增长保证。

风险因素：受外部因素影响较大 爱尔兰是一个经济规模较小的国家，灵活多变的政策可以让其在经济发展中获得不少搭顺风车的机会。但同时，在全球或者欧洲地区整体经济大潮中，爱尔兰绝大部分时间也只能随风飘舞，难以自己掌握命运。这一点在2008年的金融危机中已经表现得很明显。所以在未来全球范围出现大的经济动荡时，都柏林房地产的相对稳定性还是要弱于纽约、伦敦这种大城市、大市场，这可能是当地市场很难完善的缺陷。

（四）亚洲市场

宜居评级：★★★★☆

成本评级：★

短线评级：★★☆

稳定评级：★★★★☆

市场现状

GDP：3 240亿美元

人均收入：4.3万美元/年

全国人口：580万（2017年）

人口增长率：1.5%

"Countries that are agricultural can, at a low standard of living, sustain themselves. You can be self-sufficient; the money economy is a relatively insignificant part of the total economy. Singapore never was an agricultural country."

—Lee Kuan Yew

"农业国家可以在低生活水平下维持生计。你可以自给自足，货币经济是整个经济中相对微不足道的一部分。新加坡从未成为农业国。"

——李光耀

1. 新加坡

如同新加坡国父李光耀所说，新加坡从来不是一个农业国，这里"弹丸小国"靠着金融和服务业成为东南亚乃至世界最现代化的国家之一。对于全球大部分高净值投资者来说，在新加坡购房置业具有很多政策上的优惠。这个位于赤道上的"弹丸小国"对于海外投资者非常友好。当地无遗产税、无资本收益税这两项税收优惠让新加坡成为很多富豪的避税天堂。新加坡城市治理井井有条，人人遵纪守法，这也让该地在居住水平上达到世界领先水平。新加坡市场如此高的吸引力也让当地成为世界上房价和生活成本最高的城市之一。尽管如此，仍然挡不住投资者对新加坡房地产的热情。新加坡对于中国投资者来说，是亚洲范围内最规范、最完善的海外市场之一，非常适合资金充裕但对海外房地产不熟悉的新手投资者。

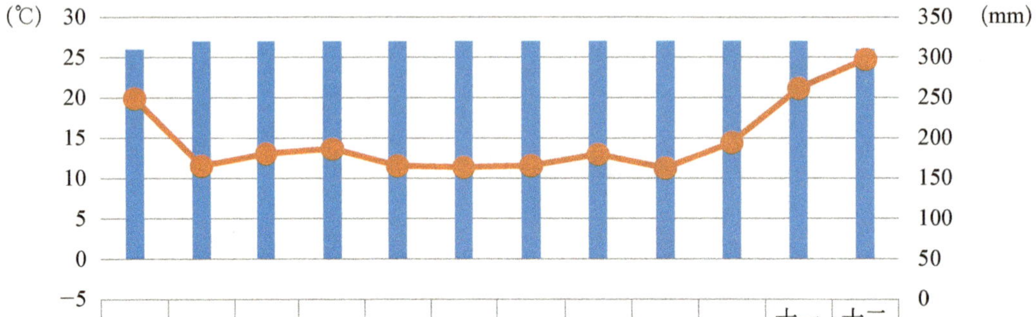

	一月	二月	三月	四月	五月	六月	七月	八月	九月	十月	十一月	十二月
月平均温度	26	27	27	27	27	27	27	27	27	27	27	26
降雨量	250	166	181	187	166	164	166	180	163	195	262	298

图1.61　新加坡气候概况

宜居评级：★★★★☆

美世生活质量调查排名：第25名

Monocle 生活质量调查排名：第21名

气候：炎热潮湿　新加坡地处赤道地带，当地纬度1度左右。受到热带气候影响，这里常年炎热多雨。全年平均气温都在27摄氏度左右，年降雨量高达2 378毫米。

空气质量：较清洁　当地的空气质量在全亚洲算是相对不错的，新加坡本身的工业并不多，但邻国印度尼西亚以及马来西亚的原油等高污染产业一定程度上降低了新加坡整体的空气质量。当地PM2.5指数基本能够保持在30以下。

交通：较拥堵　新加坡居民平均通勤距离15公里，平均通勤时间42分钟，20%的居民选择私家车通勤，55%的居民选择公共交通，14%的居民步行上下班。新加坡城市规划合理，公共交通系统发达，市区存在拥堵但市民主要的通勤手段还是乘坐公共交通。

治安：良好　新加坡是世界上法律最严格的国家之一，这里的治安水平在全世界大城市里绝对是排在最前列的。各项犯罪率都比其他大城市要低。很多媒体评选新加坡为世界上最安全的国家。

华裔社群：发达　华人是新加坡最大的族群，这里的华人人口占据了总人口数的3/4。新加坡是除了大中华地区之外，世界仅有的两个以汉族占人口多数的国家或地区之一。这里的华人受英文教育和西方文化的巨大影响，先认同自己为新加坡人，然后才是华人。不过从生活的角度讲，华人投资者在这里生活基本上不会存在不便。当地的中餐水平不错，主要居民的饮食、生活习惯也与国内区别很小。

教育：优秀　新加坡的整体教育水平在全世界都享有盛名，著名的高等学府包括新加坡国立大学、南洋理工大学、新加坡管理大学等。当地的中小学教育水平也相当高，很多国内的家长都愿意将孩子早早送到新加坡就读。这里作为英国的前殖民地，英语教育和精英式教育氛围根深蒂固。

成本评级：★

房价水平：高　新加坡是全世界房价最高的地区之一，这里一直被认为是与排在中国香港、摩

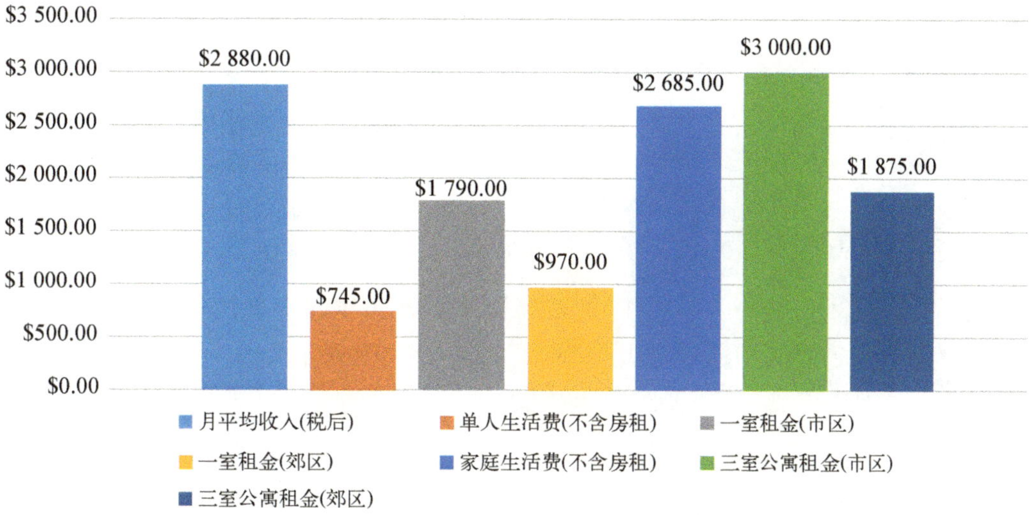

图1.61　新加坡生活成本

纳哥之后世界房价第三高的城市。市中心的公寓均价能够达到每平方米16 500美元，郊区房价也在8 300美元左右。当地是真正的寸土寸金，房屋也以紧凑密集的高层公寓为主。市区也有一些独立别墅，不过因为政策限制并不适合非居民投资者。在新加坡购房前，投资者需要先确认自己的购房资格，大部分带土地的独立屋和排屋是不允许海外投资者购买的。只有圣淘沙岛的别墅和排屋对海外投资者开放。而在新加坡购房，地契也分为99年、103年和999年等多种。当地也有永久居住的地契，所以这一点需要提前确认好，对于价格以及未来投资都影响重大。

交易成本：高　当地海外投资者购房需要支付的额外费用为房价的18%左右。永久居民和新加坡公民购房额外负担要少得多。

持有成本：较高　当地地税和出租税统称产业税。税收是按照房产“年值”来征收的，也就是年房产能够大概租出多少钱，就按照这个政府估算的价格收税。这与很多国家按照房产的总价值收税较为不同，税

50万、100万、1 000万美元在新加坡能够买到什么样的房产？

价格：50万美元，新加坡一室一厅市区新公寓，面积45平方米

价格：100万美元，新加坡市区高层三室两卫公寓，面积100平方米

价格：1 000万美元，新加坡独栋别墅，土地面积600平方米，室内面积900平方米，六卧室六卫浴，配置游泳池、花园，位于新加坡植物园附近豪宅区

率按照年值多少，平均为4% ～ 6%。

贷款成本：较低 新加坡申请贷款对于海外投资者来说是相对容易的。当地首付款最低可以达到20%，不过按照房屋类型和兴建时间不同，通常需要30%的首付款才能拿到理想的贷款合约。目前当地20年固定贷款利率为2.1%左右，在世界上算是比较便宜的。

短线评级：★★☆

2018价格年率增长：8.7% 新加坡在2018年出现了近年来非常罕见的房价回升。市场价格不但出现了2014年以来首次增长，而且在夏季一度涨幅达到10%。至2018年年末，当地房价相比上年同期增长仍然保持在8%以上。房市的上涨引起了市政府的注意。尽管从目前的情况看当地房价即使回升也只是回到四五年前的水平，但新加坡的管理者们仍然承诺出手控制房地产市场。从过去一年的形势来看，新加坡房价上涨的主要动力仍然是海外资本的推动。当地经济走势稳定，人口虽然在逐年上升但也不是推动房价短期大幅上涨的主要动能来源。

2019增长预期：0% ～ 5% 新加坡政府在夏天已经出台了增税等打压房市的政策，政府期望在2019年将房价涨幅压制在2%左右。不过对于大部分着眼新加坡未来发展的高净值投资者来说，一定程度的成本增加并不会立刻阻止他们投资。比较可能出现的情况是房价回落，但仍然高于政府的目标水平。

短期影响因素：喜忧参半 2019年世界上大部分的房地产市场影响因素都比较温和，但这种情况在新加坡似乎不太适用。新加坡2019年将上演一场政府与投资者之间的对决。政府方面控

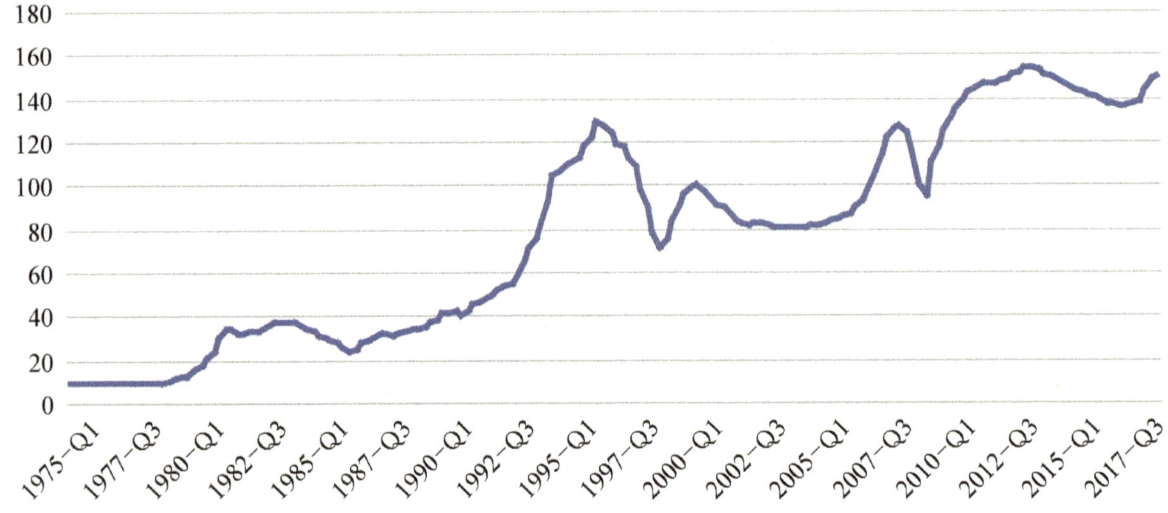

资料来源：新加坡统计局。

图1.63 新加坡房价指数（2009年按100计算）

制房价的计划与投资者，尤其是海外投资者推高新加坡房价的动作将会有更激烈的碰撞。如果最终政府的目标没有实现，新一轮更加严格的房市管控政策可能出台。

出租投资：回报率低　新加坡市区公寓的租售比高达39.20，这意味着当地出租回报率仅为2%左右，按照现有价格水平靠出租40年才能回本。单从出租角度讲，当地的回报率并不算有利可图。但新加坡租房市场稳定、规范，获得一个保值的固定收入还是不算太难的。

稳定评级：★★★★☆

政治局势：稳定

市场发展：规范化

自然灾害：少

城市规模：大

支撑因素一：避税天堂　新加坡在亚洲地区可以说是名副其实的避税天堂，当地不管是企业还是个人税收都相对较低，同时也不设遗产税。这些优势让新加坡这个“弹丸小岛”上兴起的城市国家迅速成为东南亚的金融中心。新加坡是高净值投资者避税的良好选择。当地受到这种情况影响，房产即使在本国经济不景气时也能获得稳定支撑。

支撑因素二：土地稀少　新加坡既是一个城市又是一个国家，这个总面积不到720平方公里的狭小国家居住了500多万人口。在没有任何富余土地可以开发的情况下，除了进行有限的填海造地之外，新加坡房产只能在现有的空间内发展。这让当地房源非常有限。稀有的资源让房产市场保持紧凑的局面，成为稳定当地房产价值的最大地理决定因素之一。

支撑因素三：政治稳定　新加坡的法律条款明晰、严格，这就保证了当地房产市场井然有序，绝对不会出现欺诈、混乱的局面。在新加坡当地购买房产，要比在其他地方放心很多。同时政府稳定的政策走向也是保证新加坡房产稳定的重要因素之一。当地房价、房屋买卖受到政府政策变动而大幅波动的可能性相对其他国家小得多。

风险因素：地契年限　尽管新加坡的地契年限问题一般会被考虑到房价之中，甚至也有接近永久拥有的999年地契，但存在地契年限仍然是当地房产需要考虑的问题之一。尤其是一些历史已经数十年的老房和老地契。这些还剩下几十年的地契将在未来成为房产长远投资的一个问题。毕竟前往当地投资的一些人看重的是新加坡没有遗产税，但如果留给后代的房屋还有年限的话，并不能算是完美的、毫无风险的。

新加坡历史时间表

公元3世纪，东吴将领康泰所著《吴时外国传》记载当地有马来人居住，当时名为蒲罗中国，马来语意为“半岛南端的岛国”。

14世纪，郑和下西洋经过此地，明朝将新加坡称为“淡马锡”。

1819年，英国不列颠东印度公司雇员斯坦福莱佛士登陆新加坡，并开始管辖当地港口。

1824年，新加坡正式成为英国殖民地。

1959年，新加坡取得自治邦地位，李光耀成为首任总理。

宜居评级：★★★★☆

成本评级：★☆

短线评级：★★

稳定评级：★★★★

市场现状

GDP：1.9万亿美元

人均收入：3.5万美元/年

首都圈人口：3 630万（2017年）

人口增长率：0.2%

“21世紀に向けて東京が世界に誇れるような これが日本の顔だと言えるようなものが持てればいいなという希望が実は託されているわけです。”

——丹下健三

“步入21世纪的东京将被世界交口称赞，东京是代表日本的脸面，所有的希望和信念都寄托在这里。”

——丹下健三

2. 东京

2020年奥运会距离我们越来越近，日本政府在东京投资的各种基础设施已经陆续浮出水面。作为亚洲最大的城市和金融中心之一，东京地区房地产市场的魅力可以媲美纽约在北美、伦敦在英国的地位。但由于政治、自然灾害和20世纪末日本房地产泡沫的不良影响，国内对于投资东京房产可能还是相对谨慎。但随着信息时代资讯的不断快速传播，一些谣言和误解已经阻挡不了思路清晰的投资者进军东京市场了。尤其是在奥运会这种大型国际盛事即将举办的当下，这里充满了机遇。从本质上看，正如建筑学大师丹下健三说的，东京是日本的脸面，这里汇集了全日本的政治、金融、文化等各行各业资源，也是日本最吸引海外投资者的城市。

宜居评级：★★★★☆

经济学人宜居城市排名：第7名

美世生活质量调查排名：第50名

Monocle生活质量调查排名：第2名

气候：四季分明　东京位于日本关东平原。面朝东京湾，海湾

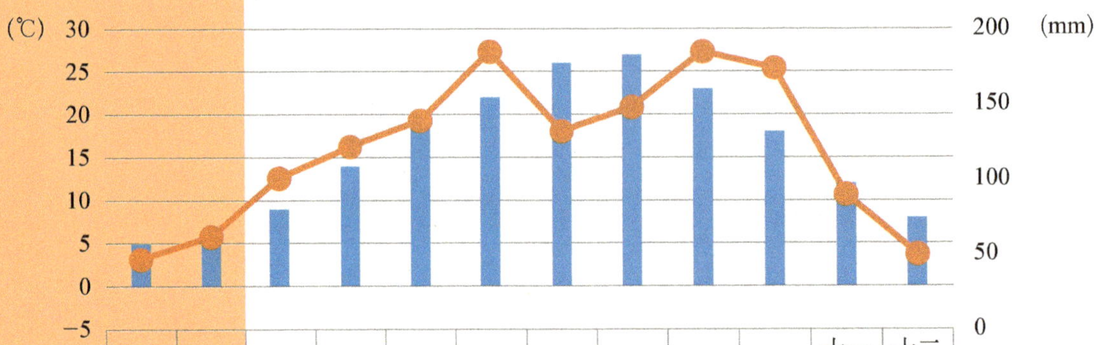

	一月	二月	三月	四月	五月	六月	七月	八月	九月	十月	十一月	十二月
月平均温度	5	6	9	14	19	22	26	27	23	18	12	8
降雨量	47	62	101	122	139	185	132	148	185	174	90	50

图1.64　东京气候概况

之外就是太平洋。和日本大部分地区一样，东京受到海洋的气候影响更为明显。当地四季分明，夏季炎热多雨，冬季寒冷干燥。1月平均气温5摄氏度，7月平均气温26摄氏度。年降雨量约为1 435毫米。

空气质量：较清洁　东京地区人口众多，工业水平也较为发达，但日本对于工业排放的监管非常严格。这里的空气质量可能达不到欧美或者澳洲一些城市的水平，但在亚洲已经是首屈一指。当地PM2.5指数常年能够保持在50以下。

交通：拥堵　东京居民平均通勤距离14公里，平均通勤时间41分钟，9%的居民选择私家车通勤，51%的居民选择公共交通，24%的居民步行上下班。这里拥有世界上最完善、最复杂的公共交通网络之一。大部分市民都依赖铁路或者公交车通勤。

治安：安定　东京的治安水平在全世界大城市范围内都算是相当安定的。这里的城市警力预算很高，加上区域划分详细，除了警察之外居民自助会也能帮助维持治安，所以当地生活的安全系数绝对排在世界大城市的前几位。

华裔社群：发达　整个首都圈的华人人口在37万左右，中国人是日本最大的少数族裔之一。日本当地人口单一，同时存在很多陈旧保守的思想，所以当地并没有类似欧美大城市那种唐人街中国城或者华人聚居地区。生活上，同为以米饭做主食的东亚国家，华人在日本并不存在太多饮食、生活上的问题。

教育：优秀　东京聚集了全日本绝大部分的顶尖人才，这点在教育方面同样适用。日本绝大部分的顶尖高等学府都在东京，其中以东京大学、庆应大学、早稻田大学、东京工业大学、一桥大学等最为著名。日本的中小学教育水平也很高。需要注意的是当地中小学教学压力很大，考大学甚至比中国国内高考压力还大。

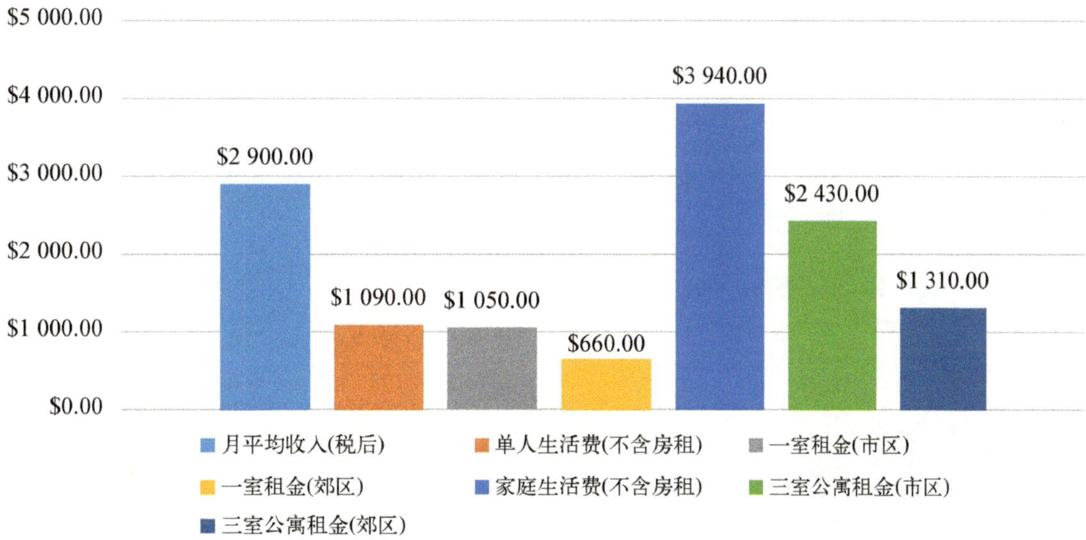

图1.65　东京生活成本

成本评级：★☆

房价水平：高　东京市中心的公寓房价在11 000美元/平方米左右，城市外围的公寓均价可以

50万、100万、1 000万美元在东京
能够买到什么样的房产?

价格:50万美元,东京品川区两室一厅公寓,面积50平方米

价格:100万美元,东京新宿区两室一厅公寓,面积82平方米

价格:1 000万美元,东京品川区独立别墅,土地面积340平方米,室内面积630平方米,配置和室、家庭影院、独立车库、观景平台

降到4 850美元左右。城市整体的房价水平在全世界大城市中算是很高的,但考虑到东京的人口水平和经济体量,目前的房价仍然是受到常年经济不景气打压的结果。首都圈内主要的房屋类型是公寓,市区内的独栋别墅都非常昂贵,只有郊区才能看见大面积的独栋住宅。

交易成本:高　在东京购买房产,需要缴纳4%左右的交易税。如果房屋是用于自住,这个税率可以降到3%。房屋印花税最高约50万日元。房屋交易还要缴纳额外的销售税,这部分在5% ~ 8%不等。另外还有土地登记税、房屋登记税共约4%。购买当地房产需要缴纳的额外费用大约在房价的10% ~ 15%之间。

持有成本:较高　日本的固定资产税和城市规划税每年都要征收,这些税费的总比例为房屋当年价格的1.4%左右,在全球各大城市中算是比较昂贵的,这也是当地持有房产花费较大的原因。加上巨额的遗产税,"富不过三代"在日本是非常普遍的现象。

贷款成本:较低　日本目前基本上不对没有本国永久居住权或是本国国籍的外国人士提供贷款服务。中国台湾的投资者可以考虑在台湾银行驻日分行尝试办理类似手续。中国大陆的投资者则需要尝试寻求大陆银行驻日分行的帮助。如果有资格获得当地贷款绝对是投资的优势,因为日本目前处在量化宽松状态下,当地20年固定贷款利率仅为1.3%,在全球各大城市中是最低的水平。

短线评级:★★

2018价格年率增长:1.4%　2018年夏季到来之前,东京首都圈内的房价涨幅曾经一度达到6%左右,尤其是三四月日

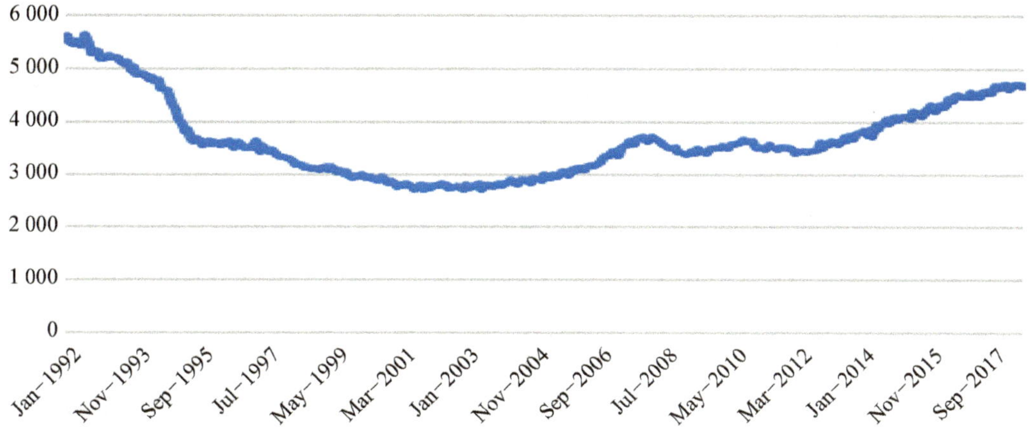

资料来源：日本土地综合研究所。

图1.66　东京首都圈平均房价（单位：美元/平方米）

本房地产市场活跃期前后，当地房价稳定攀升。但在夏季过后，市场开始回吐涨幅。当地目前的成交量仍然在逐年上升。虽然最终的涨幅并没有特别惊人，但上涨的势头仍然相对稳定。

2019增长预期：2%～5%　作为世界第三大经济体，日本的房地产市场在20世纪90年代的大跌之后已经稳定发展超过20年。但房价水平仍然低于当时的水平。可以说被房市泡沫吓怕了的日本人在房价上掺水的可能性微乎其微。随着东京奥运会即将到来，未来东京很有可能继续目前的走势。

短期影响因素：偏向乐观　除了2020年东京奥运会这个重大利好之外，东京都目前的发展趋势仍然支持房地产市场继续活跃。日本量化宽松政策推行已经5年，期间效果有好有坏，经济本身一直如履薄冰，低利率时代短期之内很难终结，这对房地产市场是一个好消息，贷款难度降低让更多人有能力进入市场。

出租投资：回报率低　东京市中心售租比高达41.35。虽然在亚洲相比中国和印度算是可观，但仍然远远高于欧美城市的平均水平。不过日本人对于租房的热衷还是非常高涨，很多家庭甚至到有了几个小孩时也仍然选择租房住。整体来讲，在东京购房出租还算收支平衡，但想要获利难度较大。

稳定评级：★★★★

政治局势：稳定

市场发展：规范化

自然灾害：地震多发

城市规模：极大

支撑因素一：日本国内第一都会区地位　东京人口占据日本全国的1/10。当地是日本政治、经济、文化和教育的绝对中心。不管是从人口基数、就业还是其他方面来看，东京都地区的房产都因为当地在日本的绝对优势地位而保持稳定。东京的确出现过20世纪90年代的房产泡沫。但排除泡沫期间的上涨和下跌，东京在长期平均价格上仍然是上涨的。即使最近十几年日本一直处在经济不景气之中，东京的房价指数仍然保持稳定上涨，这主要还是归功于整体城市规模。

东京历史时间表

1457年,太田道灌奉当时日本足利幕府的命令在江户筑城。

1600年,德川家康在关原之战中获得胜利,三年后成立德川幕府,江户逐渐成为日本政治中心。

1869年,日本明治天皇和维新政府从京都迁至江户,并将当地改名为东京,东京正式成为日本首都。

支撑因素二:相对严谨的市场 东京的房产市场从律师、房产公司到个人卖家的文书准备工作可以说非常严谨。当地房产市场的透明程度和法制化程度很高,这降低了在东京投资房产的风险。同时当地完善的房产交易系统让房屋不管是转租还是转卖都非常方便。这就保证了房产转化成固定收入或者现金的流通性。

风险因素一:火山地震之国 日本是世界上著名的火山、地震灾害频发国家,1923年发生的关东大地震震中就在距离东京不远的神奈川县。而2011年日本东部海域发生的里氏9.0级地震以及其后引发的海啸带来的冲击仍然历历在目。在全世界范围选择房产投资,很难绕过日本地震多发的这一特点。所以长远角度讲,地震频发是东京房产需要考量的风险之一。

风险因素二:人口老龄化、少子化 整个日本目前都在面临人口老龄化、少子化的影响。人口结构的老化可能在未来进一步给日本的经济带来负面影响。对于房产市场来说,需求面也会因为人口的减少而大受打击。目前日本的少子化问题已经有很多改善的迹象,但是考虑到人口结构改变的缓慢程度,我们仍然将这算作东京房产市场需求未来的一个风险因素。

宜居评级：★★★☆

成本评级：★☆

短线评级：★★☆

稳定评级：★★★☆

市场现状

GDP：4 080亿美元

人均收入：3.3万美元/年

市区人口：1 000万（2017年）

人口增长率：0.2%

"서울 시장의 임무는 대통령의 업무만큼이나 중요하다."

——정몽준"

"首尔市长的重要程度与韩国总理等同。"

—— 郑梦准

3. 首尔

首尔是韩国的首都，也是整个朝鲜半岛经济最发达、人口最集中、房地产市场最活跃的城市。房价涨幅较大、出租回报率比国内高、房产是永久所有权，这些都是首尔房产在最近几年成为中国投资者青睐的投资品的主要原因之一。而2018年朝鲜半岛形势缓和的情况，让很多投资者看到了韩国房地产投资的潜力。朝鲜领导人与韩国、美国领导人频繁且趋向温和的积极会面让整个东北亚地区都感到欣慰，附近地区的经济预期也随之乐观起来。首尔在2018年之前就已经进入中国投资者的雷达之内，过去几年国内对首尔房地产市场的投资逐年增加。新的地区政治发展让这种趋势进一步增强。总的来说，距离中国较近的地区中，首尔以其上述优势，加上对于中国投资者来说投资相对容易的便利条件，成为中国投资者进行海外房产资产配置的首选市场之一。

宜居评级：★★★☆

美世生活质量调查排名：第45名

气候：四季分明　首尔位于朝鲜半岛中部，由于地理位置与中国隔海相望，气候等各方面条件基本与同纬度的中国城市差不太多。尽管市区并不靠海，但实际上首尔距离黄海仅有数十公里距离，基本上还算是海洋性气候。当地1月平均气温零下4摄氏

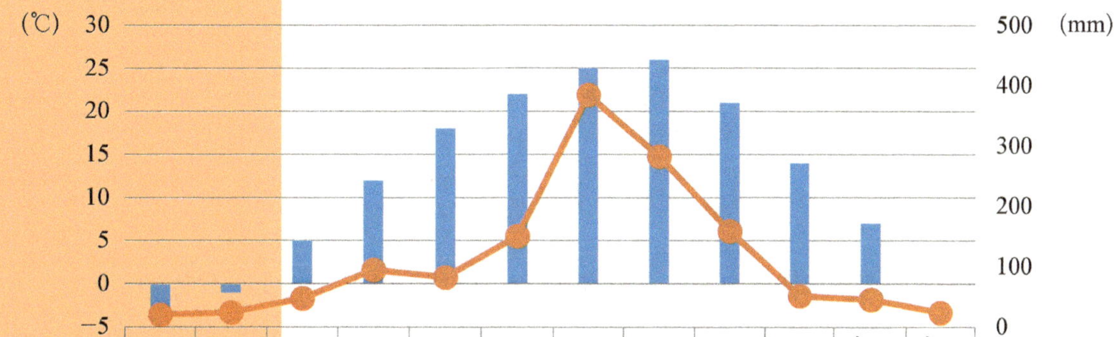

	一月	二月	三月	四月	五月	六月	七月	八月	九月	十月	十一月	十二月
月平均温度	−4	−1	5	12	18	22	25	26	21	14	7	0
降雨量	21	25	48	95	83	151	385	283	159	52	46	25

图1.67　首尔气候概况

度，7月平均气温25摄氏度。全年降雨量1 373毫米左右。

空气质量：较清洁 首尔的空气质量尚算良好，市区附近并没有太多重工业污染源，主要的空气污染来源于城市人口。当地PM2.5指数基本上可以保持在60以下。

交通：拥堵 首尔居民平均通勤距离17公里，平均通勤时间43分钟，19%的居民选择私家车通勤，55%的居民选择公共交通，14%的居民步行上下班。公共交通是首尔市民主要的通勤手段，私家车仍然是富裕阶级才能享受的奢侈品。

治安：良好 首尔的治安水平相对良好，城市各项犯罪率水平在全世界大城市中相对较低。当地警力充足，市区警局分布广而且较为密集，也是生活比较安定的大城市之一。

华裔社群：发达 华人是韩国最大的外国族裔群体。首尔当地的华人有10万多人。韩国最近几年的移民政策不断放宽，吸引了大量来自中国和其他国家的移民。首尔市区内也陆续出现多个华裔聚居的中国城。首尔市以及韩国整体目前在推行国家多元化的社会政策。当地对于移民态度非常开放，这也使当地的华人社区快速发展，并在多个地区开花结果。韩国饮食本来和中国东北就非常接近，在首尔当地居住，华人并不会感受到太多文化差异带来的冲击，算是宜居水平的加分项。

教育：优秀 首尔大学是韩国最高学府，在世界上排名也很靠前，除此之外，延世大学、成均馆大学、高丽大学等也是世界知名高等学府。首尔的中小学教育水平也很高，与中国、日本类似，当地的中小学压力都比较大。

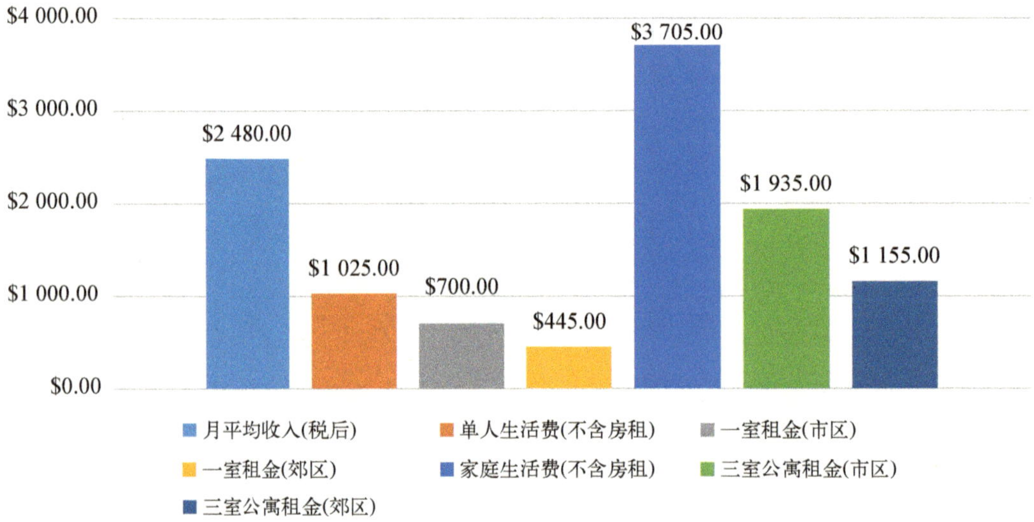

图1.68 首尔生活成本

成本评级：★☆

房价水平：高 首尔最近一年的房价涨幅较大，市中心的公寓均价已经涨到每平方米14 000美元左右，不过市中心之外的价格仍然在6 500美元左右，整体的价位并没有特别离谱的上涨，主要是市中心房价与郊区差距拉得越来越大。当地的城市建筑结构和国内差距不大，市区主要也是以公寓为主，郊区有一些独门独院的房屋。

交易成本：较高 首尔的房产转让额外费用按照房价的不同有很大差别。交易税大约在0.15%～6%之间。律师费0.25%～1%，登记费3%、中介费0.2%～0.9%。另外，还有教育费和印花税等。在首尔购买房产需要缴纳的额外费用大约为房价的5%～7%。

持有成本：较高 首尔地税不高，但按照区域划分差异很大。当地的土地持有成本大约在0.2%～4.5%不等。市中心的房屋持有成本较高，尤其是高档社区的独立房屋持有成本不菲。

贷款成本：较高 韩国对于没有当地永久居留身份或是公民身份的投资者贷款管控也是相对较为严格的。不过如果投资者账户里有足够的资金，可以考虑直接向房屋公司分期付款。拥有当地身份的投资者贷款首付一般在20%～30%之间。当地20年固定贷款利率在3.6%左右。

短线评级：★★☆

2018价格年率增长：4.1% 韩国房地产市场最近几年正处于两极分化的阶段，尽管涨幅不算特别大，但首尔等韩国当地房价最高的地区目前涨势惊人。房价两极分化的情况在首尔市内也非常明显，首尔房价最贵的江南区过去一年的涨幅达到10%左右，其他一些地区的涨幅仅有2%～3%。2018年对于韩国政府来说并不顺遂，过去数年一系列的政治、经济事件的后续影响仍在发酵。在股市等金融领域疲软的情况下，房市成为投资者关注的重点。政府并不希望房市过热，所以在9月出台了一系列政府控制房价的政策。

2019增长预期：2%～5% 韩国政府在2018年9月13日出台了严厉的房地产新政。目标直指在当地拥有多套房产，或房产价值较高的富裕阶级和投机者。除了征收最高3.2%的惩罚性税收之外，当地政府还规定银行对于持有两套以上

50万、100万、1 000万美元在首尔能够买到什么样的房产？

价格：50万美元，首尔市中心梨泰院老式公寓，两卧室两卫浴，面积140平方米

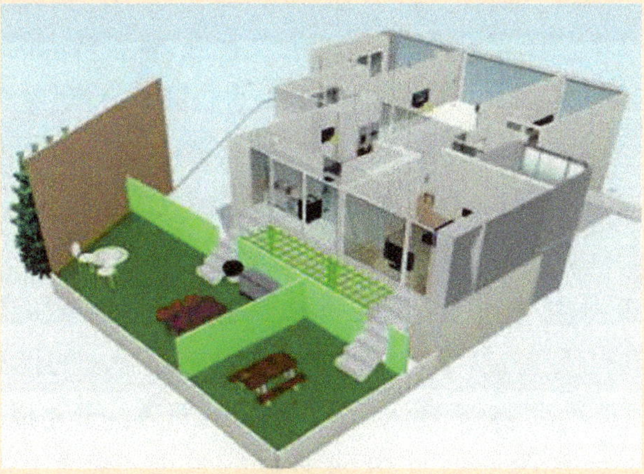

价格：100万美元，首尔市中心玉水洞公寓，三卧室两卫浴，面积215平方米

价格：1 000万美元，首尔南郊独立豪宅，现代风格建筑大师设计，三卧室四卫浴，室内面积300平方米，土地面积700平方米，配有私密独立庭院

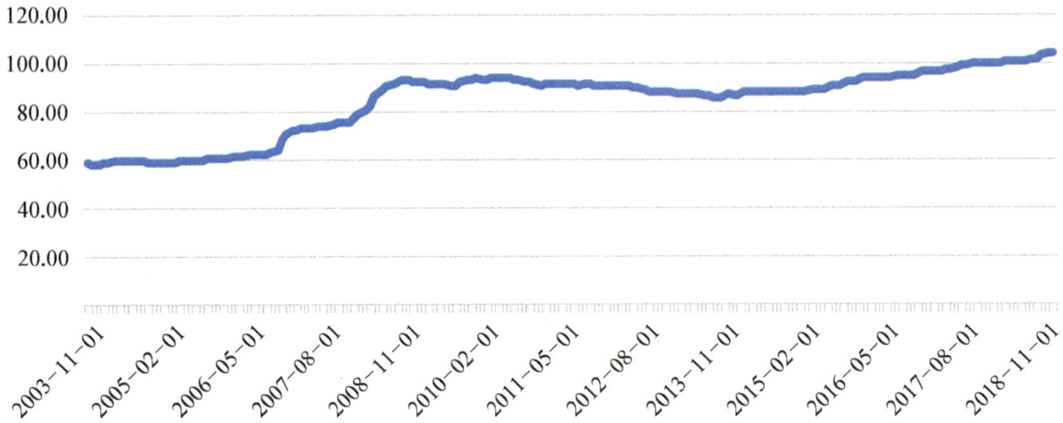

资料来源:韩国房屋估价协会。

图1.69 首尔房价指数(2017年11月按100计算)

房产的投资者不允许发放贷款。政府还明确表示,监管机构将会严密注意银行和贷款机构是否遵守这些新政。但在首尔房屋仍然供不应求的情况下,惩罚性税收成效如何仍然需要时间考验。相比欧美澳国家对当地房市的打压措施,韩国政府的下手确实不轻,但在部分地区房价增幅达到10%的情况下,3.2%的惩罚性税收似乎仍然不能堵住短期投机者进场。

短期影响因素:喜忧参半 朝鲜2018年与韩国、美国的关系软化让当地政治紧张局势缓和。同时从政治丑闻、国家支柱企业内部变故慢慢走出来的韩国未来整体经济还是比较乐观的。政府的打压政策对于房地产市场来说并不算好消息,但2019年首尔当地各方面因素的影响很有可能互相抵消,除非有新的突发因素出现,否则当地按照现有趋势发展的可能性较大。

出租投资:回报率低 首尔目前市中心的售租比高达54.01。房价上涨而房租被政府严格控制,获利难度越来越大。同时海外投资者除非是成立大型公司,否则在首尔不允许依靠出租获得收入。而以公司名义买房,尽管被允许,但相对成本较高。现在在首尔很多买房出租的华人投资者是挂靠着当地的管理公司。尽管初期办理手续相对麻烦,但随后维护上则比较省心。

稳定评级:★★★☆

政治局势:较稳定

市场发展:较规范化

自然灾害:少

城市规模:极大

支撑因素:经济高度集中的首都模式 与日本一样,韩国的人口、经济、政治和其他各方面资源在首尔高度集中,形成了全国独一无二的房产市场强力支撑。首尔的人口占到韩国的大约1/5,首都圈GDP几乎占到全国GDP总值的一半。即使排除附近卫星城和乡镇,600平方公里的首尔市GDP也达到了韩国1/4左右。高度集中的人口和经济让首尔房产在韩国一直保持强劲增长,而这种集中型的发展模式也是未来房产市场需求的保证。

风险因素:半岛局势 朝鲜在2018年的各种友好举动已经让半岛局势缓和很多,一定程度上也使韩国与中国东北部地区的房市重新被投资者看好。但即使这样,当地政治形势不稳定的本质

首尔历史时间表

公元前18年，百济国建立慰礼城（今韩国河南市），该城后向北发展，逐渐形成今天的首尔市区。

1068年，高丽王朝文宗命名当地为南京。

1356年，高丽恭愍王尝试迁都南京，但随后迁都计划中断。

1394年，朝鲜太祖李成桂迁都当时名为汉阳的首尔，并改名汉城。

1945年，朝鲜独立不久即实施南北分支，汉城成为南朝鲜政治中心。

2005年，时任市长李明博宣布将汉城的中文名称更改为首尔。

仍然不会改变。这对距离三八线仅有50公里的首尔来说，并不是一个稳定的因素。

宜居评级：★★

成本评级：★★★☆

短线评级：★★

稳定评级：★★★

市场现状

GDP：450亿美元

人均收入：1.6万美元/年

市区人口：755万（2017年）

人口增长率：3.35%

"I don't know if you're familiar with Kuala Lumpur, Malaysia. You step outside the hotel, and you're soaking wet within 10 minutes."

—Craig Fairbrass

"不知道你熟不熟悉马来西亚的吉隆坡，在那里你只要离开酒店十分钟你就会浑身湿透了。"

——格雷格·菲尔布拉斯

4. 吉隆坡

吉隆坡是马来西亚首都，也是该国当之无愧的政治、经济、文化中心。当地接近200万的人口在整个马来西亚是没有其他城市可以匹敌的。吉隆坡人种、语言和文化非常多元化，这促进了包括旅游、服务业等方面的发展。而首都与生俱来的经济吸引力则让吉隆坡成为马来西亚经济发展速度最快的城市。吉隆坡拥有马来西亚几乎所有的政治核心机构、国家元首官邸，以及马来西亚最大的股票交易所——吉隆坡证券交易所。当地拥有多所世界著名高等学府，而当地的国油双峰塔也被人认为是象征马来西亚的标志性建筑物。基本上，如果对马来西亚不太了解的投资者首次关注当地房地产市场，那么吉隆坡必将是第一个被考虑的城市。而经过深思熟虑之后，仍然有大部分投资者会把最终的投资标的选在这个马来西亚首屈一指的大都会地区。

宜居评级：★★

气候：炎热潮湿　吉隆坡地处马六甲海峡东岸的巴生河畔，距离海岸线不到50公里。四周被群山包围，自古就是马来亚文明繁

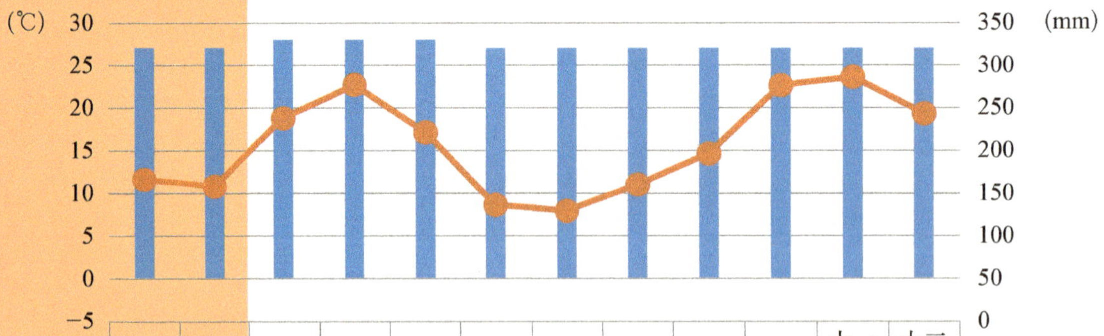

	一月	二月	三月	四月	五月	六月	七月	八月	九月	十月	十一月	十二月
月平均温度	27	27	28	28	28	27	27	27	27	27	27	27
降雨量	166	158	238	277	221	136	129	160	196	276	286	243

图1.70　吉隆坡气候概况

衍兴盛的地区。由于地处赤道附近，吉隆坡气候终年炎热潮湿，年降雨量高达2 486毫米，常年平均气温基本保持在27～28摄氏度。属于典型的热带雨林气候。

空气质量：一般　马来西亚工业化程度并不算高，但主要的橡胶业和原油产业都是重污染工业。且密集的人口和相对较低的清洁能源利用率让当地的空气质量拉低到全球大都会的平均水平。吉隆坡当地PM2.5指数能够保持在100以下还要感谢政府对空气污染的治理，这里空气质量一般，但比起东南亚其他一些大城市还算不错。

交通：拥堵　吉隆坡居民平均通勤距离19公里，平均通勤时间43分钟，68%的居民选择私家车通勤。当地的公共交通系统尚达不到发达国家的水平，城市交通较为拥堵。

治安：尚可　吉隆坡的整体治安水平还算良好，各项犯罪率在全世界大城市中相对较低。城区的确存在个别治安较差的街区，但大部分地区生活仍然不用担心安全问题。

华裔社群：发达　华裔是马来西亚第二大族裔，人口数量仅次于马来人。当地的华人大多数是中国东南沿海在过去数百年来移民的后裔。所以当地生活习惯与国内福建、广东等地较为接近。华人移民到吉隆坡并不用担心太多文化差异的问题。但马来西亚一直都存在一定程度的民族问题，华人历史上也多次受到不平等待遇。所以尽管当地华裔社群人口众多、历史悠久，但华人在当地的地位并不算良好。

教育：尚可　吉隆坡著名的大学包括泰莱大学、斯特雅大学、马来西亚科技大学等。作为英国前殖民地，马来西亚中小学教育体制也是延续英式风格，不过教学质量与欧美国家仍有差距。

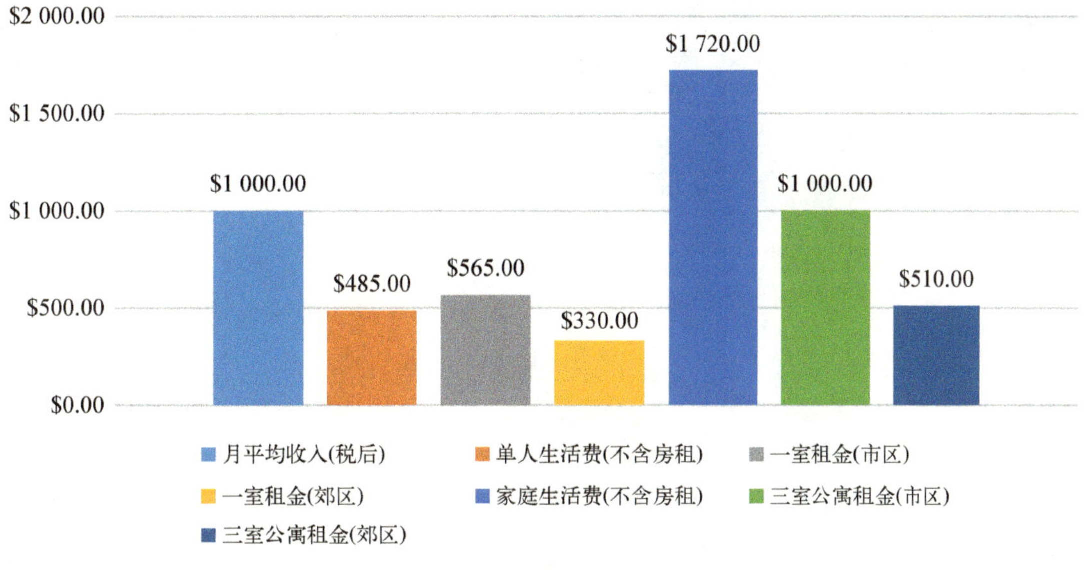

图1.71　吉隆坡生活成本

成本评级：★★★☆

房价水平：低　吉隆坡目前市区公寓均价大约在3 000美元/平方米，市区之外的价格约为1 500美元/平方米。当地的房价水平在东南亚各国首都中算是中游，最近几年政府大力推动房地产行业，一大批新的高层公寓出现让新屋价格走高，不过老式公寓仍然是当地最主要的房源类型。

交易成本：较低　马来西亚全国印花税价格按照三级模式征收，首10万林吉特征收1%，10万

20万、50万、100万美元在吉隆坡能够买到什么样的房产?

价格：20万美元，吉隆坡市区两室两卫公寓，面积120平方米

价格：50万美元，吉隆坡市区四卧室三卫浴公寓，靠近双子塔

价格：100万美元，吉隆坡市区独立别墅，五卧室五卫浴，室内面积400平方米，配置游泳池、健身房、车库

到49.999 9万的部分按照2%征收，50万以上的部分按照3%征收。另外，房产律师费大约在0.5%～1%之间。房产价值越高，律师费比例相应越低。

持有成本：较低 马来西亚全国房地产共有两种每年固定征收两次的费用。一种被称为门牌税，价格按照房屋的价值和各州情况不等大概在每年1 000～2 000林吉特之间。另一种为地税，按照每平方英尺0.06林吉特的比例征收。这就意味着包含公寓管理费等杂费在内，拥有一处1 000平方英尺的吉隆坡房地产，每年大约有2 000～3 000林吉特的固定开销。

贷款成本：较高 马来西亚国家政府近些年一直在致力于吸引更多海外投资者前往当地进行投资。政策上也有很多优惠条款。不过贷款申请人的财务状况仍然是申请贷款最直接的影响因素。尤其是个人收入，一般是银行是否提供房贷的直接影响因素。当地的首付款最低可以到10%左右。当地20年固定贷款利率在4.5%左右。

短线评级：★★

2018价格年率增长：0.9% 马来西亚房地产在2018年加入世界很多国家城市进入调整期。吉隆坡房价在高位附近徘徊了一段时间之后难以继续创造新高。整体来说，市场供给在最近几年的新屋冲击下已经开始逐渐追上需求，但马来西亚经济却没能像之前预想一样兑现期望。2018年，全球整体的投资情绪偏低，这一定程度上影响了马来西亚当地房产的走势。但隔壁新加坡的房价上涨也说明投资者并没有全盘退出房地产市场。

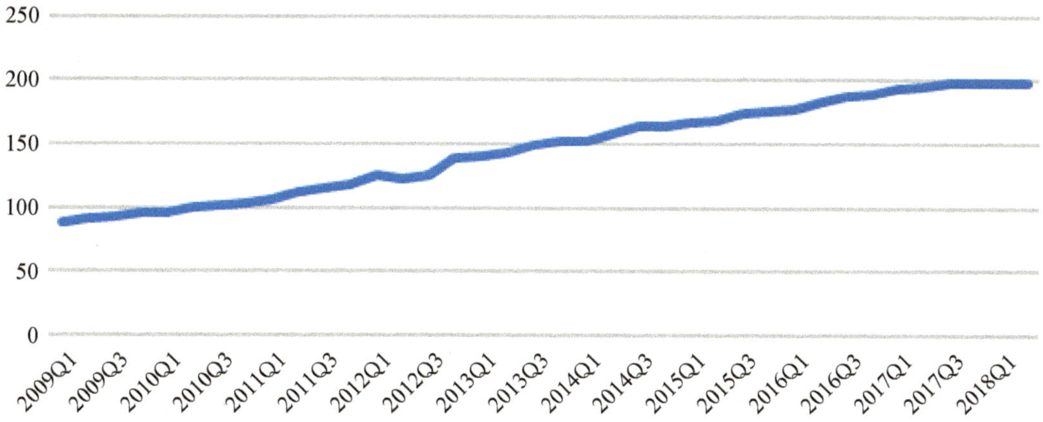

资料来源：马来西亚房产局。

图1.72 吉隆坡房价指数（2010年按100计算）

2019增长预期：−5%～5% 作为东南亚各国中最近几年兴起的新兴工业国家，马来西亚整体的房地产市场仍然不算稳定。2018年的房价调整让很多海外投资者开始退缩。尽管仍有人相信马来西亚未来会继续保持快速增长，但短期内调整的情绪仍然大于乐观看涨的情绪。

短期影响因素：喜忧参半 中国的"一带一路"倡议仍然在继续稳定推行。但在2018年中美贸易战等因素的影响下，未来短期内依靠国际贸易为主要增长动力的新兴国家将会继续面临挑战。马来西亚房地产市场发展需要来自海外的投资和关注，但短期内这方面仍然是个未知数。

出租投资：尚可 吉隆坡当地房地产的租售比约为25.05，这个比例在亚洲国家主要城市中算是比较低的。这就意味着只要能保证稳定出租，吉隆坡房地产的出租回报率还是相当不错的。

稳定评级：★★★

政治局势：较稳定

市场发展：一般

自然灾害：少

城市规模：大

支撑因素一：人口以及首都在国内的凝聚力 吉隆坡作为马来西亚国家首都，是全国居民向往的城市，这一点在过去几十年来都没有发生过变化。对于海外移民和投资者来说，当地在马来西亚范围内也总是被第一个注意到。城市的人口数量、人口密度几乎是第二名城市的两倍。且移民中有很大一部分是年轻人。这些因素都决定着：吉隆坡拥有马来西亚国内最稳定的房地产市场需求。这种情况在马来西亚政治稳定的前提下，极少可能会在五到十年的中期内发生变化。所以相比马来西亚其他城市，吉隆坡房地产还是拥有更加稳定支撑的。

支撑因素二：政府发展方向及中国"一带一路"倡议 作为"一带一路"计划海上丝绸之路非常重要的咽喉要道，马六甲海峡附近国家与中国在未来几年中的合作将给马来西亚带来大量投资机会。这种情况下，作为首都的吉隆坡将成为资金、项目的主要标的。尽管如马六甲、槟城等地区将分担一部分投资项目，但吉隆坡在马来西亚的政治地位和经济基础仍然会为当地带来投资。马来西亚政府最近几年对于基础设施、城市规划和经济特区的建设下了不少功夫，同时政府本身也在

吉隆坡历史时间表

1857年，雪兰莪州皇族拉惹阿都在当地雇用华工开采锡矿，矿场附近逐渐形成贸易聚集地，吉隆坡在马来语中意为泥泞的河口。

1880年，雪兰莪州首府迁至吉隆坡。

1957年，吉隆坡成为从英国独立的马来亚联邦首都。

直接或间接对吉隆坡等城市的房地产进行助推。内外双管齐下的推动，巩固了吉隆坡房市的政经支撑。不管是资金、企业还是技术进入吉隆坡，都会对当地房地产带来积极正面的影响。

不确定因素：多元文化　马来西亚是一个文化非常多元化的国家，这种情况在吉隆坡非常明显。伊斯兰教背景让马来西亚成为中东、印巴地区伊斯兰教徒躲避动乱的最佳庇护所。同时，当地浓厚的华裔氛围也吸引了大量来自中国的移民。但是多元文化总会多多少少产生一些摩擦，至少作为华人投资者来说，投资吉隆坡房地产或者移居马来西亚就意味着需要注意和当地人士的交流沟通，需要避免触犯对方的宗教禁忌。对于大部分人来说，这并不是一个非常难做到的事情。但不能否认，当吉隆坡在国际市场上与其他城市竞争时，这一点可能会让一部分投资者相对谨慎。

宜居评级：★★

成本评级：★★☆

短线评级：★★★★

稳定评级：★★★☆

市场现状

GDP：1 220亿美元

人均收入：2.8万美元/年

市区人口：1 010万（2017年）

人口增长率：2.6%

"Thailand was never a European colony, so even though the city is very Western on the surface, deep down it's very Asian. It's quite enigmatic, and I like that."

—Lawrence Osborne

"曼谷从来没有成为任何一个欧洲国家的殖民地，所以即使城市现在看起来非常西化，但骨子里仍然是纯粹的亚洲城市。这里很神秘，我很喜欢。"

——劳伦斯·奥斯本

5. 曼谷

曼谷是泰国首都，是泰国王室的居住地，也是该国政治、经济、文化、贸易的绝对中心城市。泰国华人也将当地称为"泰京"。在整个东南亚各国中，曼谷与中国的关系可以说源远流长。由于成为首都之前，曼谷基本是无人居住的区域，当时最早在曼谷东部定居的是来自中国南部沿海的潮州人。而在西部是波斯人和葡萄牙人移民，后来随着城市规模不断扩大，大量泰国当地人来此找工作，慢慢人口增加才形成了现在的曼谷。泰国王室也是18世纪末才将王宫迁至此处。曼谷这个城市名也是源自潮州话对当地岛屿和低地的描述。在整个东南亚地区，曼谷是经济最发达的地区之一。同时，泰国王室对于海外移民的态度也最为包容。这些都成为曼谷房地产市场受海外尤其是中国投资者青睐的重要驱动因素。

宜居评级：★★

气候：炎热湿润　曼谷位于湄南河入海口的广阔冲击平原

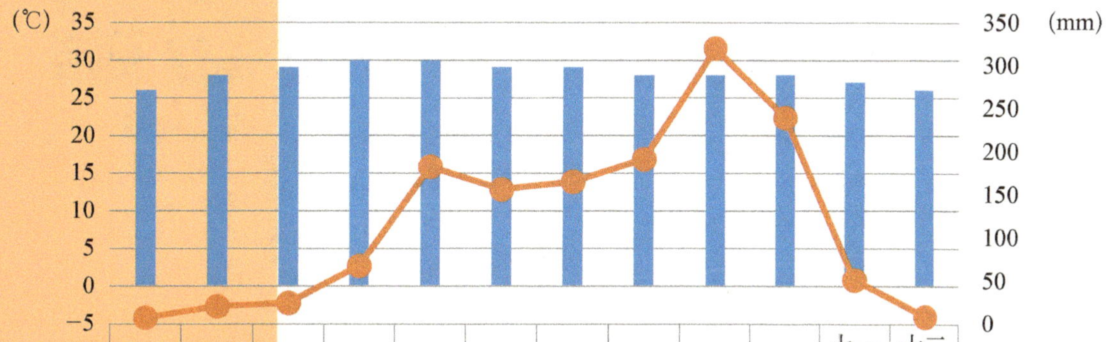

	一月	二月	三月	四月	五月	六月	七月	八月	九月	十月	十一月	十二月
月平均温度	26	28	29	30	30	29	29	28	28	28	27	26
降雨量	7	20	24	67	182	156	165	191	320	239	51	8

图1.73　曼谷气候概况

地带,北面是中南半岛的辽阔泰国国土,南面是曼谷湾。当地属于热带季风气候。冬季干燥,夏季多雨,全年气温都在25摄氏度以上。当地1月平均气温26摄氏度,7月平均气温29摄氏度。全年降雨量1 430毫米左右。

空气质量:较差 曼谷的空气质量在全球各大城市之中不算很好,PM2.5的数值基本都在100左右。与中国南方沿海大城市的水平类似。

交通:拥堵 曼谷居民平均通勤距离17公里,平均通勤时间46分钟,53%的居民选择私家车通勤,15%的居民选择公共交通,17%的居民步行上下班。当地交通状况较为混乱,拥堵现象基本是每天上下班高峰的常态。

治安:良好 曼谷的治安水平并不算特别好,各类犯罪率在全世界大城市中排名中游。当地的腐败和受贿问题严重,这也是影响当地名声的严重问题之一。

华裔社群:发达 华裔是泰国主要族群之一,华商也是泰国当地最重要的一支经济势力。华人在泰国的历史已经超过百年,在这里有很多华裔政治家、社会名流。不过与其他东南亚国家类似,当地的华裔主要还是首先认同自己是泰国人。不过对于新从中国移民的华人来说,在当地生活不会感到不便。

教育:良好 曼谷的著名高等学府包括朱拉隆宫大学、泰国法政大学、泰国农业大学等。泰国的中小学基础教育采取九年义务教育制度。当地的华语学校众多而且教育质量高于同类泰语学校。

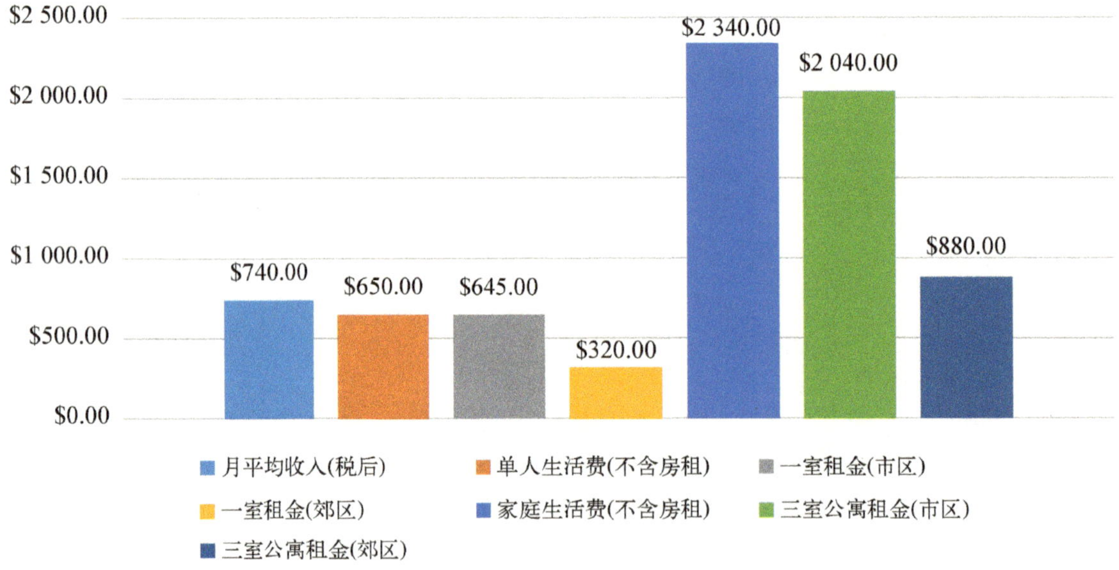

图1.74 曼谷生活成本

成本评级:★★☆

房价水平:较低 曼谷市中心公寓价格目前在4 700美元/平方米左右,市中心之外的价格约为每平方米2 300美元。当地的房价整体水平并不高,很多新的高层公寓都是最近五到十年内才建成的。人口众多的市区仍然有大量老式公寓存在,市郊也有不少独栋别墅。

交易成本:较高 在曼谷购买房产,需要缴纳房价2%的过户费、房价3.3%的特种商业税、房价0.5%的印花税以及按照所有人情况不定的个人所得税。总计在购房时需要缴纳的额外费用为房价的6%～8%左右。不过这部分费用在很多地方可以由买卖双方协商分摊。所以实际对买家而言，负担在3%～4%。

持有成本：较高　当地的土地持有成本大约在0.2%～0.5%不等。泰国地税起征点较低，尽管最近该国实施了新的地税政策，但主要也是针对拥有大量土地的超级富豪。整体对于居民住宅的税率仍然很低。不过当地的公寓管理费相对较高，每年至少需要房价的1%～2%。

贷款成本：高　泰国的贷款政策相对来说是较为严格的。个人资产状况将会被仔细审查之后才可能获得贷款。当地的贷款利率也相对较高，目前的20年固定贷款利率为5.1%左右。

短线评级：★★★★

2018价格年率增长：10%　泰国的官方数据库并没有按照城市划分的房价指数数据。当地一些房地产销售机构的数据基本认为2018年当地房价的平均涨幅在10%以上。从目前的情况来看，曼谷当地的基础设施建设、泰国经济发展和人口增长都支持房价的继续上涨。但这可能仅限于新屋的情况。曼谷地域广大，很多房价涨幅很高的地区都是新开发的高层公寓地带，这里并不一定代表当地房地产的全部。

2019增长预期：8%～10%　曼谷当地的房市直到2018年末仍然没有任何冷却的迹象。而在2019年政府报出的新屋预计建成数据要比过去一年的水平还低。当地仍然是海外投资者最关注的地区之一，且目前的价格仍然保持在相对较

20万、50万、100万美元在曼谷能够买到什么样的房产？

价格：20万美元，曼谷市区单间带卫浴公寓，面积25平方米

价格：50万美元，曼谷市区一室一厅全新高层公寓，面积45平方米

价格：100万美元，曼谷市郊高档联排别墅，三卧室五卫浴，面积400平方米，配置游泳池、健身房、24小时保安及清洁服务

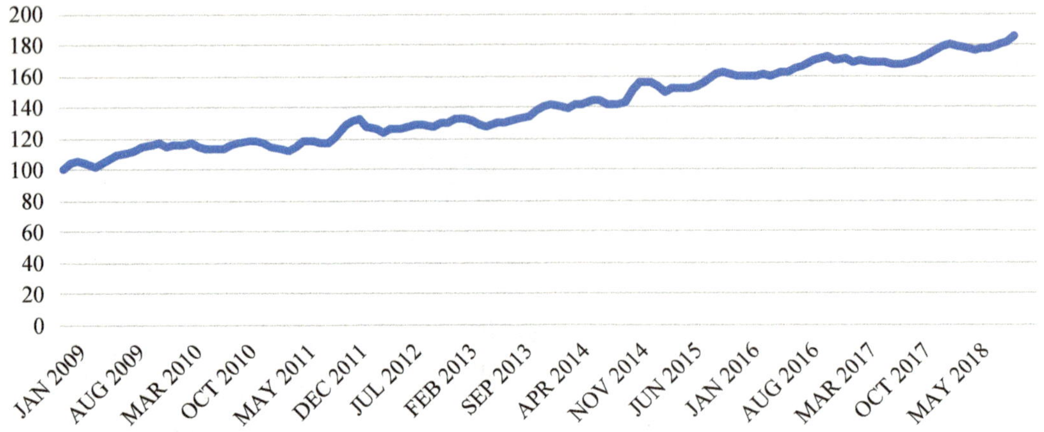

资料来源：泰国统计局。

图1.75　泰国房价指数(2009年按100计算)

低的水平。继续上涨的可能性较大。

短期影响因素：较为乐观　曼谷当地的地铁扩建将会成为短期内推动房价上涨的最直观因素。随着公共交通线路扩展，有一批新的工商业中心将会出现，随之而来的就是更多高层公寓，车站附近的房价也会水涨船高。

出租投资：尚可　曼谷市中心售租比约为24，近期租金的涨幅甚至超过了房价涨幅。整体回报率还算不错，一些交通便利的区域租金不菲，投资出租会有不错的收益率。但需要注意的是，曼谷市区内各大区域差距巨大，很多地区虽然价格便宜，但租金也极低，或者管理费用较高。如果想在当地投资房产出租获取固定回报，需要慎重考量的因素还是很多的。

稳定评级：★★★☆

政治局势：较稳定

市场发展：一般

自然灾害：少

城市规模：大

支撑因素：经济稳定、人口集中　泰国尽管在1997年的亚洲金融危机中，是最早被国际投机资金狙击的国家，但在过去几十年的发展中，国家吸取经验教训，保持了东南亚地区相对稳定的经济增长幅度。在过去几年，泰国在处理与东盟伙伴以及国际大国关系上，也表现得比较理性。对于房地产市场来说，这些都是不错的支撑因素。

曼谷历史时间表

18世纪，吞武里王朝时期，原先是渔村的曼谷逐渐形成小集市与居民区。

1782年，曼谷王朝帝王拉玛一世迁都湄南河以东，建造了曼谷地区现存的宫殿、城墙、大王宫、玉佛寺以及最早的九条街道。

1972年，曼谷和吞武里合并，组成现在的大曼谷地区。

风险因素：泰国新国王 2016年泰国上一任国王普密蓬逝世，王储哇集拉隆功登基。相比他被神化的父亲，新任泰王在当王储时的很多出格行为给他未来的执政前景带来担忧。前任国王普密蓬在泰国的传奇统治持续了70多年，而如今新国王在过去一直以“绯闻缠身的花花公子”形象而被大众熟知。对于泰国未来来说，这一点目前仍然算是一个不太乐观的隐忧。新国王将在2019年5月举行加冕大典，在即位的两年间，新国王一直致力于增加国王权力，这对泰国经济和政治稳定性究竟是不是好事还很难说。但至少相比他的父亲，哇集拉隆功给臣民带来的安定情绪并不多。

宜居评级：★☆

成本评级：★★★★

短线评级：★★★☆

稳定评级：★★

市场现状

GDP：461亿美元

人均收入：5 500美元/年

市区人口：850万(2017年)

人口增长率：4%

"Saigon is hot, full of atmosphere, activity, and commerce."

—Brendan Fraser

"西贡很热，从气候上热，活动上热，商业上也热。"

——布兰登·弗雷泽

6. 胡志明市

胡志明市原名西贡，是越南最大城市，也是整个中南半岛最大的都会区之一。当地是越南经济、贸易、文化中心，经济规模占到整个越南的1/5。从法国殖民时期，这里就是整个越南地区最繁荣的城市。到1976年越南社会主义共和国成立，为了纪念政权创始人胡志明，才将城市改成现在的名称。2015年越南政府颁布了住房法的修正案，首次放开了对外国投资者和境外越侨购买该国房产的限制。政策规定，外国投资者可以在该国购买50年产权的公寓。这让很多海外投资者看到了出现盈利机会的可能。胡志明市作为越南最大的城市，理所当然地成为海外投资者的首要目标。但由于产权问题并未彻底放开，所以当地房地产市场仍然存在诸多不确定因素。整体来说，胡志明市房地产市场的未来可期，但短期内，可操作空间并不算特别大。

宜居评级：★☆

气候：炎热潮湿　胡志明市位于越南南部平原，面朝中国南海。当地属于热带季风气候，全年平均气温超过25摄氏度。夏季多雨，冬季干燥。当地1月平均气温26摄氏度，7月平均气温27摄氏度。全年降雨量1 868毫米左右。

空气质量：较差　胡志明市人口密集，且城市工业污染较严

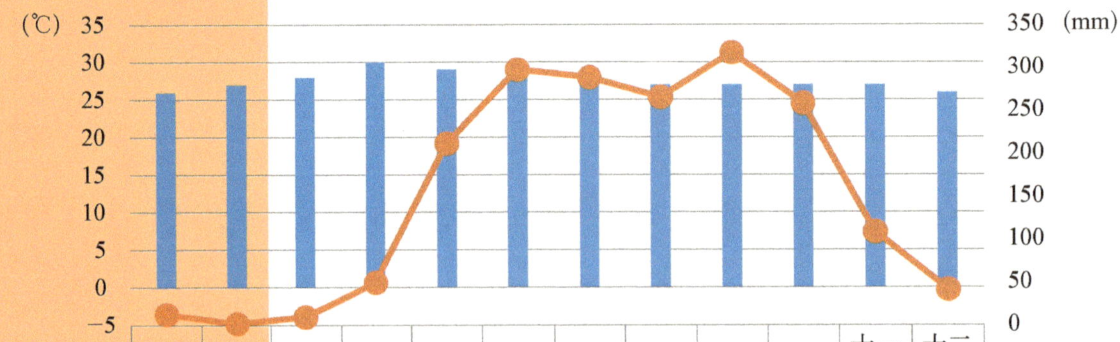

	一月	二月	三月	四月	五月	六月	七月	八月	九月	十月	十一月	十二月
月平均温度	26	27	28	30	29	28	27	27	27	27	27	26
降雨量	13	2	10	50	212	298	289	266	318	259	109	42

图1.76　胡志明市气候概况

重。这里另外一个主要的污染问题是柴油车和摩托车特别流行。当地的PM2.5指数基本在100以上。

交通：尚可 胡志明市居民平均通勤距离9公里，平均通勤时间33分钟，14%的居民选择私家车通勤，14%的居民选择自行车，8%的居民步行上下班，56%的居民骑摩托车上下班。城市基本依靠摩托车通勤，缺乏完善的公共交通系统。

治安：较差 胡志明市的治安水平也是当地的污点之一。这里的各项犯罪率在世界大城市中算是较高的，尤其是盗窃和抢劫案件数量较多。

华裔社群：较发达 胡志明市华人人口有50多万，大部分当地华人聚居在西贡河西岸的堤岸区。勤劳朴实、善于经商的华人一直是当地经济发展的主要支柱力量之一。

教育：一般 越南的整体教育水平距离发达国家尚有很大差距，也略逊于东南亚其他几个经济较好的国家。胡志明市当地著名大学包括越南航空学院、胡志明市银行大学、胡志明市国家大学等。越南中小学质量相对一般，高中入学压力很大，需要考试才能进入较好的高中。

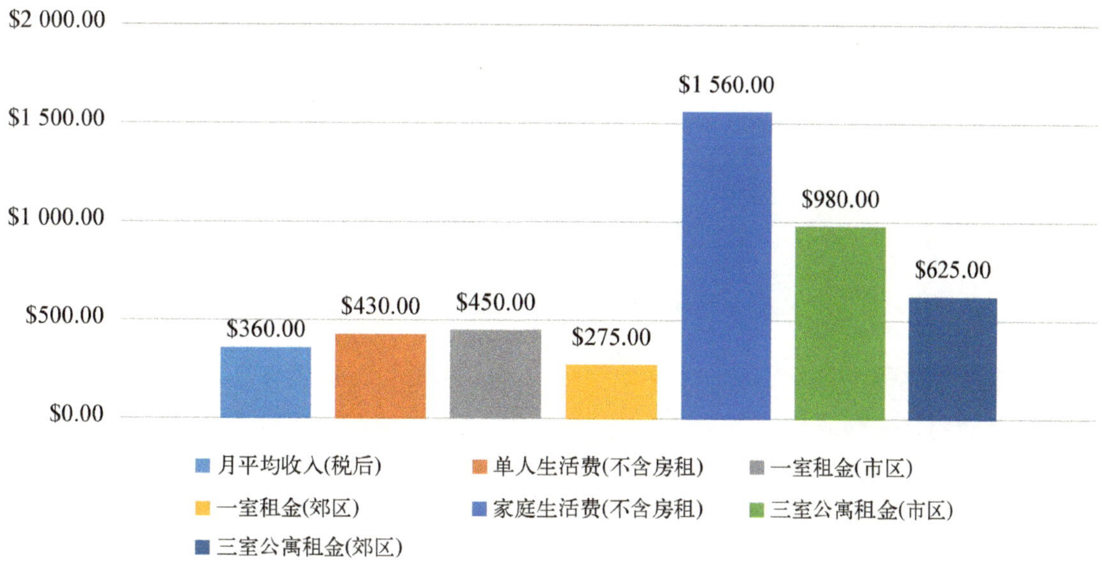

图1.77 胡志明市生活成本

成本评级：★★★★

房价水平：低 胡志明市中心地带平均公寓价格在2 300美元/平方米左右，郊区则在1 100美元左右。越南最近两三年刚刚对海外投资者开放房地产市场，房价与世界其他国家仍然有很大差距。当地房屋以公寓为主，极少见到独立房屋。

交易成本：低 在胡志明市购买房产，外国买家需要缴纳印花税、增值税和管理费基金。不过大部分开发商都将前两者计入房价。所以在当地购房，总计需要缴纳的额外费用只有房价的0.5%左右，作为管理费基金。

持有成本：低 越南没有每年固定支出的地税，但物业管理费为房价的0.5%左右。政府目前还没有考虑到实施类似地税的政策，但如果未来当地继续与国际接轨，这一部分开销可能会增多。

贷款成本：高 由于越南在最近两年才刚刚向海外投资者放开房地产市场，所以贷款购房的

10万、20万、50万美元在胡志明市能够买到什么样的房产？

价格：10万美元，胡志明市市区新公寓，面积70平方米，两卧室

价格：20万美元，胡志明市市区联排双层公寓，面积110平方米，四卧室三卫浴

价格：50万美元，胡志明市市区独栋别墅，面积120平方米，四卧室

政策也相对较新。当地的利率还停留在20世纪末的水平，目前20年固定贷款利率在9%左右。还款年限少的话，贷款利率会相应下降。实际上，时至今日当地市场仍然有人用大袋钞票现金购买房产。由于贷款市场并不完善，所以当地的贷款利率较高，还款年限则较短。

短线评级：★★★☆

2018价格年率增长：3.7% 胡志明市房价在政府允许海外投资者进入当地之后已经稳步上升了约3年的时间。相比东南亚其他国家，越南的资本市场和房地产市场与世界仍然有较大隔阂。当地的房地产数据来源目前也主要来自最早进入该国的海外房地产开发企业。在开放市场之后，越南政府仍然在不断寻找刺激经济的稳定道路。2018年，胡志明市当地的房价上涨给投资者带来更多期望，对于刺激当地海外投资也是一种较好的宣传。

2019增长预期：2%～5% 胡志明市目前的市场还不能与同在东南亚的吉隆坡和曼谷等城市相比。市场的规范性、从业人员的专业程度距离接受英语教育已久的泰国、马来西亚仍有差距。但目前政府的开放态度保证在短期内房地产市场继续开放的步伐不会停止。当然不规范、开放不完全的市场也限制了海外投机，房价突然大涨的可能性较小。

短期影响因素：不明显 越南本身的经济最近一两年增长并不算快。原本打算从国际贸易方面获得新动能，但随着特朗普政府退出TPP协议，中美贸易战爆发等问题，越南想要从国际贸易上获得经济增长动力的计划并不顺利。而房地产需要强大的经济作为支撑，目前这一点将成为短期内胡志明市房市最重要的影响

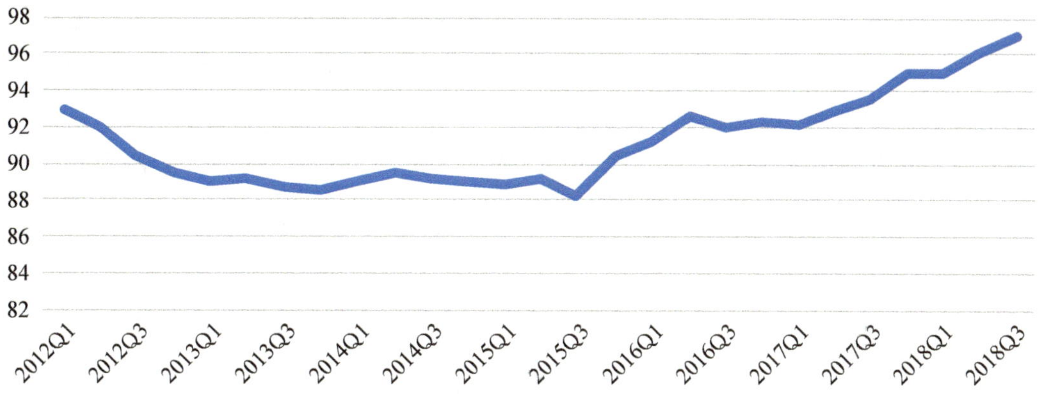

资料来源：第一太平戴维斯。

图1.78　胡志明市房价指数（2009年按100计算）

因素。

出租投资：有利可图　胡志明市中心地带平均售租比约为18.19。整体回报率比起东南亚很多国家首都要高，投资出租会有不错的收益率。

稳定评级：★★

政治局势：较不稳定

市场发展：有待发展

自然灾害：少

城市规模：大

支撑因素：经济增长迅速　越南人口接近1亿，而胡志明市是该国最大的城市，也是经济、贸易活动中心。都会区近千万的人口成为当地房地产市场刚需的绝对保障。胡志明市是所有越南年轻人心目中向往的工作城市。年轻的人口提高了未来一段时间当地房地产的需求水平。

风险因素：开放程度不高，市场流动性不足　越南尽管放开了海外投资者购买房产的一些政

胡志明市历史时间表

1623年，柬埔寨国王吉・哲塔二世迎娶阮主女儿，准许躲避越南内战的流民移居当时还是渔村的普利安哥，但随后大量移民涌入，柬埔寨无力维持当地控制权，普利安哥开始被称为西贡，成为越南领土。

1698年，西贡正式并入越南。

1859年，法军入侵越南，西贡成为法国殖民地。

1945年，越南共产党发动革命，宣布独立脱离法国殖民统治，成立越南民主共和国。西贡成为法国政府支持的南越首都。

1955年，南越组成越南共和国，定都西贡。

1975年，越南共产党攻占西贡，越南战争结束。

1976年，越南社会主义共和国成立，西贡改名胡志明市。

策，但总的来说，土地和永久产权的问题仍然让海外投资者难以大规模进入市场。当地的独立豪宅只在越南本地富豪群体中流通，而公寓的高端社区尽管近几年建设的数量庞大，但因为产权政策问题并没有吸引太多海外富裕的投资者。越南本地人又不太热衷于消费高端房产，这让当地房地产市场存在不小的隐患。这种隐患尤其对海外投资者影响巨大，所以国内的高净值人士选择越南房地产需要倍加小心。

"I want Dubai to be a place where everybody from all over the world meets each other, don't think of fighting or hate, just love it, enjoy their sport, and that's it."

—Mohammed bin Rashid Al Maktoum

"我希望迪拜能成为一座世界各地人民欢聚一堂，忘掉仇恨，享受喜悦和体育运动的地方，仅此而已。"

——穆罕默德·本·拉希德·阿勒马克图姆

7. 迪拜

迪拜是阿拉伯联合酋长国人口最多的城市，这座短短数十年从沙漠中拔地而起的年轻城市在最近几年间以其香车、富豪和摩天大楼吸引了很多中国投资者的注意。当地富裕的生活以及在中东首屈一指的薪资水平吸引了大量移民。而较为安定的环境更使迪拜成为中东接纳世界各地人才和资源的良港。迪拜全境的人口已经达到400万左右，目前是动荡不安的中东相对最为稳定，经济活跃的金融、贸易中心。迪拜的房地产市场属于最近兴起的市场，波动很大，而且规范化上距离欧美大城市差距很远。这里即使是海外投资的老手都不敢说能够轻松驾驭，是机遇与挑战并存的高难度地区。

宜居评级：★★☆

美世生活质量调查排名：第74名

气候：沙漠气候　迪拜位于波斯湾沿岸，距离波斯湾的咽喉要道霍尔木兹海峡不到200公里。当地沙漠气候实在不能称作一个自然环境上适宜人类居住的地方。常年干燥炎热，1月平均

宜居评级：★★☆

成本评级：★★★★

短线评级：★

稳定评级：★★☆

市场现状

GDP：1 056亿美元

人均收入：3.8万美元/年

市区人口：280万（2018年）

人口增长率：5.1%

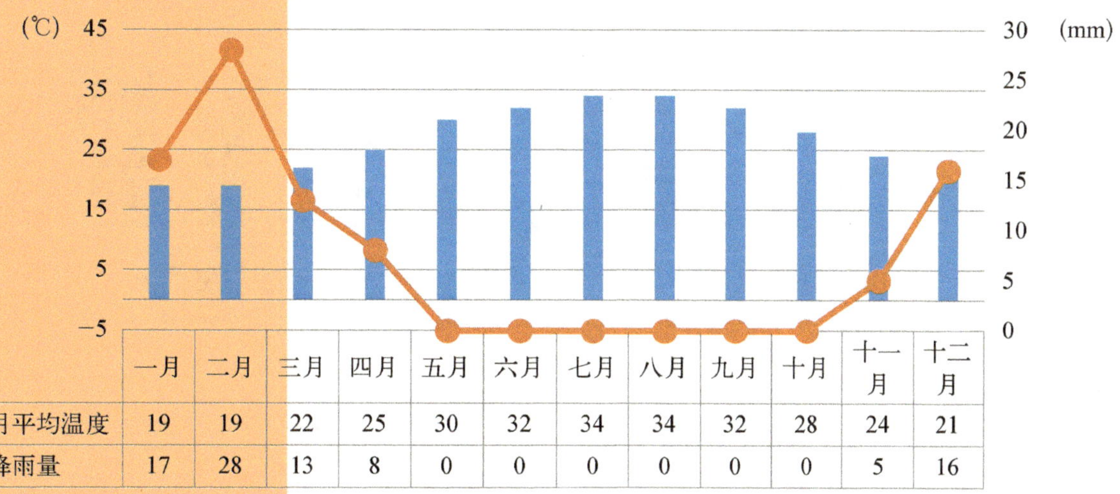

	一月	二月	三月	四月	五月	六月	七月	八月	九月	十月	十一月	十二月
月平均温度	19	19	22	25	30	32	34	34	32	28	24	21
降雨量	17	28	13	8	0	0	0	0	0	0	5	16

图1.79　迪拜气候概况

气温19摄氏度,7月平均气温34摄氏度,极端气温经常达到40摄氏度以上。同时由于沙漠气候,年降雨量只有可怜的81毫米。

空气质量:一般 实际上作为中东地区最吸引人的旅游胜地,迪拜的整体空气质量并不算太差。旅游业是城市支柱产业之一,PM2.5指数并不算太高。但当地沙漠气候时有沙尘暴发生,所以这里尽管不存在太严重的空气污染,但空气质量也不能说算是很好。

交通:拥堵 迪拜居民平均通勤距离29公里,平均通勤时间41分钟,80%的居民选择私家车通勤。这里是整个中东私家车拥有率最高的城市,所以自然也是中东最拥堵的城市。不过堵车的时候四周都是世界顶级豪车,不知道算不算对迪拜拥堵交通状况的一种补偿。

治安:良好 迪拜拥有整个中东最安定的城市环境。不管从政治的角度还是单从城市犯罪率的角度,这里都是非常安全的城市。由于政府给予市民的福利很高,当地工资水平也是中东地区最好的,所以在这里也没有太多人需要铤而走险进行犯罪活动。

华裔社群:发达 整个阿联酋地区总共有约20万华人,基本都集中在迪拜地区。当地华人主要是最近十几年到此的投资者,也有一部分是当地引进的高技术人员和管理人员。迪拜当地的中资企业数量在全世界范围排名第十,足以看出当地近些年华商势力发展的势头。当地的中餐基本都是最近十几年开始营业的,也有中国超市和华人聚居区域。相比欧美一些大城市虽然差一些规模,但迪拜目前已经拥有颇具规模的华人社群了。

教育:良好 迪拜的高等学府办学方式比较特别,当地很多投资者直接从欧美国家聘请教授开设私立高等院校。迪拜加拿大大学、迪拜美国大学都是整个中东地区最高的高等学府。迪拜的中小学也有公立和私立之分,另外,各个学校使用的教学系统也有区别,整体水平绝对是中东地区首屈一指的,但距离世界顶级仍有不小差距。

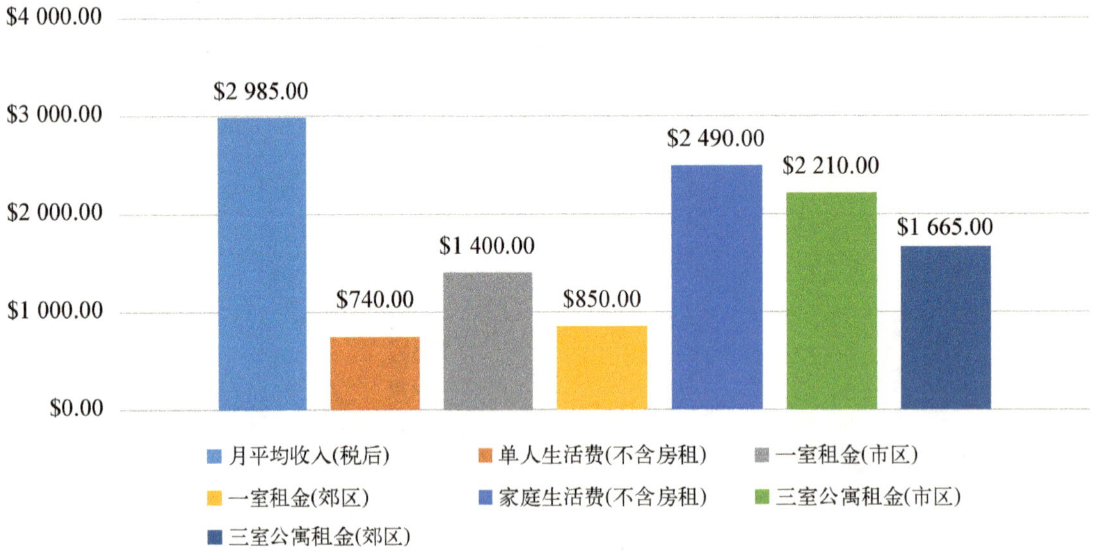

图1.80 迪拜生活成本

成本评级:★★★★

房价水平:较低 迪拜目前的房价市中心平均约每平方米2 700美元,市中心之外约为每平方米2 000美元。城市中拥有非常昂贵的豪华公寓，世界岛等人造岛屿上的豪宅更是不菲，不过整体的房价水平实际上距离欧美大城市还是差距很大。

交易成本：较低 阿联酋基本上是一个无税国家，沙漠中的石油养着整个国家，很多政策甚至是政府向国民“发钱”。不过在迪拜购房仍然需要缴纳大约3%的房产注册税。

持有成本：较低 迪拜没有地税，但如果在当地购房出租，需要缴纳租金的5%给政府作为房屋租赁税。这个比例再算上公寓管理费、维护费也仍然并不算高。

贷款成本：较高 阿联酋外籍居民在当地购买自住房产的首付款要求通常在25%～35%之间。投资用房产的首付款要求在40%～50%。当地固定贷款利率大约为3.6%。

短线评级：★

2018价格年率增长：-6.0% 迪拜房价在2018年经历了一次较大的下滑。中东地区的专家对于迪拜近期的房价下滑给出很多解释，包括供给过量、经济不景气、就业市场较差导致需求不高等。但也有分析人士指出，迪拜目前的房价回撤最主要的原因是当地政府缩紧了贷款政策。

2019增长预期：-5%～0% 理论上来说，作为中东最富饶的地区，迪拜的房价至少是该地区最为稳定的。迪拜酋长家族内的政治局势也比沙特等邻国安定得多。目前最主要的影响因素应该是迪拜经济本身和当地的贷款难度问题。迪拜酋长谢赫一直都是摩天大楼的崇拜者，房市的整体活跃程度一直是酋长最关

20万、50万、1 000万美元在迪拜能够买到什么样的房产？

价格：20万美元，迪拜市区全新联排别墅，面积180平方米，三卧室三卫浴

价格：50万美元，迪拜市区双拼联排别墅，面积200平方米，三卧室四卫浴，配置游泳池、室内车库

价格：1 000万美元，迪拜棕榈人造群岛豪宅别墅，五卧室六卫浴，室内面积700平方米，配置游泳池，影院，私人沙滩

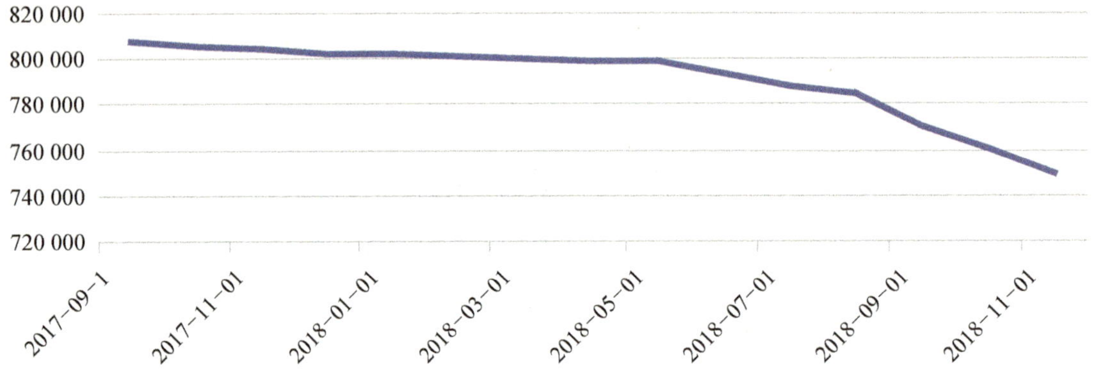

资料来源：卡文迪许麦克斯维尔迪拜。

图1.81　迪拜公寓平均售价（单位：美元）

注的问题之一。所以当地政府与房地产开发商其实是站在一边的，这对迪拜房市的未来是一个好消息。

短期影响因素：难以捉摸　迪拜当地的房价目前仍然处在调整阶段，很难说现阶段究竟是不是价格走势的底部。迪拜房市本身就与欧美大城市成熟的市场不同，我们很难按照评判欧美城市的方式来判断目前的局势是好是坏。唯一确定的一点就是：只要迪拜的统治者仍然希望继续发展当地经济，那么吸引房地产投资者就将继续成为迪拜的主要政治纲领之一。

出租投资：收益较高　迪拜的平均售租比仅为9.22。考虑到当地没有地税的情况，单纯从售租比的角度，在迪拜买房出租可谓是稳赚不赔，投资回报率达到10%左右。但实际上，这里的房地产市场并不算规范，管理起来难度还是不少。我们提供的数据只是房价平均水平与租金平均水平的比例，并不直接代表实际的投资回报水平。

稳定评级：★★☆

政治局势：相对稳定

市场发展：有待发展

自然灾害：沙尘暴频发

城市规模：较大

支撑因素＆风险因素一：中东石油王国　中东的酋长国王们是“富得流油”这个词最直观、最贴切的实例。而迪拜作为服务酋长们利益的城市，建设起来的时候就受到整个中东石油产出国的支撑。不管是当地政策还是当地的房屋需求，都受到中东地区富豪挥金如土生活方式的支持。我们当然知道石油不可能永远作为人类最主要的能源被使用下去，但按照目前的发展方式，人类在短期内还是脱离不了对石油的依赖。而中东作为世界上石油开采成本最低的地区，也必然会继续从中受益。迪拜的房产作为新兴城市会有一定的水分和大幅的波动，但只要中东石油大亨们继续在当地保持投资，工作机会、外资就不会停止对迪拜房产的支持。这一点同时在未来也将会是迪拜的死穴，一旦原油不再受到国际市场的重视，当地沙漠、高温的居住环境以及中东缺乏其他工业的情况，就将会让这颗沙漠明珠被沙子淹没。

支撑因素＆风险因素二：沙特王室改革　自沙特新王储上位之后，中东最大国家的政治局势

迪拜历史时间表

1799年，迪拜首次有村庄出现。

1820年，迪拜酋长谢赫·拉希德二世·本·赛义德·阿勒马克图姆与英国签订了第一份基础条约。

1852年，马克图姆建立迪拜酋长国，迪拜一直与英国保持密切联系并受其保护。

1966年，距离迪拜海岸线120千米的地方发现了石油，迪拜获得开采权，城市经济迅速腾飞。

就开始暗潮汹涌。2018年沙特出现记者被杀一案之后，与欧美国家之间的关系已经开始出现微妙的变化。作为中东对外的窗口，迪拜当地的繁荣与中东和世界的关系息息相关。未来的很长一段时间里，这一层问题都会是关注迪拜的投资者需要注意的问题。

风险因素三：过度依靠投资，缺乏人口支持和经济活动　尽管阿联酋本身是一个非常富裕的国家，但是迪拜作为城市来说，仍然是一个缺少常住人口、缺少稳定经济的半成品。很大一部分在迪拜工作的居民都是海外劳工。他们看中的是迪拜较高的薪水，没有太多移民会对这个沙漠中的城市产生定居、生儿育女的念头。长期来讲，这种趋势对于城市房产需求不利。

（五）大洋洲市场

"The best things about Sydney are free: the sunshine's free, and the harbour's free, and the beach is free."

—Russell Crowe

"悉尼最棒的一点就是这里很多东西是免费的：阳光是免费的，港口是免费的，沙滩也是免费的。"

——罗素·高尔

1. 悉尼

作为澳洲最大的城市，悉尼同时也是整个南半球经济最繁华的地区。这里也是世界上最适宜人类居住的城市之一。每年全球各大媒体评出的世界宜居城市排行榜中，总会有悉尼的身影。阳光、沙滩、风帆、比基尼和独特设计的歌剧院是悉尼的名片，而当北半球正处在严酷的冬天时，悉尼的夏天就显得格外吸引人。不过不要因为悉尼的宜居水平高就忽略了它经济上的优势。悉尼地区垄断了整个澳洲1/4的经济活动，尤其是最近几年，在澳洲传统的原材料产业疲软的情况下，悉尼贡献了几乎一半澳洲的经济增长来源。大量劳动力从世界各地涌向这里，这让当地房地产在刚需上远超方圆数千公里内的任何一座大城市。悉尼房地产市场在任何方面都有自己的明显优势。当地房地产行业较为规范，适合新手适应欧美房地产市场游戏规则，对于想要进行海外资产配置的投资者来说，是不容错过的上上之选。

宜居评级：★★★★☆

成本评级：★☆

短线评级：★

稳定评级：★★★★☆

市场现状

GDP：3 110亿美元

人均收入：4.7万美元/年

都会区人口：480万（2017年）

人口增长率：1.8%

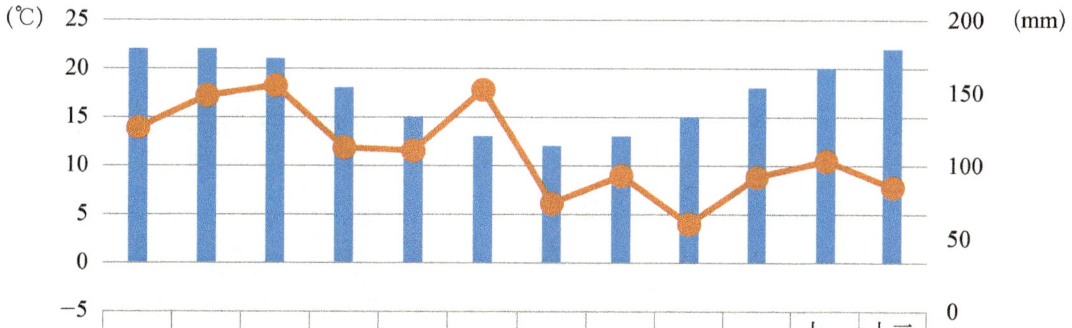

	一月	二月	三月	四月	五月	六月	七月	八月	九月	十月	十一月	十二月
月平均温度	22	22	21	18	15	13	12	13	15	18	20	22
降雨量	126	148	155	112	110	152	74	93	60	92	103	85

图 1.82　悉尼气候概况

宜居评级：★★★★☆

经济学人宜居性调查排名：第5名

美世生活质量调查排名：第10名

*Monocle*生活质量调查排名：第13名

气候：温暖、湿润　悉尼位于澳大利亚东南端海岸线上。当地属于亚热带海洋性气候。当地由于位于南半球，冬夏两季与大部分北半球城市是相反的，所以对于想要冬季避寒、夏季避暑的人来说，澳洲是非常不错的选择。悉尼1月气温22摄氏度，7月气温12摄氏度。年降雨量为1 309毫米左右。

空气质量：清洁　悉尼的空气质量非常好，城市带来的部分空气污染基本被大自然消化，新南威尔士也是澳洲少有的森林植被较多的地区。当地的PM2.5指数常年保持在20以下。

交通：拥堵　悉尼居民平均通勤距离19公里，平均通勤时间44分钟，40%的居民选择私家车通勤，32%的居民选择公共交通，12%的居民步行上下班。这里是整个大洋洲最拥堵的城市。尽管公共交通系统尚算发达，但仍然满足不了不断增加的人口。

治安：良好　悉尼的治安水平尚算不错。这里的各项犯罪率都不算太高。除了滥用药物问题可能稍微频繁之外，其他的犯罪率都在世界大城市中属于较低水平。不过城市夜间犯罪率较高，这是一个有待市政府改善的问题。

华裔社群：发达　悉尼当地华人人口大约50万，占当地总人口的10%。悉尼当地有多个历史悠久的华人社区，尤其是最近十几年国际留学生和投资移民增多，大量华人超市、华人餐厅出现。华人在当地生活基本没有任何障碍。澳洲整体还是倾向于移民国家，不过当地不像美国和加拿大等地人口那么多元化，历史上也曾经有过白澳政策等种族歧视污点。但总的来说，华人在当地的生活还是不成问题。

教育：优秀　悉尼当地著名的高等学府包括悉尼科技大学、悉尼大学、新南威尔士大学、麦考瑞大学等。澳洲当地的中小学教育水平与欧美发达国家看齐。当地学校也有公立与私立之分，有精英式教育的学校，也有专门培养学生某一方面特长的特殊类学校。

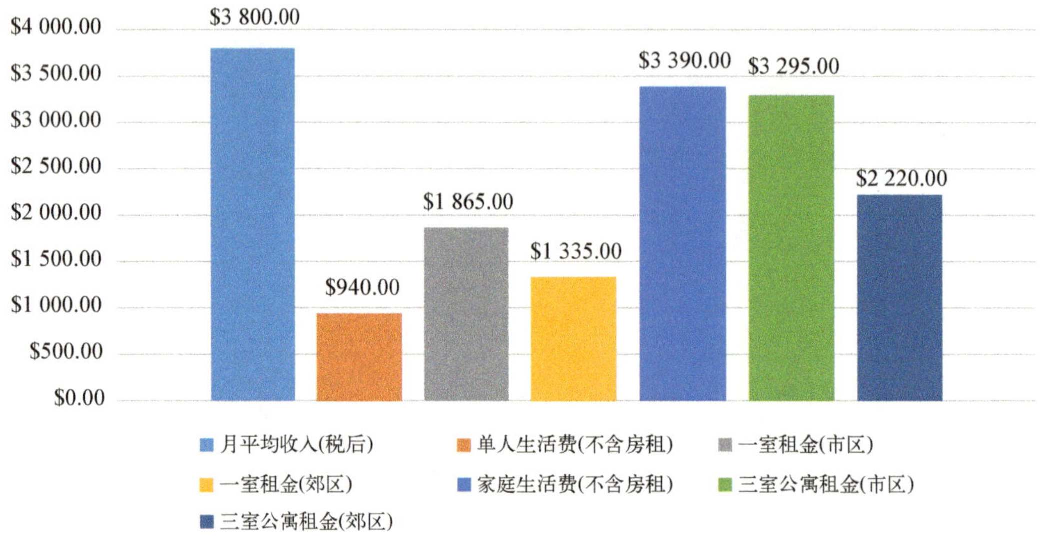

图1.83　悉尼生活成本

50万、100万、1 000万美元在悉尼能够买到什么样的房产？

价格：50万美元，悉尼市区一室一厅公寓，面积45平方米

价格：100万美元，悉尼市区公寓，两卧室两卫浴，面积90平方米

成本评级：★☆

房价水平：高　悉尼市中心的公寓均价目前已经达到10 000美元/平方米的水平，市区之外的价位平均每平方米大约6 300美元。当地房价在过去五六年间一直保持高速增长，直到2018年才开始有所缓和。目前城市内一般家庭的房价中位数已经接近100万美元。当地市中心房源多为高层公寓，郊区也有不少独立别墅。

交易成本：高　悉尼的房产印花税按照价格从1.25%到7%不等，海外买家在整个新南威尔士州购买房产要缴纳4%的额外印花税，澳大利亚政府也向100万澳币以上的房屋征收海外买家申请费。每100万征收1万澳币。悉尼当地律师费在房款的1%～2%之间，另有2%～2.5%的中介费。购买当地房产时，需要额外缴纳房款的10%左右的各类费用。

持有成本：较低　悉尼的自住房没有地税。从2017年起，海外买家持有房产每年还要额外缴纳0.75%的地税。但即使增加了额外税务，当地的房地产持有成本仍然比欧美国家要低。

贷款成本：较高　澳大利亚银行对于海外投资者和本国人基本上是一视同仁的，只要你能提供足够的资料证明还款能力和信用，首付款最低可以达到20%，不过一般的首付款大多在25%左右。当地目前20年固定贷款利率为4.4%左右。

短线评级：★

2018价格年率增长：–4.4%　悉尼房价在2018年经历了滑铁卢，11月房价中位数环比下跌1.3%，创下14年来单月跌幅记录。房价的走势与包括本书在内的大部分分析人士预期结果差距很大。房价下滑开始于2018年春夏交替之际，包括销售量、拍卖活跃度等多项指标在短短几个月内迅速转向低迷状态。一些分析人士认为这是贷款政策缩紧的结果，另外一些则认为海外买家税的提高最终帮助政府控制了房市过热。实际上上述这些原因都并不是2018年才出现的新元素。目前的情况，更倾向于多方面打压之下，澳大利亚的房地产投资者情绪最终难以支撑房市继续攀升。大批投资者退出市场最终导致价格回落，开始进入调整阶段。

价格：1 000万美元，悉尼市区独立别墅，十三间卧室，十四间卫浴，七车位，室内面积650平方米，靠近悉尼歌剧院

2019增长预期：–5% ～ 5%　澳大利亚目前全国的房市都处于淡季。经历了2018年的下跌之后市场上下波动是在所难免的。考虑到澳洲房价过去几年的累积上涨，我们相对更倾向于房价可能会继续下跌，回吐之前积累的涨幅。但考虑到澳洲上一次房价大幅下跌是在2008年金融危机之后，当时的跌幅也仅到10%左右，这为目前房价下跌制造了一个底部支撑。当房价接近这个水平的时候，预计会有不少迫切需要房屋的刚需购买者、首次购房者开始进场购房，房价可能会随之

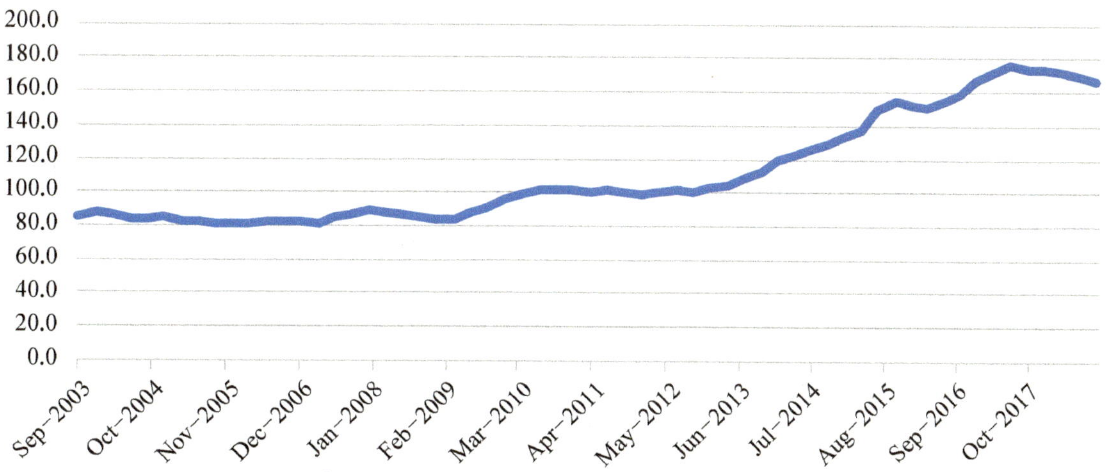

资料来源：澳大利亚统计局。

图1.84　悉尼房价指数（2010年按100计算）

回升。

短期影响因素：相对消极 悉尼目前对海外买家的附加税、限购等政策仍在继续。当地的贷款政策也并不支持房市进一步走高。在没有其他因素加入的情况下，我们认为目前的局势偏向消极。房市短期内仍然可能继续保持眼下的清淡局面。

出租投资：尚可 悉尼的平均售租比约为22.8，越靠近市中心的房屋反倒出租收益越高。这与全球很多城市相比都是有很大不同的。按照悉尼目前的房租水平，在当地购房出租是非常划算的一件事。出租房屋需要缴纳一定的租赁税，但仍然远低于悉尼房租。所以整体来说，在悉尼购房不管是追求增值还是追求出租获得稳定收入都有利可图。

稳定评级：★★★★☆

政治局势：稳定

市场发展：规范化

自然灾害：少

城市规模：较大

支撑因素一：人口基数及经济规模 悉尼拥有澳大利亚乃至整个大洋洲最大的城市经济规模、城市人口，而悉尼港也是整个澳洲大陆最大、最重要的港口。这些客观因素直接导致了悉尼房产市场价格标准相比澳洲其他地区高出许多。澳洲地广人稀，悉尼是少有的大城市生活选择居住地。当地人口的自身增长加上附近地区外来人口的吸引保证了房产市场的稳定需求。而经济和工作机会则继续支撑当地房价。从目前澳洲的整体环境来看，能够挑战悉尼第一大城市身份的除了墨尔本之外基本上没有其他选择。这奠定了悉尼作为澳洲房产市场佼佼者的基础。

悉尼历史时间表

3万年前，澳洲原住民开始在悉尼地区生活。

1770年，航海家詹姆斯·库克发现了植物湾。

1788年，英国第一舰队初次到达悉尼建立囚犯流放地，成为首批到此的欧洲殖民者。

1851年，“淘金”热使悉尼大幅发展。

支撑因素二：南半球、海外资金 悉尼是世界上少有的发达国家南半球城市。在北半球大部分地区天寒地冻的时候，悉尼人正享受温暖的夏日阳光。当地连圣诞节都是在海边度过的。这种南北半球的季节差异使悉尼成为很多海外资金购买度假屋的目标区域。海外资金在目前的悉尼市场占据相当的比例。而当地宜居的环境以及与北半球大部分发达国家相反的季节将在未来继续保证悉尼受到来自美国、中国和欧洲高净值投资者的青睐。

风险因素：政府对海外资金的管控 悉尼澳大利亚当地政府对于近几年大幅上涨的房价有些担忧。当地目前银行利率处于历史最低水平。经济疲软让政府不得不降息刺激投资，但这同时降低了当地房屋抵押贷款利率。同时澳元在最近几年随着大宗商品疲软而汇率下降。上述几个情况大大刺激了海外资金进入澳洲房产市场的兴趣。从最近两年的情况看，澳洲政府并不希望海外资金对于悉尼房产产生太大的推动。政府出台了一系列政策打压房价，限制海外人士贷款和买房。较为激进的政策干预影响了房产本身的走势，同时管控也增加了悉尼房产市场下滑的风险。如果未来几年国际形势发生转变，澳元走强以及海外资金因政策而离开澳洲，房产市场可能会出现一些比较大的波动。

悉尼置业分析师－案例分享

作者简介：

圈姐，澳洲持牌房地产经纪人，在澳洲从事房地产行业近10年，先后创立了微信公众号“房产圈内人”，和喜马拉雅《在澳大利亚买套房》系列音频节目，专注于为客户量身打造适合的投资方案。

案例：

越来越多的中国投资者想了解澳洲，在澳洲投资真的好吗？包括最近直接购买52户公寓做投资的客户，他们到底怎么考虑的？圈姐想跟读者朋友们分享其中一位客户X先生的澳洲投资经历。

X先生是一位具有20多年房地产开发经验的中国开发商，他的公司的主要业务是中国某省的高档公寓开发。三年前从圈姐的手中选购了悉尼某区域的两套三居室公寓，以及另外两套黄金海岸的公寓。

2015年圈姐第一次带着X先生看房子，他一直用国内房地产业内人士的眼光看澳洲的房子。圈姐记得最清楚的X先生常说的一句话就是：“澳洲的设计师真是蠢到家了！你看看这个角落，要是给我设计，我能让整套房子再增加5平方米……”

X先生还告诉圈姐，他曾经劝她买他们公司的公寓，当时1万多的均价，现在已经涨到4万了，然而圈姐当初并没有选择买，原因是考虑到国内毕竟不像澳洲这边，海外投资者会使用出租中介来管理自己的一套特别是多套房产，这可以让他们不用操心筛选租客、房屋维护、退房清洁等烦琐的事件，中介的行为受到法律非常严格的约束。

把房子委托给中介有什么好处呢？

1. 最直观的优点是，房产中介能帮您处理很多在物业管理中您不熟悉的细节，为您节省时间。物业管理隐藏了很多不可预见的风险，往往不是寻找租客那么简单，而交由中介管理则能避免这个问题。

2. 如果是长租，中介会帮忙筛选优质租客。一个好的租客包括：按时交房租；租期长；对房产用心呵护；好沟通，租房时问题少。在收到租客的租房申请后，中介公司可以帮房东筛选优质租客。比如，中介会做一个租客的信用调查，通过查询租客的信用历史来确认其是否有能力履行租约。确认租客的付款能力后，中介会代表业主和租客签订租赁协议，其中包括合约条款，主要注明在租房期间双方同意的有关事项；以及租客搬入物业前的物业状况报告（Condition Report）。

如果是“日租”，专业中介会有广告宣传，西人和华人网站的评分，特别是服务，完全是千差万别，有的是五星级管理，客户的评分特别高，良性循环，这样的“日租”就会非常抢手，旅游度假的人会选择价格高但是评分高、服务好的公寓。当然特别提醒，这样的公寓和中国的酒店式公寓不同，不会交商业用电，只会交中介服务提成，租出去就有提成，空置不收费。

3. 长租的房子出租后，中介还会代理很多后续的事情。比如收取每个月的租金，确认租金到账。有些房东对租赁法案不了解，可能会在面临收不到租金的情况下无所适从，而中介对租赁法案有详细的了解，会帮助房东尽量降低无法收到租金的风险。

4. 缩短房屋的空置时间。出租中介一般会提前2～3个月的时间来询问现在租客是否要在合约期结束时搬走，以便调整房租，并寻找下一位租客，尽量确保两名租客之间的无缝对接。当然，负责的租赁经理也会不遗余力地留住好的租客，同时对那些难缠的租客下达“驱逐令”。

其实圈姐平时也接到很多海外来投资的朋友，不管是从喜马拉雅上还是在公众号上与圈姐结缘，发现他们都对在澳洲买房表现出浓厚的兴趣。像他们这样手里有大把房产资源的从业者，为什么不在中国买房，反而跑到澳洲来买房呢？毕竟，实话实说国内的大城市房价涨幅确实是比澳洲好的。

X先生是这样回答圈姐的：

“如果单纯论短期涨幅，澳洲比不上中国，但是我们也需要考虑资产配置，更加注重的是资产的稳固和安全性。澳洲是一个发达国家，即便是政策更改，也会给人很充足的时间准备。它又是一个移民国家，人不断地增加，就会有需求、有市场。”

“另外我考虑到的还有投入产出收益的比例。我们算一笔账，比如我现在在海南投资的一套房产价值400万元，按照当前的国内租金回报率来说，我一年大约可以获利5万元。但是，相同的400万元，我如果在澳洲买房子，我一年的租金能收20万到30万元。这样一比，我在中国投资房产的租金回报率大概在1%，而澳洲却可以达到4%，甚至我的度假屋能到7%～8%。空置率中国为24%左右，而澳洲的空置率低很多，大概只有2%左右，日租基本是15%，也就是一周空一天。”

“长线来讲，我觉得买澳洲的房子是保值的，没有遗产税。在资产配置上，我觉得合理的海外资产配置是应该考虑的，只要投入金额在自己能接受的范围。毕竟投资房产的利用率高，可租可住可卖，保值增值。”

有澳洲置业需求的朋友们，欢迎关注圈姐微信。

宜居评级：★★★★★

成本评级：★★

短线评级：★★

稳定评级：★★★★☆

市场现状

GDP：2 130亿美元

人均收入：4.3万美元/年

都会区人口：470万(2018年)

人口增长率：2.5%

"Melbourne City is an awesome city. You can get everything: You can get open air. You can get city life. You can get cafes and bars."

—Ronny Chieng

"墨尔本棒极了，在这里你拥有一切，清新的空气，城市生活，还有咖啡店和酒吧。"

——钱信伊

2. 墨尔本

墨尔本平和的文化氛围、舒适宜人的自然气候都让这座南半球城市被全世界房产投资者追捧。相比澳洲第一大城市悉尼来说，墨尔本的发展更偏向文化、艺术和商业。同一国家，地理位置差不太多的两个城市之间，墨尔本以其更为著名的宜居水平和更加低廉的价格继续吸引着投资者。但在2018年，当地房价已经开始下滑，持续多年的上涨势头终于在政府打压和贷款利率上升等多方因素影响下消散。目前的墨尔本市场处于调整阶段。当地不变的宜居水平和居住环境仍然没有任何改变，城市人口也在继续快速增长。但市场本身需要一段时间消化近期金融方面的压力。墨尔本是一个较为简单的海外投资市场，这里市场规范，价格波动较小，即使短期内存在一些投资难度，但持有当地房地产仍然在中长期内有盈利保障。

宜居评级：★★★★★

经济学人宜居性调查排名：第2名

美世生活质量调查排名：第16名

Monocle 生活质量调查排名：第9名

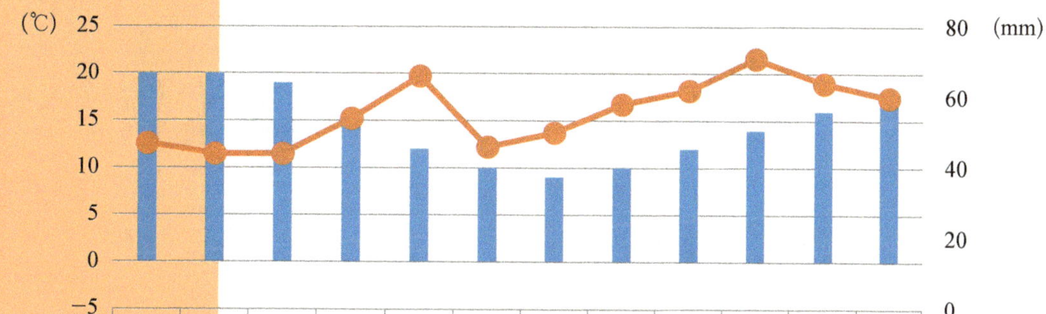

	一月	二月	三月	四月	五月	六月	七月	八月	九月	十月	十一月	十二月
月平均温度	20	20	19	15	12	10	9	10	12	14	16	18
降雨量	47	44	44	54	66	46	50	58	62	71	64	60

图1.85 墨尔本气候概况

气候：温和、湿润 墨尔本基本位于澳洲大陆的最南端，南面有塔斯马尼亚岛阻挡来自南极的冷空气。当地的气候比较温和，夏季不那么炎热。墨尔本1月平均气温20摄氏度、7月平均气温9摄氏度。年降雨量666毫米左右。

空气质量：清洁 墨尔本空气质量很好，城市附近没有重工业，且附近森林覆盖率很高。市区PM2.5指数常年保持在20以下。

交通：拥堵 墨尔本居民平均通勤距离18公里，平均通勤时间40分钟，50%的居民选择私家车通勤，23%的居民选择公共交通，12%的居民步行上下班。当地也受到近年来人口增加的影响，拥堵的情况与日俱增。墨尔本市政府已经在最近几年尝试通过扩建公共交通系统来缓解市区的拥堵状态，目前已经有数个项目正在运作当中。

治安：较好 墨尔本的治安水平尚算良好。由于城市的风格偏向文艺，文化也较为自由，滥用药物问题也是当地治安上的污点。入夜之后的澳洲大城市都不太适合单独走动。所以整体来说，与欧美发达国家的大城市相比，墨尔本的治安只能算是刚过及格线的水平。

华裔社群：发达 墨尔本当地华人人口大约有36万，占城市总人口的8%。当地的华人密度不如同为澳洲城市的悉尼，但华裔社群的规模也是相当不错。城市内拥有多个华人聚居区，中餐和华人超市的数量也非常多。近年来，随着悉尼的房价逐渐升高，很多华人选择转向墨尔本生活，当地的华裔社区发展速度已经超过悉尼，未来也很有可能在整体规模上至少达到与悉尼相当的水平。

教育：优秀 墨尔本著名高等学府包括墨尔本大学、莫纳什大学、迪肯大学和皇家墨尔本理工大学等。当地的中小学教育水平甚至有超过悉尼的可能性。相比经济中心的悉尼，墨尔本在澳洲的文艺气氛更加浓厚。

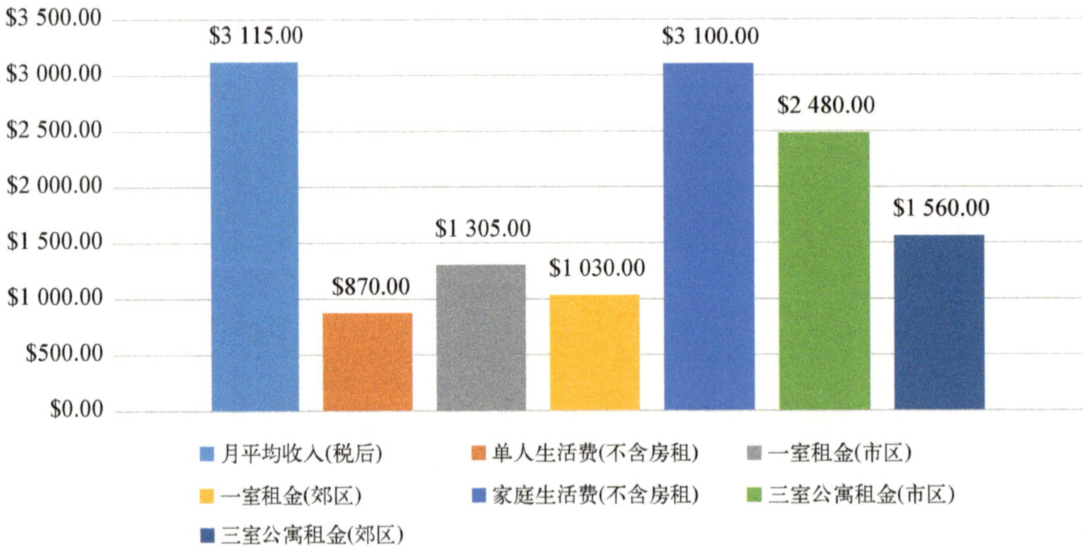

图1.86 墨尔本生活成本

成本评级：★★

房价水平：较高 墨尔本目前市中心的公寓均价为6 300美元/平方米左右，市中心之外的房价大约每平方米5 000美元，与悉尼类似，当地也是在经历了数年快速增长之后在2018年涨势终止，目前保持在调整状态。这里公寓、联排别墅和独立屋的房源比较平均。

交易成本：高　墨尔本的房产印花税按照价格从1.4%～5.5%不等，目前除联邦对100万澳元以上房屋有额外收费之外，墨尔本所在的维多利亚州对海外买家征收双倍印花税。墨尔本当地律师费在房款的1%～2%之间，另有2%～2.5%的中介费。购买当地房产需要缴纳的额外费用在房价的10%上下。

持有成本：低　墨尔本自住房免地税，而出租用房需要交0.3%的地税，相对来说，与欧美很多城市比起来还是很低。澳洲国家整体的房屋持有成本都比欧美国家要低。尽管近年来悉尼和墨尔本两城市分别对海外买家实施了各种加税政策，但实际上当地的房屋持有成本仍然比世界很多其他国家城市水平低很多。

贷款成本：较高　与悉尼一样，墨尔本的房屋贷款首付款最低也可以达到20%。能否获得贷款主要看收入和资产证明。当地目前20年固定贷款利率大约为4.5%。

短线评级：★★

2018价格年率增长：-1.6%　虽然跌幅没有悉尼那么大，但墨尔本房地产市场在2018年也受到类似的冲击。房市在南半球秋冬两季表现非常低迷，价格水平回落到2017年年中左右的水平。墨尔本最初的房价涨势就没有悉尼那么迅猛，在进入调整期之后，波动也相对较小。

2019增长预期：-5%～5%　与悉尼、加拿大的温哥华和多伦多一样，墨尔本目前面临的调整，主要是因为投资者的情绪受到多方面因素影响，积累到一定程度最终在一年之内爆发。但不同于日本

50万、100万、1 000万美元在墨尔本能够买到什么样的房产？

价格：50万美元，墨尔本郊区新建两卧室跃层公寓，面积80平方米

价格：100万美元，墨尔本市区三室两卫浴公寓，室内面积120平方米

价格：1 000万美元，墨尔本市区独立别墅，六卧室四卫浴两车位，室内面积900平方米，配置室外游泳池、私人图书室、娱乐室等

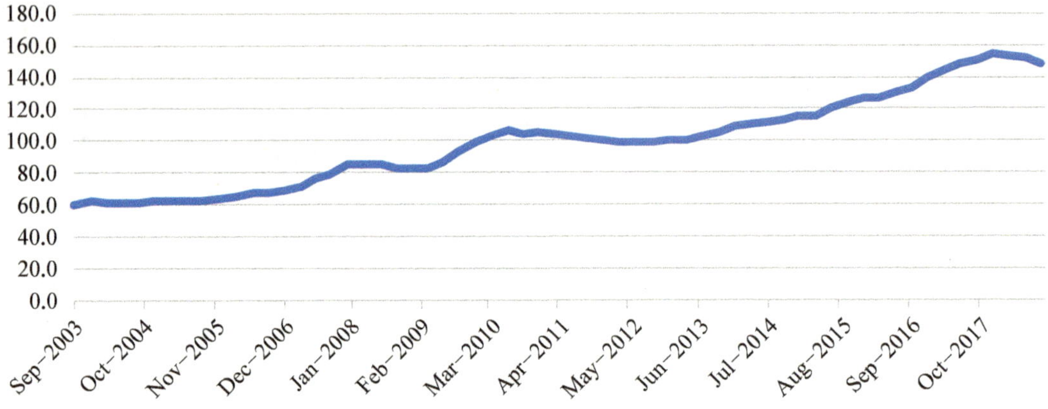

资料来源:澳洲统计局。

图1.87 墨尔本房价指数(2010年按100计算)

20世纪90年代的房价泡沫,当地的海外资金是房价上涨的诱因,却从来都不是市场的主要力量。短期内投资者和自住人士仍然可能保持观望态度,但如果房价回落并稳定在一定水平,还是会有不少自住购房者进入市场。

短期影响因素:喜忧参半 与悉尼类似,墨尔本2019年面临的压力包括政府各项房地产限制政策、银行贷款紧缩局面等。市场情绪需要当地至少在上述两者中任何一个有转机时才可能重新恢复。但墨尔本相对悉尼优势的地方在于房价可负担水平较高,所以在2018年的下跌中,墨尔本的跌幅明显低于悉尼。如果2019年现有的价格稳定,那么等到经济好转、人口继续增加,墨尔本的房价有更大可能性出现回升。

出租投资:尚可 墨尔本的平均售租比约为22.36。与悉尼类似,当地房租水平不但可以负担地税等开支,还可以应付贷款。

稳定评级:★★★★☆

政治局势:稳定

市场发展:规范化

自然灾害:少

城市规模:较大

支撑因素一:世界最宜居城市 在2018年痛失经济学人宜居城市第一宝座之前,墨尔本拿了七年第一。目前也仍然被认为是世界上最宜居的城市之一。当地远离世界绝大部分天灾多发区、

墨尔本历史时间表

1835年,欧洲人殖民范迪门斯地区之后,在当地建立新居住地。

1837年,当地正式更名为墨尔本。

1847年,墨尔本获维多利亚女皇授予城市资格,其后成为维多利亚州首府。

1850年,墨尔本附近发现金矿,城市迅速发展。

政治火药桶和是非之地。气候温和且终年阳光明媚。同时作为澳洲文化之都，在墨尔本的生活丰富多彩。整体来说，墨尔本作为世界最宜居的城市，本身就是一种对房产市场最为稳定的保障。这类宜居城市即使在全球经济最不景气的时候，也会因避险情绪房价获得支撑。而在全球经济向好的时候，也总有高净值投资者愿意选择此地作为度假和安顿家人的宝地。

支撑因素二：可负担性　墨尔本当地的工资房价比例相比房价偏高的悉尼要低得多。当地整体工资相对平均，中产阶级人数众多。房价在最近几年的增长并没有超出工资增长水平太多。这保证了墨尔本当地居民对房屋的负担能力，同时也保证了当地房产市场继续稳定发展的空间。

宜居评级：★★★★

成本评级：★★☆

短线评级：★☆

稳定评级：★★★☆

市场现状

GDP：1.5万亿美元

人均收入：7万美元/年

市区人口：156万（2017年）

人口增长率：2.1%

"We have now reached the point where you can wander down Queen Street in Auckland and wonder if you are still in New Zealand or some other country."

— Winston Peters

"我们现在已经到了这样一个状态：你走在奥克兰的女王大街上，会思索自己究竟是在新西兰还是在什么别的国家。"

——温斯顿·彼特斯

3. 奥克兰

奥克兰是新西兰第一大城市，也是新西兰经济最繁荣的城市。奥克兰常住人口约为150万，基本相当于整个新西兰人口的1/3。再加上当地是整个新西兰对外交流最频繁的城市，可以说新西兰近半数的人类活动都集中在奥克兰也不为过。新西兰作为移民国家，很大一部分人口增长来自海外。而作为新西兰最大城市，奥克兰自然接受了来自世界各地的多元文化。新西兰与欧美国家以及同在大洋洲的澳大利亚相比经济体量较小，这使奥克兰更容易受到海外资本的冲击。而且由于新西兰本地多火山地震活动，当地虽然气候与澳洲东海岸城市相差不多，但整体在世界市场上受到的关注程度不高。投资这里房地产大多数都是看中新西兰较为宽松的移民政策。

宜居评级：★★★★

美世生活质量调查排名：第3名

Monocle 生活质量调查排名：第23名

气候：温和、湿润　奥克兰是整个新西兰最北部的大城市。主

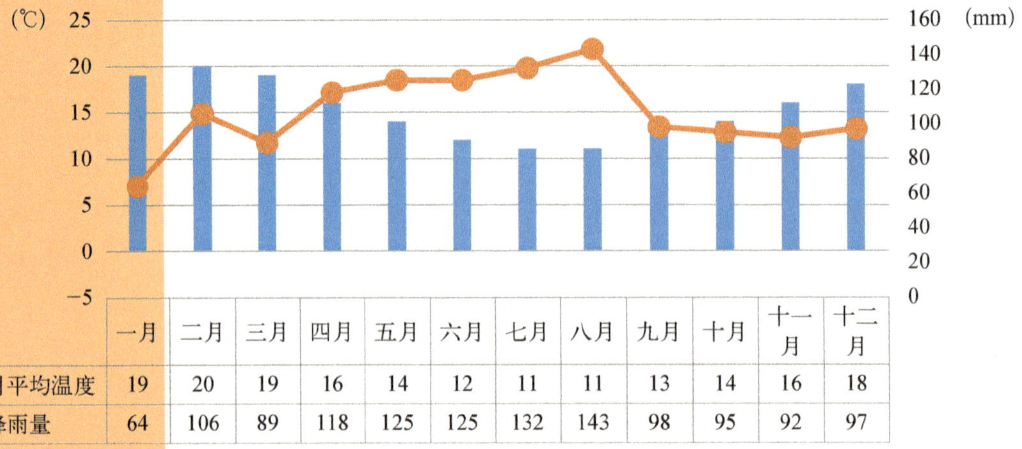

	一月	二月	三月	四月	五月	六月	七月	八月	九月	十月	十一月	十二月
月平均温度	19	20	19	16	14	12	11	11	13	14	16	18
降雨量	64	106	89	118	125	125	132	143	98	95	92	97

图1.88　奥克兰气候概况

要城区坐落在豪拉基湾南岸。豪拉基在当地毛利语中是"北风"的意思，而在位于南半球的新西兰，北风是暖风，带来舒润、温和的空气。这也为奥克兰成为欧洲殖民者最早在岛国建立的聚居地创造了良好条件。奥克兰当地1月平均气温19摄氏度，7月平均气温11摄氏度。年降雨量1 284毫米左右。整体气候偏向温暖、湿润。

空气质量：清洁　奥克兰地区基本没有什么空气污染问题。当地远离世界其他人口密集的大陆。本地重工业不多而且管理严格。城市内的PM2.5指数基本都在20以下。

交通：拥堵　奥克兰居民平均通勤距离17公里，平均通勤时间40分钟，55%的居民选择私家车通勤，18%的居民选择公共交通，14%的居民步行上下班。作为一个发达国家的最大都市，这里的公共交通系统其实并不算太发达，居民主要依靠私家车通勤，所以上下班高峰时期堵车问题较严重。

治安：良好　奥克兰的治安水平与隔海相望的澳洲两大城市悉尼、墨尔本基本上差不多。这里的治安要远远好于美国加州的同名城市，但在发达国家大城市里也只能算是中等水平。夜晚犯罪率高的问题也和澳洲大城市一样。

华裔社群：发达　奥克兰整体的华裔人口数量大约15万，但这个数字近几年仍然在不断增加。新西兰全国仅有400万人口，国家一直在通过移民政策吸引海外劳动力进入本国，但很多地区仍然有大量职位空缺。奥克兰本地的华人社区发展稳定，有很多华人聚居区，且中餐、华人超市的数量不少。新西兰的民族多元化发展要比同在大洋洲的澳大利亚稍好，华人在当地的地位也比较稳定。华人在当地居住还是非常容易适应的。

教育：良好　奥克兰市著名的高等学府包括奥克兰大学、梅西大学、奥克兰理工大学、奥克兰商学院等。新西兰的中小学教育风格非常活泼，整体的教育倾向于培养青少年多方面发展。整体的教学质量较高，但并不会特别推崇精英式教育。

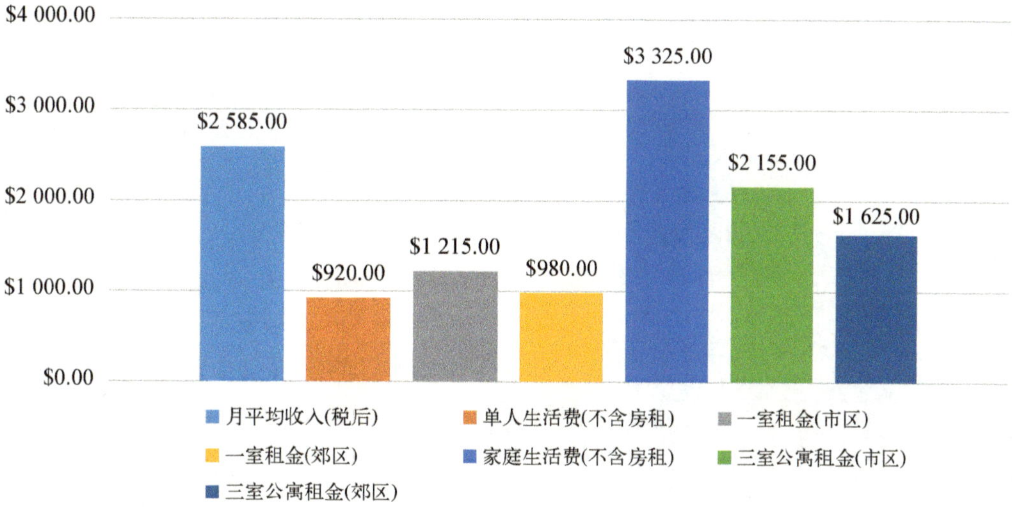

图1.89　奥克兰生活成本

成本评级：★★☆

房价水平：高　奥克兰市中心公寓的均价目前在6 700美元/平方米左右，市中心之外的价格

50万、100万、200万美元在奥克兰
能够买到什么样的房产？

价格：50万美元，奥克兰市区联排式公寓，两卧室两卫浴，面积120平方米

价格：100万美元，奥克兰市区独立别墅，五卧室三卫浴，面积400平方米

价格：200万美元，奥克兰市区独立别墅，五卧室四卫浴，面积500平方米，靠近市区

没有太大波动，约为每平方米5 500美元。城市最近几年与澳大利亚两大城市悉尼、墨尔本一样，都经历了大幅的房价上涨，也随之增加了不少的高层公寓建筑。

交易成本：较高　新西兰购房主要的额外开支是中介费。在火热的奥克兰市场，中介费平均要比其他新西兰城市高一些，在4%左右。

持有成本：低　奥克兰地税并不算高，目前每年地税仅为房屋价值的0.2%左右。一栋100万美元价值的独立屋，每年地税只需要付出2 000美元左右。

贷款成本：较高　如果没有新西兰当地收入，一些当地银行不会向海外投资者提供贷款。不过也有部分银行愿意在首付足够的情况下承担风险。当地首付款浮动较大，最低限额按照城市、投资者资格不同可能在10%～50%之间。奥克兰目前的20年固定贷款利率约为4.7%。

短线评级：★☆

2018价格年率增长：-0.5%　奥克兰地区的房价自从2016年下半年达到历史高位之后就一直缺乏增长空间。作为新西兰最大城市，奥克兰地区目前人口已经占到全国总人口的1/3，在南部大量地区人才稀缺的情况下，奥克兰高度密集的人口已经不是一种可持续的现状。房价也很难继续攀升。

2019增长预期：-2%～2%　奥克兰目前房市保持稳定的最大支撑来自当地能够聚集全国1/3人口的宜居城市现状。而房价继续上涨的阻力也是过于密集的人口。两相抵消下，未来能够波动的空间非常有限。

短期影响因素：相对乐观　在目前大环境影响因素之外，2019年新西兰政府

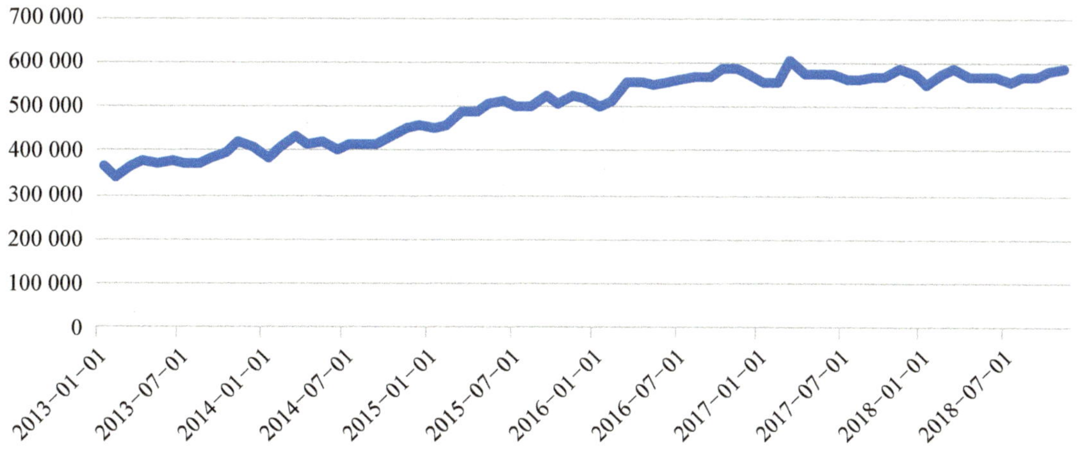

资料来源：新西兰地产局。

图1.90　奥克兰房价中位数(单位：美元)

的贷款政策可能会成为短期内刺激房市的一个因素。如果政府刺激经济降低利率，那么贷款难度的随之降低将会给房市带来一些新的活力。

出租投资：尚可　奥克兰市区的平均售租比约为23.81。当地学生、打工族等为数众多，这让投资房屋出租成为当地一项稳定收入来源。找房客在奥克兰并不是一个让房东头疼的问题。

稳定评级：★★★☆

政治局势：较稳定

市场发展：较规范化

自然灾害：地震时有发生

城市规模：中等

支撑因素一：国际环境　新西兰远离世界其他各大洲，甚至距离大洋洲的主要大陆澳大利亚也有一定距离。与世隔绝的状态让当地很少受到如恐怖主义、国际地缘政治等因素的影响。这让当地成为全世界资本理想的避风港。而奥克兰又是新西兰最大的城市，移民、游客和短期居住者们不断给奥克兰注入新鲜的血液和对房地产的需求，这些成为奥克兰房地产市场在全球获得自己一席之地的主要外在优势。

支撑因素二：国内经济比例　奥克兰是岛国新西兰最大的城市，整个国家的工商业基本都集

奥克兰历史时间表

1769年，探险家詹姆斯·库克经过奥克兰地区。

1820年，塞缪尔·马斯丹才正式发现奥克兰。

1840年，英国与当地毛利人签署协议，开始移民奥克兰，奥克兰成为新西兰地区首都。

1865年，奥克兰因为地处新西兰最北端，失去了首都地位，但一直保持作为新西兰最大城市至今。

中在这里。尽管首都惠灵顿和其他南部城市一直在尝试从北部吸引移民，但工作机会的多寡让奥克兰面对新西兰其他城市的时候拥有绝对的吸引力。新西兰的年轻人尤其愿意在毕业之后选择奥克兰作为自己开始新生活的起点。这让奥克兰房地产市场的刚需保持稳健。

风险因素：高房价与工资比例失衡 奥克兰目前是整个大洋洲房价工资比例第二高的城市，仅次于悉尼。在这里的居民如果想要靠当地工资支付房款非常困难。奥克兰的基准房价目前已经超过首都惠灵顿基准房价两倍以上。不得不说，在这种价格标准下，一旦出现汇率波动、国际热钱快速逃离的情况，当地的房地产市场可能会受到重创。目前政府仍在竭力控制类似的风险。但眼下的价格水平仍然说明问题依旧存在。

宜居评级：★★★☆

成本评级：★★★

短线评级：★★★★☆

稳定评级：★★★

市场现状

GDP：240亿美元

人均收入：4万美元/年

市区人口：41万（2018年）

人口增长率：0.8%

"I've never been a guy who was anal about housework. A typical Wellington flat when I was flatting was a warehouse with, basically, sheets hung up for walls."

—Taika Waititi

"我从来不是一个每年维护房子的人，传统的惠灵顿家庭基本上在屋檐上挂张床单就能当作墙了。"

——塔伊加·维迪提

4. 惠灵顿

惠灵顿是新西兰第二大城市，也是该国政治、文化中心。尽管在1865年新西兰将首都从北部的奥克兰迁往位于新西兰中部的惠灵顿，但挪走政治中心的结果并没有影响到奥克兰作为新西兰最繁荣城市的情况。当地工业、商业的发展仍然远超过首都惠灵顿。甚至很多飞往新西兰的国际航班在两个城市之间，仍然更愿意选择奥克兰作为终点站。但最近几年，由于奥克兰房价渐渐远离居民可承受范围，越来越多的人开始转向惠灵顿市场。整体来讲，新西兰的房产尤其是新西兰受海外投资者关注的房产主要还是集中在奥克兰和惠灵顿之间。不过在奥克兰房产市场相对过热的情况下，惠灵顿以其相对便宜的价格和更为优越的租赁回报率逐渐占据了市场最亮眼的位置。新西兰国土面积不大，这种微妙的差距也使大量投资者逐渐南下首都，开始对惠灵顿房产的追逐。

宜居评级：★★★☆

美世生活质量调查排名：第15名

气候：温和、湿润　新西兰作为岛国，整个国土面积也不过

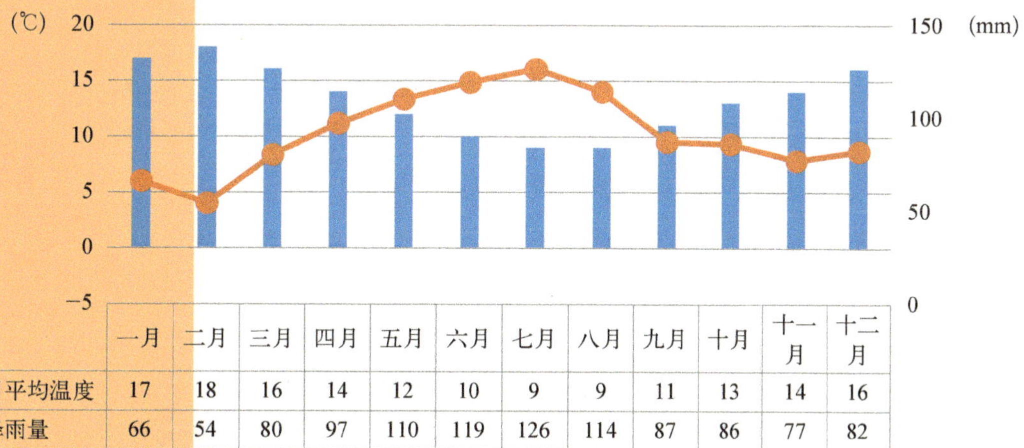

	一月	二月	三月	四月	五月	六月	七月	八月	九月	十月	十一月	十二月
月平均温度	17	18	16	14	12	10	9	9	11	13	14	16
降雨量	66	54	80	97	110	119	126	114	87	86	77	82

图1.91　惠灵顿气候概况

27万平方公里左右。所以尽管存在指环王中土大陆那种多样化的风景,但新西兰包括惠灵顿在内的大部分地区还是受海洋性气候影响较大。惠灵顿当地1月平均气温17摄氏度,7月平均气温9摄氏度。年降雨量1 098毫米左右。南纬41度的高纬度让惠灵顿成为世界最靠南的首都城市。这里也因为靠近40度强风区而成为世界上最多风的首都之一。

空气质量:清洁 与奥克兰一样,惠灵顿也不存在空气污染这样的问题,当地市区人口只有40万左右,附近地区植被茂盛且地区多强风。PM2.5含量大部分时间连10都不到。

交通:尚可 惠灵顿居民平均通勤距离11公里,平均通勤时间27分钟,33%的居民选择私家车通勤,26%的居民选择公共交通,26%的居民步行上下班。城市规模较小,交通状态基本良好。

治安:良好 惠灵顿作为新西兰的首都,治安水平也是该国大城市中首屈一指的。当地犯罪率在全世界大城市中也算是比较低的,不存在太严重的治安问题。

华裔社群:尚可 惠灵顿市区大约有1.5万华人生活在此。作为新西兰首都,惠灵顿地区的华人社群规模尚可。华人聚居区的数量和规模都不能与奥克兰相比。不过中餐和华人超市基本能够满足当地华人的需求。

教育:良好 惠灵顿著名高等学府包括惠灵顿维多利亚大学、惠灵顿理工学院、奥塔哥大学等。当地的中小学教育水准不错,与世界最顶尖水平虽然有一定的差距,但已经达到发达国家城市的平均水准。

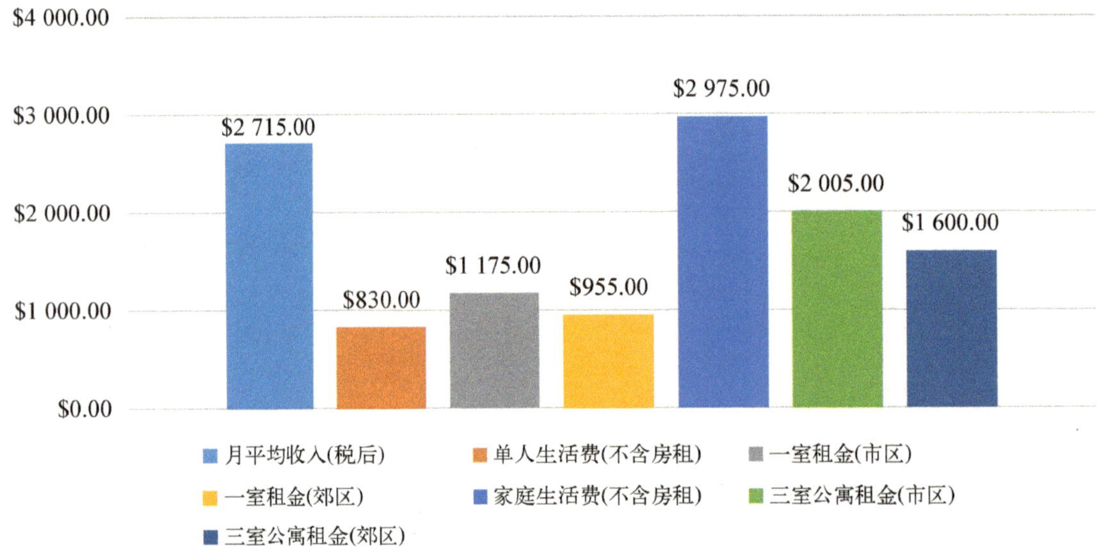

图1.92 惠灵顿生活成本

成本评级:★★★

房价水平:较低 惠灵顿目前市中心公寓均价在每平方米4 600美元左右,市中心之外房价约为3 400美元/平方米。当地的房价与新西兰最大城市奥克兰、澳洲的悉尼和墨尔本相比还有很大差距。不过惠灵顿城市规模较小,房价达到目前的水准已经比前几年提高了不少。

交易成本:较高 在新西兰购房主要的额外开支是中介费,大概会在房价的3.5%～4%之间。除此之外,当地尽管也对海外投资者有所管控,但管控的方向基本是房屋出售之后的资产回报。在当地购买房地产时需要缴纳的额外费用大约为房价的3%～5%。

持有成本：低　惠灵顿地税目前在0.3%左右，相比美国和欧洲城市来说相当低。

贷款成本：较高　如果没有新西兰当地收入，一些当地银行不会向海外投资者提供贷款。不过也有部分银行愿意在首付足够的情况下承担风险。当地首付款浮动较大，最低限额按照城市、投资者资格不同可能在10%～50%之间。奥克兰目前的20年固定贷款利率约为4.9%。

短线评级：★★★★☆

2018价格年率增长：11.4%　奥克兰居高不下的房价、人口过度密集的现状将继续把人口推向新西兰南部包括惠灵顿、基督城等地。惠灵顿房价也受此影响大幅攀升。考虑到惠灵顿目前的整体房价水平距离奥克兰还有很大距离，2018年超过10%的涨幅并不算是特别惊人。实际上当地房价在10月的年度涨幅甚至达到15%，可以说2018年是惠灵顿房价攀升的快速期。

2019增长预期：5%～10%　我们可以看到惠灵顿最近一两年来房市的升温。但与世界上其他大城市相比，这里的经济活力、人口规模仍然上不了主流台面。眼下的房价涨幅继续保持现状的可能性更大。新西兰已经出台了限制海外买家的全国性政策，所以即使有海外投资者看到了当地的增长，如果没有提早布局获得当地身份，也没办法进场。

短期影响因素：较为乐观　人口流动仍然是短期之内最大的影响因素。政府将会继续鼓励新西兰人口的南迁。惠灵顿作为首都和南进的中转站将会继续

50万、100万、200万美元在惠灵顿能够买到什么样的房产？

价格：50万美元，惠灵顿市区三卧室两卫浴联排别墅，面积140平方米，独立车库

价格：100万美元，惠灵顿市区独立别墅，四卧室两卫浴，面积210平方米

价格：200万美元，惠灵顿市郊庄园式独立别墅，五卧室，面积400平方米，土地面积5万平方米，配置马场、农庄

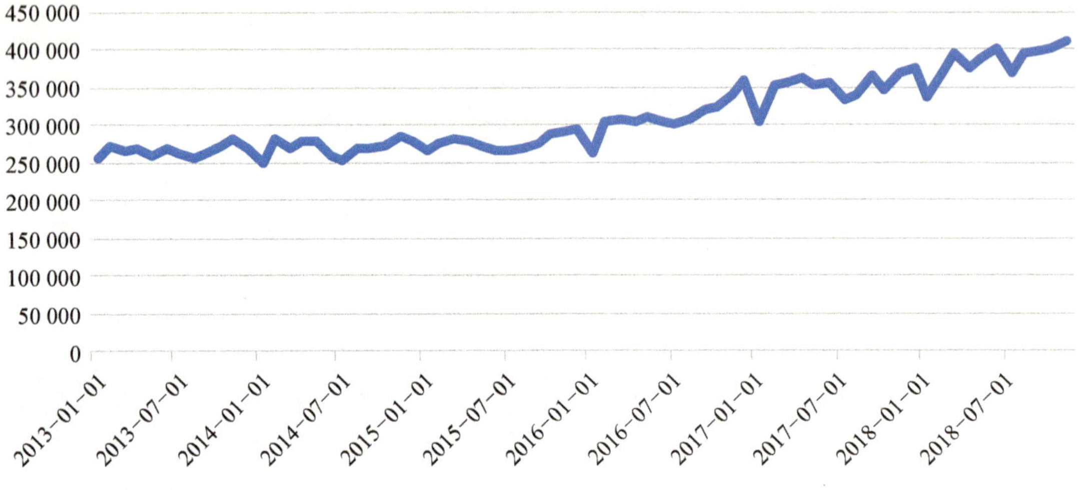

资料来源：新西兰房产局。

图1.93　惠灵顿房价中位数（单位：美元）

从中受益。当然房价的涨势也并不是没有顶点。惠灵顿房价目前仍然低于奥克兰房价30%左右，按照目前的经济和人口比例，当惠灵顿房价接近奥克兰房价20%～10%范围内，大约就是房市降温开始的信号。

出租投资：有利可图　惠灵顿的平均售租比约为16.31。对于在惠灵顿买房出租的人来说，租金负担开支一直不是难题，难题在于如何找到稳定合适的租客。当地人口相对流动较少，能找到一个租客一直居住不是特别容易。随着近些年北部第一大城市奥克兰房价飙升，有一些人开始前往惠灵顿居住，这可能会在未来为当地租房市场带来一些活跃气氛。不过整体来说，在惠灵顿买房出租从纯数据的角度讲，还是有稳定收入的。

稳定评级：★★★

政治局势：较稳定

市场发展：较规范化

自然灾害：地震时有发生

城市规模：较小

支撑因素：新西兰国内人口流动　新西兰尽管面积并不算大，但作为与世界其他繁华地区相对较远的岛国，很多地区仍然保持着地广人稀、缺少劳动力的局面。过去新西兰主要的人口都聚集在气候较为温暖的北岛奥克兰地区。但目前人口过于密集、房价过高已经让奥克兰很多人口开始

惠灵顿历史时间表

公元10世纪，波利尼西亚人驾船来到新西兰定居。

1840年，英国人与当地毛利人签订条约，大批英国移民到此定居。

1865年，惠灵顿取代奥克兰成为新西兰首都，因为这里地处新西兰中心且拥有天然良港。

向南移动。而位于南北岛中间的惠灵顿成为人口流动的主要目的地之一。在未来一段时间内，新西兰当地的人口流动将继续支撑惠灵顿房价上涨。比起奥克兰来说，当地长期发展潜力和稳定性都要大一些。

风险因素一：地震　新西兰处于太平洋南段地震带附近。当地地震多发的情况与日本类似。在这一点上，投资当地房产也需要考虑一些自然灾害的影响。新西兰在2016年末就发生了三起比较严重的地震灾害。这对于投资当地房产的海外买家来说，还是有一些令人担忧的。

风险因素二：人口、经济规模较小　新西兰在全世界的位置相对偏远，尽管作为移民国家每年都接纳大量移民，但人口和经济规模都相对较小。而惠灵顿人口经济规模更是小于北部第一大城市奥克兰。这在未来可能会成为惠灵顿房产市场发展的“瓶颈”。

第2部分

2018全球房地产重大趋势

日耳曼神话

房地产拥有一种难以定义的神奇魅力。这个人类历史上最古老的投资产品，有的时候也能作为一种流行随着人们喜好无法预期的转变而疯狂波动。随着好莱坞漫威电影的流行，索尔、洛基、奥丁等早已被世界遗忘的北欧多神教神祇们现在变成了孩子们万圣节扮装的热门选择。而在地产界，另一种日耳曼神话似乎也在最近一两年内悄悄走向疯狂。

注意到房价上涨开始担心的德国慕尼黑市民走上街头抗议，慕尼黑是德国目前房价与收入最不成比例的城市之一，房屋均价与平均工资比例约为16∶1，一户家庭不吃不喝大约16年能够购买一栋平均水平房屋。这个比例在欧洲地区算是非常高的。

两三年之前欧洲难民危机刚刚爆发之时，德国作为难民最大的迁徙目的地曾经倍感压力。而欧盟最近一两年的动荡以及德国政局本身的不稳定，也让投资者没有过度注意这个世界第四大经济体的房地产市场。但在不经意间，一直被认为是稳定回报象征的德国房地产却忽然出现在世界房价涨幅排行榜的前列，其中，柏林房地产价格20%左右的涨幅甚至直接摘下了曾经属于旧金山、温哥华和悉尼的榜首宝座。

截止到2018年末，柏林房价的涨幅仍然没有回落的迹象，当地的租金也继续水涨船高，而房屋空置率则维持在接近零的紧缩状态。法兰克福、汉堡、慕尼黑等城市相比之下也毫不落下风，好像一夜之间全世界的人民都开始对德国房地产产生兴趣。可以说，我们在过去十几年形成的对德国房地产市场稳定的形象被彻底打破。

最让人感到吃惊的还不仅仅是德国市场火热的现状。如果说房价涨幅，我们在旧金山、温哥华、悉尼、奥克兰等城市过去几年也曾经见到过，但随后这些城市都进入了“泡沫”期，市场被众多经济学家认定为“估值过高”、“风险大”。但到目前为止，我们还没有看到德国房地产被普遍认为存在泡沫。

更深层次地看待目前德国房地产的现状，我们可以发现，这种状态并不难解释。最近两年德国在政治上表现得并不稳定，这让很多人忽视了，德国目前正处在十年内经济发展最迅速、人民生活最富足的时期。最近五年内，德国的GDP增长速度一直保持在接近2%，而失业率则一路从7%回落到6%以下。可以清晰地看出，人民本身的刚性需求完全可以解释价格全国范围的增长。

德国房地产市场的火热并没有逃过全球投资者的法眼。实际上，在过去几年中，来自欧盟内部、北美、亚洲的投资也是德国房价飙升的推手之一。欧盟其他国家在过去一直就被视为德国房地产海外买家的中坚力量。除了这些欧盟客户之外，德国地产经纪们也发现来自北美和中国的买家在最近几年越来越多，越来越活跃。北美对德国房地产的投资额在2017年达到了当地总额的5%，接近30亿欧元。来自亚洲的投资接近4%，其中，中国买家贡献了超过半数的投资额。

房价上涨对于房东和投资者来说，通常都是一件好事。但对当地居民，尤其是以不爱买房爱租房著称的德国居民来说却并不见得有利。对此，敏感的德国政府当然没有置若罔闻。但与加拿大、澳大利亚等国态度似乎不太一样，德国政府并没有对房地产价格上涨形成直接的对抗意识。

在最近德国政府公布的几次政策会议记录中我们可以看到，尽管“保护居民利益”的字样时有出现，但德国政府方面的态度通常是倾向于通过提高房屋供给，增加新房营建许可审批等方式进行应对。到目前为止，还没有几个德国政客表示要像澳大利亚等国那样，通过限制购买、提高税收来打压房价。考虑到德国房价上涨中刚需占到的明显比例，政府目前的态度可以被认为是比较合理的。一方面，政府并不希望房价不受控制地上涨，但另一方面，政府也不希望强硬地直接干预阻挡市场的自由走向。在这种思想支持下，如果政府能够保持对市场的把握，那么就有机会达到房主、房客、开发商和整个德国经济的多赢局面。当然，在这个情况下，不持有房地产的租客仍然会是最弱势的群体，而房东和开发商则可能是最大的赢家。

2019年我们将会继续看到柏林房地产快速增长么？前半年，基本上可以确定了。目前的情况是，大部分关注全球房产的投资者都注意到了这一点，所以后半年当地会不会因为房价攀升出现类似澳洲、加拿大那样打压房市的政策，只能交给时间来证明。

“让美国再次伟大！”

“让美国再次伟大！”是美国现任总统特朗普的竞选口号，也是亿万美国人民寄予希望的一个计划、一个梦想。在特朗普当选两年之后的今天，我们可以审视一下这个计划进行的效果。

虽然有些事后诸葛亮的意味，但从过去的两年来看，特朗普确实为美国做了一些其他传统政客很难做出的决定。具体来说，上台之后，尤其是进入执政第二年展开的各项行动中，特朗普政府推行的对房地产影响较大的政策主要有三方面，一是税务改革，二是贸易保护主义，三是移民政策。

对企业减税无疑是特朗普上台之后最普遍受人期待的政策。从实际结果来看，减税确实使很多企业获得了不小的优惠，尤其是一些科技企业获益良多。这对美国西部的房市起到积极推动作用。科技产业密集的旧金山、西雅图房价继续攀升，多少要感谢特朗普能够兑现他的竞选承诺。

税改政策的另一方面的影响在个人所得税方面。个税征收的改革让大部分收入较低的年轻美国人有更多自己支配的资金，让他们更容易进入房市。而高收入人士，尤其是拥有自己企业的老板们已经从企业减税角度获得了实惠。唯一似乎被遗忘的是那些年收入20万左右的中高产阶级。但这部分人虽然是房产持有者的中坚力量，但他们交易房产的欲望比起刚刚组建家庭的首次购房者还差很远，也不会像富豪那样经常交易房产。所以整体来说，税改政策成为美国2018年房市整体上涨的动力来源之一。

另一方面，贸易保护主义给美国房地产行业带来的冲击更加直接。但目前来看，大部分影响基本都是负面的。特朗普在最近一两年分别对钢材、加拿大软木等重要建筑材料征收关税，这使美国当地建材成本大增。建材成本并不算是美国房地产估值的最大一部分，一般来说，土地的价值是房价最主要的估值成分。尽管如此，建材涨价仍然产生了一定影响。尤其是在美国西部、南部，大量房屋的主要材料是木材，房屋整体成本受到的影响更多。

2018年年中前后美国与中国之间的贸易战局势愈演愈烈，这让一些经济学家担心两国经济和贸易会受到巨大影响，导致失业率飙升，进而影响房地产市场。但目前的情况来看，这方面还没有任何确实的波动。美国失业率仍然保持在数年最低位。尽管没有特朗普宣称的那么亘古烁今，但至少支撑一个稳定的上涨房市已经足够了。

移民政策到目前为止给美国房地产市场造成的实际影响较小。但从长远角度讲，移民政策变化所产生的影响将会延续几年甚至几十年。特朗普并不欢迎外来移民。对于每年吸引大量技术移民的大城市来说，移民是购买房产的主力军之一。而特朗普上台之后，很多科技公司已经纷纷选择在美国境外建立研发和制造基地，以避免因为移民政策失去人才的吸引力。

美国总统特朗普在钢铁铝材、软木等方面签署的关税政策旨在保护美国本土的建材生产行业，但同时，失去了廉价海外建材的建筑业却受到了影响，最终大部分建材成本的上升都转嫁给美国当地房产消费者。

作为一个地产大亨，特朗普在2018年为自己的前同行们做了不少“善事”，但也同时找了不少麻烦，这并不能说是有意为之。毕竟一个“再次伟大”的美国和一个价格攀升、交易活跃的房地产市场并不矛盾。但2019年大好形势会不会延续甚至连特朗普本人都很难说清。主要原因至少有三点：

首先，美国的房价可负担水平在过去几年的涨势之后已经达到历史上少见的低水平。越来越多难以负担大城市房价的市民和企业开始迁徙到郊区或者小城市，这让涨势本身难以为继。

其次，特朗普大刀阔斧的内外经济政策，在经过了最初的蜜月期之后，开始接受越来越多更严苛的审视和考验。最严峻的考验在于，金融市场在经历了2018年末罕见的低迷12月之后，绷紧的神经很可能被一些突发事件刺激到。

最后但也是最重要的一点，美国的贷款利率目前随着美联储不断加息，已经达到4%～5%之间的高水平区域。不光是首次购房者面临高利率可能退缩，甚至连已经购房的美国人，都有可能因为贷款利率过高而选择放弃持有房产转而租房居住。这会不会是压弯美国房地产市场的最后一根稻草？

特朗普执政两年，不管说过多少不符合美国总统身份的话，至少“让美国再次伟大”这个口号似乎并不是单纯说说。美国的房市、金融市场都与这个梦想绑在一起，实现这个梦想，需要走一条崎岖且充满荆棘和陷阱的道路。

The Exodus——伦敦

“Exodus”，英文直译为大批的离去，如果加上专有冠词“the”，变成“The Exodus”，就是圣经中最著名的故事之一：出埃及记。而眼下，出埃及记的2.0版本正在世界最大的金融中心之一——伦敦上演。当然，与神话故事不同，几千年后逃离伦敦的，并不是先知摩西与他受尽压迫的穷苦犹太人。他们，恰恰是目前世界上最富裕的群体：商业地产的租客以及房东们。

英国脱欧公投已经过去两年以上，不列颠的绅士、淑女们在经历了政治、经济甚至文化方面的冲击之后，仍然没有找到一个能够确保稳定未来的前进道路。甚至有人说，如果把英国脱欧看成夫妻离婚的话，那么现在的情况就是还有几个月就要分居了，房子、孩子归谁还没个头绪。在这种动荡的状态下，伦敦的商业地产方面首当其冲，损失惨重。

尽管伦敦与欧洲大陆间也有英吉利海峡阻挡此次Exodus的出走者，但现实中波涛汹涌的大海对于阻挡资本流出其实完全没有什么效果。最初，逃离的是一小部分“租客”，比如，各大银行一些并不算重要的机构，上下游的一些小企业以及对英国脱欧特别敏感的一些外贸相关公司。但随后很多大型集团都开始有计划地将组织、人员以及资产撤出伦敦。而在前两者表现出实际行动之后，我们甚至明显看到，一些伦敦地产的投资者，那些敢向大银行收租金的超级“地主”们，也开始打算放弃伦敦这只曾经下了很多金蛋的“金母鸡”。

伦敦目前市场上每年200亿英镑的商业地产交易额中，超过七成都是来自不列颠半岛之外。美国、欧洲、亚洲的资金在这个世界上最大的商业地产市场占据绝对的主导地位。而恰恰是这

英国首相特蕾莎·梅目前最大的政治目标就是带领国家安然度过脱离欧盟这个纷乱的时期。2019年将是英国与欧盟之间正式分手的最后期限，届时英国和欧盟之间的协议和未来经贸格局将会被正式改写。

批投资者，在英国脱欧这个问题上受到的影响最大。他们不但要面对伦敦商业地产热度下降导致的资本风险，还需要担心英国脱欧之后，资产管理、税收以及其他各种政治风险带来的不确定性。这种情况最终导致，2018年伦敦当地商业地产市场中的海外投资者数量和总金额下降的幅度已经达到20%以上。其中尤以中国以及中国香港投资者的整体下降幅度最大。他们不但要面对伦敦方面的压力，同时还需要应对国内对外投资监管力度加大的问题。2018年前三个月，中国以及中国香港方面对伦敦的投资总额为48亿英镑，而上年同期这个数据则达到70亿英镑。上一次伦敦如此受到亚洲投资者"厌恶"还是在2015年，当时英国正处在大选、脱欧公投以及英镑汇率创造2007年之后最高位的三重压力之下。

令人担忧的是，伦敦房地产市场并不仅仅在商业地产角度受到打击。由于担心大量跨国企业将业务转回欧洲大陆之后伦敦失去高薪职位和高质量租客，很多伦敦本地的住宅投资者都在悄悄将投资转移到北方。在过去，伦敦的高房价与高回报率基本互相抵消，这让当地在市场吸引力的竞赛中与伯明翰、曼彻斯特、利物浦等城市并没有拉开太大距离。但眼下伦敦的租房市场岌岌可危，天平就不可避免地倒向其他北部城市。尤其对追求安逸的年长者或者经济拮据的年轻人来说，与其在伦敦为了大都市生活忍受高房价的小户型，不如到北部城市，同样的价格可以获得更大的面积、更好的居住环境。

墙倒众人推，对伦敦房地产市场未来的担忧让市场情绪走向更加悲观的方向。我们或许可以将这些都归罪到英国阴差阳错的脱欧上。不过也有一些分析人士认为，伦敦房地产的衰落或者说大规模的调整本来就是一个必然。

长期以来，作为曾经日不落帝国的首都，作为世界三大金融中心之一的伦敦，房地产市场的高价格一直被认为是一种理所当然。诚然当地完善的房地产行业法律、长期稳定的投资回报历史，以及在全球房地产市场的声望都是支撑高价的核心因素，但价格毕竟存在上限。在过去十年甚至更长的时间里，伦敦一直是整个欧洲乃至整个世界上房屋可负担水平最低的发达国家大都市之一，我们甚至可以考虑把“之一”去掉。当地房价收入比超过21，这意味着普通人不吃不喝通常要21年才能买得起房，这个数字可能对中国投资者来说不太具有冲击力。这主要是因为国情不同，国内市场也不像欧美大城市发展多年长期稳定。如果列出几个其他欧美大城市的数据，可能会更有比较性：2018年末，纽约房价收入比11；洛杉矶房价收入比8；东京房价收入比13；法兰克福房价收入比11；多伦多房价收入比13；悉尼房价收入比11。可以说，世界上最大的几个经济体中，只有巴黎房价收入比18，与伦敦是难兄难弟。

在经济稳定时，全球的投资者宁愿付出更多的价格。因为在伦敦，他们在获得不错投资收益的同时，还拥有看似比别的国家房地产市场更高的稳定性。但这种稳定性已经随着英国脱欧而渐渐消失。所有的人于是开始关注一个问题：伦敦的房地产真的值那么多钱么？

这并不是对伦敦房地产批斗大会的开始，即使在重重压力下，也没人会无视伦敦的实力和潜力。但经济学家们普遍认为，不管最终在2019年春天英国与欧盟之间分手的结果怎样，伦敦市场的调整已经不可避免。这并不完全是脱欧的错，脱欧可能是调整的起因，也需要负担一部分的实际责任，但最终，伦敦房地产市场在2018年以及今后的一段时间内可能继续低迷的主要原因，还是回到房地产市场的本源——刚性需求和可负担水平上。

宜居城市——跌落神坛?

澳洲房地产市场在2018年经历了很大震荡。好像约好一样，远在地球另一端的加拿大城市房市也意外的爆冷。墨尔本、悉尼、温哥华、多伦多这几个城市曾经是我们前几年房地产蓝皮书中的大热门，但在2018年，这四个市场的房价走势均表现得相对不太理想。

经济学家和房地产分析人士们对2018年的行情有些措手不及，虽然没人坚定地认为这几个世界上最适宜人类居住的城市房价会在现有基础上继续大幅攀升，但大部分人都没有预料到市场会如此毫无征兆地走低。

从过去几年的局势来看，上述四个宜居城市的“履历”惊人地相似，它们都经历了一轮大涨，市场价格都出现过超过20%的年增长率，海外买家（尤其是中国买家）都被认为是房价大涨的罪魁祸首，当地政府在大涨之后都开始对房市进行管控，当地银行贷款的难度都在最近一两年大增，房市都在2018年初进入明显的冰期，市场的活跃水平降至低位。

虽然很多理性的分析认为，中国投资者在悉尼、温哥华等地被指控成高房价元凶的证据不足，当地的低利率、前几年相对较低的价格和当地良好的居住环境才是房价上涨最主要的驱动因素。但从过去五年左右的市场走势看，即使海外买家没有作为上述四个城市的主要消费者群体，他们仍然起到了一个“催化剂”的作用。

当澳洲和加拿大两国因为国际大宗商品价格下跌而本币汇率跌至历史地位时，当地房产对于海外买家的吸引力就呈几何级数增长。而在2018年，中国跨境资本从净流出转向均衡，美国和欧洲的跨境资本在2018年年初也出现大幅回流，源头被截断之后，海外买

悉尼、墨尔本、多伦多和温哥华均在过去几年出台了大量打压房市、限制海外买家的政策，目前温哥华的限制海外买家政策力度最大，海外买家需要缴纳房价20%的惩罚性税收。

家成为悉尼等地区房地产市场上最受影响的一部分人。

尽管海外买家在很多市场上的占比仅有10%上下，但在剧烈变化的国际经济形势下，他们会最先做出反应。而本国、本地的投资者会随后感受到这种变化并继续跟进。虽然上述过程目前仅仅是一种猜测和推理，但从时间线的前后来看，似乎也有其道理可言。

不管猜测的结果是否准确，眼下对于投资者最重要的是未来市场的走势。不管海外买家是不是上述城市房价上涨的主要原因，在眼下海外投资今不如昔的情况下，当地房市究竟是会大幅回落？断崖式下滑？还是温和调整并在一段时间之后继续走高？这取决于市场本身。

从过去50年左右的历史数据来看，墨尔本、温哥华这类传统宜居城市的房地产市场基本上只会出现调整，断崖式下跌极少出现。因为本来这类城市体量就不是特别大，价格水平也与世界上超一线城市保持着差距。未来短期内的走势，当然主要倾向于调整，但长期的发展并没有出现任何改变格局的变化。

宜居城市还是世界上最适合居住的地区。正因为这种无法替代的魅力，宜居城市难免偶尔成为投机资本的目标。但风浪过后，宜居城市还是宜居城市，真正在这里居住的人们仍然会继续享受当地的气候、人文环境、舒适生活。不管下一个大行情什么时候到来，宜居城市需要做的只是保持自我而已。

金正恩的礼物

2018年朝鲜领导人金正恩与美国总统特朗普、韩国总理文在寅进行了高调、积极、略微反复无常的接触。最终的结果还是让人宽慰的。朝鲜历时数年的核武器风波目前算是告一段落，东北亚虽然仍然是整个世界最大的火药桶之一，但在金正恩和朝鲜高层与国际社会进一步缓和关系的情况下，附近地区的市场情绪发生了巨大变化。

曾经的朝鲜周边地区一直被无形的国际局势压力所影响，产生了一个围绕朝鲜发散的投资低压地带。当这一压力出现了解除迹象之后，投资关注的低压地带瞬间与外界开始产生反应。中国东北靠近鸭绿江边的几个城市房市忽然大热，而在中国之外，最受益的莫过于与三八线仅有50公里的首尔。

韩国房价在过去几年里整体还是保持了上涨趋势。首尔的高端地区涨幅尤其明显。2018年首尔市中心的房价已经超过东京，达到每平方米14 000美元的高位。越高价的地区涨幅越大，很明显在背后支持当地房价大涨的，主要是那些手握巨资，能够自由调配投资方向的高净值人士。

韩国目前的整体局势并不算乐观。在前任首相因为丑闻下台入狱之后，韩国的整体经济形势并不能说是特别好，工资水平、失业率等影响房市的经济指数表现相当一般。但国际形势的缓和让全球的投资者对于韩国未来的期望值增加。

如果说朝鲜局势缓解给韩国带来了未来预期的加分，那么日本的未来预期加分，主要来自国内。2020年奥运会越来越近，毫无疑问东京乃至整个日本已经开始享受奥运带来的房地产红利。东京及附近地区房价大涨，附近租金也全线飙升。与首尔类似，越高

朝鲜领导人金正恩和韩国总统文在寅2018年4月在板门店签署了板门店宣言。9月文在寅访问了朝鲜首都平壤，成为十年来首位访问朝鲜的韩国总统。

美国总统特朗普与朝鲜领导人金正恩2018年6月在新加坡会晤。

价，越靠近中心地带的房价涨幅越高，东京中央区的房价涨幅甚至达到20%以上。我们并不能把这些数据的变化全都归功于奥运会的影响，但不可否认的是，目前投资者的目光，的确被这项四年一度的世界级盛事所吸引。

2008年的北京、2012年的伦敦都是奥运会的受益者，但里约奥运会的最终表现并不如举办之前那么让人振奋。考虑到当地经济数据的可靠性，结果甚至比公布出来的还要糟一些。但东京作为世界上最大、最先进的都会区之一,同时也是亚洲最重要的政治、金融中心,比起里约和同样房价没涨起来的雅典,北京和伦敦才算是更合理的模板。所以单论奥运这一个因素,东京房市利好的可能性还是远大于利空。

东京2020年的奥运会将会为当地带来巨大经济刺激,目前整个日本对这届奥运会抱以巨大期望,很多人将东京奥运称作安倍经济学的"第四支箭"。

排除朝鲜局势的话,东亚可以算是世界上目前最稳定的市场之一。日元资产也是世界上高净值投资者对冲美元和欧元资产风险的最佳选择之一。正因为这一点,日本即使实施了创纪录的超级量化宽松,仍然很难将日元汇率控制在低位。而如今朝鲜局势缓和,更增加了日元资产在国际市场上的安全系数。同时日本国内的量化宽松也在贷款角度降低了购房成本。多方面的刺激下,日本房市前景光明。

一个和平稳定的地区局势,是经济发展的最根本基础之一。不管是韩国还是日本,包括中国和世界其他国家,在朝鲜局势缓和这个问题上,都是受益者。从各种意义上,我们都希望这种情况能够延续并争取更进一步。

第3部分

全球商业地产

南“硅”北调，西“技”东输？

美国的商业地产市场是否在变天？这是2018年经济学家和分析人士比较热衷讨论的话题之一。从整体的房市走势来看，美国2018年的房价平均保持在上涨的趋势下，但商业地产与城市经济结构密不可分，单从整体趋势很难抓住市场真实的走向。从目前的情况来看，科技产业和金融行业是最大、最直接的价格波动导向性因素。

全世界最高价的商业地产市场之一——纽约，办公室和出租公寓价格在2018年整体上涨了大约2%。涨幅不如2014～2016年期间，但也保持了稳定攀升的局面，尤其是在美国整体商业地产价格最近几年并没有明显上涨的情况下，纽约市场的稳定增长代表世界最贵的商业地产市场仍然是人们趋之若鹜的热门选择。哈德逊河两岸的商业地产销售表现不错，在最近几个季度连续创造了超过2017年的销售表现。整个市场上活跃的出租单位也一直保持着稳定上升。市场对于曼哈顿办公室的需求仍然继续火热。

长期以来，世界上最大的金融机构都以在纽约设立总部为成功的标志。纽约也长期保持世界上最高价商业地产市场的头衔。随着信息技术的高速发展，金融市场也在信息化的道路上飞奔前行，但纽约在金融行业的吸引力仍然跨越了维度，继续在互联网上保持霸主地位。人才和投资行业传统使这里继续垄断美国乃至世界最高端金融商业地产。这一点在未来的几十年内，似乎都没有发生变化的可能。

亚马逊即将建立新总部的消息让纽约商业地产市场从另一方面看前景乐观。投资者期待的当然不仅仅是一家公司的进驻，哪怕这家公司是目前世界上市值最大的企业。人们真正期望的，是亚马逊能够引领新的一轮科技企业“移民潮”，让美国传统工商业中心东北部地区重新获得更多高新技术创业者的青睐。

而在西部海岸美国高科技产业密集的地区，这种趋势实际上已经在悄悄进行。从洛杉矶、旧金山和西雅图三个城市的相对数据来看，我们可以找到一些市场向北部迁移重心的趋势。

与住宅市场不同，旧金山2018年商业地产的表现仅仅与2017年基本持平，洛杉矶的表现也只能算是微涨，而西雅图则表现抢眼。在过去一年内当地卖出的个别大型商业地产项目年收益率甚至达到30%。相比西海岸其他城市，这里明显受到投资者更多青睐。

亚马逊在2018年成为商业地产市场中一个现象级标志，西雅图总部不断吸引来自硅谷的技术人才已经使美国西海岸的商业地产市场出现格局变化。另一方面，宣布在纽约和华盛顿建立第二总部也让投资者开始关注科技产业向美国东北部的转移。

我们在上年的报告中就曾经谈到，在房价可负担水平不断升高的情况下，西雅图将会在与旧金山、洛杉矶等城市的竞争中胜出，吸引更多投资者进入市场。而市场实际的结果显示，情况比我们预计的还要更加剧烈一点。

美国目前的商业地产市场仍然是纽约和旧金山占据主导地位。西雅图的商业地产继续保持在一个相对比纽约和加州便宜的水平上。从实际数值看，当地的平均房价只有湾区城市的一半左右。而当地的平均租金却已经达到湾区的2/3。从投资角度，这里明显具有更高的回报率。

此外，2018年的趋势超过预期的主要原因，是以亚马逊为首的西北地区科技公司表现抢眼，很多经济学家将其戏称为“亚马逊现象”。在过去十几年里，硅谷附近的房地产价格高昂的主要原因,是附近存在大量的高质量房屋需求来源。科技大企业的员工支撑了湾区的房地产行业。但在2018年,亚马逊的崛起让西雅图一下子变成美国码农大军的新淘金宝地。

据西雅图当地的高科技行业内部消息,亚马逊在2018年的整个行情里,其实仅仅是起到一个"门户"的作用。亚马逊在过去一段时间为了吸引人才,动用了大量资本给新员工在西雅图安家提供便利。但亚马逊同时又并不注重企业文化和企业忠诚度的培养,所以很多加州的人才选择了一种取巧的方式:先接受亚马逊的工作机会,然后享受安家福利之后再跳槽到其他公司。对于财大气粗的亚马逊来说,这并不是一桩亏本买卖,但这却无意间增加了整个硅谷科技企业向北部的西雅图迁移的动力。

实际上,不止加州的科技人才,大量加州的创新科技公司也已经受不了湾区高昂的地价了。小公司开始寻找其他适合科技公司创业的城市,西雅图本来就是一个良好选择,而亚马逊则在2018年起到推波助澜的作用。

西部的这种趋势也是为什么亚马逊在纽约和华盛顿地区开设第二总部备受投资者关注的原因。作为美国最大的房地产市场,纽约目前的领先优势并不明显。美国商业地产市场中,目前最活跃、收益率最高的就是高科技产业和金融业,纽约在后者领域内稳住脚跟,但在前者领域内却一直被硅谷打压。

如果2019年亚马逊第二总部的建设能够引领美国商业地产的新行情,那么东北部可能会成为新的市场关注焦点。但我们仍然需要考虑到,纽约是世界上商业地产均价最贵的地区。即使是财大气粗的亚马逊,选择的也是纽约皇后区长岛的廉价地带。这会带动纽约整体商业地产价格,却并不一定能够继续推高曼哈顿岛的商业地产价格。高科技产业毕竟不是各大投行,让创业阶段的公司直接在曼哈顿开设总部,还是有点为难的。

不过总的来说,2019年美国商业地产最值得关注的趋势将会是行业在各个城市地区之间的迁徙。这可能成为价格波动最大的影响因素。

英国脱欧山雨欲来，商业地产波澜不惊

在2016年英国脱欧公投戏剧性结果出炉之后，包括大不列颠在内的整个欧洲地区都在承受着英国人做出这个决定的不良影响。但经过了两年纷乱的“分手谈判”之后，2019年脱欧离婚肥皂剧似乎终于要进入最后一季了。在这种情况下，一些投资者可能会认为英国乃至整个欧洲的商业地产市场将会出现巨大变动。但大部分经济学家、分析人士和房地产业内人士对此不以为然。

回顾2018年整个欧洲，商业地产总交易额约为1 500亿美元，较2017年下降了17%。其中，英国作为整个欧洲最大的商业地产市场，总交易量约为430亿美元，下降了12%，交易量排名第二的德国总交易额约为350亿美元，较2017年下降了15%。整体商业地产投资下降的主要原因在于整个欧洲目前商业地产投资回报率处于历史低位，相比其他资产欠缺吸引力。但从国家之间的比较来看，并没有直接证据显示英国商业地产因为脱欧出现巨大波动。

尽管面临脱欧不确定性的影响，但伦敦仍然是整个欧洲商业地产，尤其是办公室地产最有吸引力的地区。荷兰、比利时等低地国家紧随其后，再之后是法国、德国。莫斯科等地虽然在回报率上一直保持领先全欧洲，但鉴于政治不确定性等原因，仍然是市场上的冷门选择。

海外投资者的选择从另一个方面给我们更多未来欧洲商业地产的指导。数据显示，2018年全球大型跨国投资机构在伦敦的投资仍然占世界第一位，达到190亿美元，同比下降11%；曼哈顿获得了105亿美元的海外商业地产投资，同比增长15%；巴黎排名第三，获得75亿美元的投资，同比增长58%。如果不细心观察，我们可能简单地认为高端投资者放弃了英国市场。但如果我们往下看，排在洛杉矶和柏林之后的投资者第六位，豁然是排除市中心的大伦敦地区，投资额57亿美元，同比增长了高达245%。

冷静分析下来，其实并不难理解。英国只是脱离了欧盟组织，但作为欧洲最大金融中心、第二大经济体，本质上吸引力并没有任何重大改变。而且在脱离欧盟之后，英国也势必保持与欧盟之间的各种合作，商贸关系不会因为脱欧而受到打击。透过混乱的脱欧流程，大部分高端投资者仍然清楚地看到英国商业地产未来的前景。虽然在短期内根据价格、回报率做出一些调整，但实际上并没有受到脱欧这一独立事件的影响。

对于英国商业地产更积极的一些看法认为，经过了脱欧洗礼之后的英国尤其是伦敦商业地产，已经能够正式与主权债券等保值资产并列成为高端投资者眼中的避险工具。

这种说法似乎还有些为时过早，实际上，英国和整个欧洲将要面临的真正大考至少需要等到2019年年中，甚至更晚些时候才能到来。不管业界对整个欧洲和英国抱有什么样的预期，都需要等到英国与欧盟正式签署协议，并在之后经历调整、改革，最终进入新的一种经济常态的时候，才能算是英国脱欧对欧洲的考验正式结束。虽然到时候极有可能又有新的挑战等着欧洲各国，但至少市场可以喘一口气，堂堂正正说我们已经度过了脱欧带来的这段风波。

2019年欧洲的经济、房地产市场注定不会平淡。但排除一些可预见规模的动荡，我们仍然倾向认为商业地产市场会继续保持现有格局。

亚太商业地产综述

奥巴马还是美国总统的时候，能够影响亚太地区经济未来走势的有两大因素：其一是中国主导的“一带一路”计划，其二是疑似针对中国的泛太平洋伙伴协议（TPP）。但随着后者因美国在2017年的退出，目前地位尴尬，所以实际上外界能够影响当地经济和投资市场的重大因素仅剩下“一带一路”了。

尽管如此，2018年整个亚太地区商业地产市场的主角却并不是来自东方的巨大投资。或者至少在一些亚太地区国家中，本地因素的影响占据更主要的地位。

我们从最东方的日韩开始简单叙述一下2018年商业地产的近况：2018年，日本和韩国的商业地产市场都表现得很活跃，但原因又不尽相同。日本在安倍成功连任之后，量化宽松刺激经济的政策得以延续，市场对于未来经济继续走强的信心提升。同时奥运的临近使东京的商业地产市场火热，首都圈中心地带的商业地产租金增长达到12%左右。

韩国在2018年与朝鲜多次接触之后，已经基本缓和了前几年因为导弹及核试验造成的市场不安，现在正进入恢复期。首尔地区的商业地产重新回暖，这可能不是来源于经济增长，更多是投资者对地区局势进一步缓和的押注。

东南亚地区是“一带一路”计划目前在亚太地区最明显、最直接的受益者。新加坡、马来西亚、泰国、印度尼西亚和菲律宾在2018年商业地产市场都有不同程度的增长趋势出现。其中，新加坡涨幅最高，商业地产租金暴涨20%。政府都不得不出面进行管控。随着美国在特朗普的领导下与世界各国展开贸易对抗，新加坡和日本等国与中国的关系均出现缓和。这也是曾经一度似乎被“一带一路”遗忘的新加坡迅速开始享受迟到的福利。毕竟相比东南亚其他国家,新加坡的经济本身就是具有更高吸引力的。

新加坡的崛起让邻国马来西亚的市场在2018年显得多少有点黯淡无光。当然这不能全怪新加坡,马来西亚首都吉隆坡目前正在面临供给过剩问题。因为对经济预期乐观,当地修建了大量新楼,市场需要一定时间来消化这一批供给。

澳大利亚在2018年的整体房地产市场走势比较复杂。一方面,住宅地产市场因为高房价和政府打压市场冷却,另一方面,悉尼和墨尔本两座整体房价下跌的城市,却同时迎来商业地产的大热。

悉尼商业地产租金2018年涨幅达到11%,墨尔本也有7%左右的租金上涨。两个城市的商业地产空置率都保持在5%以下,这个水平自上一次2008年全球金融危机以来还是首次出现。对未来经济的乐观情绪和不断增加的人口让澳洲整体的商业地产走向和住宅地产完全不同的道路。

与特朗普统治下的美国和纷乱的欧洲大陆相比,亚太地区目前似乎正在寻找自己的商业地产新常态。这个人口最多、经济活动最频繁的地区正在重新找回自己在世界范围的地位和荣光。

附 录

表1　各城市宜居评分（☆为半星）

城　市	宜居评分	自然环境	城市建设	文化教育	华裔社群
墨尔本	★★★★★	优	良	优	优
温哥华	★★★★★	优	良	优	优
悉　尼	★★★★★	优	良	优	优
维也纳	★★★★★	优	优	优	中
多伦多	★★★★☆	良	良	优	优
东　京	★★★★☆	良	良	优	优
新加坡	★★★★☆	良	良	优	优
夏威夷	★★★★☆	优	良	中	良
旧金山	★★★★☆	优	中	优	优
西雅图	★★★★☆	优	良	优	良
奥克兰	★★★★	优	良	良	优
阿姆斯特丹	★★★★	优	良	良	良
日内瓦	★★★★	良	优	良	中
哥本哈根	★★★★	良	良	优	良
柏　林	★★★☆	良	良	优	中
惠灵顿	★★★☆	优	良	良	中
洛杉矶	★★★☆	良	中	良	优
纽　约	★★★☆	良	良	优	优
伦　敦	★★★☆	良	中	优	优
卡尔加里	★★★☆	中	良	中	良
首　尔	★★★☆	良	良	良	优
巴　黎	★★★	良	中	优	良
都柏林	★★★	良	中	良	中
巴塞罗那	★★★	良	良	良	中
蒙特利尔	★★★	中	中	良	良
华盛顿	★★☆	良	中	优	中
休斯顿	★★☆	中	中	中	良
迪　拜	★★☆	差	中	良	良
曼　谷	★★	中	中	中	良

（续表）

城　市	宜居评分	自然环境	城市建设	文化教育	华裔社群
吉隆坡	★★	中	中	中	良
胡志明市	★☆	差	差	中	良

表2　各城市成本相关数据（☆为半星）

城　市	成本评分	市中心公寓均价（美元/平方米）*	交易成本	持有成本	贷款成本
胡志明市	★★★★	$2 300	低	低	高
迪　拜	★★★★	$2 700	较低	较低	较高
休斯顿	★★★☆	$2 000	较低	高	较高
吉隆坡	★★★☆	$3 000	较低	较低	较低
卡尔加里	★★★☆	$3 800	较低	较低	较高
蒙特利尔	★★★☆	$3 800	较高	较低	较高
惠灵顿	★★★	$4 600	较高	低	较高
巴塞罗那	★★★	$5 400	高	较低	较低
都柏林	★★★	$7 000	较低	低	较高
曼　谷	★★☆	$4 700	较高	较高	高
华盛顿	★★☆	$6 000	较高	较低	较高
柏　林	★★☆	$6 000	高	较低	较低
奥克兰	★★☆	$6 700	较高	低	较高
西雅图	★★☆	$7 200	较高	较高	较高
哥本哈根	★★☆	$7 000	较低	较低	较低
阿姆斯特丹	★★☆	$7 800	较低	较低	较低
洛杉矶	★★☆	$7 200	较高	较低	较高
夏威夷	★★☆	$7 200	较高	较高	较高
维也纳	★★☆	$7 200	较高	较低	较低
墨尔本	★★	$6 300	高	低	较高
多伦多	★★	$7 500	高	较低	较高
温哥华	★★	$8 800	高	较低	较高
巴　黎	★★	$11 000	较高	较低	较高

（续表）

城　市	成本评分	市中心公寓均价（美元/平方米）*	交易成本	持有成本	贷款成本
悉　尼	★☆	$10 000	高	较低	较高
东　京	★☆	$11 000	高	较高	较低
旧金山	★☆	$12 500	较高	较高	较高
日内瓦	★☆	$12 500	较高	较低	较低
首　尔	★☆	$14 000	较高	较高	较高
纽　约	★☆	$14 500	较高	较高	较高
伦　敦	★	$17 000	较低	较低	较高
新加坡	★	$16 500	高	较高	较低

*该数据为Numbeo网站抽样数据，非政府官方数据，样本量通常每城市500到2 000。

表3　各城市房价短期潜力相关数据（☆为半星）

城　市	短期潜力评分	2019年预估涨幅	2018年涨幅	短期影响	出租潜力
阿姆斯特丹	★★★★☆	8%～12%	11.9%	较乐观	中
惠灵顿	★★★★☆	5%～10%	11.4%	较积极	大
柏　林	★★★★	5%～10%	10.8%	较乐观	小
曼　谷	★★★★	8%～10%	10%	较积极	中
西雅图	★★★★	8%～12%	8.3%	较积极	大
休斯顿	★★★★	5%～10%	7.3%	较乐观	小
旧金山	★★★☆	4%～10%	10.6%	有风险	大
都柏林	★★★☆	5%～10%	5.9%	喜忧参半	大
巴塞罗那	★★★☆	3%～5%	4.2%	喜忧参半	大
维也纳	★★★☆	3%～7%	4.2%	较积极	小
华盛顿	★★★☆	2%～4%	2.9%	较积极	中
胡志明市	★★★☆	2%～5%	3.7%	影响小	大
洛杉矶	★★★	2%～5%	5.6%	喜忧参半	大
哥本哈根	★★★	4%～6%	4.1%	喜忧参半	中
蒙特利尔	★★★	3%～7%	6.2%	喜忧参半	大
夏威夷	★★★	2%～5%	3.6%	较积极	大

（续表）

城　市	短期潜力评分	2019年预估涨幅	2018年涨幅	短期影响	出租潜力
巴　黎	★★★	3% ～ 8%	6.2%	较积极	小
新加坡	★★☆	0% ～ 5%	8.7%	喜忧参半	小
首　尔	★★☆	2% ～ 5%	4.1%	喜忧参半	小
日内瓦	★★	0% ～ 3%	2%	影响小	中
东　京	★★	2% ～ 5%	1.4%	较积极	小
墨尔本	★★	−5% ～ 5%	−1.6%	喜忧参半	中
多伦多	★★	2% ～ 7%	2.6%	消极	中
吉隆坡	★★	−5% ～ 5%	0.9%	喜忧参半	中
奥克兰	★☆	−2% ～ 2%	−0.5%	较乐观	中
卡尔加里	★☆	0% ～ 3%	−2.6%	喜忧参半	小
温哥华	★☆	−5% ～ 5%	1%	较消极	中
伦　敦	★☆	−5% ～ 5%	−0.3%	有风险	小
纽　约	★☆	−2% ～ 2%	3.1%	喜忧参半	小
悉　尼	★	−5% ～ 5%	−4.4%	较消极	中
迪　拜	★	−5% ～ 0%	−6%	有风险	高

表 4　各城市长期稳定相关数据（☆为半星）

城　市	成本评分	政治局势	地产市场	自然灾害	城市规模
纽　约	★★★★☆	稳定	稳定	少	极大
新加坡	★★★★☆	稳定	稳定	少	大
悉　尼	★★★★☆	稳定	稳定	少	较大
墨尔本	★★★★☆	稳定	稳定	少	较大
旧金山	★★★★☆	稳定	稳定	少	大
多伦多	★★★★☆	稳定	稳定	少	大
华盛顿	★★★★	稳定	稳定	少	大
伦　敦	★★★★	稳定	稳定	少	极大
巴　黎	★★★★	稳定	稳定	少	极大
东　京	★★★★	稳定	稳定	时有发生	极大

（续表）

城　　市	成本评分	政治局势	地产市场	自然灾害	城市规模
洛杉矶	★★★★	稳定	稳定	少	极大
柏　林	★★★★	稳定	稳定	少	较大
日内瓦	★★★★	稳定	稳定	少	较小
温哥华	★★★★	稳定	稳定	少	较大
蒙特利尔	★★★★	较稳定	稳定	少	较大
西雅图	★★★★	稳定	稳定	少	较大
夏威夷	★★★☆	稳定	稳定	时有发生	中
维也纳	★★★☆	较稳定	稳定	少	中等
奥克兰	★★★☆	较稳定	较稳定	时有发生	中
都柏林	★★★☆	较稳定	较稳定	少	中
休斯顿	★★★☆	稳定	稳定	少	大
卡尔加里	★★★☆	稳定	稳定	少	中
阿姆斯特丹	★★★☆	较稳定	稳定	少	较大
首　尔	★★★☆	较稳定	较稳定	少	极大
曼　谷	★★★☆	较稳定	一般	少	大
哥本哈根	★★★☆	较稳定	较稳定	少	中
惠灵顿	★★★	较稳定	较稳定	时有发生	较小
巴塞罗那	★★★	较不稳定	较稳定	少	较大
吉隆坡	★★★	较稳定	一般	少	大
迪　拜	★★☆	较不稳定	一般	时有发生	较大
胡志明市	★★	较不稳定	落后	少	大

表5　经济学人世界宜居城市排名

排　　名	城　　市	所属国家
1	维也纳	奥地利
2	墨尔本	澳大利亚
3	大　阪	日　本
4	卡尔加里	加拿大
5	悉　尼	澳大利亚

（续表）

排名	城市	所属国家
6	温哥华	加拿大
7	东京	日本
8	多伦多	加拿大
9	哥本哈根	丹麦
10	阿德莱德	澳大利亚

注：经济学人评选主要按照城市安全、医疗、教育、基础设施以及环境五大类30多个指标对各城市进行评分。

表6　美世生活质量调查排名

2018年排名	2017年排名	城市	国家
1	1	维也纳	奥地利
2	2	苏黎世	瑞士
3	4	慕尼黑	德国
4	3	奥克兰	新西兰
5	5	温哥华	加拿大
6	6	杜塞尔多夫	德国
7	7	法兰克福	德国
8	8	日内瓦	瑞士
9	9	哥本哈根	丹麦
10	10	悉尼	澳大利亚
10	无	巴塞尔	瑞士
12	12	阿姆斯特丹	荷兰
13	13	柏林	德国
14	14	伯尔尼	瑞士
15	15	惠灵顿	新西兰
16	16	墨尔本	澳大利亚
16	16	多伦多	加拿大
18	21	卢森堡	卢森堡
19	19	汉堡	德国
19	18	渥太华	加拿大

注：美世调查主要针对政治、社会、环境、个人安全、健康、教育、就业、交通、基础设施以及公共服务等40多个因素进行考察。

表7 *Monocle*生活质量调查排名

排　　名	城　　市	所属国家
1	慕尼黑	德　国
2	东　京	日　本
3	维也纳	奥地利
3	苏黎世	瑞　士
5	哥本哈根	丹　麦
6	柏　林	德　国
7	马德里	西班牙
8	汉　堡	德　国
9	墨尔本	澳大利亚
10	赫尔辛基	芬　兰
11	斯德哥尔摩	瑞　典
12	里斯本	葡萄牙
13	悉　尼	澳大利亚
14	香　港	中　国
15	温哥华	加拿大
16	阿姆斯特丹	荷　兰
17	京　都	日　本
18	杜塞尔多夫	德　国
19	巴塞罗那	西班牙
20	巴　黎	法　国

注：*Monocle*评分主要根据包括生活费用、图书馆数量、市民自由度、交通、户外活动方便性等22个指标对城市生活质量进行评选。

表8 各城市租售比、房价与平均工资比、贷款薪资比

城　　市	租售比	房价工资比	贷款薪资比
纽　约	5.25%	11.66	86%
华盛顿	7.50%	4.85	36%
旧金山	5.92%	9.26	77%
洛杉矶	6.71%	7.72	58%

（续表）

城　　市	租售比	房价工资比	贷款薪资比
西雅图	6.12%	6.16	46%
休斯顿	14.18%	2.20	16%
夏威夷	5.47%	8.66	63%
多伦多	4.30%	13.07	93%
温哥华	3.64%	16.18	115%
蒙特利尔	5.25%	7.16	49%
卡尔加里	5.32%	5.23	36%
伦　敦	2.76%	22.21	156%
巴　黎	2.62%	19.12	142%
柏　林	3.51%	10.32	79%
维也纳	2.69%	10.53	64%
日内瓦	3.31%	10.34	61%
巴塞罗那	4.16%	13.81	88%
阿姆斯特丹	4.88%	11.31	73%
哥本哈根	4.76%	8.85	54%
都柏林	5.48%	10.47	75%
新加坡	2.55%	21.56	133%
东　京	2.42%	13.39	76%
首　尔	1.85%	20.67	145%
吉隆坡	3.99%	11.41	87%
曼　谷	4.17%	22.94	184%
胡志明市	5.50%	22.92	245%
迪　拜	10.85%	3.85	27%
悉　尼	4.39%	11.02	83%
墨尔本	4.47%	9.14	69%
奥克兰	4.20%	11.81	92%
惠灵顿	6.13%	7.32	57%

数据解释：以纽约为例，租售比5.25%表示，按照纽约当年房价和平均租金，购房出租的年收益率大约为5.25%。房价工资比11.66表示，按照纽约当年平均工资，工作11.66年获得的薪水可以购买当年平均水平房屋。贷款薪资比86%表示，按照纽约当年平均工资，收入的86%被用于偿还房贷。

表9　2018年前十推荐城市预估房价与实际房价比较

排名	城　市	2018年预估涨幅	2018年实际涨幅	2019年预测涨幅	2017年波动幅度	2018年波动幅度
1	都柏林	10%～15%	5.9%	6%～10%	中	大
2	阿姆斯特丹	10%～12%	11.9%	8%～12%	小	小
3	西雅图	8%～12%	8.3%	6%～10%	大	中
4	温哥华	8%～10%	1%	8%～10%	大	大
5	柏　林	8%～12%	10.8%	8%～10%	小	小
6	巴塞罗那	8%～10%	4.2%	5%～8%	小	中
7	墨尔本	8%～10%	−1.6%	8%～12%	中	大
8	多伦多	6%～10%	2.6%	4%～5%	小	中
9	惠灵顿	6%～10%	11.4%	3%～5%	小	中
10	奥克兰	5%～8%	−0.5%	4%～6%	中	中